KB249281

포섭과 저항의 로컬리티

|필자|

오미일 吳美一 Oh, Mi-il 부산대학교 한국민족문화연구소 HK교수. 한국 근현대사 전공.
차철욱 車喆旭 Cha, Chul-wook 부산대학교 한국민족문화연구소 HK교수. 한국 현대사 전공.
하용삼 河龍三 Ha, Yong-sam 부산대학교 한국민족문화연구소 HK연구교수. 독일 근대철학 전공.
문재원 文載媛 Mun, Jae-won 부산대학교 한국민족문화연구소 HK교수. 한국 현대문학 전공.
장세용 張世龍 Jang, Se-yong 부산대학교 한국민족문화연구소 HK교수. 서양 근현대사상사와 역사이론 전공.
이상봉 李尙峰 Lee, Sang-bong 부산대학교 한국민족문화연구소 HK교수. 지역정치 전공.
배윤기 裵潤基 Bae, Yoon-gi 부산대학교 한국민족문화연구소 HK연구교수. 영미문화, 소설 전공.
차윤정 車胤汀 Cha, Yun-jung 부산대학교 한국민족문화연구소 HK교수. 국어학 전공.
조명기 曺鳴基 Cho, Myung-ki 부산대학교 한국민족문화연구소 HK교수. 한국 현대소설 전공.
김미경 金美卿 Kim, Mee-kyoung 대구가톨릭대학교 역사교육과 강사. 중남미사와 역사교육론 전공.

부산대학교 한국민족문화연구소 로컬리티 연구총서 5

포섭과 저항의 로컬리티

초판인쇄 2013년 5월 1일 **초판발행** 2013년 5월 10일
엮은이 부산대학교 한국민족문화연구소
펴낸이 박성모 **펴낸곳** 소명출판 **출판등록** 제13-522호
주소 서울시 서초구 서초동 1621-18 란빌딩 1층
전화 02-585-7840 **팩스** 02-585-7848 **전자우편** somyong@korea.com **홈페이지** www.somyong.co.kr

값 26,000원 ⓒ 부산대학교 한국민족문화연구소, 2013
ISBN 978-89-5626-803-3 94300
ISBN 978-89-5626-802-6 (세트)

이 저서는 2007년 정부(교육과학기술부)의 재원으로 한국연구재단의 지원을 받아 연구되었음(NRF-2007-361-AL0001).

부산대학교 한국민족문화연구소
로컬리티 연구총서 05

포섭과 저항의 로컬리티

Locality of National Subsumption and Local Resistance

부산대학교 한국민족문화연구소 엮음

소명출판

포섭과 저항 그리고 전유하기

로컬리티 연구가 궁극적으로는 소통과 공생의 인간 삶터를 지향하지만 근대성의 중심주의에 포섭된 현실의 로컬은 차별, 억압, 대립, 저항으로 점철된 갈등의 양상을 첨예하게 드러내고 있다. 현실의 로컬이 드러내는 갈등의 양상들은 매우 다양하다. 그 가운데 근대의 국가 중심주의가 배태한 갈등, 즉 국가-로컬 또는 중심-주변의 역학관계에 기인한 갈등은 로컬의 삶을 피폐하게 만든 가장 중요한 요인 가운데 하나이다.

이러한 갈등의 양상은 포섭과 저항의 역학관계를 통해 작동하고 있다. 중심(국가)은 억압과 배제를 통해 강력한 포섭전략을 구사하며, 주변(로컬)은 이에 부단히 포획되면서도 비대칭적 관계 속에서 저항전략을 펼친다. 국가와 로컬 사이에서 작동하는 국가주의적 포섭과 저항의 메커니즘은 선명하지 않고 회유와 설득, 수동적 수용과 비틀기 그리고 미시전복의 시도가 전개된다. 한편 로컬 내부에서도 권력자와 피지배자, 남성과 여성, 주류와 소수자 사이에 은폐된 폭력이 작동하고 있다. 우리는 이러한 포섭과 저항의 갈등관계를 '제도와 권력'이라는 매개 고리를 통해서 드러내고자 한다. 그러한 메커니즘을 드러내는 작업은 저항의 계기를 마련하기 위해서도 필요하기 때문이다.

이 책에서는 포섭과 저항의 다양한 양상들을 전체적으로 조망하면서 동시에 세 가지 국면으로 나누어 구체적인 접근을 시도하였다. 서로 연관을 가지고 있는, 로컬의 일상과 로컬리티의 재구성 전략, 로컬 지배권력이 전개하는 공간배치와 이에 대한 공간전유 시도 그리고 로컬과 자기주체성의 실천이 바로 그것이다. 각 부의 구성과 내용을 소개하면 다음과 같다.

제1부 '로컬의 일상과 로컬리티의 구성'은 로컬의 일상에서 작동하는 제도와 권력이라는 매개고리를 통해 포섭이 작동하고 이에 맞서는 저항의 로컬리티가 구성되는 양상을 확인한다. 특히 국가 중심이 일상 속에서 로컬 주민을 회유하고 포섭하는 방식 그리고 여기에 맞서는 로컬 주민의 다양한 전유 방식에 주목한다. 먼저 「총동원체제하 생활개선캠페인과 조선인의 일상-식민도시 인천의 사회적 공간성과 관련하여」는 식민도시 인천에서 일본제국주의 총동원체제가 조선인의 일상을 통제하여 '황민'으로 포섭하는 방식과 통제를 둘러싼 길항관계가 작동하는 양상을 고찰했다. 이 글은 기존연구와 달리 생활개선캠페인을 통한 일상 규제가 순탄하게 전개되지는 않았다고 평가한다. 거주단위별 애국반과 직능별 보국단을 단위로 실행된 생활개선캠페인이 행정망 미비로 주민의 다수인 이주노동자와 도시빈민층 같은 '이질적 혼합집단'을 포섭하기가 쉽지 않았던 데서 그 근원적인 이유를 찾는다. 그리고 조선인의 일상에서 황민화사업의 파열은 바로 '전쟁 완수의 중추지대'인 인

천과 같은 항도港都 · 공도工都에서 시작되었다고 본다. 이러한 평가는 일제 파시즘 체제에 직면한 식민지 조선인의 수동적 회피와 주체적 전유 양상을 파악하는 일상사적 접근으로 발전할 계기를 제공한다.

「호남인들의 부산정착과 생활연결망」은 역시 항구도시인 부산에서 해역海域을 생활무대로 삼았던 호남인들이 20세기 초부터 전개한 영도影島 이주를 현장 조사하고, 이들이 정착 과정에서 작동시킨 생활연결망과 정착지에 새로운 로컬리티를 구성하는 계기와 과정을 치밀하게 검토했다. 그리고 주거지와 직업을 비롯한 일상생활의 필요에서 형성된 호남사람들의 생활연결망은 이것이 국가 권력이 조장하고 작동시킨 정치적 지역주의에 균열을 가하고 부산 영도가 악성의 지역주의 이데올로기가 비켜갈 수 있는 상대적인 안전지대가 되도록 만들었다고 평가한다. 이 연구는 미시적 소재 탐구에도 불구하고 영호남 지역주의라는 거시적 쟁점에 접근하며 다른 지역 출신들과 맺는 관계사적 접근을 과제로 제시한다.

「공공성과 로컬리티의 재구성 : 공적영역으로서 주민도서관을 중심으로」는 국가 공공성의 개인화와 자본의 상품화에 포섭된 로컬의 양상을 비판하고, 주민들이 함께 숙고 · 토론 · 참여하는 로컬 공공성을 저항적으로 모색한다. 이 글은 공적 · 사적영역의 변화와 로컬 공공성의 재구조화를 주민 삶의 재편과정에서 발견한다. 그러한 사례로서 주민도서관이라는 매우 구체적인 현장에서 주민들이 육아 · 교육과 문화 활동 그리고 지역 현안의 해결을 시도하면서 노동 행위의 위계적 · 수평적 분할과 기존의 감성분할을 폐기하고, 민주주의적 감성분할을 추구한 지점을 높이 평가한다. 이것은 주민도서관이 개인적 육아와 보살

핌을 공적영역으로 이끌어 내는 생활정치의 공간으로 전화하는 현장
에 관심을 기울이는 정치한 시도로서 주목된다. 공적영역과 사적영역
의 교차지점인 주민도서관이 수행하는 개인적 육아와 보살핌의 역할
에 주목한 이 연구는 일상의 미시적 삶의 영역에서 저항과 삶을 재구
성하는 생활정치를 통한 공공성의 실현에 관심을 기울여 공공성 논의
의 대상과 범주를 더욱 확장시키는 새로운 '가능성'을 열어준다.

제2부 '로컬 지배 권력과 공간배치'는 로컬에서 국가권력이 작동하
는 방식이 바로 공간 규모 재조정과 분할로 전개되는 데 착안하고 그
것을 로컬 주민들이 자신들의 공간으로 전유해 내는 양상에 초점을 맞
춘다. 「1990년대 이후 영국 노동당 정부의 로컬거버넌스 정책」은 노동
당 정부의 로컬거버넌스 정책을 검토하여 그것이 신자유주의 축적과
조절 전략이 도시경쟁을 비롯한 표상적 담론 경쟁을 촉발시켜 포섭하
는 정치적 구성물이며 구조적이고 선택적인 제도화가 추구되는 전략
적인 공간이라고 평가한다. 아울러 비판적 메타이론인 '신그람시주의
전략관계적 접근'으로 기존 국가공간이 광범한 국가기획으로 재구성
하는 공간기획을 검토하고, 공간규모 재조정rescaling에서 국가의 영향
력은 가변적이고 비결정적인 다중공간규모적 제도의 위계에서 작동
함을 지적한다. 그러나 로컬거버넌스에는 신자유주의 표상만이 아니
라 반-헤게모니적 저항과 협상 그리고 상호선택 담론에도 주목할 필
요가 있다. 신-코포라티즘적 주택 및 복지 조합, 대안 경제, 신윤리주
의, 인간적이고 민주적인 신경제, 신사회적 기업주의 담론 등이 역시
영향을 끼치는 복합적인 포섭과 저항의 공간 전략이 작동하는 영역이

기 때문이다.

「디아스포라적 공간으로서의 오사카 코리안타운의 로컬리티」는 재일코리안 디아스포라를 공간분할과 배치를 통해서 검토했다. 오사카시 이쿠노구 재일코리안 집주 지역인 '코리안타운'을 사례로 삼은 저자는 기존의 '민족중심' 디아스포라 연구가 본질적, 추상적, 이론적, 제도적 측면에 매몰된 것을 비판하고 구체성, 역사성, 다양성, 실천성 등을 드러내는 '로컬리티 중심'으로의 전환을 제안한다. 그 토대로서 현지인과 이주자가 뒤섞인 일상의 디아스포라적 공간diasporic space에 주목하고 이곳에서 집주지 형성에 따른 공간적 변용, 식민지 경험에 따른 독특한 역사적 맥락 그리고 트랜스-로컬의 네트워크를 읽어낸다. 디아스포라적 공간의 경험과 의미에 주목하는 이 글은 이를 통해서 차별과 배제가 공생으로 이어질 가능성을 탐구한다는 점에서 새로운 로컬 시민권 논의와 연결될 계기를 발견한다.

「제주해군기지 건설에 대한 로컬리티-기반의 이해와 로컬리티의 정치」는 최근 한국사회에서 현안이 된 제주해군기지 공간의 건설 문제를 두고서 글로벌 / 국가 / 로컬 차원에서의 로컬리티 담론 형식들과 그 실행의 문화정치적 맥락들을 독해한다. 이것은 로컬리티 담론의 위상 차이가 어떻게 우 / 열의 경계를 만들고 차별을 당연시하는 식민적 인식을 조작하며 사회적으로 포섭적 강제를 구사하는가를 조명한 것이다. 제주해군기지 건설의 경과와 문제점을 로컬리티의 담화적 구성을 위한 경합이라는 맥락에서 접근하는 저자는 위로부터 강행되는 담화와 실행을 국가 혹은 자본 주도의 로컬화의 산물이라고 비판하며, 로컬주민이 전통적인 관계 양식에 기초한 발화들에 접근하여 현재적

으로 의미화하는 새로운 차원의 로컬-기반의 저항적 궁리가 필요함을 강
조한다.

　제3부 '로컬과 주체성의 실천'은, 로컬이 일정한 규범을 수행하며 자
기주체화를 시도하는 양상에 주목한다. 국가중심의 일상 포섭과 공간
배치에 맞서 로컬이 다양한 전략과 전술을 구사하며 저항의 주체로 자
리매김되는 주체화의 양상이 연구의 초점이다. 「언어권리와 로컬의
주체형성 : 제주로컬어 부흥운동을 중심으로」는 로컬어 문제에 주목
하여 로컬인이 로컬어로 자유롭게 의사소통하고 불이익을 당하지 않
을 언어권리를 가졌다는 것과 국가적 차원의 제도(표준어 정책, 교제도, 방
송규범)와 개인 차원의 욕망이 그런 권리를 침해하는 양상을 설명한다.
또한 제도적 포섭에 맞서는 로컬의 주체적 자각 사례로서 제주의 로컬
어 부흥운동에 주목하여, 로컬어가 가진 '차이'를 '차별' 요인에서 '가치'
요인으로 재인식하고 로컬어의 위상을 높이려는 노력들을 「제주어
보전 및 육성 조례」 제정과 교육, 문화 등 다층적 차원에서 소개한다.
　그러나 로컬의 자기주체화가 긍정적인 양상만 드러내는 것은 아니
다. 「로컬 정체성을 둘러싼 갈등의 구조와 문화적 지배 : 강원 남부 폐
광지 사북을 중심으로」는 로컬 정체성을 둘러싼 주체들의 관계 양상
을 탐색하여 로컬의 자기주체화 기제의 은밀한 속살을 확인한다. 그리
고 저항 주체로서 로컬과 계급의 길항관계를 탐색한 결과 환유적 은유
와 제유의 선택적 결합은 탄광촌이라는 상징체계를 로컬 정체성 안으
로 포섭하는 방식이라고 밝힌다. 그리고 거기서 작동하는 로컬화의 기
제가 로컬 내부의 각종 이질성을 삭제하고, 위로부터 기획된 현재의

권력관계를 당연시하게 만든 결과 각종 권력에서 소외된 소수자들의 저항을 봉쇄하는 결과를 빚기도 한다고 평가한다. 이 연구는 지금까지 연구단이 연구 대상을 대도시에 집중한 경향을 넘어선 귀중한 성과로서 스케일 차원에서 중도시, 소도시 또는 농어촌 마을 별로 달리하여 작동하는 기제를 연구할 필요를 자극한다. 주체화 문제는 주체의 위상을 잠정적으로 획득하는 존재와 그렇지 못한 존재 사이의 위계와 배제 문제를 둘러싸고 정치적 헤게모니가 첨예하게 작동하는 양상에도 관심을 기울일 필요를 제안한다.

지금까지의 '포섭과 저항의 로컬리티' 연구는 주로 국가와 로컬의 관계에 집중해왔다. 「멕시코 치아파스주 사파티스타 봉기와 글로컬 대안 연대」는 글로벌과 로컬의 포섭과 저항 관계에 주목한다는 점에서 의의를 찾을 수 있다. 이 연구는, 사파티스타들이 멕시코 정부와 미국 및 전 세계 신자유주의 제국에 민족해방 전쟁을 선포하고 역사 속의 타자인 '민중'을 '민족'이라고 부르며 전 세계 인민에게 '원주민 되기'를 강조한 배경을 탐색했다. 라칸도나 정글에서 부사령관 마르코스가 총탄 대신에 '말'로써 투쟁을 선언한 것은, 무시와 망각, 억압적인 삶에 맞서 '민주적 공간'을 만들려는 목표에서 비롯했다. 역사 속의 모든 하위주체들의 권리를 위한 대항기억을 발굴하고 '소수자의 정치'를 요청하는 선언을 두고 저자는 로컬에서 시작하여 글로벌 정의 실현을 모색하는 글로컬 전략의 산물로 평가한다. 사파티스타의 민족해방 전쟁이 궁벽한 로컬에서 세상의 모든 소수자들-여성, 노동자, 농민, 성적 소수자들, 환경 운동가, 페미니스트, 인권운동가, 노조, 비정부기구NGOs 등 역사의 모든 타자들의 존재와 존엄성을 인식시키며 세계화에 포섭

된 존재들의 구출을 외친 것은 대안 세계화 나아가 대안 로컬 구성에
시사점을 제공한다.

이 책을 기획하면서 의미를 두고자 한 바는 다음과 같다. 우선 방법
론적 측면에서, 로컬을 둘러싼 포섭과 저항의 갈등 양상을 구체적으로
분석하기 위해 현장조사와 구술조사를 포함한 미시(사)적 접근방법을
시도했다. 전체사의 전망을 놓치지 않는 미시사적 접근은 로컬리티 연
구가 주목해야 할 유용한 방법론 가운데 하나이다. 다음은 공간적 관
점에 주목했다. 공간의 배치와 재구성은 신자유주의적 글로벌화 및 국
가권력의 로컬 포섭과 이에 대한 저항이 가장 잘 드러나는 영역이지만
기존의 인문학 연구는 이를 상대적으로 소홀히 다루었다. 끝으로 주체
와 실천의 문제를 강조했다. 로컬의 주체화와 이에 따른 실천은 국가
의 포섭전략에 맞서는 로컬의 저항에서 핵심을 이루는 쟁점이다. 로컬
주체의 권리 인식, 즉 주체화는 타자들의 존재와 존엄성을 인식시키며
글로벌화와 국가권력에 포섭된 로컬을 구출하여 대안적 재구성을 시
도하는 우리의 목표이다. 이것이 포섭과 저항의 로컬리티가 지향하는
방향이며, 이론과 실천의 결합을 강조하는 로컬리티 인문학의 연구방
향이다. 로컬의 시선에서 근대성의 국가중심주의가 배태한 병폐들을
드러내고 치유하고자 나선 이 책의 기획이 로컬리티에 대한 관심을 더
욱 자극하기를 기대한다.

2013년 2월
부산대학교 한국민족문화연구소
로컬리티의인문학연구단

차례

3부 – 로컬과 주체성의 실천

1부

로컬의 일상과
로컬리티의 구성

오미일 총동원체제하 생활개선캠페인과 조선인의 일상
식민도시 인천의 사회적 공간성과 관련하여

차철욱 호남인들의 부산정착과 생활연결망

하용삼 · 문재원 공공성과 로컬리티의 재구성
공적영역으로서 주민도서관을 중심으로

총동원체제하 생활개선캠페인과 조선인의 일상*
식민도시 인천의 사회적 공간성과 관련하여

오미일

1. 전시기 황민만들기로서의 대중캠페인

전시기 일제가 전쟁승리를 위해 식민지 조선에 수립한 총동원체제는 사람들의 생활양식과 의식세계, 나아가 사회구성방식에 큰 변화를 가져왔다. 생활 방면의 가시적인 예로서 色服 착용, 早起早寢, 시간 엄수, 敬老愛幼, 청결정돈, 위생방역, 근검절약, 자원 애호, 폐품 회수, 근로 연장 등 조목조목 수많은 '국민생활'의 지침들이 사람들의 일상을 규제하고 바꾸어 놓았다. 아침 6시 사이렌 소리에 깨어 일과를 마치고 잠자리에 들기까지 전시기 식민도시 조선인의 일상은 일본제국과 조선총독부 그리고 그 산하 각 관변기구에 의해 디자인되고 조직된 제국

---

* 이 글은 『한국독립운동사연구』 제39집, 독립기념관 한국독립운동사연구소, 2011.8에 게재된 글을 수정한 것이다.

의 2등국민, 즉 황국신민의 삶이었다.

조지 모스에 의하면 파시즘동원체제는 대중의 정치참여를 촉구하고 합의를 형성하기 위해 공공성을 창출하고 대중을 국민화한다.[1] 실제 총력전체제에 비판적이었던 일본 지식인 조차 전시동원체제의 일부 측면 즉 여성이나 그리고 오키나와인, 아이누족과 같은 국내 에스닉 마이너리티를 동원대상인 국민공동체로 편입하기 위해 국민 개념의 경계선에 변화를 가져온 것에 대해 젠더, 에스니티 문제와 관련하여 큰 진전이라고 평가하기도 한다.[2] 그리고 위생보건분야나 전사자·상이병 가족의 생활보장 등과 관련한 복지문제에서도 총력전체제가 가져온 부수적 효과에 대해 그러한 인식이 나타나고 있다. 그러나 식민지 조선의 경우 징병제의 예에서 보듯이, '국민' 경계의 확장은 단지 전쟁동원을 위한 정치적 표방일 뿐이었고, 사회적 원호도 미미했다.[3]

이 글에서는 일본제국주의의 총동원체제가[4] 어떻게 식민지 조선인의 일상을 조직하고 통제해나가는지 살펴보고,[5] 아울러 조선인 대중

---

[1] 조지 L. 모스·임지현 역, 『대중의 국민화』, 2008, 소나무.

[2] Tessa Morris Suzuki, 「서문」, 『動員·抵抗·翼贊 : 岩派講座 アジア太平洋戰爭』, 岩波書店, 2006.

[3] 그런 의미에서 이 글에서는 식민지 조선의 경우 1940년 10월 이후의 總力戰新體制도 총동원체제에 준하는 것으로 보고 '총동원체제'란 용어로 일원화했다.

[4] 전시기 총동원체제에 대한 연구는 현재 식민지시기 연구에서 가장 부진한 분야이다. 기존 대표적 연구는 다음과 같다. 최유리, 『일제 말기 식민지지배정책연구』, 국학자료원, 1997; 樋口雄一, 「太平洋戰爭下の女性動員 : 愛國班を中心に」, 『朝鮮史硏究會論文集』 32, 1994; 김민철, 「전시체제하(1937~1945) 식민지 행정기구의 변화」, 『한국사학보』 14, 2003; 연세대 국학연구원 편, 『일제 파시즘 지배정책과 민중생활』, 혜안, 2004; 이준식, 「일제 파시즘기 선전 영화와 전쟁동원 이데올로기」, 『동방학지』 124, 2004; 안자코 유카, 「조선총독부의 '총동원체제'(1937~1945) 형성정책」, 고려대 박사논문, 2006.

[5] 식민권력의 일상 통제와 관련한 대표적 연구는 다음과 같다. 이종민, 「전시하 애국반 조직과 도시의 일상통제 : 경성부를 중심으로」, 『동방학지』 124, 2004; 공제욱·정근식 편, 『식민지의 일상 : 지배와 균열』, 문화과학사, 2006.

은 어떻게 이 체제에 소극적으로 저항하는 가운데 '황민'으로 포섭되어 나갔는지 살펴보기로 한다. 총동원체제는 일본의 패전으로 종지부를 찍었으나, 그에 의해 조직된 '황민'의 일상은 '국민생활'로 그대로 존속되었다. 해방 후 생활개선캠페인은 지속되었으며, 한국전쟁이 발발하자 전시동원체제가 부활하면서 더욱 강력하게 전개되었다.

조선인의 황국신민화와 내선일체를 목표로 진행된 이러한 캠페인은 크게 두 가지 성격의 내용으로 나눌 수 있다. 하나는 신사참배·황거요배·황국신민서사 낭송·정오의 묵도·국기게양·기념일 등과 같은 의례장치를 매개로 정신적 측면에서의 일본정신 확립을 목표로 했고, 다른 하나는 색복장려·시간엄수·허례의식 폐지·소비절약·폐품 활용·보건위생의식 강화와 같은 생활개선을 통해 생산성 제고와 자원 확보를 목표로 했다. 일본제국주의는 인적 자원을 동원하기 위해 전자를, 그리고 물적 자원을 동원하기 위해 후자와 같은 대중캠페인을 실시했던 것이다. 그러나 양자는 기본적으로 전시기 식민지 대중의 의식과 일상생활에 대한 규제란 점에서 동전의 양면과 같은 불가분의 정책이었다.

일제는 전시하 식민지 조선의 일상 통제를 위해 1936년 이후 연례적으로 국민정신작흥주간·총후보국강조주간·경제전강조주간·저축보국강조주간과 같은 주간행사를 실시했으며, 1941년 국민총력운동이 전개되면서 주간캠페인을 월간실천철저사항으로 대체했다. 여기에서는 지면 제약상 주간행사 가운데 대표적인 국민정신작흥주간과 월간실천철저사항 같은 대중캠페인에서 가장 중점을 두었던 생활개선운동을 분석함으로써[6] 식민권력이 추진했던 대중의 일상 통제를 통한 황민만들기에 대해 살펴볼 것이다.

여기에서 주목하는 대중의 일상은 "반도는 일본의 엄연한 一地方"[7]이라는 공간 인식 속의 식민지 조선, 그 중에서도 전시체제기 중국대륙침략 병참기지의 전략거점이었던 인천이란 공간 경계속의 생활세계를 대상으로 한다. 식민도시, 그 중에서도 항만이 존재했고 경인공업지대의 중심지였던 인천은 농촌지역이나 다른 도시에 비해 인구 이동 비율이 매우 높았고, 따라서 식민권력의 일상 통제가 쉽지 않았으며, 또한 노동운동이 활발했던 지역이다.

본고에서는 총동원체제 확립을 목적으로 한 전시기 생활개선캠페인이 식민도시 인천지역 조선인 대중의 일상을 어떻게 규제하고 조직화했는지 살펴볼 것이다. 또한 일상생활은 지배전략과 저항전술이 만나는 지점이란 점에서, 그에 대한 연구는 식민권력이나 국가권력에 의한 지배의 관철과 그 연속성을 확인하는 것만큼 지배에 대한 균열과 저항을 시도하는 측면에 대한 관찰도 중요하다고 생각한다.[8] 따라서 여기에서는 대중캠페인을 매개로 한 식민권력의 일상 지배가 파열하며 균열되는 지점을 인천의 지리적 사회적 공간성과 관련지어 살펴보려고 한다. 이러한 작업을 통해 식민도시의 유산, 즉 생활개선캠페인

---

6 경제전강조주간(1938.8), 경제전강조월간(1939.12), 경제통제주간(1940.7.14~20)이나 총후보국강조주간(1938.4.26~5.2, 1938~12.15~21)도 생활개선캠페인과 관련하여 중요하지만, 지면 제약상 여기에서는 다루지 않는다.
또한 1941년 이후 서술이 상대적으로 소략하여 전시기 지역사회 파악에 한계를 보이는 것은 주요 자료인 신문 발행이 전시기에 들어서 원활하지 않았기 때문이다. 즉 조선어신문이 1940년 이후 폐간되고, 또한 대상지역인 인천에 대해 가장 상세한 기사를 제공해주는『경성일보』도 1941년 이후 면수가 축소되었다.

7 兩角達爾,「半島は日本の一地方である」,『총동원』1권 2호, 1939.7, 31쪽.

8 정근식,「식민지 일상생활연구의 의의와 과제」,『식민지의 일상 : 지배와 균열』, 문화과학사, 2006, 19쪽.

의 기제와 '국민생활의 일상'이 어떻게 오늘날 여전히 '생활 속의 식민세계'로 작동하는지 접근할 수 있을 것으로 기대한다.

2. 인천지역 생활개선캠페인과 식민권력의 일상 통제

1) 1936～1938년 전반 황민화정책과 생활개선캠페인

생활개선운동은 한말～1930년대 전반까지 다양한 세력들에 의해 주도되었다. 그 실천방법이나 내용은 크게 차이가 없었다고 할 수 있지만, 각기 상이한 목표와 목적을 가졌다는 점에서 시대적 정치적 배경에 주의를 요한다. 생활개선운동은 개화기 이래 계몽운동의 일환으로 전개되었다. 1920년대에 지역에서는 청년회와 조선물산장려회 지회, 신간회 지회가 주도하여 민족운동의 일환으로 혹은 봉건적 관습과 허례의식을 버리고 '근대인'으로 재탄생하기 위한 대중계몽 차원에서 전개되기도 했다.

그러나 여기에서 주목하는 '황민만들기' 목적의 생활개선캠페인은 1930년대 초 농산어촌진흥운동에서 시작되어 전시기에 들면서 도시로 확산, 본격화되었다.[9] 1930년대 후반 이후 전개된 생활개선캠페인은 일상적 삶의 방식과 신체를 통제함으로써 총동원체제로 대중을 포섭 동원하기 위한 장치였다.

---

9 婦人問題研究會員 趙圻烘, 「生活改善について」, 『총동원』 1권 3호, 1939.8; 『朝鮮に於ける國民精神總動員』, 조선총독부, 1940, 33쪽.

도시에서 생활개선캠페인이 본격적으로 추진된 것은 1936년 11월 7일~13일의 國民精神作興週間 실시를 계기로 했다. 이 주간행사는 1923년 11월 10일에 발포된 「국민정신작흥에 관한 조서」[10]를 기념하기 위한 것으로, 종전에는 주로 조선총독부와 각 관청, 그리고 학교에서 조서봉독식을 거행하는 형태로 이루어져 왔다. 그러나 1936년부터 11월 10일의 전후 일주간을 국민정신작흥주간이라 정하고, 이후 매년 전국적인 국민운동으로 전개하기 시작했다.

〈표 1〉 1936년 인천지역 국민정신작흥주간 일정과 행사(11.7~13)

週日	행사와 실천사항
제1일 敬神崇祖日	각 관공서는 오전 8시 반 출근 일제히 인천신사에 참배, 각 학교에서는 敬神崇祖에 관한 訓話를 하여 兒心에 그 관념을 주입
제2일 건강증진일	국민보건라디오체조의 勵行
제3일 敬老愛幼日	오후 1시부터 공회당에서 부내 在住 80세 이상 고령자 133명을 초청, 三幼稚園兒·兩소학교·사립보통학교아동의 유희와 府에서 선물하는 鶴龜菓子赤飯으로 위로하는 恒例行事. 학교에서는 경로애유에 관한 훈화 실시.
제4일 克己忍苦日	全府에 국기 게양. 오전 8시부터 인천신사 後庭에서 기념식 거행(각 학교직원, 중등학교 생도대표, 각 관공서 敬化本支部員, 각종 단체 각 町總代, 부민 일반이 참가). 학교·관공서·은행·회사에서는 오전 10시부터 詔書 奉讀 거행.
제5일 생활개선일	토모노카이(友の會)는 인보관에서 '友愛세일'을 개최하고, 色服 착용 장려
제6일 공덕심함양일	도로 하수의 청소
제7일 보은감사일	府民 일반은 정오에 皇居遙拜. 학년별로 좌담회를 열어 報恩感謝의 관념 강조

자료 : 「國民精神作興週間各地の行事」, 『경성일보』, 1936.11.8.

---

10 「사설 : 국민정신작흥주간」, 『매일신보』, 1939.11.8. 조서의 요체는 "국가 興隆의 本은 국민정신의 작흥에 있다"는 것으로, 조서가 공포된 배경에는 1923년 관동대진재가 발생하여 물적 인적 손실이 막심한 난국을 타개하고 국민의 일치단결을 끌어내기 위한 사회정치적 의도가 작용했다.

〈표 1〉은 1936년 인천지역 국민정신작흥주간의 행사와 실천사항이다. 週間日의 각 명칭과 실시 날자는 전국적으로 동일했지만, 구체적인 행사 내용은 지역사정에 따라 조금씩 달랐다.[11] 제1일 敬神崇祖日, 제2일 건강증진일, 제3일 敬老愛幼日, 제4일 克己忍苦日, 제5일 생활개선일, 제6일 공덕심함양일, 제7일 보은감사일로 정해진 이 주간 행사 기간에는 관료, 학생뿐만 아니라 일반인도 府廳과 학교에서 판매하는 국기 마크를 佩用했다.

주간행사의 초점은 경신숭조 즉 천황과 조상에 대해 경배하고, 공덕심 함양·경로애유·보은감사를 통해 국가와 사회의 규범, 질서의식을 계몽 전파함으로써 국민정신을 고양하는 데에 있었다. 그러나 이러한 국민의 정신교화 만큼 강조했던 것이 국민이 일상적으로 국가와 사회를 위해 실천해야 하는 생활규범이었다.

생활개선일에 실천항목으로 제시된 것은 대개 무起무寢, 청결정돈, 부엌에서의 낭비 억제, 근검저축으로 冗費 절약 등이었다. 아울러 위생방역 관념 고취를 위해 선전인쇄물을 배부했으며, 시간 엄수 또한 강조되어 오전 6시와 오후 6시에 싸이렌을 울렸다. 특히 이날 인천지역의 '토모노카이友の會'는 '友愛세일'을 열고 色服 착용 장려행사를 전개했다. 또한 건강증진일의 체력증진을 위한 보건체조 장려와 각종 체

---

11 예를 들어 주간의 둘째 날인 건강증진일의 경우 인천에서는 국민보건라디오체조 실시가 특히 강조되었으나, 경성에서는 이 외에도 府廳과 教化聯合會가 주도한 修養團의 무起 운동, 청소년 健兒團의 야외훈련, 경성운동장 무료 개방, 등산 遠足, 각 武道場에서 演武, 경성학우영화회에서 건강증진에 관한 영화 상영 등 다채로운 행사가 있었다(「國民精神作興週間各地の行事」, 『경성일보』, 1936.11.8; 「국민정신작흥주간 경성부와 教化聯合會의 행사」, 『매일신보』, 1936.10.26).

육대회 개최, 공덕심함양일의 도로 하수 청소·神社 미화작업·기타 공공근로 등도 역시 생활개선 실천내용이었다.

1937년 국민정신작흥주간(11.7~13)에 인천지역 생활개선캠페인은 더욱 철저하고 적극적으로 전개되었다. 먼저 경기도당국에서는 운동지침으로 '社會風潮一新生活改善十則'을[12] 제작했는데, 그 주요내용은 보국근로, 누습 타파, 국산품 애용, 낭비 금지, 사치풍조 타파 등이었다. 경기도는 생활개선일 하루 전에 선전 목적으로 廣州에 생활개선십칙 삐라와 도지사 및 총독의 성명서 10만여 장을 愼항공사업사에 의뢰하여 공중살포했다. 이로 보아 정신작흥주간일 중에서도 비행 살포를 할 정도로 가장 선전에 힘썼던 것은 생활개선이었음을 알 수 있다.

경기도청의 구체적인 일정과 주요 실천내용은 〈표 2〉와 같은데, 이 지침은 각 부·군에 시달, 실행되었으며, 인천부의 국민정신작흥주간 행사도 대개 이 지침대로 진행되었다.

〈표 2〉에 나타나듯이, 주간 첫 날에는 종전과 같이 인천의 각 관공서, 단체, 학교생도와 일반 府民이 오전 9시 仁川神社에 참배하고 週間實施奉告祭를 집행한 것을 시작으로 각종 행사가 전개되었다. 제2일은 근로존중일인데, 주요 행사로 인천중학교에서 武道大會를 개최하고 尚武精神을 배양했다. 이는 중일전쟁이 발발한 직후의 전시상황에서 군수물자 생산을 위해 근로의식을 고취하고, 또한 예비군사력을 강화

---

12 十則의 내용은 ① 時艱의 극복 일치단결 ② 不動의 정신으로 困苦에 인내하라 ③ 협력일치하여 총후를 지키라 ④ 일하라! 개인과 국가를 위하여 ⑤ 常備하라! 모든 역량을 ⑥ 陋習의 타파, 형식보다 정신 ⑦ 연구하여 물품을 활용하라 ⑧ 舶來品보다는 국산품 ⑨ 낭비를 금하여 국력을 배양하라 ⑩ 전쟁엔 이겨도 사치에 지라! 등이었다(「생활개선운동을 제창」, 『매일신보』, 1937.11.2; 「명일부터 정신작흥주간」, 『동아일보』, 1937.11.7).

〈표 2〉 1937년 경기도와 인천부의 국민정신작흥주간 일정과 실천사항(11.7~13)

	경기도 실천지침	인천부 실천사항
제1일 神社參拜 國體明徵	오전 9시 신궁 신사에 단체 혹은 자유로 참배할 것	오전 9시 신사참배 / 주간실시봉고제
제2일 근로존중 努力奮鬪日	사무능률의 향상에 대하여 일층 노력할 것 / 능률증진에 관한 강연회 개최	인천중학교 道場에서 武道大會 개최
제3일 생활개선 反省戒心日	사회풍조일신생활개선십칙 齊讀 / 각 관서에서는 일제히 廳內의 물품을 정리할 것 / 用紙類 절약의 철저 / 廳員 菊花品評會 개최 / 자택 내외의 정리 정돈 청소를 하되 특히 오전 6시 반을 기하여 도로와 하수의 소제를 실행할 것	'衛生데이' 행사로 오전 6시 30분부터 각 가정에서 門前門外 소제와 정돈 / 하수구 소독 / 井水 소독 실시
제4일 克己忍苦 시국인식일	詔書奉讀 및 총독성명 낭독식 / 전원은 당일 히노마루도시락을 지참할 것 / 금주금연의 실행 / 절약금은 傷病兵 위문자금으로 수집하여 보낼 것	오전 9시 인천신사에서 각 정회 총대, 方面委員, 鄕軍, 防護團, 부인단, 청년단, 유지 등 5백여 명이 참여한 가운데 조서봉독식, 총독성명낭독식을 거행
제5일(11) 公德實行 公共奉仕日	각처 신사 공원의 美化에 참가 / 防護團의 연습 실시 / 전화응답을 신속히 할 것	
제6일(12) 敬老愛幼 건강증진일	徒步登廳 실행 / 양로원 보육원 방문	永井부윤이 고령자 130명을 초대하여 경로회. 각町에서도 총대 주재로 長壽者慰安會 개최 / 학교에서는 年長者에 대한 존경사상을 강조하고 황국신민체조를 실시 / 경찰서에서는 道場에서 간부와 部將의 對抗武道大會 거행.
제7일(13) 報恩感謝 國民親和日	'聖上陛下 일상의 一端에 관한 謹話' 謹讀 / 鄕閭의 父兄과 舊師에 대하여 반드시 音信을 發할 것 / 군인에게 격려 감사장 발송	오전 9시 인천부와 관공서, 학교와 각종 단체에서 皇居遙拜, 황국신민의 서사 제창. 盡忠報國 맹서 / 오후 2시 공회당에서 체신성 촉탁 服部東一씨의 '시국과 가정생활의 재정비'란 강연회 개최.

자료 : 「풍조일신 생활개선」, 『매일신보』, 1937.10.30; 「心身淸らかに神社に參拜」, 「國民精神作興週間 第1日 仁川の行事」, 「仁中の武道大會」, 「嚴肅に詔書奉讀, 國民精神作興週間の第四日」, 「二重の歡喜爆發, 仁川の祝賀旗行列」, 『경성일보』, 1937.11.9・11.10・1937.11.11; 「인천의 위생데 : 전염병 퇴치와 생활개선 兼行」, 『조선일보』, 1937.11.6.

하려는 의도에서 비롯된 것이었다.

제3일은 생활개선일인데 이를 反省戒心日로 칭한 것은 기존 생활방식과 습관을 반성하고 황민의 생활로 거듭나자는 의미이다. 즉 "반성이 없으면 태만·사치·安逸함이 생기고 悲觀·실망·원한이 생기므로 자기성찰과 생활반성의 노력을 해야 한다"는 것이다.

위생데이이기도 한 이 날, 오전 6시 30분부터 각 가정에서는 門前門外 소제와 정돈, 하수구 소독, 우물 소독을 실시했다. 또한 일본의 太原 점령과 日·獨·伊 三國防共協定 체결 소식이 보도되면서 인천중학교 교정을 출발점으로 4개 班이 편성되어 학교 아동을 선두로 악대를 앞세우고 깃발 행렬이 개최되었다.

국민정신작흥조서환발기념일인 제4일은 시국인식일로 역시 오전 9시 인천신사에서 각 정회 총대, 方面委員, 鄕軍, 防護團, 부인단, 청년단, 유지 등 5백여 명이 참여한 가운데 조서봉독식과 함께 총독성명낭독식을 거행했다. 이와 같은 행사가 각 관공서, 학교, 공장 등에서도 똑같이 거행되었다.

제6일 敬老愛幼 健康增進日에는 永井부윤이 고령자 130명을 공회당에 초대하여 경로회를 열고 茶菓를 향응했으며, 유치원아동 꽃봉오리 회원 등의 遊戱로 노인들을 위안했다. 또한 각 町 총대인 方面委員과 협조하여 町內의 長壽者慰安會를 개최했으며, 각 학교에서는 年長者에 대한 존경사상을 강조하고 황국신민체조를 실시했다. 그리고 경찰서에서는 오후 3시부터 道場에서 간부와 部將의 對抗武道大會를 거행했다.[13] 건강증진은, 전시 하 군사력과 생산력 증강의 차원에서 기본적으로 국민 體位의 향상이 중요한 문제였기 때문에 캠페인의 중요 사항 가운데 하나였다.

---

13 「第六日仁川の行事」,『경성일보』, 1937.11.13.

제7일 報恩感謝 國民親和日에는 인천부에서 오전 9시 청사 屋上에서 皇居遙拜를 행하고 황국신민의 서사를 제창했으며, 기타 관공서·학교와 각종 단체에서도 황거요배하고 盡忠報國을 맹서했다. 오후 2시에는 공회당에서 열린 체신성 촉탁 服部東一의 '시국과 가정생활의 재정비'란 강연회에 각 부인단원, 고등여자보통학교 생도 등 다수의 청중이 참석했다.[14]

이와 같이 주간일 명칭이나 행사 내용은 1936년과 비교해 크게 다를 바 없지만, 주간일 행사와 관련하여 경기도청과 긴밀한 연락관계를 유지하며 지침을 전달받았음을 알 수 있다. 국민정신작흥주간에 인천지역 조선인의 일상은 가정 부인의 경우 주로 정회와 부인단체를 통해, 그리고 학생은 학교근로보국대, 직장인은 직장근로보국단을 통해 캠페인에 동원되었다. 이들은 각 생활공간에서 색복 착용, 소비절약, 자원애호, 시간엄수 등의 세부적인 실천지침을 내용으로 하는 생활개선 캠페인에 동원됨으로써 하루 일과와 일상을 규제받았다.

위에서 살펴보았듯이 1936년과 1937년 국민정신작흥주간은 내선일체를 목표로 한 황국신민화 사업으로, 크게 보아 국민정신 교화와 국민생활 개선이란 두 가지 방향으로 전개되었다고 할 수 있다. 이 주간 캠페인은 총독부의 통첩에 제시된 가이드라인에 따라 경기도와 인천부, 그리고 각 경찰서 등의 행정관서가 직접 구체적인 행사 프로그램을 수립하고 지시했으며, 대개 町會, 부인단체와 사회단체, 각급 학교가 이를 실행했다. 국민정신총동원조선연맹(이하 정동조선연맹으로 줄임)

---

14 「報恩感謝日 仁川の行事」, 『경성일보』, 1937.11.14.

이 조직되기 이전에 생활개선캠페인의 하부 행정조직망은 정회였으며, 정총대가 이를 실행했다. 그러나 1938년 7월 1일 정동조선연맹이 조직되고,[15] 7월 7일 '지나사변1주년기념일'에 국민정신총동원인천연맹(이하 정동인천연맹으로 줄임)이 설립되면서 인천지역 생활개선캠페인의 중추적인 실행 기구로 기능하기 시작했다.

2) 1938년 후반~1940년
국민정신총동원인천연맹의 생활개선캠페인

(1) 국민정신총동원인천연맹의 결성

국민정신총동원조선연맹은 일본보다 1년 늦게 1938년 7월 조직되었다. 그러나 이미 1932년부터 '準國民運動으로서 農産漁村振興運動'이 실시되고 또 미나미 총독 부임 이후 1936년 가을부터 국민정신작흥주간이 시작되었다는 점에서, 조선의 정동운동은 일본보다 선도적이었다.[16] 특히 조직체계에서 탁월했으니, 하부 실천기구인 애국반은 일본의 隣組보다 앞선 것으로 정동연맹 및 각종 연맹의 세포로 운동의 실천적 중심을 이루었다.

정동조선연맹의 지도방침에는 일본정동의 지도방침인 "擧國一致,

---

15 杉田芳夫 편, 『朝鮮に於ける國民總力運動史』, 국민총력조선연맹, 1945, 244~245쪽. 국민정신총동원조선연맹의 준비과정과 결성에 대해서는 최유리, 앞의 책, 국학자료원, 91~93쪽 참조. 조직체계에 대해서는 「國民精神總動員組織圖解」, 『총동원』 창간호, 1939.6, 45쪽 참조.

16 御手洗辰雄, 『南總督の朝鮮統治』, 경성일보사, 1942, 304쪽.

堅忍持久, 盡忠報國"에 더하여 "一視同仁"이 추가되었는데, 이는 황국
신민화를 통한 내선일체가 조선정동운동의 요체이자 가장 중요한 핵
심목표였음을 뜻한다.[17] 정동조선연맹이 조직되기 이전인 1937년 9월
부터 학교를 시작으로 관공서·회사·공장 등에서 매월 1일 혹은 15
일 하루를 애국일로 정하고 그 행사로 神社·神祠 참배, 皇居遙拜, 황
국신민의 서사 암송 등을 실행했던 것도 '조선인의 일본정신 훈련'이란
차원이었다.

정동조선연맹은 "精動運動의 가장 적절하고 긴급한 것으로 생활혁
신"을 추진했다. "정동운동의 단위는 가정생활이고 가정생활의 사소
하다고 여겨지는 모든 일이 이 운동의 眞髓로 투철되어야 한다"는 것
은 곧 가정의 일상생활에 대한 통제와 포섭을 의도한 것이다. 특히 '가
정의 유력한 요소가 主婦'임을 강조한 것은 정동운동의 기초인 생활개
선캠페인에서 가정생활과 소비를 담당하는 주부·여성을 '황민'으로
적극 포섭하려 했음을 의미한다.

정동인천연맹은 1938년 7월 5일 저녁 8시 인천공회당에서 98개 단
체, 5백여 단체 대표자들이 모여 발회식을 거행했으며, 7월 7일 인천
신사에서 연맹결성봉고제와 각 보국단결성봉고제를 행했다.[18] 경기
도를 제외한 다른 지방에서 대개 8월 이후에 지방연맹이 조직된 것과
달리 인천연맹이 선두로 조직될 수 있었던 것은[19] 이 해 3월 설립된 인

---

17 최유리, 앞의 책, 86~87쪽.
18 「國民精神總動員聯盟の支部 けふ仁川で發會式」, 『경성일보』, 1938.7.5. 인천연맹의 지
   도부는 단장 : 永井照雄(부윤), 부단장 : 間井最一·樫原梅次郎, 이사 : 金泰勳 외 10인이
   었다.
19 丸山雄治, 『北支戰線と銃後の仁川』, 築地活版所, 1939, 70쪽. 경기도에서는 1938년 7월 7

천방호단과[20] 8월 초에 결성된 인천부군사후원연맹[21] 같은 기존 조직 망을 활용했기 때문이다. 즉 정동인천연맹은 기존의 군사후원연맹 가 맹단체인 재향군인인천분회, 청년단, 방호단, 정회, 소방조, 부인단체, 각종 동업조합 등을 근간으로 결성되었던 것이다. 따라서 정동인천연 맹의 지도부 역시 인천부군사후원연맹의 인적 진용으로 꾸려졌다.

결성 당일 정동인천연맹의 실행 세포로 町會 구역을 단위로 각호의 主婦를 단원으로 하는 가정보국단, 직업별 보국단, 부두 인부·토목청 부업자를 망라하는 근로보국단을 결성했다. 가정보국단은 36구로 나 누어 산하에 903개의 반(15,071호)을 두었으며, 직업별 보국단은 관공 서·은행·회사·공장에 인원이 많을 경우 分團, 인원이 적을 경우 班 을 두어 44분단 32반, 31,744명을 조직했다. 그리고 근육노동자들은 인 부공급업자들과 합쳐 근로보국단을 조직하여 5개 분단, 9반의 1,371명 을 조직했다.

정동인천연맹의 실천망은 부내 각 급 학교에도 미쳤다. 각 소학교

일에 3부 20개 군에서 각기 정신총동원연맹이 결성되었고, 7월 15일 이들을 묶어 경기도 연맹이 결성되었다. 경기도 사회과에서는 총후의 완벽을 기하기 위해 남자뿐만 아니라 여성 동원의 방법을 강구하던 중 7월 25일 경기도정동여자연맹을 결성했다. 반면 정동 부산연맹은 1938년 8월 6일 결성되었다(「京畿道聯盟遂結成 15일 도청에서 發會式」, 『조 선일보』, 1938.7.16; 「國民精神總動員京畿道聯盟 愈よ誕生」; 「精神總動員女子聯盟も結 成」, 『경성일보』, 1938.7.14·7.21).

20 仁川防護團은 도시 防空陣의 강화를 위해 각 반별로 기본훈련을 시행한 후 수차의 방공 연습을 실시하여 모범 방호단으로 군부의 보증서까지 받았다.

21 인천부군사후원연맹은 1937년 8월 3일 밤 각 町會, 재향군인회, 청년단, 기타 각종 단체 등 118개 단체와 그 대표자 백여 명이 참가한 가운데 설립되었다, 군사후원연맹의 설립 으로 유가족 위문, 육군병원 위문, 출정 군인의 환송 등을 이전에 비해 규율적으로 처리 할 수 있게 되었다. 장기전체제로 들어가면서 군사후원연맹은 1938년 8월 1일 인천부군 사후원상담소를 설치하고 군사부조에 관한 조사 알선, 군인가족의 직업 상담알선, 자제 교육상의 상담 알선, 출정 군인의 호적 수속, 기타 家事에 관한 상담 지도를 했다(丸山雄 治, 앞의 책, 1939, 62~67쪽).

아동 1만여 명이 7월 21일 근로보국단에 가맹했으며, 먼저 여름방학을 이용하여 5일간 옥외노동을 통해 근로보국에 앞장서기로 했다. 같은 날 중등학교도 경성의 조선신궁 앞에서 열린 경기도학교근로보국대 결성식에 각 대표가 참여한 후 학교별로 보국대 결성식을 거행했다. 예를 들어 인천상업학교 학생 5백여 명은 21일 오전 인천상업근로보 국대 결성 후 먼저 1, 2, 3학년생은 인천공설그라운드로 행진하여 풀을 베고 場內 정지작업을 했으며, 4학년생은 주안염전의 製鹽작업을 실시 하여 첫 날의 근로봉사를 마쳤다. 인천고등보통여학교는 근로보국대 결성 후 전체 생도 460명이 교정의 정리, 校舍 청소와 함께 군용 셔 츠·眞綿의 제작으로 여성의 意氣 고양을 위한 근로봉사를 실시했다.

정동인천연맹은 결성 후 가장 먼저 각 보국단 지도부의 교육을 위해 이사장 이하 역원이 강사가 되어 연맹 결성의 취지, 활동방침에 관한 강습회를 1개월간 개최했다. 각 보국단의 간부에 대한 교육이 끝난 이 후에는 각 町 보국단 별로 월례간담회를 개최하고 연맹에서 간부를 파 견하여 현 시국에서 국민이 갖추어야 할 자세와 실천해야 할 사항에 대해 설파했다.

이때 강조한 실천사항은 ① 국체관념의 明徵(황국신민이란 투철한 자각, 매일 아침 궁성요배, 국기의 존중과 게양) ② 시국 인식 ③ 생활의 쇄신 ④ 소 비절약과 저축의 勵行 ⑤ 皇軍 장병 및 그 가족에 대한 감사였다. 생활 의 간이화, 합리화를 목적으로 한 생활쇄신의 구체적인 지침은 색복 착용, 迷信陋習 타파, 허례 폐지, 시간 준수, 태양력 勵行 등이었다.[22]

---

22 丸山雄治, 위의 책, 1939, 71쪽.

인천연맹은 '절약보국'의 방편이자 또한 생활개선의 기초적 사항으로
祝儀·儀禮 비용을 절감하기 위한 구체적 지침을 정하여 참가단체에
통첩하고 장려했다.[23]

이와 같이 인천 주민들은 이제 각자의 일상과 의식세계를 정동인천
연맹의 산하 기구인 가정보국단과 직업별 근로보국단(학교 보국대)을
통해 규제받고 그에 의해 수시로 동원되어야만 하게 되었다. 그러면
정동조선연맹과 정동경기도연맹의 지도하에 정동인천연맹이 주도한
주간캠페인을 통해 전개된 생활개선운동에 대해 살펴보자.

(2) 1938~1939년 국민정신작흥주간

1938년 10월 정동조선연맹은 현 시국에서 經濟戰에 대처하기 위해
가장 절실하게 중요한 것이 생활개선이므로 전시국민생활기준양식의
확립과 그 실행방책을 결정하기 위해, 官民 각계 일본인과 조선인 명
망가 97명을 망라하여 비상시국민생활개선조사위원회를 설치했다.
위원회는 의식주·의례와 사회풍조·부인문제 연구 각 3부로 나누고,
각 부별 小委를 조직하여 논의한 후 마침내 '비상시국민생활개선기준'
을 발표했다.[24] 衣(6조) / 食(4조) / 住(5조) / 儀禮(7조) / 사회풍조(5조) 등
5개 항목으로 나누어 총 27개 조항을 제시한 '비상시국민생활개선기

---

23 「十一萬仁川府民에 儀禮簡易化 提唱」,『매일신보』, 1938.8.11 석간. 그 지침은 ① 祝旗
   폐지 ② 관혼상제에 弔旗花環은 祝儀香典으로 대용할 것 ③ 고인의 慰靈燈籠의 증정은
   폐지하고 中元贈呈은 최소한도로 戰歿將兵 英靈에는 町內에서 일시에 거행하고 유족에
   게는 물품보다 金錢으로 할 것 ④ 時節衛生에 주의하여 호열자 赤痢 예방약을 복용하여
   건강 保持에 유의할 것이었다.
24 「비상시국민생활을 위한 생활개선위원회」,『매일신보』, 1938.10.26;「비상시국민생활
   개선기준」,『총동원』창간호, 1939.6, 43~44쪽.

준'은 조선인의 생활개선에 초점을 둔 것으로, 일본 내각정보부의 '戰時國民生活十戒'와 비교해 훨씬 세밀하게 일상을 규제하고 있다.[25] 정동조선연맹의 생활개선캠페인이 일본연맹의 그것보다 훨씬 강도 높게 진행된 것은 식민지 대중을 일본제국의 국민으로 만드는 엄격한 자격 검증절차였기 때문일 것이다.

정동조선연맹은 생활개선위원회가 작성한 이 안을 발표한 후 민간위원 43명을 선발하여 11월 3~11일 일주일간 전국 3백 개소에서 시국재인식과 생활쇄신을 내용으로 하는 순회강연과 좌담회를 개최했다.[26] 20만 개의 애국반에 포섭되어 있는 1천만 명의 반원에게 생활개선을 실천하도록 선전하는 이 대대적 행사는 국민정신작흥주간행사로 이어졌다.

경기도청은 조선총독부의 지시에 따라 국민정신작흥주간의 지도를 위한 구체적 3대 요강을 각 계층별로 나누어 발표했다.[27] 그 내용은 ① 생활에 여유있는 자 및 지도적 지위에 있는 자는 금후 長期作戰에 대한 시국 인식을 한층 철저하게 하고 생활쇄신에 솔선수범을 보일 것, ② 청소년층 특히 학도들이 시국의 추이를 확고하게 인식하도록 하고 長

---

25 또한 1939년 7월 일본의 국민정신총동원위원회에서 제창한 '國民生活綱要'에는 무起運動, 報恩感謝, 大和協力, 근로봉사, 시간엄수, 절약저축, 심신단련 등 7가지 항목을 제시했는데 비해, 같은 시기 정동조선연맹의 실천요목에는 '비상시국민생활개선기준'을 비롯해 매일아침 황거요배, 신사참배, 기회 있을 때마다 황국신민서사 朗誦, 국기 존중·게양의 勵行, 국어생활의 勵行 등 21개 조목을 망라하고 있다(「생활쇄신강화」, 『총동원』 1권 3호, 1939.8, 18~19쪽; 杉田芳夫 편, 앞의 책, 1945, 89~90쪽).

26 「개선할 조항 결정되면 廿萬愛國班 솔선실천」, 『매일신보』, 1938.10.26; 「全鮮三百ヶ所へ生活改善の講師決定」, 『경성일보』, 1938.11.1.

27 「來月 7일부터 실시될 國民精神作興週間」, 「京畿의 精神作興行事」, 『매일신보』, 1938.10.16·11.8.

期建設을 위해 적은 것부터 물자절약을 하도록 지도하며 次代의 국가를 담당할 기운을 견지하도록 할 것, ③일반 부인회를 각성케 하여 가정보국의 念을 앙양함과 함께 비상시 가정생활양식의 확립에 관해 충분한 연구 공부를 시키고 그 실천을 촉진할 것이었다. 경기도청은 "주방으로부터 출발하여 생활경제의 새로운 건설로 향하도록 하기 위해" 여류명사 10여 명으로 구성된 부인강연반을 20개 군에 파견하여 강연회와 좌담회를 통해 부인들의 생활개선을 지도하게 전개했다.[28] 이는 생활개선의 주요 실천 대상을 가정경제와 소비를 담당하는 부인층으로 설정했음을 의미한다.

아울러 정동경기도연맹도 정동조선연맹이 발표한 3대 요강을 각 府郡에 지시했다.[29] 주간일은 종전과 같았으며, 실천내용도 크게 다르지 않았다.[30]

한편 인천부는 정동조선연맹과 경기도연맹에서 지시한 국민정신작흥주간의 지도요항을 근간으로 하여 府 차원의 지도요항을 별도로 발표했다. 이 지도요항에서는 특히 생활개선에 관해 "각 町 가정보국단 및 부인단체는 서로 협조하여 가정보국의 이념을 앙양함과 함께 비상시 가정생활양식의 확립에 관해 충분한 협의를 수행, '합의사항'을 약정하고 그 철저한 실천을 기할 것"이라고 실행단체와 실천방식에 대해 구체적으로 명시했다. 이에 정동인천연맹 산하 가정보국단과 각종 근

---

28 「각군에 부인강연반 파견 생활개선운동 강조」, 『매일신보』, 1938.10.30.
29 「京畿의 精神作興行事」, 『매일신보』, 1938.11.8.
30 「詔書渙發記念日中心국민정신작흥주간」, 「정신작흥주간제2일행사」, 「정신작흥주간제3일행사」, 「국민정신작흥주간의 제4일을 기하여」, 『매일신보』, 1938.11.7 · 11.8 · 11.9 · 11.12.

로보국단, 그리고 町會靑年團, 부인회 등이 각기 구체적인 實踐要項을 정하고 실행에 나섰다.[31]

1939년 국민정신작홍주간에 주목할 점은 애국반에 대한 통제를 강화했다는 점이다. 즉 정동경기도연맹에서는 전시태세의 강화, 공사생활의 쇄신을 위해 '애국반활동기준'을 제정하고 산하 각 연맹에 통첩하여 11월 1일 애국일부터 이를 준수하도록 지시했다. 또한 매월 1일 애국일에 애국반의 常會를 개최하도록 했다.[32]

행사주간에 정동조선연맹과 정동경기도연맹의 지침에 따라 정동인천연맹이 주도한 인천지역 각종 행사와 실천사항은 〈표 3〉과 같았다.

〈표 3〉을 보면 종전의 국민정신작홍주간일과 거의 비슷하지만, 주목할 것은 제2일 절미실행일이 신설되었다는 점이다. 이는 당시 식량문제가 매우 중요한 사안이었음을 나탸낸다. 1939년경 일본에서도 평년작을 넘지 못하고 특히 조선에서는 미증유의 한해로 인해 식량문제가 긴박해지자 주간일로 설정했던 것이다.[33] 그리고 종전 주간일의 경우 반드시 생활개선일이 설정되었으나 이 때에는 보이지 않는데, 절미실행일과 근로봉사일, 보건증강일의 실천내용이 생활개선에 해당되는 것임을 알 수 있다. 결국 생활개선일이란 명칭은 사라졌지만, 그 실천사항은 내용적으로 확장된 셈이다. 그리고 제3일이 전국적으로는 자원애호일인데 인천에서는 근로봉사일로 진행된 점이 주목된다.

행사주간에 실시된 생활개선캠페인의 목표는 비상시국에 부응한

---

31 「仁川府の指導要項」, 『경성일보』, 1938.11.8.
32 「町聯盟의 애국반원 常會로 총동원령」, 『동아일보』, 1939.11.1.
33 「사설 : 국민정신작홍주간」, 『매일신보』, 1939.11.8.

〈표 3〉 1939년 인천지역 국민정신작흥주간 행사와 실천사항(11. 7~13)

주간일	실천항목(인천의 주요 행사)
제1일 皇軍感謝日	
제2일 節米實行日	① 早起 결행, 가정생활과 사회생활에서 시국에 부응하지 못하는 점이 없는지 반성할 것 ② 각 가정에서는 비상 시 생활양식의 확립 및 節米의 철저한 실행을 기할 것 ③ 연료 특히 석탄 연탄의 부족에 대처하기 위해 대절약을 계획하고 실행할 것 ④ 町聯盟에서는 愛國班會를 개최하고 町內에서 합의사항을 만들어 차후 철저한 실행을 기할 것 ⑤ 각종 보국단은 각기 직업에 따라 시국하 국책의 線에 부응하는 단체생활 또는 개인생활의 양식을 확립함과 함께 晝食은 芋粥으로 하는 등 방책을 강구할 것 ⑥ 학교에서는 생활개선·절미실행·연료절약 등에 관한 훈화를 하고 가정에서 실천할 것
제3일 근로봉사일(자원애호일)	① 町聯盟 애국반은 町內 청소, 폐품 수집 ② 관공서·은행·회사·공장에서는 30분씩 일찍 근로하고 사무실 책상 등을 정리정돈하고 사무용품의 절약 및 능률 증진에 노력할 것 ③ 공장에서는 근로증대, 능률증진에 노력하고 적당한 공부실행을 할 것, 資材의 변통에 노력할 것 ④ 학교는 근로봉사 자원애호에 관한 훈화를 행하고 학용품의 절약에 노력할 것 ⑤ 각종 보국단에서는 神社 神祠 사원 공원 육군기지 도로 등의 청결미화 등 적당한 근로봉사작업을 행할 것
제4일 詔書渙發紀念日	각호에 국기 게양, 오전 8시 50분부터 인천신사에서 조서봉독식 거행, 式에 참가곤란한 단체는 오전 9시를 기해 국민정신작흥에 관한 조서봉독식 거행. 前記 式에 참여하지 못할 시는 오전 9시 싸이렌에 맞추어 1분간 묵도할 것, 장기건설의 聖業 성취를 위해서는 '시국의 平常化' 즉 現下의 시국은 그대로 평상화해야할 것이란 점을 인식하고 이를 일상생활 상에서 구현화할 것
제5일 가정보국일(敬老愛幼)	
제6일 보건증강일(勤勞倍加日)	
제7일 克己精勵日	

자료 : 「けふ節米實行日」, 「努めよ근로봉사」, 「作興週間第三日行事」, 「作興週間第四日, 仁川の行事」, 『경성일보』, 1939.11.8·11.9·11.10; 「사설 : 국민정신작흥주간」, 『매일신보』, 1939.11.8.
비고 : 주간일의 ( )는 다른 지역의 주간일 명칭임.

가정·사회 생활의 실천이었다. '시국의 평상화' 즉 현재의 전쟁시국을 그대로 평상화해야 할 것이란 점을 인식하고 이를 일상생활에서 구현하는 것이었다. 이를 위해 구체적으로 早起早寢, 節米, 연료절약, 폐품 수집과 자원 재활용, 자원 애호, 청결미화 등의 실천사항이 제시되었

다. 또한 국민정신작흥주간이 끝난 직후인 14~18일에는 결핵예방국
민운동이 대대적으로 추진될 정도로 전시하 후방에서는 보건문제도
매우 중요한 사안이었다.[34] 이는 "개인의 건강조차도 개인의 것이 아
니니, 우리 한 사람이 병이 나서 하루 업무를 쉬게 되면 그만큼 일본의
국력이 감소하기 때문"이라고 하여[35] '건강한 신체 = 생산력이자 군사
력으로 동원의 대상'이라고 인식했기 때문이다.

3) 1940년 중반 이후 국민총력인천연맹의 생활개선캠페인

(1) 국민총력인천연맹으로 전환과 생활신체제의 확립

1940년에 들어서서 독일의 유럽 점령이 확대되는 가운데, 일본 고노에近
衛文麿 내각은 정치신체제 수립을 제기했다. 정치 경제 문화 등 종래의 모
든 존재방식에 근본적 검토가 가해지고 國體의 本義에 기초한 모든 면에
서의 신출발이 신체제운동으로 차츰 진전되면서, 국민정신총동원중앙
연맹뿐만 아니라 정당도 해소하고 10월 12일 大政翼贊會를 결성했다.[36]

이에 따라 조선에서도 1940년 10월 7일 카와시마川島義之 정동조선연

---

34 14일에는 이발업자의 건강진단, 하수구·路上의 청결, 버스·택시·인력거의 일제 소독,
소독차에 의한 요리점·음식점의 일제 소독, 가로 放尿의 금지, 16일에는 공장직원의 건
강진단, 공장보건 기본조사, 17일에는 각 학교에서 아동의 건강진단, 위생사상의 보급
및 체조운동을 실시하고, 18일에는 각 가정에서 피복침구의 日光消毒, 취사식기류의 소
독 세척 등이 실행되었다(「葬れ! 亡國病 結核豫防國民運動へ」,『경성일보』, 1939.11.14).

35 前朝鮮文人協會長 香山光郎, 「생활신체제의 윤리」,『국민생활논총』3, 1941.11.

36 杉田芳夫, 앞의 책, 1945, 42쪽; 「동아신체제 수립에 매진, 近衛新內閣의 성명」,『삼천리』
제12권 제8호, 42~43쪽.

맹 총재가 사임하고 미나미 총독이 취임했으며, 16일 정동조선연맹이 국민총력조선연맹(이하 총력조선연맹으로 줄임)으로 개편되었다. 조선의 신체제운동의 성격과 기구, 그 운용에 대해서는 1940년 10월 16일 열린 임시도지사회의에서 있은 미나미총독의 訓示에 잘 드러난다.[37] 이에 따르면 신체제운동은 "자기를 버리고 천황으로 歸一하며, 자신 전부를 들어 국가에 봉사하는 것이 일본정신의 본질이며, 국가 비상의 경우 이 정신이 응결되어 공고한 萬民翼贊의 체제를 취하는 것"을 목적으로 했다. 일본의 명칭을 추수한 정동연맹과 달리, 독자적으로 국민총력연맹으로 호칭한 이유는 대정익찬회란 명칭이 대중에게 정치운동이란 이미지를 줄 우려가 있고, 또한 각자가 봉사적 실천의 총력 발휘를 한다고 하는 취지를 살리기 위해서였다.

신체제가 정동 체제와 다른 점은 종래 행정당국과 정동은 이원적 체계였는데, 이제 총독이 총력연맹 총재, 정무총감이 부총재를 겸임함으로써 행정조직과 국민운동 조직이 완전히 일체가 된 점이다. 이는 내각 총리대신이 일본 대정익찬회의 총재가 되는 규정을 답습한 것이었다. 반면 대정익찬회는 개인을 단위로 하여 단체의 가입을 인정하지 않았지만, 총력연맹은 단체의 가입을 인정했으며 유력한 단체일 경우 그 대표자를 평의원으로 참가시킨 점에도[38] 차이가 있다.

그리고 규약도 종래 정동조선연맹 참가 시에는 자유의지가 보장되었지만, 이를 '조선에 있어서 중단체 및 개인으로써 조직한다'로 고쳐

---

37 조선총독 南次郎, 「總力の發揮 : 10월 16일 新體制に關する臨時道知事會議に於ける訓示要旨」, 『국민총력』 2권 11호, 1940.11, 15쪽.
38 杉田芳夫, 앞의 책, 1945, 45쪽.

의무적인 국민조직이란 취지를 명확하게 했다. 이에 따라 총독부 및 각 도내에 국민총력과가 설치되었으며, 정무총감을 위원장으로 하여 관계 局課長, 조선군 관계관, 총력연맹 전무이사 기타를 위원으로 하는 국민총력지도위원회가 총독부 내에 설치되었다.

신체제가 종래의 총동원체제보다 더욱 국가주의, 일본주의를 강조하고 대중의 일상 통제를 강화했음은 총력조선연맹의 이사진 구성에서도 그대로 드러난다. 즉 총력연맹의 이사에 산업부장, 관계 각 과장뿐만 아니라 특히 도경찰부장이 당연직으로 참여함으로써 각종 일상적 실천에 경찰의 규제와 감시가 원천적으로 개재되게 되었다.

국민총력인천연맹(이하 총력인천연맹으로 줄임)은 1940년 10월 27일 발회식을 거행하고 활동에 들어갔다. 초기에는 신체제 관련 표어를 모집하고 실천계몽에 집중했다. 이후 총력인천연맹은 종전 77개소의 정회를 재편성하여 총대 1인이 담당한 호수를 4백 호로 결정하고 호수가 많은 곳은 총대를 4인 이상으로 하여 사무를 분담하도록 했다.[39] 즉 주민 통제의 강화와 효율성을 목적으로 정회를 재편했던 것이다.

총력인천연맹은 "신체제에 조응하는 생활을 실천함으로써 生活維新을 이루어야 한다"는 총력연맹의 지침에 따라 생활개선캠페인을 추진했다. '생활신체제'의 내용은 生活簡易化든, 위생사상의 보급이든, 방화방범문제이든 가정생활이 주요한 내용이었다.[40]

---

39 「정회를 재편성, 국민총력인천연맹서 계획」, 『매일신보』, 1940.11.9.
40 국민총력조선연맹, 『국민총력독본』, 1941, 55쪽.

(2) 전시국민생활강조주간(1940.9.5〜11)

1940년 8월 중앙, 경기도, 경성의 세 정동연맹은 '전시국민생활신체제기준안'을 확립하여 발표했다. 그러자 정무총감은 이를 8월 1일부터 일제히 실시하도록 각 도에 통첩을 발했다.[41] 이로 보아 정동이 총력연맹으로 조직개편되기 이전부터 이미 생활신체제운동은 시작되고 있었음을 알 수 있다.

'전시국민생활신체제기준안'에 근거하여 1940년 9월 5일부터 일주일간 '전시국민생활강조주간'이 실시되었다.[42] 이 주간행사는 "고도국방국가의 건설에 전 국민이 환희봉사하려 하는 새로운 기구인 신체제"를 국민생활에서 구현하려는 목적으로 실시되었다. 이 주간행사에서는 특히 "상공업관계자를 비롯해 회사·공장·광산 등 경기좋은 산업관계 단체의 깊은 반성과 강력한 실행"을 촉구한다는 것으로 보아 유력한 경제계 인사나 군수산업 관련 단체가 종래 캠페인에 적극적으로 참가하지 않았음을 알 수 있다.

경기도에서는 9월 7일부로 '전시국민생활체제 확립에 관한 실시요강'을 각 부군에 통첩했는데, 그 내용은 〈표 4〉와 같았다.

총력연맹에서 발표한 '전시국민생활체제확립기준안'에서는 크게 황국정신의 앙양, 생활의 쇄신 두 가지를 들고 있는데 반해, 경기도가 통

---

41 「생활쇄신운동에 정신 앙양을 강조」, 『매일신보』, 1940.9.9. 이 기준안은 크게 '적극적 권장사항', '소극적 억제사항'으로 나누고, 적극적 권장사항은 ① 일본정신의 발양 ② 體位向上施設 ③ 교양위안시설 ④ 의식주의 개선, 그리고 소극적 억제사항은 13개의 항목으로 구성되었다(「物心兩方面에 긴장쇄신」, 『동아일보』, 1940.8.2; 「戰時國民生活體制를 확립」, 『매일신보』, 1940.8.2).
42 제1일에는 戰時國民生活體制確立祈誓大會가 열렸고, 제2일 國語日, 3일 步行日, 4일 체육일, 5일 근로일, 제6일은 反省日이었다.

<표 4> 경기도 통첩 '전시국민생활체제 확립에 관한 실시요강'(1940.9)

1. 일본정신의 발양	매일 아침 궁성요배
	신사참배
	神祠奉祀
	국기 게양
	국어생활
2. 체육 향상시설	근로봉사작업의 보편화 촉진
	라디오체조 및 황국신민체조의 철저적 보편화
	학교운동장의 개설
	회사·공장·광산 등에서 體位向上施設의 보급장려
	예방주사의 철저
	간이진료시설의 활용
	保健食의 보급장려
3. 일상생활 쇄신	의복 : ①국민표준복 장려 ②새로 짓지 말고, 華美하고 사치한 것은 입지 말 것 ③장신구 소지를 억제할 것 ④慶弔에는 통상복에 儀禮章을 붙임으로써 예복 폐지
	음식 : ①외식 금지 勵行 ②근로자의 도시락 지참 勵行 ③來客 향응은 一汁一菜로 하고 음주 금지 ④1일 1회 대용식(여관에서도) ⑤연회의 억제와 회비의 切下 ⑥취사는 주부가 맡아 하고 사람을 쓰지 말 것
	거주 : ①환경의 미화를 꾀하여 정원을 만들고 채소와 화초 심기를 장려 ②宅地 空地의 이용 ③라디오 설치 이용 ④주택조합의 설치 장려
	의례 : ①의례준칙에 따를 것 ②葬祭에는 자동차를 제한하고 영구차의 뒤를 따르는 자동차와 인력거는 최소한도로 제한할 것 ③化輪의 폐지 ④의례전보 치는 것을 억제할 것 ⑤遣送出迎은 특별한 경우 이외에는 절대로 폐지

자료 : 「京畿道の通牒, 戰時生活新體制確立へ」, 『경성일보』, 1940.9.8; 「道民의 전시생활구체안」, 『매일신보』, 1940.9.8.

첩한 <표 4>에서는 '체육 향상시설' 항목이 추가되어 있다. 이는 종래 강조되어온 군사력과 생산력 증강의 목적에서 체력 강화, 건강증진, 예방주사 실시, 보건 장려를 내용으로 했다. 생활쇄신에서는 의복·음식·거주·의례 네 항목으로 나누어 구체적인 실시요강을 제시했다.

<표 5>는 전시국민생활강조주간에 실시된 인천지역의 주요 행사와 실천사항을 정리한 것이다.

<표 5> 인천지역 전시국민생활강조주간(1940.9.5~9.11)

주간일	실천사항
제1일 感謝日	오전 7시 싸이렌으로 궁성요배, 정오에 묵도, 신사 참배
제2일 國語日	일상에서 말할 때 외국어를 쓰지 말 것
제3일 體育日	라디오체조와 운동을 철저히 할 것
제4일 徒步日	출근자나 생도아동들은 전차를 타지 말고 걸어 다닐 것
제5일 근로일	각 애국반에서는 일제히 근로작업, 町內 合同大掃除도 실시할 것
제6일 반성일 (절약일)	반지끼고 굽 높은 구두 신고 괴물같은 부인모자와 파마 등의 총후를 어지럽게 하는 행동을 철저히 반성하고 연회 같은 것도 억제하는 등 갖가지 방면으로 절약하도록 힘쓸 것
제7일 저축일	저금을 많이 하도록 하고 폐품도 잘 걷어 모을 것

자료 : 「90만 부민을 동원, 국민생활쇄신주간」, 「전시국민생활제6일 반성일」, 『매일신보』, 1940.8.29・9.10.

<표 5>를 보면 체육일에는 건강증강을 위해 라디오체조와 운동을 철저하게 하고, 근로일에는 공공근로나 대청소와 같은 작업을 실시하는 것 등은 종래와 똑같았다. 제6일 반성일(절약일)은 기존의 소비적인 생활을 반성하고 절약하자는 취지로 종래의 생활개선일(반성계심일)에 해당된다. 특히 "반지끼고 굽 높은 구두 신고 괴물같은 부인 모자와 파마 등으로 총후를 어지럽히는" 부인의 소비생활에 대해 반성을 촉구하는 내용이 주류를 이루었다. 이는 앞의 "화려하고 사치한 것은 입지 말고 장신구는 되도록 착용하지 않는다"는 전시생활체제확립실시요강의 내용에 기초한 것이다.

연료절약을 강조하기 위해 별도로 도보일을 설정하고, 또한 저축일을 설정한 것은 전시 물자부족을 이겨내기 위한 방안이었다. 이는 당시 소비절약과 저축장려, 폐품 수집, 자원 애호를 실천방안으로 하는 경제전강조주간캠페인에서도 강조하는 내용이었다.

(3) 월간 실천사항과 생활개선

　앞에서 살펴보았듯이 종래 인천지역 생활개선캠페인은 정동인천연맹이 주도하는 국민정신작흥주간행사를 비롯한 각종 주간행사를 통해 주로 선전되고 실천되어 왔다. 그러나 국민총력운동이 전개되면서 월별로 실천철저사항을 정하고, 이를 산하 기관에 통첩하여 실행하게 했다. 따라서 종래의 주간은 대부분 폐지되었다. 이는 주간일이 행사성이 강하다고 보고 이를 항상적이고 일상적으로 실천하기 위해 월간 실천철저사항으로 변경한 것이다. 이는 정동연맹이 총력연맹으로 재편되면서 생활개선캠페인이 훨씬 강화되었음을 의미한다.

　월간실천철저사항은 중앙연맹의 통첩을 받아 총력인천연맹 幹部常會에서 논의하여 결정하면, 다시 각 町연맹과 常會를 열어 협의를 마친 후 애국반에 전달되었다. 인천지역 주민은 애국반을 통해 월간실천사항을 전달받고 이를 실행해야 했다. 인천의 조선인 대중이 채권소화액과 국방헌금을 할당받고, 저축책임액을 배정받으며, 道路改修·神社 확장 등 皆勞運動에 동원되는 것은 모두 町別 혹은 직능별 애국반을 통해서였다.

　총력인천연맹 월간실천철저사항은 1941년 12월의 경우 "감사보은, 황군위문, 연료절약, 허례 폐지, 양력 勵行, 不正强賣商을 주의, 防諜 주의, 靑壯年 國民登錄"이었다. 그리고 1942년 2월에는 "황군위문품 발송, 舊正月 폐지, 6억저축달성운동, 獅子島 함락 축하, 薪炭 절약, 皆勞運動 철저화, 물자절약이었다. '방첩' '국민등록' 조항 이외에는 종래의 각종 주간행사 때 거론되던 실천사항과 크게 다르지 않음을 알 수 있다.

　1944년 9월의 실천철저사항을 살펴보자.

① 결전 하 총후국민의 의복생활은 간소하고 활동에 지장이 없도록 할 것. 남자는 9월 1일부터 국민복에 각반을, 여자는 몸뻬 상착을 하도록 할 것 ② 매월 개최하는 반상회에는 되도록 초중등학교의 교원과 부연맹 이사를 참석시켜서 지도를 받을 것 ③ 징병적령자를 중심으로 한 16세부터 25세까지 국어 미해득자를 대상으로 국어강습회를 개최할 것 ④ 가을채소의 적지파종을 잃지 말고 채소조합으로부터 할당된 면적을 반드시 파종시켜서 오는 가을채소는 자급자족을 기도할 것 ⑤ 미영 격멸의 피마자도 이제는 익어가므로 한 톨이라도 허비치 말고 많이 거두도록 할 것 ⑥ 노무자 원호에 대해서는 애국반 단위로서 노력할 것.[43]

이를 보면 실천철저사항이 종전에 비해 매우 구체적이면서 또한 다급한 전시상황을 그대로 반영하고 있음을 알 수 있다. 먼저 의복 사항에서 남자는 국민복, 여자는 몸페 착용을 실천하도록 했다.[44] 총력인천연맹은 "결전 하 총후국민의 의복생활이 결전복을 갖추어야 한다"고 여러 차례 강조해왔는데도 실천이 미흡하자, 총력인천연맹 이사와 방위지도부원인 인천경찰서 간부 부인회원, 각 町會長으로써 '의복생활가두지도돌격대'를 편성하여 길거리에서 오고가는 사람의 의복을 관찰하여 결전복장이 아니면 통행을 중지시키고 그 자리에서 고치도록 주의를 주었다. 실천사항을 권장·독려하는 데에서 나아가, 가두에서 직접 지역민의 실천상황을 점검, 규제했던 것이다. 당시의 의복 규제

---

43 「仁川府民 9월 실천철저사항」, 『매일신보』, 1944.8.23.
44 일본에서는 1940년 11월 1일 '국민복령'이 공포되었는데, 조선에서는 이보다 앞서 1938년에 제정되었다(공제욱, 「일제의 의복 통제와 '국민'만들기」, 『사회와 역사』 67, 2005 참조).

는 사치 금지·소비절약이란 측면에서만 아니라, 간편한 복장으로 전
시후방생활의 긴장감을 유도하고 또한 근로작업의 생산성을 고양하
려는 의도에서 캠페인의 중점 사항이었다.

3. 식민도시 인천의 지배 균열과 사회적 공간성

1) 식민지배와 일상통제의 균열 양상

앞에서 살펴보았듯이 정동인천연맹과 그 후신인 총력인천연맹이
주도한 국민정신작흥주간행사와 월간실천철저사항에서 강조하는 생
활개선은 결국 전시체제에 부응하는 후방 국민생활양식의 선전 장려
를 목적한 것이었다. 카와시마 정동 총재의 언급에서 잘 나타나듯이
"현재(전시기)는 명치유신에 匹敵할만한 일본의 대전환기이므로 개인
의 자유, 私益의 추구를 主眼으로 하는 옛 사상을 근본으로부터 청산하
고 천황을 중심으로 하는 새로운 국가제일주의에 의해 모든 것이 갱생
되지 않으면 안된다"는[45] 인식하에 생활개선캠페인에 의한 일상 개조
를 통해 조선인을 황민으로 재탄생시키고자 했던 것이다.

그 외에 관변단체인 양 기관이 주도한 총후보국강조주간(1938.4, 1938.
12)·경제전강조주간(1938.8)·경제통제주간(1940.7)과 도청이나 부청·경찰

---

[45] 精動朝鮮聯盟總裁 川島義之, 「古き思想を淸算して新生活體制を創建しよう」, 『총동원』
2권 10호, 1940.10, 18쪽; 「川島精動總裁談發表, 전시국민생활체제 금일부터 一齊實施」,
『매일신보』, 1940.9.1.

서에서 수시로 개최한 좌담회나 강연회, 그리고 기타 반관단체나 민간단체 주도의 鄕軍大會·시국간담회 등에서도 생활개선이 주요 사안이었다. 이들 행사와 집회에서 강조된 생활개선의 내용은 처음에는 주로 의복 개량과 간소화, 節米·混食·代用食 문제, 물자절약과 폐품 이용, 저축 등이었으나, 1940년에 들어서면서 차츰 지원병제도 관련, 방공훈련 등 정치군사적 내용이 강화되었다.

농촌에 대한 제국주의의 통제는 이미 1930년대 초 농산어촌진흥운동부터 행해졌지만, 도시민에 대한 통제가 행해진 것은 전시체제기에 들어서 정동조선연맹·총력연맹 등 각종 관변 단체 그리고 직능별 지역별 조직이 결성된 이후였다. 특히 전시기 식민권력의 대중통제를 담당한 중추기관이었던 정동과 총력연맹의 경우 도연맹-府邑面聯盟-町洞聯盟의 사다리식 조직 그리고 町會聯盟 하의 10호 단위로 구성된 애국반이란 세포조직으로 식민도시의 조선인을 통제했다.

그러나 "도시 精動의 활동은 불가능하다", "半島 애국반의 치열한 총후활동에 관한 많은 美談佳話가 생겨나고 있지만 이는 거의 대부분 농촌지역이고 도시 애국반은 볼 만한 것이 없다"는 嘆聲이 나올 정도로 도시의 일상은 식민권력이 의도하는 국민생활과는 거리가 멀었다. 오히려 식민체제에 깊이 포섭되어 있을 것으로 생각되는 도시의 지식인이나 유산계급일수록 더욱 그러했다. 이러한 사실은 1940년 2월 카와시마 총재가 "일부 지식계급이 시국인식을 그르쳐 정동운동을 남의 일 같이 비판적 태도로 대하고 있는 것은 대단히 유감이다. (…중략…) 이것은 서양풍의 물질문명에 빠진 사람들이 일본정신을 沒覺한 결과이니 일본정신이 있다면 솔선하여 애국반에 충실해야 한다"고 경고한 것을 보아도 알 수 있다.

1940년 4월경에도 국민정신총동원조선연맹 스스로 "도시의 정신총동원운동의 실적이 대개 불충분한 것은 부정할 수 없는 사실"이라고 시인할 정도로 대도시의 일상 통제와 대중 포섭은 제대로 이루어지지 않고 있었다. 그래서 도시의 정신총동원을 위해, 먼저 지도계급과 번성한 산업의 관계자가 실천궁행하여 모범을 보이는 태도로 나서지 않으면 안 된다고 강조했다.[46]

그러나 식민도시 인천의 경우 일상 통제를 통한 대중의 포섭은 쉽지 않았다. 국민정신 교화와 생활개선캠페인이 병행되었음에도 불구하고, 전시국민생활양식을 준수하는 '황민'으로의 개조가 쉽지 않았음은 지역의 전반적인 사회분위기에서 감지할 수 있다. 즉 당시 강도·절도 등의 사회범죄 증가, 아편 密賣와 흡입자의 증가, 密造酒의 증가로 인천경찰서와 세무서에서는 그 단속과 적발에 골몰하고 있었다. 仁川署 관내 범죄는 强竊盜 건수와 피해금액이 1937년 1,210건 11,310원, 1938년 1,744건 59,601원, 1939년 1,798건 166,123원으로 해가 갈수록 증가했는데, 이에 대해 당국은 사변의 장기화에 따른 민심의 이완을 나타내는 것으로 보았다.

敷島町 유곽촌 주변에는 술 먹고 심야에 상가의 유리창을 깨는 등 별별 악행을 다하는 "주정군과 깽, 불량배들 즉 시국을 인식치 못하고 비국민적 태도를 취하는 자들"이 들끓고 있었으니 인천의 일부 공간에

---

46 국민정신총동원조선연맹, 「昭和十五年度國民精神總動員運動方針」, 『총동원』 2권 4호, 1940.4. 이때 '번성한 산업'이란 주로 군수산업을 말한다.

서는 이러한 '비국민적 생활'이 일상화되어 있었다. 이는 정동운동이 가열차게 진행 중이던 1938년 9월경 인천경찰서 당국이 음식점 등의 업소가 카페, 빠로 전업하고 여급과 작부를 채용하여 오히려 이전보다 영업성적이 증가하는 상황에 대해 총동원운동의 취지와 소비절약에 어긋난다고 업소 신규허가와 여급 충원을 불허하는 등 대책 마련에 나서는 데에서도 알 수 있다. 1939년에도 여전히 인천경찰서에서 매월 1일 애국일에 후방 국민생활의 自肅自戒를 위한 구체적인 지침을 요리점과 환락가에 시달하고, 또한 애국일에 한정하지 않고 환락가는 자숙해야 한다는 사회여론이 지속적으로 제기되는 점에 비추어 당시의 생활개선 캠페인이 그다지 효과적으로 침투되지는 못했음을 알 수 있다.

또한 연말경계 때에는 '국민생활에 포섭되지 못한 자'들로 인천경찰서 유치장이 초만원을 이룰 정도였다. 그리고 조선인 빈민이 주로 거주하는 송현정·송림정·화평정 등지에는 아편굴이 형성되어 있었다. 비국민적 생활은 특수하게 제한된 공간의 현상이 아니었으니, 인천의 주변 거리 어디서든 국민생활에 포섭되지 못한 룸펜과 걸인의 일상을 쉽게 목도할 수 있었다. 상류층 부인의 사치생활은 소비절약과 생활개선의 대상으로 항상 거론되었으며, 경제경찰의 단속 강화에도 불구하고 전쟁 인플레를 틈 타 한 몫 보려는 경제사범도 계속 증가했다.[47] 또한 인천경찰서에서 파악하고 있는 浮浪少年만 약 300명이었고, 이 가운데 50명은 松林町의 更生館에 수용되어 직업 지도를 받았다.

---

47 「꼬리무는 경제사범, 10월 중 인천서만 삼십여건」, 「줄지 않는 경제사범」, 『매일신보』, 1940.11.21·11.10.

이와 같이 인천지역에서도 생활개선캠페인의 실행기구인 정회와 각종 보국단(보국대)에 포섭되지 못한 유곽이나 거리 같은 일부 공간에서는 후방 국민생활의 균열이 심각하게 나타나고 있었다. 그리고 가정과 학교에서, 또는 직장에서 문제시되고 있는 사치스런 부인·불량소년·각종 경제사범과 실직으로 자살하는 소년직공·공장에서 탈출한 여공과 같은 '비국민'의 포섭공간으로부터의 일탈은 어느 측면에서는 바로 생활개선캠페인에 대한 저항의 코드이기도 했다.

2) 균열과 저항 작동의 사회공간적 배경

인천지역은 이미 '국민'의 자격조건을 부여받은 일본인의 거주비율이 다른 지역에 비해 높았고, 바로 이 점 때문에 앞에서 언급했듯이 중일전쟁 이후 각종 관변단체가 일찍 조직될 수 있었다. 그런데 식민권력에 의한 각종 일상통제기구와 그 장치가 선도적으로 도입되었던 식민도시 인천에서 조선인의 포섭이 상대적으로 지체되고 미약했던 것은 무엇 때문일까? 이를 인천의 지리적 조건, 그리고 사회적 공간성과 관련하여 살펴보자.

지리적 공간성과 관련하여 인천은 충남·황해도 등 국내 각 지방과 연결되고 상해·텐진 등 중국 항로를 연계하는 지정학적 위치로 인해 노동력과 아울러 상품이 이동하는 유출입 경로였다. 생활개선캠페인에서 빠지지 않고 등장하는 전염병 방역·청소 등의 보건위생문제가 인천지역의 경우 다른 도시보다 항시적으로 긴급한 실천사항이었던 것은 이러한 지리적 조건에 기인했다. 이는 중국대륙과 출입 유통이 크게 증가한 전시기에는 더욱 그러했다. 인천은 일본 혹은 중국으로 가는 상품의 유통경로이자 출병 군인·선원의 출발지였고, 이에 부수되는 전염병의 감염과 밀수와 밀항·탈주의 장소였다. 더구나 일자리를 찾아 타 지역에서 혹은 중국에서 온 노동자들의 혼잡하고 궁핍한 삶이 전개되는 장소였다. 그런 면에서 인천은 금지된 유통이 행해지는 교차지점이면서 '통제하기 어려운=위험한' 혼합집단의 공간이었다.

세도瀨戶 경기도지사는 1944년 2월경 인천 初度巡視에서 "인천은 전쟁 완수의 중추지대로서 서해안의 중요한 항구인 港都, 工都인데, 전력증강에 있어서는 인천항의 하역이 최고로 發해야 즉 일본의 전력 확충에 이바지하는 바이다. (…중략…) 그리고 인천항은 日露戰役, 日淸戰役과 역사적으로 유서가 깊고 이번 대동아전과도 관계가 긴밀하므로 20만 府民은 모두 전투배치의 태세로 일치협력하여 증산과 수송에 최고도의 총력전을 실행해야 한다"고 설파했다. 이는 이 시기 일본제국주의의 인천 공간에 대한 역사적 지정학적 시각을 잘 요약한 것이다. 전쟁 완수를 위해 일본제국주의가 부과한 생산 확충이란 사명과 기계기구공업·물자 수송이란 측면에서 인천이 점하는 경제지리적 위치가 바로 식민권력의 포섭과 조선인 대중의 탈식민 원심력이 작용하는 지점이었다.

이러한 역사지리적 조건에 기초한 사회적 공간성과 관련해서는, 첫째 인천이 경인공업지대의 중심지로 발전하면서 노동자 유입이 크게 증가한 점을 들 수 있다.

다음의 기사는 당시 인천의 상황을 압축적으로 잘 표현하고 있다.

대인천 건설과 아울러 공도 인천으로 비약적 발전을 정하고 있는 반면에 각처에 몰려드는 빈곤자의 노동자도 나날이 격증되고 잇는 현상일뿐 아니라 금년은 南鮮地方의 격심한 한발로 인하야 생활난에 쪼기여 역시 인천항으로 몰려드는 경향이 만타고 하는 바 이와 갓흔 현상에 따라 불량자의 수효가 느러가고 또한 도난사건도 빈발할 경향이 만을 것으로 이것을 미연에 방지하기 위하야 인천경찰서에서는 도난방지의 철저와 불량자 취체를 엄중히 하고 잇한다.[48]

개항 이후 정미업을 중심으로 주로 식품공업이 발달했던 인천은 중일전쟁 이후 일본대자본이 유입되어 조선기계제작소·조선제강소·일본차량제조주식회사·東京芝浦電氣·日立製作所 등과 같은 기계기구 공장이 들어서면서 경인공업지대의 중심지로 변화되었다. 이와 같은 대규모 공장의 건설에 따라 각지에서 노동력이 인천으로 이동했다.[49]

주로 근거리인 경기도 일원에서 노동력이 이동하기도 했지만,[50] 전시기에는 노동력과 경제력의 총동원으로 인해 노동력의 이동 규모나 이동거리가 종전에 비해 훨씬 증가했다. 특히 인천은 경인공업지대의

---

48 「'明朗仁川'을 목표로 '街頭의 紳士' 淸掃 仁川署 對策을 수립」, 『매일신보』, 1939. 7. 13.
49 대표적인 예를 들어 동양방적회사 인천공장에는 전북 군산과 경북 영주군·안동군 등지에서 농촌 소녀들이 취업하기 위해 이주한 사실이 확인된다. 또한 1936년 5월 전당포에 침입하여 강도로 체포된 永信組 부두인부 禹俊植은 경북 상주군 함창면에서 이주한 자였고, 절도 목적으로 방화하여 체포된 걸인 李炳九는 전남 담양 출신이었다(오미일, 「자본주의생산체제의 변화와 공간의 편성」, 『한국근현대사연구』 53집, 한국근현대사학회, 2010, 121쪽; 「인천에 탈출자가 속출, 동경하든 여공생활 현실은 아주 딴 판」, 『매일신보』, 1938. 3. 26).
50 예를 들어 1937년 인천의 각종 토목공사에 필요한 노동력은 개성에서 200명, 포천에서 1천명, 富川에서 700명, 강화에서 400명, 총 2,300명이 유입되었다.

중심지이자 대륙병참기지의 수송로란 점에서 노동력 이동의 경유지이면서 또한 그 유입이 컸던 지역이다.[51] 전시기 노동력 이동의 특징의 하나는 징용과 같이 국경을 넘은 이동이 격증한다는 점인데, 특히 중국 산동성 방면으로부터 쿠리苦力가 인천항을 통해 유입되어 국내 각지로 이동하거나 혹은 인천 토목공사장에 투입되었다.

1939년과 1940년에는 남부지방의 대한발로 토지에서 유리된 농민들이 매립·축항공사와 공장 건설로 노동력이 부족한 인천항으로 몰려들었다. 유입된 罹災民들은 직업을 구하기 위해 市井을 배회하거나 혹은 부두, 驛前, 공원, 다리 밑 등에서 기거했다.

둘째 "府民의 7할이 노동계급이고 細民級"이라고 할 정도로 궁핍한 노동자가 지역민의 대다수를 차지하는 지역적 특징은 식민권력의 일상지배에 중요한 변수였다. 1938년 2월경 인천부 사회계 조사에 의하면 12만 명의 부민 가운데 細窮民이 106,993명(89%)으로, 이 중 조선인은 83,642명(78%)이고, 토막민은 총6,616명(5.5%)이란 숫자는 "항도 인천의 암흑면" 특히 조선인의 비참한 사회적 상태를 그대로 드러낸다.[52]

노동자의 유입에 따라 주택문제와 토막민, 보건위생 등 여러 사회문제가 발생했으니, 당시 "약진 인천의 3대 癌腫은 횡포지주, 細民 참담, 물가등귀"이었다. 대인천 개발과 인구증가로 토지가와 건물가가 폭등하자, 지주들은 지대나 차가료를 인상하고 여기에 불응하는 차지인이

---

51 1939년 1월경 인천부 사회과 조사에 의하면 인천지역 노동자수는 12,898명으로 이는 3년 전에 비해 5배 이상 증가한 것이다. 이 가운데 제일 많은 부문이 부두노동자로 7,557명, 그 다음이 공장노동자 2,868명, 勞務勞動者 1,489명, 토목노동자 1,014명, 광업노동자 3명순이었다(「工都仁川의 躍進따라 노동자 逐年激增」, 『매일신보』, 1939.1.21).

52 「港都仁川府內에 細窮民十萬六千」, 『동아일보』, 1938.2.11.

나 차가인을 강제퇴거시켰다. 이 과정에서 갈 곳 없는 차가인이나 토막민은 부청이나 경찰서에 탄원하기도 하고 혹은 반발하면서 충돌이 발생하기도 했다. 또한 인천의 물가 인상은 근로임금자나 세궁민에게는 거의 살인적이라 할 만 했다. 한발이 심했던 1939년 가을의 인천부 소매물가를 보면 면포는 80%, 해산물은 150%, 과일은 220%가 인상되었다.[53] 또한 原絲의 할당이 이루어지는 상황에서 일부 자본가는 이를 양말이나 타올로 제조하여 가격이 높은 일본으로 密移出하여 이득을 챙김으로써 지역에서는 물자 부족이 심화되었다.

주로 타지에서 유입된 노동자군은 이러한 주택난과 물가 상승으로 인해 생활수준이 하락하면서 도시 룸펜으로 타락하기 쉬웠다. 매일 양조장으로 재강(술찌끼)을 사러 가는 송림정·송현정·화수정·대화정·花町 등 조선인 밀집지역의 빈민들이 수백 명에 달했다. 연말 嚴冬이 되면 으레 인천부에서 "細民同情週間"을 설정하고 세민의 자력갱생을 위해 근로를 권장하는 등 연례적인 형식적 구제책을 실시하는 것에서도 도시 빈민문제가 심각함을 알 수 있다. 최저생활이 해결되지 않는 조선인을 생활개선캠페인을 통해 국민으로 포섭하는 것은 원천적으로 극복하기 어려운 한계점이었다. 따라서 이런 '비국민'에 대해서는 행정적인 물리력을 통해 식민도시의 생활공간으로부터 추방하거나 격리시켰던 것이다.

인천부는 유입 노동자들의 급증으로 인해 발생하는 사회적 갈등과

---

53 「인천부 소매물가」, 『매일신보』, 1938. 9. 19. 嚴冬에 생필품인 장작도 외지에서 배로 수송되어 부두로 들어오면 그 자리에서 일부 상인이 독점하여 폭리를 취하였으니, 이를 고발하는 투서가 인천서 경제계에 빗발쳤다(「인천에 不正薪炭商」, 『매일신보』, 1940. 11. 30).

분열에 대처하여 매립을 통한 새로운 공간 생산과 府域 확장 등 공간의 편성을 촉진하는 한편,[54] 새로운 편입 공간에 행정력을 집중했다. 그러나 전시기 인천부의 비상 행정시스템이 짧은 기간에 이루어진 인구 팽창과 공간 편성 상황을 감당하기는 어려웠을 것이다. 생활개선캠페인이 기본적으로 거주단위별 애국반과 직능별 보국단을 단위로 실행되었기에, 행정망의 정비가 전제되지 않는 한 인천 인구의 상당수를 차지하는 이질적인 혼합집단 = 이주노동력과 도시빈민층을 포섭하기는 쉽지 않았다.

타지로부터 유입된 이주민 비율이 다른 도시보다 높고 전체 주민 가운데 세궁민의 비중이 매우 컸던 인천에서는 자연히 총동원체제에 대한 반감에서 비롯된 유언비어의 유포나 확산도 빨랐다.[55] 바로 이 지점에서 식민지배와 일상 통제에 대한 균열이 어느 지역보다 앞서 시작되었던 것이다.

---

54 오미일, 앞의 글, 2010 참조.

55 예를 들어 1937년 본적이 宇都宮市이고 인천부 욱정 소재 여관에 투숙 중이던 일본인 화가 錦純正은 유언비어 유포로 육군형법위반죄로 공판에 회부되었다. 충남 홍성군이 본적이면서 인천부 敷島町에 주소를 두고 인천항건축공사장 인부로 일하던 鄭殷教는 "지나사변이 장기화하면 일본이 어찌될지 아느냐" 라는 유언비어를 유포하다 체포되어 禁錮 4개월을 언도받았다. 또한 인천부 彌生町에서 면포잡화상 同順東의 점원으로 일하는 산동성 출신 중국인 張文有는 漢口 라디오방송을 수신하고 이를 전파하여 체포되었다(「造言蜚語畵家 인천서 공판회부」, 『매일신보』, 1937.10.7; 「해군형법위반」, 「流言蜚語한 人夫에 四個月禁錮」, 『동아일보』, 1938.10.14 · 11.1).

4. 생활개선캠페인의 유산

식민도시 인천의 조선인은 개인적인 의식주생활에서 먼저 色服 착용은 기본이며 국민복이나 몸뻬를 입어야 하고, 장신구를 가능한 착용하지 않아야 하고, 節米 차원에서 죽이나 대용식을 먹어야 했다. 또한 예방주사를 때맞추어 접종해야 하고, 국민보건라디오 체조를 열심히 따라 해야 하며, 일찍 자고 일찍 일어나고, 금주금연을 실천해야 하는 등 생활습관 개조를 위한 신체 규율에도 순응해야 했다. 이 외에 집 주변 도로와 하수 청소, 국기 게양, 정오의 묵도, 황국신민서사 낭독, 신사참배 등과 같은 사회적 일상생활도 게을리 할 수 없었다. 총동원체제 하 생활개선캠페인은 이렇듯 식민권력의 의도에 부합하여 개인 신체의 활동을 시간상, 공간상으로 위치지우고 그에 익숙해지도록 훈련시키는 일종의 규율장치였다.[56]

그러나 식민도시 인천은 일본인 거류지가 존재했던 개항장도시이고 경성의 길목인 관계로 부민 중 일본인 비율이 높아 인천방호단, 인천부군사후원연맹 같은 관변단체가 다른 지역에 비해 일찍 조직되었음에도 불구하고, 생활개선캠페인을 통한 일상 규제는 저조했다. 그 이유는 기본적으로 인천의 지리적 사회공간적 배경에서 찾을 수 있다. 인천은 노동력과 상품이 이동하는 유출입 경로인데 특히 전시기에 들어서 경인공업지대의 중심지로 발전하면서 노동자 유입이 크게 증가

---

[56] 미셸 푸코, 오생근 역, 『감시와 처벌』, 나남, 216쪽. 푸코는 신체의 활동에 대한 면밀한 통제를 가능케 하고, 체력의 지속적인 복종을 확보하며, 체력에 순종 효용의 관계를 강제하는 이러한 방법을 바로 '규율discipline'이라고 부른다.

했다. 이주민 비율이 타도시보다 높고, 부민의 7할 이상이 노동계급이 며 細民인 인천에서는 자연히 총동원체제에 대한 반감에서 비롯된 유 언비어의 유포와 확산이 빨랐다. 따라서 생활개선캠페인을 통한 일상 통제와 황민화사업의 파열은 바로 '전쟁 완수의 중추지대인 인천과 같 은 港都·工都'에서 시작되었던 것이다.

생활개선캠페인은 일본제국 차원에서 행해졌다. "조선은 어엿한 일 본의 一地方"이란 인식에서 보면 조선인의 생활개선은 곧 일본 천황에 복속하는 황민으로의 개조를 의미했다. 따라서 식민지 대중을 제국의 국민으로 만드는 과정은 훨씬 엄격한 자격검증을 거쳐야 했으니, 조선 의 생활개선캠페인은 식민모국의 그것보다 훨씬 강도 높게 전개되어 더욱 강한 규제와 동원이 적용되었다. 때문에 식민권력에 의한 일상지 배와 그로 인해 구축된 식민적 생활세계는 해방 후 유산으로 연속되었 다. 일제 말기 총동원체제에서 식민지 조선의 물자동원과 전시후방생 활의 규제를 목적으로 실시된 생활개선캠페인은 해방 이후에는 민족 국가 건설과 경제재건, 반공국가 건설, 그리고 6·25전쟁 발발 후에는 전시국민생활의 확립이란 목적으로 연속되었다.

참고문헌

『총동원』『국민총력』

『경성일보』『매일신보』『동아일보』『조선일보』『부산일보』

국민총력조선연맹, 『國民總力讀本』, 1941.

국민총력조선연맹, 『國民總力運動要覽』, 1943.

杉田芳夫 편, 『朝鮮に於ける國民總力運動史』, 국민총력조선연맹, 1945.

생활과학팜플렛, 『국민생활논총』1, 생활과학사, 1943.

御手洗辰雄, 『南總督の朝鮮統治』, 경성일보사, 1942.

조선총독부 편, 『朝鮮に於ける國民精神總動員』, 조선총독부, 1940.

조선총독부 편, 『半島ノ國民總力運動』, 조선총독부, 1941.

공제욱·정근식 편, 『식민지의 일상 : 지배와 균열』, 문화과학사, 2006.

안자코 유카, 「조선총독부의 '총동원체제(1937~1945)' 형성정책」, 고려대 박사논문, 2006.

연세대 국학연구원 편, 『일제 파시즘 지배정책과 민중생활』, 혜안, 2004.

_________________, 『일제의 식민지배와 일상생활』, 혜안, 2004.

오미일, 「자본주의생산체제의 변화와 공간의 편성」, 『한국근현대사연구』53, 한국근
　　　현대사학회, 2010.

최유리, 『일제 말기 식민지지배정책연구』, 국학자료원, 1997.

미셸 푸코, 오생근 역, 『감시와 처벌』, 나남, 2003.

미즈노 나오키 외, 정선태 역, 『생활 속의 식민지주의』, 산처럼, 2007.

조지 L. 모스, 임지현 역, 『대중의 국민화』, 소나무, 2008.

倉澤愛子·杉原達·成田龍一·テッサ モーリス スズキ·油井大三郎·吉田裕, 『動
　　　員·抵抗·翼贊 : アジア·太平洋戰爭』3, 岩波書店, 2006.

樋口雄一, 「太平洋戰爭下の女性動員 : 愛國班を中心に」, 『朝鮮史硏究會論文集』32,
　　　朝鮮史硏究會, 1994.

丸山雄治, 『北支戰線と銃後の仁川』, 築地活版所, 1939.

호남인들의 부산정착과 생활연결망*

차철욱

1. 포섭과 배제의 논리로서 지역주의

1) 국민국가와 지역주의

한국 현대사에서 지역주의 / 지역감정은 얼마 전 18대 대통령선거에서도 그대로 노출되었다. 지역별 득표현황을 놓고 논자에 따라 다양한 의미로 해석하지만, 지역주의 / 지역감정을 빼고는 해석할 수 없는 부분이 너무나 많다. 망국병이라고 하소연하는 논자가 있기도 하지만, 지역의 정치적 표현이라는 긍정적인 목소리도 있다. 오늘날 지역주의 / 지역감정에 대한 평가를 위해서는 생성사적인 측면과 현재의 정치적

---

* 이 글은 『지방사와 지방문화』 제15권 2호, 역사문화학회, 2012.11에 게재된 글을 수정·보완한 것이다.

선택권과 관련지워 검토할 필요가 있다.

지역주의는 지역이라는 하나의 단위에서 생활하는 사람들이 가지는 정서적, 심리적 의식상태(지역감정)를 지역 집단적으로 형성 표출하는 것이라고 개념 규정지을 수 있다.[1] 지역주의는 역사적 산물이면서 지역적 이해관계에 크게 영향받는다는 점에서 만들어지는 것이다. 지역주의를 만드는 주체와 목적에 따라 성격을 달리할 수 있다. 지역 내부의 구성원들에 의해 지역의 가치구현을 위한 수단으로 작용하기도 하지만, 지역이기주의로 활용되기도 하는가 하면, 외부에서 지역 지배를 위한 이데올로기에 의해로 만들어지기도 한다.

우리가 관심을 가지는 한국 현대사에서 지역주의(지역감정)는 국민국가의 형성과정에서 지역지배의 이데올로기로 등장하였다. 국민국가 형성의 주도세력이 둘 이상으로 분열되어 정치적으로 경쟁할 경우, 공정한 경쟁규칙과 권력균점이 구축되지 못한 상태에서 어느 한 집단이 주도권을 장악하고 권력자원을 독점하고자 할 때 열세지역에 대한 차별과 배제가 이루어지는 과정에서 등장하였다.[2] 지역주의는 정치적 이데올로기로 작용하였으며, 이 과정에서 우리나라에는 권력과 기득권을 가진 수혜집단과 정치적 경제적으로 차별을 받는 소외집단이 각각의 지역주의(지역감정)를 구성하게 되었다.[3] 1967년 대통령선거부터 시작된 정치이데올로기로써 지역주의는 영호남 사람들의 사회적 관계를 재규정하면서 지금까지 이어지고 있다.

---

1 유재일, 「한국지역주의의 형성과 정치균열의 전개」, 『지역사회연구』 제3호, 1996, 135~136쪽.
2 최영진, 「지역집단의 사회적 구성과 정치적 메카니즘」, 『국제정치논총』 41-3, 2001, 469쪽.
3 최장집, 「지역의식, 무엇이 문제인가」, 『동향과 전망』 1, 1988, 204쪽.

　　본 연구는 지역주의라는 국민국가의 지역 포섭에 저항하는 논리를 발견하는데 있다. 지역주의에 의해 배제되고 있던 호남인들이 국민국가가 강요한 '포섭과 배제'를 빗겨가는 생존논리는 무엇이었을까에 관심을 가진다. 호남인들이 해역海域을 매개로 부산 영도에 이주하면서 만들어 내는 '생활연결망'[4]은 국가의 논리가 로컬인들의 생활방식을 완전히 포섭할 수 없음을 잘 보여준다. 호남인들의 이주는 크게 서울과 부산으로 진행되었다고 한다. 특히 부산으로 이주한 호남인들은 전라남도 해안가에 거주하면서 선원을 직업으로 선택한 사람들이 많았다. 선원들 대부분은 부산 영도에 정착하였다. 영도는 개항 이후 사람들이 살게되면서 제주도와 전라도 출신자들이 많이 살았다.[5] 전라도에서 이주해 온 호남인들은 취업, 주거공간 등 부산에서 정착하기 위해 다양한 생활연결망을 활용하였다. 이러한 연결망은 이주 초기 겪을 수 있는 지역감정의 경험을 피하게 하고, 정착을 가능하게 할 수 있는 안전망이 될 수 있었다. 따라서 해역권을 기초로 한 호남인들의 이동과 정착 과정에서 형성된 생활연결망은 호남인들이 정착하는 부산 영도의 로컬리티를 규정짓는 중요한 요소이다.

4　본고에서 주요 키워드로 내세우는 '생활연결망'은 특정 공간에서 살아가는 사람들이 생활의 필요에서 만들어 내는 타인과의 관계망을 모두 포함하는 광범위한 개념이다. 향우회를 비롯한 다양한 계모임, 이웃 혹은 직장처럼 일상에서 맺어진 관계, 사회학에서 사용하는 연줄 등 구체적인 모임의 형태일 수도 있고, 그렇지 않더라도 항상 접촉하면서 살아가는 인간관계를 모두 말한다.

5　김재승, 『그림자섬影島의 숨은 이야기』, 전망, 2005, 42쪽.

2) 부산거주 호남인과 지역감정

부산에 이주한 호남인은 현재 약 80만 명이라고 한다. 본 연구의 주요 대상인 영도의 경우에는 가장 많을 때, 1981년대 중반 약 5만 명이었다고 한다.[6] 영도 전체 인구 약 20만 명을 고려할 때 적지 않다.

근대화 과정에서 호남인들이 부산으로 이주하는 계기는 긴 역사를 가지고 있을 것으로 보인다. 일제 강점기에도 전남 해안과 도서 출신으로 어업에 종사하다 이주해온 호남인들이 영도지역을 중심으로 살았다고 한다.[7] 오늘날 생존한 사람들의 기억에 의존해 보면 귀환동포, 한국전쟁 피난민, 유랑민 등의 형태로 한국 현대사에서도 호남인들의 이주가 계속되었다. 한 사례연구에 따르면 호남 사람들의 이주는 직장, 교육, 가족 요인의 순인데, 부산으로 이주에 영향을 미친 요인으로는 친지나 아는 사람, 부모나 자식이 살고 있다고 하는 연결망이 중요하였다.[8] 이러한 이주와 정착에는 근원적인 문제로 자본이나 문화 이외에 작동하는 정치적인 논리는 또 다른 변수가 되었다. 특히 영호남이라는 관계는 한국 현대사에서 지역주의, 지역갈등이 존재하고 있어, 이주민들의 정착에 중요하게 기능하게 된다.

영호남의 갈등 요인을 긴 역사적인 흐름 속에서 찾아보는 연구도 있으나, 1960, 70년대 근대화 과정에서 드러난 차별적 경제혜택에 대한 호

6　박종문 증언.
7　在釜湖南鄉友會, 『四十年會史(1964~2004)』, 대산출판인쇄사, 2004, 69쪽.
8　차민석, 「지역감정에 대한 호남출신 이주민들의 경험 연구 : 부산지역 호남출신 이주민들을 중심으로」, 동아대 석사논문, 1997, 18쪽.

남 사람들의 불만과 피해의식, 여기에 대한 영남의 우세한 입장에 대한 방어의식으로 더 고조되었던 것으로 보인다.[9] 1970, 80년대 정치적 경쟁관계까지 추가되면서 양 지역의 감정대립은 한국사회의 중요한 현안이 되어 있다. 무엇보다 양 지역 사이의 갈등에 근대국민국가가 강하게 개입되어 있고, 통치의 논리가 작동하고 있음을 부정할 수 없다.

부산에서 호남인들이 경험한 지역차별의 유형은 인간적 모독과 금전 거래의 불이익, 취업상 불이익, 승진상 문제, 소속집단으로부터 따돌림 등이었다. 본 조사에서 지역차별을 경험한 구술자들은 대체로 회사원들이 많았다. 동명목재(A)와 연합철강(B)에서 근무한 호남인들은 승진이나 회사 내 업무처리와 관련하여 배제되었다고 한다. 모두 1970년대로, 결국 회사를 그만두고 개인 사업을 하게 되는데, 개인적인 연결망을 활용하는 업종을 선택하였다. A씨의 경우에는 같은 회사 직원을 상대로 하는 술집을, B씨의 경우에는 같은 고향 사람들이 운영하는 건축업자와 거래하는 철근 판매업을 경영하였다. 부산으로 이주해 오는 초기 직장을 구하려고 할 때 호남사람이라는 이유로 취업을 거부당한 사례도 확인할 수 있었다. 심지어 C씨는 총각으로 생활하면서 결혼을 위해 맞선을 봤는데, 아가씨 측의 아버지가 호남 사람이라는 이유로 반대하자 자리를 박차고 나왔다고 한다.[10] 지역감정이 직업 선택에서만 아니라 결혼에서도 영향을 미쳤다. 호남 사람으로서 받는 차별은 영도에서도 마찬가지였다. 유삼종은 영도 해안가에 위치한 철공소에

---

9 김혜숙, 「지역간 고정관념과 편견의 실상」, 『심리학에서 본 지역감정』, 성원사, 1988, 129~130쪽.
10 박남현 증언.

일자리를 부탁했으나 거절당했다고 한다. 대체로 1960, 70년대 직업 선택과정에서 차별을 받은 경우를 확인할 수 있었다.

호남 사람이라는 인지는 말투에서 확인 가능했다. 그래서 말투를 바꾸는 사람까지 있었다고 한다. 이번 조사에서 말투를 바꾼 사람을 만나지 못했으나, 몇 사람들의 구술에서 확인 가능하였다. 물론 말투를 바꿔버린 사람들을 언급할 때 말하는 당사자는 '그런 거 신경 안 써', '저는 절대 안 합니다'로 자신은 강하게 부정한다.[11] 전라도 어투의 변화를 경상도 어투와 섞여 가는 과정으로 생각할 수도 있겠으나, 자신을 감추기 위한 정치적 과정일 수도 있다. 영도의 경우는 아니지만 정치적 이유로 부산에 이주한 한 유랑민의 사례에서 전라도 어투가 거의 없음을 발견할 수 있었다. 어투의 변화가 생존을 위한 하나의 전략이었음을 확인할 수 있다.

지역감정과 관련해 호남 사람들은 구조적인 문제로 보기보다는 개인적인 차원으로 취급하려는 생각이 지배적이었다. 자신의 노력이 중요하다느니, 신용을 강조한다. 이주민이라는 신분 즉 떠돌이를 누가 고용하겠느냐는 지적에서 차별의 문제를 호남 사람 자신들에게 두려는 의식적인 화법도 확인할 수 있다(녹취 담당자가 경상도 사람이라는 점). 경제적으로 돈을 벌고, 집도 사고 해서 당당하게 살았음을 강조하여 차별을 못 느꼈다는 구술자도 많았다. 하지만 이번 구술과정에서 호남 사람들이 지니고 있는 감정 또한 발견할 수 있었다. 특히 정치적으로 일반적인 호남의 정서와 일치하는 구술이 대부분이었다. 이들의 정치

---

11 박정남, 고금불 증언.

적 행보도 그랬다. 지역차별에 대한 반감은 오히려 차별에 대응하는 또 다른 생존 논리를 만들어 냈다.

지역감정은 결국 향우회 결성이나 참여로 연결되었다. 이 문제는 뒤에서 다시 언급하기고 한다.

2. 호남인의 부산이주 방식과 연결망의 형성

1) 전남 나로도-부산 영도의 교류와 해역권

본 장에서는 호남사람들의 이동을 육로보다는 해로, 육지와의 관련성 보다는 바다와의 관련성에 두고 설명해 보려고 한다. 육지에 구획된 지역 구분이 지역감정을 만들어 냈다면, 바다를 매개로 한 생활권에는 이러한 지역감정이 어떻게 작동했는가를 확인하기 위해서다. 최근 내륙의 생활권으로는 설명하지 못한 사람과 문화의 교류를 해역을 단위로 설명하려는 논의가 확대되고 있다. 해역이란 바다와 연안지역을 포함하고 있다.[12] 해역은 육상의 국가나 좁은 지역사회를 넘어 국가, 종교, 문화 등을 달리한 다양한 사람들에 의해 이동과 생활을 위한 공유물이고, 동시에 보다 넓은 범위와 원격지에 걸친 만남과 교류의 주무대였다.[13] 이런 점에서 해역에 포함되어 있는 섬은 고립과 제한된 영토라기보다 바다를 통해 외부와 연결되어 사람과 물자, 정보가 왕래하는 공

---

12 하네다 마사시, 이수열·구지영 역, 『동인도회사와 아시아의 바다』, 선인, 2012, 21~24쪽.
13 家島彦一, 『海域から見た歴史』, 名古屋大學出版會, 2006, 2쪽.

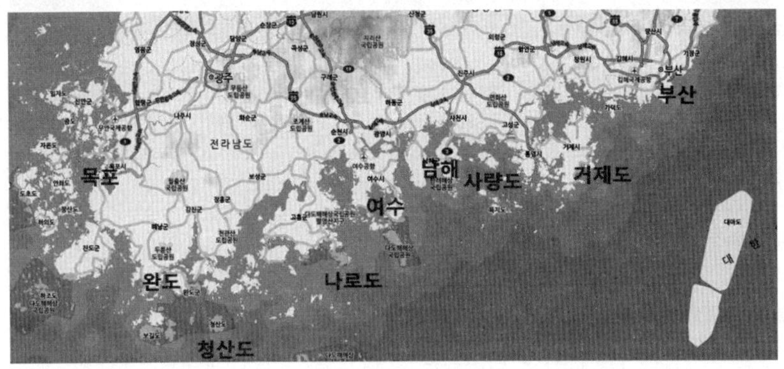

남해안의 주요 도서지방

간이었다.[14] 본 절에서는 전라도의 다도해 가운데 하나인 고흥군 나로
도와 부산의 대표적인 섬인 영도와의 관계를 분석 대상으로 한다.

완도 청산도, 고흥 나로도 그 두 지역의 사람이, 영도에는 향우회에서도
주 목적으로 인구가 많애요. 그래 인제 주로 보며는 그쪽 사람들이 주류를
이루고 살고 있는데, 와중에 보성, 장흥, 해남, 강진 뭐 하여튼 남부지방 사
람들이 많이 살아요. 전라북도 우로는 드물고, 어짜다 하나씩 계시고…….
주류는 주로 말했던 완도 청산 고흥 나로도 그 분들은 말하자면 수산계통
에 많이 계셔가지고 배를 많이 탔기 때문에 가족과 같이 많이 건너왔어요.
그 이후로는 나같은 사람은 서울서 살다가 직장 때문에 부산에 왔는데, 내
같은 사람은 드물고, 저도 여기서 근 사십년 다 되어 가는데, 향우들이 많이
사는 것은 사실이예요, 영도에.[15]

---

14 이경엽, 「한국 도서·해양민속 연구의 시각과 쟁점」, 『島嶼文化』 32, 2008, 60쪽.
15 박종문 증언.

위 구술은 영도에서 생활하는 호남인들의 대부분은 완도 청산도와 고흥 나로도와 같이 바다를 접하고 있는 지역 출신이라는 점을 확인시켜 준다. 그리고 이들의 집합지가 영도라는 점도 흥미를 제공한다. 필자는 구술자들에게 서울과 부산으로 간 나로도 출신자들의 특징을 질문해 봤다. 서울 간 사람들은 대부분 부자들이고 교육열이 강한 부류라고 한다. 대표적으로 한국 수산업계에서도 잘 알려진 지철근[16] 씨 같은 경우를 거론한다. 부산으로 온 본인들은 빈촌에서 태어나서 배를 타다 보니까 부산으로 왔다고 한다. 그러면 수산업을 매개로 하는 나로도와 영도는 어떤 관계가 있었을까.

나로도가 수산업이 발달하게 된 것은 개항 이후 일본인 어민들의 조선 진출과 관련이 있다. 나로도에 일본인 이주어촌이 창설되는 것은 1894년 처음 확인된다. 자유이주어촌이었다. 동일한 내용인지는 확인할 수 없으나 다른 자료에는 봉래면 축정리에 이주어촌이 만들어졌는데 호수가 27호, 남자 52명, 여자 44명, 총 일본인 96명이 살고 있었다.[17] 일제 강점기 일본인 어민들이 남해안 어촌으로 출장어업하는 자들의 진출도 많았다. 나로도에는 시가현(佐賀縣) 조선출어조합원 260명이 이주하였다는 증거도 있다.[18] 그리고 일본인으로 조선 수산업계

---

16 지철근은 외나로도 염포리 출신으로 일본 北海道大學의 수산학부를 졸업하고, 미군정기와 1공화국 때 수산관료를 지냈다. 1961년 한일회담 어업수석대표를 맡았으며, 1972년 북양수산주식회사를 설립해 원양어업에 투자하였다(지철근, 『月海 池鐵根 博士 나의 水産人生』, 한국수산신보사, 1998).

17 김수희, 『근대 일본어민의 한국진출과 어업경영』, 경인문화사, 2010, 77쪽.

18 나로도 이외에도 거문도에는 향천현조선출어조합, 전북 위도에는 나가사키현 남고래군 조선출어조합, 청산도에는 나가사키시 臺場町 출어조합, 통영, 장승포, 방어진, 울산 대현면 등에 출장어업이 발전하였다(「조선연안의 일본인어업상황」, 『동아일보』, 1924. 2. 28).

에서 두각을 드러내는 나까베이쿠지로[中部幾次郎]의 활동 또한 나로도의 수산업 발전과 관련 있다. 그는 1907년 경남 사량도에서 일본 어민들로부터 갯장어를 수집해 일본 오사카로 운반하면서 점차 근거지를 나로도까지 확대하였다. 나까베는 1915년 울산 방어진으로 근거지를 옮기면서 나로도에는 대리인 경영을 하였다(林兼商店 지부). 그리고 나로도전기(1930년 설립)도 운영하였다. 나로도 신금리에는 아직도 일본인들이 살았던 주거 배치가 그대로 유지되고 있다. 한편 나로도에는 조선인 수산업자의 투자도 많았다. 1925년 무렵 어업조합원 수는 일본인 28명, 조선인 326명에 이를 정도였다.[19] 그러다 보니 조합장 선거에서 조선인 조합원들의 영향력이 강하였다.

일제 강점기 나로도에서 어획되는 어종은 조기, 새우[鰕], 갯장어[鱧] 등이었다. 주요 시장은 일본, 중국이 중심이고, 조선 내륙으로도 팔려 나갔다. 어업에 종사한 어민은 1927년 현재 섬 주민 9천 286명 가운데 2천 839명이었다(일본인 409명).[20] 수산업 발달로 나로도 주민들은 근대문화의 경험이 빨랐다. 면 단위의 섬이었지만 관청, 학교, 회사, 공장 등이 많이 설립되었고, 전등의 가설과 신작로가 개설되었다.[21]

수산업에서 나로도의 위상은 해방 후에도 계속되어, 정부가 지정하는 어업전진기지가 되었다.[22] 대규모 통조림공장도 만들어졌다. 마을

---

19 「조합장선거에 양편으로 분파 나로도어조서」, 『동아일보』, 1925.12.24.
20 「순회탐방, 산가수려한 승지 나로도」, 『동아일보』, 1927.6.16.
21 「나로도로」, 『동아일보』, 1929.6.2. 나로도 주민이 근대문화를 많이 경험할 수 있었던 것은 해방 후에도 섬이라는 점이 장점으로 작용하였다. 해방 후에는 인근 대도시인 여수항에 대일 무역선들이 많았고, 이들 무역선에 의한 밀수가 나로도 부근에서 많이 이루어졌다. 나로도 주민들이 생필품 종류의 밀수품을 일찍부터 사용하였다고 한다(명경민 증언).
22 「어업기지 10개소 6월 10일경 착공」, 『경향신문』, 1966.5.21.

사람들은 육영수 여사의 조카가 경영했고, 박정희 대통령이 사망하자 곧 부도가 났다고 기억한다.

일제 강점기 나로도는 섬이어서 부산과 육지로 연결되지 못했다. 어선이나 여객선을 이용한 교통이 유일하였다. 부산과 호남지방의 항로는 개항 후 미곡수집을 목적으로 하던 상인들에 의해 운영되었을 것으로 추측된다. 목포와 군산이 개항된 직후인 1900년 전후에는 일본 해운회사들에 의한 정리항로가 개설되었다.[23] 일제 강점기 부산을 기점으로 한 항로는 동쪽으로 여수, 삼천포, 통영 등지를 경유하여 마산, 진해만, 부산으로 가는 기선과 서쪽으로는 풍남, 녹동을 경유하여 완도, 목포 방면으로 가는 발동선 등이 매일 왕래하였다.[24] 이 시기 바다를 매개로 하는 부산과 호남 사이 사람들의 이동을 자극했다. 부산에 살던 일본인들의 호남 이주는 물론이고 호남에 살던 조선인들의 부산 이주도 있었다. 전남 해안과 도서출신으로 어업 종사자들이 영도에서 살고 있었다고 한다. 해방과 한국전쟁 이후에도 이 지역 출신자들의 부산에서 생활은 호남인들의 회고를 통해 확인되고 있다.[25]

해방이 되자 나로도에는 어획된 수산물을 소비할 수 있는 시장이 없어졌다. 중국과 일본 시장이 없어졌기 때문이다. 1950년 이후 일본으로 수산물의 수출이 이루어지기는 했지만 많은 양은 아니었다. 일제 강점기부터 일본식 근대 어업을 경험한 나로도 주민들은 해방 후에도 많은 사람들이 어업에 종사했다. 필자의 면담자 대부분은 부친이 어업

---

23 相澤仁助, 『釜山港勢一斑』, 日韓昌文社, 1905, 131～132쪽.
24 「나로도로」, 『동아일보』, 1929.6.2.
25 在釜湖南鄕友會, 앞의 책, 69쪽.

에 종사하였다. 해방 후 부산 영도와 나로도 어민들이 관계를 맺는 것
은 저인망이라는 어업기술과 어획물 판로와 관계가 있었다.

> 나는 중학교 나와서 부산에서 나로도 살아도 저인망 배 타가지고 살았는
> 데, 그걸 모델로 해가고, 저인망, 초등학교 다닐 때 부산에 와서 고기팔고
> 그랬거든요, 보름만에 배가 들랑말랑하고 그랬어요, 고기 바다에 장어 잡
> 아가지고 부산서 팔고, 그 다음날 시쿠미해서 나로도 하루저녁 자고 출어
> 하고 그런걸 보고 자랐어. 부산에도 한번씩 따라서 오고, 또 거기 이제 그
> 때는 데구리배를 돈벌이가 좋아가지고, 백이 없으면…… 배를 못 탔어요.
> 배를 타면 다 먹고 살고, 내가 그런걸 보고 살았는데…….[26]

위 구술 내용은 구술자가 초등학교 시절 즉 1950년대 나로도 어선들
이 부산에서 어획물을 판매하고 어로 준비를 하는 내용이다. 여기서
주목할 것은 저인망어업법이다.

구술자들은 한결같이 한국의 저인망(고데구리) 어업이 나로도에서
시작되었다고 믿고 있다. 이승만 대통령 때 지철근이 수산국장을 했는
데, 저인망 데구리배와 트롤선을 일본에서 도입했다고 생각한다.[27] 저
인망 어업법은 일제 강점기부터 존재했었다. 다만, 해방 후 어선과 기
술이 부족했던 당시에 지철근이 선박을 구입해와 고향 나로도 선주들

---

26 박정남 증언.
27 김치빈 증언. 실제로 지철근이 수산국장 시절에 1949년부터 1955년 사이에 원조자금에
   의한 어선구입이 활발했는데, 총 237척에 11,797톤이었다. 이 가운데 기선전인망어선이
   단연 많았다(池鐵根, 「試鍊期의 水産業史」, 韓國水産新報社, 1998, 83쪽).

이 운영했던 것으로 보인다. 나로도 사람들에게 저인망은 굉장히 돈을 많이 벌어다 주는 어업법으로 인식되어 있었다.

한편 1950년대에는 나로도를 근거지로 해서 어획한 고기는 부산 어시장에서 판매되었다. 판매 시장, 어로작업 준비(기름, 부식)는 대도시에서만 가능했다.[28] 나로도나 인근의 여수는 소량은 가능했지만 대규모 어로를 위해서는 적합하지 못했다. 부산으로 근거지를 옮기는 선주들이 증가하였다. 저인망 어선의 운영과 관련한 나로도와 부산의 관련성은 어로준비와 판매망 확보 때문에 중요시되었다.

조방률 씨가 기억하는 내용으로는 1966년 군 제대를 했을 때 자신의 외삼촌을 비롯해 많은 저인망 선주들이 나로도에서 부산으로 근거지를 옮겼더라고 한다.[29] 나로도에서 유명한 저인망 선주였던 최월권 씨도 부산으로 옮겼다고 한다.

한편 섬사람들이 이용하는 교통수단은 여객선이었다. 여수와 부산을 왕래하는 여객선은 1970년대 초까지만 해도 하루 8척 운항하였다. 나로도와 청산도의 섬사람들은 여수를 매개로 부산을 왕래하였다. 그런데 1973년 남해안고속도로가 개통하자 승객이 감소하고, 1977년 말 엔젤호 2척만 취항하였다.[30] 이후로는 해운 항로보다 육로교통을 이용한 왕래가 주류를 이루었다. 유삼종이 1980년대부터 명절 때 고향 버스를 운행한 것도 육로교통이 발전하면서 부터였다.

---

28 보름에 쌀 10가마 정도(약 20명 분).
29 조방률 증언.
30 「연안여객선 적자로 파산위기」, 『동아일보』, 1991.2.4.

2) 나로도 선원들의 이주와 연결망의 형성

연결망 연구는 거시적인 구조에 가려져 있던 개인적인 관계의 효율성을 재발견했다는 점에서 주목을 받고 있다.[31] 생활연결망에 대한 관심은 이주민들에게 직업과 정착이라는 측면에서 중요하다. 연결망은 도시에서 살아가는 사람들에게 도시 생활에 적응할 수 있도록 해 준다는 점에서 중요한 역할을 한다. 영도에 정착하는 나로도 사람들의 생활연결망 작동방식을 확인할 필요가 있다.

부산에 정착한 나로도 사람의 대부분은 선원이었다. 〈표 1〉은 2004년 무렵 간행된 회원명부에 소개된 나로도 사람들의 직업구성이다.

〈표 1〉 부산거주 나로도 출신자들의 거주지역과 직업

출신지역	거주 지역		직업	
	영도	기타	선원	기타
동광	6	14	9	11
신금	10	9	15	4
봉호리	6	2	8	—
사양	8	2	10	—
내외초	6	2	5	3
소영	18	7	22	3
백양	6	2	6	2
대영	3	1	3	1
봉남	16	2	18	—

자료 : 재부나로도향우회, 『회원명부』, 2004.

---

31 김선업, 「한국사회 연줄망의 구조적 특성」, 『한국사회학』 26집, 1992 여름, 2~3쪽.

위 표에서 확인할 수 있는 것처럼 나로도 출신자들의 직업은 대부분 선원의 경험을 가졌음을 알 수 있다. 그리고 거주 지역 또한 대부분 영도로 집중된다.

오늘날 70세를 전후한 사람들이 부산(영도)으로 이주한 시기는 대체로 1970년대 초였다. 이들이 기억하는 80대 후반의 선배 선원들은 1960년대 이주한 것으로 기억하고 있다.[32] 그런데 이 보다 앞서 선원은 아니지만 영도에서 생활하던 나로도 사람들도 있었다. 박종문의 고모는 일본에서 귀환한 이래 영도 한진중공업(대한조선공사)에서 밥벌이를 하면서 살았다고 한다.

앞서도 언급한 것처럼 부산으로 선원생활을 위해 이주한 나로도 사람들은 가정 형편이 그다지 넉넉하지 못한 경우였다. 가정 환경 때문에 중학교나 고등학교를 중퇴한 경우도 확인할 수 있었다. 물론 학교를 다닐 수 없어 혼자서 독학하여 검정고시를 거쳐 상급학교에 진학하는 경우도 있었다. 이러한 가정환경에서 성장한 사람들은 돈을 많이 벌 수 있는 직업으로 선원을 택하였다. 대부분 어릴 때부터 마을에는 어민들이 많았고, 부친이 어업에 종사하는 것을 보면서 자랐기 때문에 본인들로서도 그다지 생소한 직업은 아니었다. 부산으로 배 타러 오는 사람들도 나로도에서 일정 정도 배를 탄 경력을 가진 사람이 많았다. 나로도는 배들이 소형이고, 규모가 적었다. 큰 배를 타는 것이 돈을 많이 번다는 생각으로 연결되었다. 1970년대 초 배를 타는 것이 초등학교 교사 봉급의 세 배였다고 한다.[33] 조칠용은 영도에서 조선소 목수

---

32 김치빈, 조방률 증언.

로 일을 했으나, 1년간 어선을 탄 적이 있다. 조선소 목수보다는 선원의 수입이 좋아 잠깐 배를 탔다고 한다.

나로도 사람들이 부산 이주를 결심하게 되는 데는 여러 가지 개인적인 사정이 있겠지만 대체로 미혼인 경우에는 수입이 가장 중요하게 작용했다.[34] 결혼하고 자식이 있는 경우에는 수입도 중요했지만 자식들 교육문제도 고려하지 않을 수 없었다.[35] 1980년대 나로도 주민을 상대로 한 조사연구에서도 소득이 고향을 떠나는 중요한 이유였다.[36]

나로도를 떠나려는 사람들에게 부산과 관련한 정보는 중요하였다. 자신이 탈 수 있는 배를 찾고 선택하는 일, 이주를 할 경우 정착할 공간을 마련하는 일 등은 이주민들이 일차적으로 고민해야 할 중요한 요소였다.

구술자들 대부분이 부산으로 배를 타러 올적에 친척이나 친구들의 도움을 받았다. 박정남처럼 어릴 적부터 아버지를 따라다니면서 통신장이 되기를 기원하면서, 친구들과 통신학교를 다닌 경우도 있었다. 특히 선장 가운데 아는 사람이 있으면 보증수표였다. 선주나 선장의 입장에서도 고향 사람들을 더 믿을 수 있다는 생각이 강했다. 따라서 나로도 선장 혹은 선주가 운영하는 배는 대부분 나로도 선원들로 채워졌고, 간혹 경상도 사람들이 한두 명씩 승선하기도 했다고 한다. 선장의 입장에서도 고향 사람들을 승선시키는 것이 여러 가지로 중요해서 고향 인맥을 동원하였다. 나로도 사람들이 인맥으로 탈 수 있는 배는

---

33 박정남 증언.
34 박정남 증언.
35 고금불 증언.
36 金在朞, 「羅老島地域 住民指導者들의 態度調査 研究」, 『南道文化研究』 2, 1986, 308~309쪽.

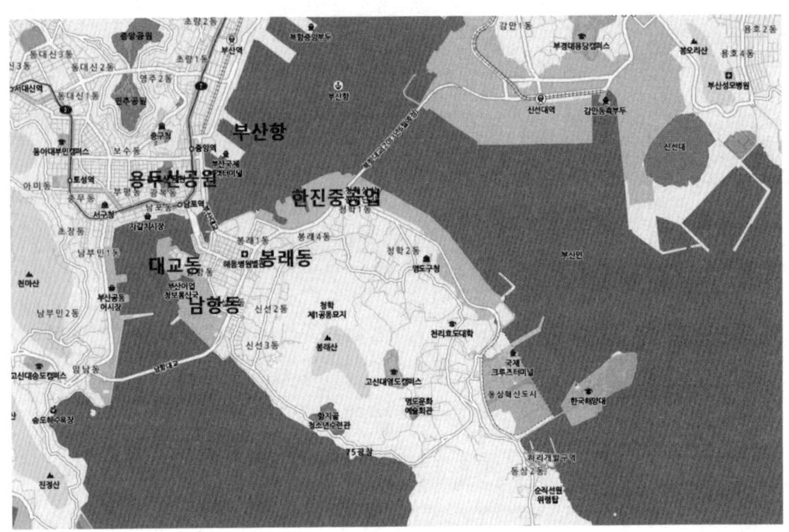

부산 영도 호남인들의 주요 정착지

어선 종류였다. 조방률이 탔던 화물선과 원양어선은 나로도 사람들의 후원이 있어도 쉽지 않았다. 이들 선박은 소개소를 통해 승선할 수 있었다. 어선과 나로도 선원 사이의 연결은 다른 형태로도 이루어졌다. 뭍에서 선구점업으로 전환했던 조방률은 고향 선주들과 거래를 하면서 주업 이외에 선원 소개까지 담당했다.

선원의 이주는 가족 이주를 동반하였다. 시간적인 차이는 있을 수 있지만, 대부분 남자의 이주를 따르는게 일반적이었다. 영도로 가족이 모이는 것은 앞서 와 있던 고향 사람들의 인맥에서 주거지 마련이 용이하였다는 점, 무엇보다 선원인 남자들이 탄 배가 들어오는 곳이 영도 대평동 굴강이었다. 영도에 모여 살던 나로도 출신자들은 배 사업이 위축된 이후 타 지역으로 옮겨갔다. 영도에서 가까운 대신동이나 장림, 사하 등으로……

영도의 인구 변화는 1970년대 중반 이후 약 21만 명에서 1984년 22만여 명으로 최고치를 기록하였다. 그 이후 조금씩 감소하기 시작하여 1997년 이후에는 급감한다.

여기서 영도에서 살아가는 나로도 출신자들에게 나로도는 선주가 선원을 조달하고, 선원이 일자리를 구하면서 영도 사람으로 살아가는 데 필요한 존재였다. 구술자들이 나로도를 떠나온 이후 고향과 관계맺는 방식은 선산찾기 정도로 평균 1년에 1~2회에 지나지 않았다. 생활에서 고향이 지니는 의미는 퇴색되고 있다는 것을 의미한다. 노후를 고향에서 보내겠다는 사람들은 적었다. 영도에서 생활하면서 만들어 놓은 인적인 연결망(친구), 자식들과 함께 지내는 것이 더 낫다고 생각하고 있다.

조업과정에서 선원 내부의 관계를 살펴보자. 어선의 조업은 1년에 10개월, 월을 단위로 15일 조업하고 약 5일 쉬고 또 출어하는 형식이었다. 조업을 위해 배에서 생활은 절대적으로 많았다.

우선 나 얘기 안합디까, 손 시려운거. 그리고, 저인망 댕기모요, 지금은 그물을 끈다 합디만요, 그때는 낮에는 한 시간 반, 밤에는 두 시간, 이런데 그 인자 한번은 두 척이니까 한쪽배가 그물을 꺼 올려가지고 그 일하고, 한 번은 이쪽배가 하고 이런 식으로 하는데, 그럴 때 밤에 겨울에 금방 자고 나와서 일하고 나와서, 갓바 안 입으면 일 못합니다. 항시 레인코트입어요. 그래 갖고, 그걸 벗어놓고 들어가서, 잠이 빨리 온 사람은 그래도 한 시간정도 자요. 그런데 잠이 얼마 안온 사람들은 궁상하고 얼마 안 든다 아입니까

오분정도 잤을가 벨 울립니다. 왠만한 사람은 다 듣고 깹니다. 그때 나가서
눈 칭칭 감고 갓바를 차디찬 감각이 으시으시 합니다. 그런 통에 잠도 깨고.
그러니까 갓바 입고 할 때는, 잠오고 할 때는, 물 있는 거기서도 누우며는
자요. 그게 아주 고통스러워요 그게. 한가하면 그것도 안 좋은게. 고향서
집 생각이 납니다.[37]

조업 과정에서 경험하는 선원들의 생활이다. 바다 일을 하는 사람들
에게 가장 부러운게 육지 일 하는 사람이었다. 조방률도 한 때 한전에
서 일을 한 적이 있었는데, 부산으로 배 타러 오자 많은 사람이 부러워
했다고 한다. 큰 파도를 만나고 배가 기울어져 갈 때 뭍에 있는 개[犬]가
부러울 정도였다고 한다.

선원들이 승선하는 선박의 선원 구성은 어선과 화물선, 상선 등 종
류에 따라 다소 차이를 보인다. 어선은 지역성이 강했고, 화물선이나
해외 상선 혹은 원양어선의 경우에는 어느 한 지역으로 집중하지 않았
다. 물론 중심세력에는 지역성이 있을 수 있었다. 어선의 경우 선주 혹
은 선장이 누구냐에 따라 해당 고향 사람들이 중심을 이루었다. 나로
도 출신 선장일 경우에는 대부분 나로도 사람들로 구성되었다.[38] 남해
사람의 경우에도 마찬가지였다. 조업 과정에서 필요한 명령체계를 제
대로 전달하고 수행하게 하기 위해서였다. 물론 그렇다고 타 지역 사
람들이 전혀 없는 것은 아니었다. 타 지역 사람이 승선했다고 해서 조

---

37 조방률 증언.
38 조방률, 김치빈, 조칠용, 김남실 증언.

업과정에서 외톨이가 되지는 않았다.

조업 과정에서 지역감정이 드러나는지를 질문해 봤다. 물론 필자가 경상도 출신이라는 점이 구술자의 구술에 영향을 미쳤을 가능성이 있다. 그렇지만 위에서 언급한 것처럼 바다에서 조업이란 선원들이 정신 차릴 수 없을 정도로 몰두해야 했다. 육체적 고통과 위험이 항시 존재하였기 때문이었다. 한 사람이 맡은 부분을 다른 사람이 대신할 수 없었다. 각자가 타인을 믿어야만 했다. 이 때문에 어선 내부의 직위에 따른 규율은 엄격했다. 동시에 선원들은 좁은 배에 같이 자고 먹고, 작업하는 과정에서 한 식구처럼 생활한다고 한다. 그래서 서로 싸울 틈이 없다는 것이다. 육지로 돌아오면 선원들은 자기들끼리의 단합회를 열었다. 보름 동안 쌓였던 고통을 풀기위해 선원들은 주로 술을 마시며 색시집을 찾았다. 이 과정은 같은 배를 타는 선원들로 하여금 이질적인 감정보다는 현실적인 동료의식을 더 갖게 만들었다.

이렇게 볼 때 영도로 이주, 어선으로 취업, 어선 내 조직구성 등에서 지역적인 연결망이 강하게 작동하였다.

3. 부산 영도 호남인의 생활과 연결망의 역할

1) 호남인의 경제생활과 연결망

호남 출신 선원들이 영도에서 생활하는 시간은 조업 종료 후 귀환해서 다시 조업하러 출어할 때까지였다. 평상시에는 한 달에 약 20일 조업하면 일주일 정도 휴식을 하게 된다. 그 외 3월과 8월에 약 한 달씩 철망을 한다. 이런 때는 대체로 어선을 수리하기도 한다.

먼저, 선원들 사이의 연결망이다. 선원들은 그들의 직위에 따라 만남을 가졌다. 다른 배들의 선장은 선장대로, 기관장은 기관장대로, 선원들은 선원들끼리 술을 마시면서 정보를 교환하였다.[39] 이 모임은 조업을 한 장소나 수익, 개인별 수익 등에 관한 정보 교환이었다고 한다. 이러한 연결망을 통해 취업과 재취업을 위한 정보를 교환하였다.

> 내는 본업이 목수기 때문에……. 저인망이 철망을 하면, 여름에 하거든요. 철망해 갓고 약 한달했는데……. 대평동이 벌어먹고 사는 분야가 굉장히 많습니다. 기관수리, 어탐수리, 레이다수리, 배관수리. 벌어먹고 사는 직종이 굉장히 많습니다. 그러니까 옛날에는 대평동에는 만원자리를 개가 물고 댕긴다고 안합니까. 어종이 줄어분깨나 망해부네……. 어선만들적에 좋았습니다.[40]

철망 기간 동안 어선 수리에 필요한 다양한 업종이 호황기를 맞이하고 있었다. 어선 수리가 많은 영도 대평동에 '개가 만원자리를 물고' 다닌다고 할 정도였으니까 분위기를 짐작할 만하다. 이런 분위기는 한창 배 사업이 잘 될 무렵인 1980년대 후반에서 1990년대 중반까지로 대부분 기억한다. 영도에는 배 수리를 위한 조선소, 선구점, 선원 필수품, 식당, 다방,

---

39 조방률 증언.
40 조칠용 증언.

〈표 2〉 영도구 어선 규모의 변화

연도	인구	동력어선					
		합계		강조		목조	
		척수	톤수	척수	톤수	척수	톤수
1984	221,651	186	3,003	13	2,335	173	668
1985	210,402	183	2,992	13	2,335	170	657
1986	213,366	184	2,994	13	2,335	171	659
1987	212,997	571	41,474	258	39,088	307	2,330
1988	213,145	594	53,164	306	51,784	279	1,317
1989	210,888	579	46,070	300	44,720	271	1,285
1990	204,544	563	51,716	249	47,120	304	4,395

자료 : 영도구,『영도구 통계연보』, 1990 · 1991.

이발소가 몇 개나 있을 정도였는데 '사람이 버글버글'했다고 한다.

필자는 이번 조사에서 나로도 혹은 청산도 출신으로 어선과 관련한 육지 사업을 한 사례를 조선소, 선구점, 양복점, 쌀집 등의 사례에서 확인할 수 있었다.

조선소의 경우에는 일반적인 배 수리는 말할 것도 없고, 빙양선에서 냉동선으로 내부 구조를 변경할 때 선주는 대부분 고향 사람이 운영하는 조선소를 활용하였다. 그리고 배를 수리한 후나 휴식기간이 끝난 선원들은 출어를 준비하였다. 이때는 기름, 고기 담는 상자, 어구, 어망, 식료품, 청소도구, 선원 개인 필수품, 담배, 장화 등 선주가 준비하는 물품, 선원 개인이 준비하는 물품 등 아주 많았다. 이러한 경우에는 대체로 선구점에서 준비하는데 선장생활을 하다가 그만둔 조방률의 경우 1989년부터 대평동에서 선구점을 운영하였다. 고향 사람들은 고향사람들이 운영하는 선구점을 주로 활용하였다. 선구점 사업은 금전

대부업을 겸하기도 하였다. 고향 사람들이라 걱정하지 않고 사업자금을 빌려줬다. 1977년 무렵부터 고흥상회라는 쌀가게를 운영한 고금불의 주요 고객은 저인망 7통(14척)이었다고 한다. 20명이 보름 먹을 쌀로 배 한 척에 10가마 정도 싣는다.[41] 청산도 출신 유삼종은 봉래동에 1972년 무렵 양복점을 개업했다. 동네 불량배들의 행패가 심했지만, 전체 손님의 70%가 고향 사람으로, 배 타는 사람들이었다고 한다.[42] 주문하는 측에서도 믿을 수 있는 상품이어야 하고, 상품을 조달하는 측에서도 대금 수금과 관련해 신뢰할 수 있어야 하기 때문이었다.

바다에서 생활하는 선원들과 뭍에서 살아가는 전라도 사람들이 결합되어 있는 구조를 확인할 수 있다. 호남인들의 강력한 고향인맥과 생활연결망은 영도에서 경제적인 안정과 정착을 가능하게 했다는 장점으로 작용하였다. 그렇지만 지역주의를 강화하는 계기로 보이기도 하고, 타 지역사람들로부터 '저놈들 독하다'라는 소리를 듣기도 한다. 이러한 관계는 경기가 불안해지면 연쇄적인 위험에 노출될 수도 있었다. 어선 사업을 하는 선주 혹은 선장과 뭍에서 이 사업과 관계되는 사업을 하는 선구점이나 쌀집 등은 고향을 매개로 한 경제관계가 강하게 연결되어 있었다. 그리고 사업자들에게 흔히 볼 수 있는 쌍방 보증도 고향 사람들 사이에 얽혀 있었다. 1997년 IMF 경제체제로 들어가자, 영도를 배경으로 하는 어선 사업자들은 큰 타격을 받았다. 환율 상승으로 인해 입어료와 기름값이 크게 인상되었다.[43] 조업이 불가능해지

41　고금불 증언.
42　유삼종 증언.
43　「지역에 부는 IMF한파」, 『한겨레신문』, 1997.12.27.

자 주로 은행대출이나 빚에 의존했던 사업자들이 망했다. 이들과 연계되어 있던 사업자들도 연쇄방응을 일으켰다. 청산도, 나로도 출신 사업자들도 큰 타격을 입었다. 이들과 연결되어 있던 연결망도 이 무렵 많이 파괴되었다. 여기에 2001년부터 시작된 감톤정책, 즉 과잉 어선을 축소하자 많은 호남인들은 영도를 떠나게 되었다.

한편 어선과 연결되어 있던 호남 사람들 가운데서는 나름대로 영도에서 고향 인맥 이외의 연결망을 형성하기도 하였다. 고금불처럼 시장에서 쌀가게를 했기 때문에 상인들과의 계모임도 오래 동안 하였다. 경제적인 관계 이외에 정치적인 활동으로 입지를 확대하는 인물도 많았다. 이번 조사과정에서 동 단위의 정화위원 혹은 평통위원, 상의협의회 등 다양한 반관단체에서 활동하는 인물들도 만났다. 이들은 선원 경험이 있는 경우도 있고, 선원과 경제관계가 있는 경우, 그렇지 않은 경우 다양하였다. 특히 유삼종은 1972년 봉래동에 양복점을 개점 한 뒤 동내 불량배들과 갈등을 일으키면서도 마을의 좋은 일 나쁜 일에 돌아다니면서 다양한 활동을 하였다. 그 결과 동네 어른들로부터 '자네가 본토네, 자네가 본토네'라는 말을 듣기까지 하였다고 한다. 영도 호남 사람들의 활동은 1970년대 곽귀학 씨 같은 민선 동장과 류인원(1995.7~2006.6)처럼 구의원을 배출하는 요소로 작용한 것으로 보인다.

영도 호남인들은 정착과정에서 고향 사람들과 생계와 관련해 필요한 연결망과 마을 내 정치적인 영향력을 확대하는 방향으로 연결망을 만들었다.

2) 호남인의 정착과 향우회

향우회는 연결망의 한 유형이다. 향우회가 연고주의의 폐해가 없는 것은 아니지만, 고향을 떠나온 사람들의 도시 적응에서 순기능을 하기도 한다.[44]

재부호남향우회는 1964년 2월 9일 창립되었다. 재부호남향우회 조직은 부산에서 살아가는 호남 사람들이 경험하는 차별에서 출발하였다. '호남인들은 스스로의 힘을 결집해야 한다는 자위의식, 사회적 물의를 일으키는 몰지각한 호남인들을 계도해야 한다는 자성의 목소리' 등을 이유로 창립되었다. 당시 분위기가 창립일에도 그대로 반영되었다. 호남 사람임을 감추려는 당시 분위기 때문에 창립위원 132명 정도만이 참여했다고 한다.[45] 재부호남향우회 아래로 각 구별로 지부가 생기고, 그 아래 동 별로 지회가 조직되었다. 그리고 각 시군향우회도 조직되었다.

한편 나로도향우회의 출발은 약간 차이를 보인다. 나로도향우회는 1980년 7월 6일 조직되었다. 이 시기는 나로도 출신자들이 경제적으로 윤택한 삶을 살 때라고 한다. 특히 영도를 중심으로 향우회가 조직되었기 때문에 선원들의 수입과 향우회 발전은 궤를 같이한다고 할 수 있다.

필자가 만난 구술자 가운데 재부호남향우회에서 활동한 인물도 있고, 여기에는 참가하지 않고 나로도향우회에만 참가하는 사람들도 있

---

44 박성윤, 「도시 생활의 적응 기제로서의 향우회에 관한 연구 : 재경고흥군향우회의 사례를 중심으로」, 서울대 석사논문, 2001, 2~4쪽.
45 在釜湖南鄕友會, 앞의 책, 72~73쪽.

었다. 재부호남향우회 소속 회원들 대부분은 기업체나 자영업을 영위하는 사람들이었다. 재부호남향우회에 참여하지 않는 이유는 군 단위나 도 단위 향우회에 가면 아는 사람이 없다는 사실이다. 개인적인 연결망이 형성되어 있지 않고 출신이라는 이름만으로는 향우회에 참여하기에는 개인적인 만족을 충족시킬 수 없었던 것이다.

그런 반면 나로도향우회는 고향 사람들의 모임이라는 의식이 강했다. 고향에서의 인맥이나 선원생활을 통해 이미 익숙해져 있는 사람들과의 관계가 향우회 참여를 가능하게 했다. 그래서 면 단위 향우회는 좀 더 구성원 간의 친밀도가 강했던 것으로 보인다. 그리고 면 단위에 하나뿐이었던 중학교의 존재와 인맥도 크게 작용했다.

이러한 인맥관계에 1980, 90년대 어선 사업이 번창했고, 따라서 선주나 선장들의 기부가 많았다고 한다. 기금도 많이 쌓였다. 회원이 500명에 이르렀다. 향우회 활동은 1년에 3회의 정기총회, 회원의 경조사, 위문 등이다. 향우회가 잘 이루어질 때 모임은 봄에 어선들이 철망한 뒤 한 달 가량 쉴 때 한다고 한다. 대부분의 회원들이 선원들이기 때문이다. 이날은 12개 마을 별로 도시락을 준비하는데, 각 종 고향음식을 맛볼 수 있는 기회였다. 이날은 재부호남향우회장, 영도지회장은 물론이고 나로도 면장도 참석한다.

나로도향우회와 타 향우회의 차이는 회원들 구성에서 차이를 보인다. 호남향우회 영도지회(1965년 11월 창립) 상임위원들의 직업구성을 보면 대부분 자영업이나 사업체를 운영하는 사람들이다. 여기에 비하면 나로도향우회는 앞서 검토한 것처럼 선원출신이 대부분이다. 구성원들의 직업과 관련시켜 볼 때 향우회 참여 목적은 차이가 있을 수 있다. 전자의 향우회가 본인의 사업체 운영과 관련성을 맺고 있다고 한다면 후자의 경우에는 상호부조의 성격이 더 강한 측면을 보인다. 나로도향우회가 선원들의 직업선택에 어느 정도 역할을 했느냐는 질문도 해 봤으나, 그런 측면은 그다지 중요하지 않고, 단지 고향사람들과 만남의 기회를 가지는 것으로 이해하고 있었다.

향우회 활동을 고향과 관련한 사업에서 어떤 내용이 있었는지를 질문해 봤다. 나로도향우회가 정기적으로 고향을 방문하는 경우는 거의 없었다. 회원들의 친목을 목적으로 관광을 하기는 하지만 반드시 관광지가 고향일 필요는 없었다. 다만 나로도의 중요한 행사였던 대교 완성(1994년, 1995년) 때는 많은 향우들이 참가했다고 한다. 물론 기부도 하고……. 따라서 나로도향우회는 끊임없이 고향을 바라보는 사람들의 모임이 아니라 고향을 매개로 영도에 적응해 가는 사람들의 현실적인 필요에서 만들어진 것이다. 구술자들은 하나같이 고향으로 회귀할 생각이 없다. 이미 부산에 정착했고, 정착지에서 만들어 놓은 연결망 속에서 살아가기를 희망한다.

하지만, 나로도향우회는 다른 향우회와 마찬가지로, 특히 1997년 IMF, 2001년부터 시작된 어선감축 정책에 따른 승선기회가 없어지면서 나로도 출신자들의 생활기반이 위축되고, 회원의 축소로 이어졌다. 회원 축소의 원인이 여기에만 있는 것은 아니었다. 1960, 70년대 이주했던 세대들이 나이가 들었으나, 계속된 이주자들이 줄었다는 점, 영도에서 생활하는 1.5세대 혹은 2세대의 경우 고향을 매개로 하는 의식이 미약할 수밖에 없다. 더구나 부모의 고향이 자식 세대들의 일상생활에서 지니는 의미가 약해지고 있기 때문이다. 회원도 500여 명에서

50여 명으로 줄었다고 한다.

4. 지역주의 극복의 가능성과 한계

호남사람들이 부산에 정착하는 과정과 그들의 생활연결망에서 국민국가가 추진한 포섭과 배제의 정치논리였던 지역주의가 살짝 빗겨나 있음을 확인할 수 있었다. 해역海域, 즉 바다와 연안을 무대로 생활하는 사람들에게 국민국가의 정치논리보다 이주 지역에서 정착에 필요한 연결망을 만들어가는 게 더 중요하였다.

부산과 호남의 여러 섬사람들 사이의 교류는 개항 이후 일본인들의 수산업 진출과 함께 시작되었다. 1960, 70년대 수산업의 발전과 함께 양 지역 사이의 사람 이동은 훨씬 더 증가하였다. 부산으로 이주와 정착과정에서 필요한 직업과 주거지 알선은 고향 인맥이 중요하였다. 이주자들은 부산 영도에 정착하면서 대부분 선원으로 활동하였다. 선원들은 고향 출신자들로 구성되는 경우가 대부분이었으나, 간혹 타 지역 사람들도 포함되었다. 힘들고 위험한 조업과정 때문에 지역주의의 논리는 제대로 작동하지 않았다.

1980, 90년대 어선들의 정박지인 영도는 어로활동과 관련한 업종들로 번성하였다. 호남인들은 어선 이외의 다양한 업종 종사자들과의 연결망도 확대하였다. 이들 연결망은 호남인들 사이의 거래가 중심이었다. 다양한 연결망 가운데 향우회는 같은 고향 사람들을 연결하는 가장 느슨한 형태였다. 호남인들이 강한 지역주의 분위기에서 부산 정착이

가능했던 것은 해역을 매개로 호남과 부산 영도를 연결하는 생활연결
망 때문이었다. 한편 영도는 부산의 일부이기는 하지만 섬이라는 특성
때문에 바다와 연결된 다양한 출신자들의 이주지역이 될 수 있었다. 영
도의 호남인 생활연결망은 지역주의 이데올로기를 비켜갈 수 있는 안
전망이었다. 그렇지만 이러한 고향을 매개로 하는 생활연결망은 위험
성도 내포하고 있었다. 1997년 경험한 외환위기 때 이들의 연결망은 오
히려 '신용거래'로 인해 많은 사람들이 고통을 당하는 계기도 되었다.

　부산 영도로 이주한 호남인들에게도 소외지역 사람들에게 작동하
는 지역주의가 완전히 사라진 것은 아니었다. 생활하는 공간이 달라져
경제적 차별을 경험하는 것은 아니지만, 지역주의가 제공하는 이데올
로기적 성격은 정치적 격변기 때마다 되살아나곤 하였다. 일상생활에
서는 영도 주민으로 살아가면서도 선거 때만 되면 호남 사람의 정체성
을 찾고, 확인하고자 하였다. 호남향우회라는 친목모임에서는 의례히
지역 정치인들이 참석하여 지역주의의 싹을 유지하려고 하고 있다.

참고문헌

『동아일보』,『경향신문』,『한겨레신문』
영도구,『영도구 통계연보』
재부나로도향우회,『회원명부』
相澤仁助,『釜山港勢一斑』, 日韓昌文社, 1905.

金在棊,「羅老島地域 住民指導者들의 態度調査 硏究」,『南道文化硏究』2, 순천대 남
　　　도문화연구소, 1986.
김선업,「한국사회 연줄망의 구조적 특성」,『한국사회학』26 여름, 한국사회학회, 1992.
김혜숙,「지역 간 고정관념과 편견의 실상」,『심리학에서 본 지역감정』, 성원사, 1988.
박성윤,「도시 생활의 적응 기제로서의 향우회에 관한 연구 : 재경고흥군향우회의 사
　　　례를 중심으로」, 서울대 석사논문, 2001.
유재일,「한국지역주의의 형성과 정치균열의 전개」,『지역사회연구』3, 대전대 지역
　　　사회개발연구소, 1996.
이경엽,「한국 도서·해양민속 연구의 시각과 쟁점」,『島嶼文化』32, 국립목포대 도
　　　서문화연구원, 2008.
차민석,「지역감정에 대한 호남출신 이주민들의 경험 연구 : 부산지역 호남출신 이주
　　　민들을 중심으로」, 동아대 석사논문, 1997.
최영진,「지역집단의 사회적 구성과 정치적 메커니즘」,『국제정치논총』41-3, 한국국
　　　제정치학회, 2001.
최장집,「지역의식, 무엇이 문제인가」,『동향과 전망』1, 1988.

家島彦一,『海域から見た歷史』, 名古屋大學出版會, 2006.
김수희,『근대 일본어민의 한국진출과 어업경영』, 경인문화사, 2010.
김재승,『그림자섬影島의 숨은 이야기』, 전망, 2005.
在釜湖南鄕友會,『四十年會史(1964~2004)』, 대산출판인쇄사, 2004.
池鐵根,『試鍊期의 水産業史』, 韓國水産新報社, 1998.
＿＿＿,『月海 池鐵根 博士 나의 水産人生』, 韓國水産新報社, 1998.
하네다 마사시, 이수열·구지영 역,『동인도회사와 아시아의 바다』, 선인, 2012.

구술자료

성명	출생년도	출신지	이주년도	거주지		직업		구술일자
				이주시	현재	이주시	현재	
박종문	1947년	전남 해남	1972년	영도	영도	연합철강	자영업	2011.12.21.
박정남	1943년	나로도 사동 백양	1959년	통신학교	사하구	선원	여관	2012.1.5.
조방율	1942년	나로도 봉영 봉남	1976년	영도	영도	선원	선구점 폐업	2012.1.7.
최학인	1946년	나로도 외초 상초	1968년	영도	영도	선원	석유상	2012.1.7.
고금불	1934년	나로도 소영	1973년	영도	영도	구멍가게	쌀집	2012.1.14.
이장용	1940년	나로도 소영		영도	광안동	선원	무직	2012.1.14.
김치빈	1941년	나로도 예내리	1987년	영도	영도	선원	무직	2012.1.10.
유삼종	1948년	완도 청산 지리	1963년	영도	기장	양복점	유흥업	2012.1.28.
김남실	1945년	완도 청산 대모	1975년	영도	연산동	선원	자영업	2012.1.21.
조칠용	1942년	나로도 봉영 봉남	1972년	영도	영도	목수/선원	목수	2012.1.28.
백남현	1945년	보성 회천 봉강	1969년	영도	영도	통관사/안경	안경	2011.12.23.
명경민	1946년	나로도 축정				공무원	나로도면장	2012.7.7.

공공성과 로컬리티의 재구성[*]

공적영역으로서 주민도서관을 중심으로

하용삼 · 문재원

1. 글로벌-국가-로컬-공 / 사 지형의 변화

공공성이 시대의 변화에 따라 그 크기나 특성이 변화하며, 각 국가의 역사적 사회문화적 전통에 따라 그것의 의미가 달라지기 때문에, 현재 공공성the publicness, die Öffentlichkeit의 의미는 명확하게 규정될 수 없다. 일반적으로 공공성에 관한 네 가지 모델은 다음과 같다. ① 영역의 공공성 이론 : '사적 영역'에서는 정치적으로 조직된 통치 권력의 개입에 의존하지 않고 자기 조절적으로 혹은 자연적 조화에 의해 질서가 형성되는 데 반해서 '공적 영역'에서는 통치 권력이 질서 형성의 주체가 되어

---

* 이 글은 『철학논총』 66, 2011.10에 발표된 논문을 수정 · 보완한 것이다.

규제한다고 본다. 따라서 공공성이란 통치 권력의 규제 대상이 될 수 있는 공적 영역의 고유함 내지 이 고유 영역을 사적 영역과 구별하여 한정하는 특성을 의미한다. ② 주체의 공공성 이론 : '사적 주체'가 개인의 이익 추구를 최우선으로 삼아 이에 몰두하는 데 반하여, '공적 주체'는 사회의 공통 이익을 배려하고 실현할 책임을 지며 이를 위한 부담과 희생도 마다하지 않는다고 본다. 이에 의하면, 공공성이란 이러한 사회적 책임을 맡아 수행하는 주체의 윤리적, 정치적 자질 및 능력, 즉 공민으로서의 지위citizenship를 뜻한다. ③ 절차의 공공성 이론 : '사적 결정 절차'가 특정 개인 내지 특정 집단의 내부적 의사 결정임에 반하여, '공적 결정 절차'는 특정 개인이나 집단을 넘어서서 다수의 의사와 견해가 광범위하게 투입되는 민주적 경로를 거치게 된다는 입장이다. ④ 이유 제시의 공공성 이론 : '공적 이유'는 개인이나 부분 집단의 특유한 신념 체계에서 벗어나더라도 이해가 가능하고 타당성이 인정되기 때문에, 공적 이유는 사적 이유에 기인한 행동을 제약하는 공적 결정의 정당화 근거가 될 수 있다고 설명한다. 이에 따르면 공공성이란 우리 자신의 행동뿐만 아니라 다른 사람의 행동까지 제약하는 정치적 결정을 정당화하는 데 필요한 간주관적인 규범적인 지위를 의미한다.[1] 이런 점에서 공공성 개념은 상충성과 다의성을 포함하고 있다. 특히 세계, 국가, 시장, 개인 등의 재구조화와 맞물리면서 공과 사의 경계지형들이 변화되고

---

1   이준형, 「공공성의 법학적 이해 : 이유 제시의 규제 이념으로서 정의」, 김세훈·현진권 외, 『공공성』, 미메시스, 2008, 105~111쪽; 이노우에 타츠오, 「공공성이란 무엇인가 : 정의의 관점에서」, 한국민족문화연구소 초청강연회, 2010.11.5, 2~3쪽 참조. 그리고 공공성의 '용어 해설'에 관하여 사이토 준이치, 윤대석·류수연 역, 『민주적 공공성』, 이음, 2009, 18쪽 참조.

있는 현대사회에서 공공성의 지형의 변화는 단순한 담론차원이 아니라, 세계, 국가, 시장, 개인의 관계나 영역에 대한 재구조화와 밀접하게 맞물려 있다.

근대 국민국가에서 로컬리티는 사회경제적으로 국가의 부분으로서 자신의 독자성을 인정받지 못했기 때문에 현실적으로 자신의 자율성과 정체성을 드러내기 힘들었다. 그러나 세계화로 국가의 경계는 희미해졌고, 또한 로컬리티에 대한 국가의 영향력은 약화되었다.[2] 이제 대다수의 개인은 국가의 시민이기보다 세계시장의 생산자이자 소비자로서 거듭나게 되었고, 또한 상당수의 개인은 자본과 국가권력에 의해서 자신의 거주지를 끊임없이 이동하는 떠돌이로 되었다.[3]

세계-국가-개인의 위상변화는 기왕의 국가 주도의 공공성에 대한 성찰의 계기를 만들고, 이 과정에서 '공공성의 재구성' 논의가 활발해진다. 공공성의 재구성은 "세계, 국가, 시장, 개인의 공적구조가 단순히 축소되거나 확장되는 것을 의미하는 것이 아니라",[4] 각 영역적 질서가 맞물리고 겹쳐지면서 이들의 재구조화와 연결된다. 기왕의 공공성

2　본 고에서 로컬리티에 대한 잠정적 규정은 다음과 같다. 로컬Local은 삶의 터전으로서 물리적인 공간／장소이다. 그러나 로컬Local은 정체되고 고정된 것이 아니라 그 속에서 생활하는 인간들의 다양한 사회적 구조와 실천적 행동이 접합하고 있는 공간이며, 내외부적으로 소통·교류하면서 자기 정체성을 만들어 가는 공간으로 파악된다. 로컬리티Locality는 이 물리적인 공간／장소와 인간이 관계를 맺으면서 생성된다. 인간들의 다양한 관계성의 총체이며, 매우 유동적이고 중층적이며, 권력적이기도 하면서 가치 지향적이다.

3　"'저 위의 높은' 사람들은 삶을 통해 자신들의 마음속 욕망에 따라 여행할 수 있고 그것들이 제공하는 기쁨에 따라 종착지를 선택할 수 있다는 것에 만족한다. 그리고 '저 아래의 낮은' 사람들은 그들이 머물고 싶어하는 지역에서 몇 차례고 쫓겨난다."(Z. Bauman, *Globalization-The Human Consequences*, Cambridge : Polity, 2009(1998), pp.86~87; Z. 바우만, 김동택 역,『지구화, 야누스의 두 얼굴』, 한길사, 2003, 172쪽)

4　조대엽, 「공공성의 재구성과 기업의 시민성」,『한국사회학』41-2, 한국사회학회, 2007, 7쪽.

모델에는 국가 주도의 공공성이 사유의 중심에 놓여있었다. 근대에서 국가 공공성은 일반적인 규범과 이성적 판단에 의해서 결정되고, 또한 수직적인 통제의 방식에 의해서 실현되었다. 따라서 국가는 로컬 공공성을 수직적으로 통제하고 또한 자본은 국가 공공성에 편성하면서 로컬 공공성, 더 나아가서 국가 공공성을 상품화·개인화한다. 자본은 상품소비에 의한 배제와 포섭을 통해서 국가 공공성을 사적영역으로 변화시킨다.

본 고은 오늘날 국가와 시장에 대한 성찰성을 바탕으로 제기되는 공공성의 전환에 로컬리티가 어떻게 개입할 수 있는가를 고찰하고자 한다. 근대성에 대한 성찰의 지점으로 작동할 수 있는 로컬리티는 국가 공공성에 대한 비판과 대안을 제시해 줄 수 있을 것이다. 다른 한편 공공성의 개입으로 온갖 사적 이해가 결속되어 있는 로컬리티를 재편하는 방법론이 마련될 것이다. 이처럼 공공성과 로컬리티는 상호작용한다. 로컬공간에서 공공성의 전략들이 영역, 주체, 절차, 이유 제시의 방식에서 어떻게 실천되고 있는가를 살펴보면서, '로컬 공공성'이라는 새로운 공공성의 모델을 제시하고자 한다. 다시 말해 우리는 국가 공공성의 한계와 자본의 개인화와 상품화에 대한 비판과 더불어 주민들이 함께 숙고·토론·참여하는 로컬 공공성을 모색한다. 이를 바탕으로 로컬의 주민도서관에서 실천적 활동을 통해 사적영역과 공적영역을 재구성하는 출발점을 찾으려고 한다.

2. 공공성 이론의 재조명

1) 사적영역과 공적영역의 위계적 분할

본 절에서는 아렌트에 의해서 고대에서 현대까지 역사적으로 연구된 공공성개념을 비판적으로 수용하면서, 공공성과 로컬리티의 관계를 통시적·공시적으로 탐구하고자 한다.

아렌트는 인간은 행위action, das Handeln로서 공공성을 드러낸다고 말한다. 공적영역the public realm, der öffentliche Raum에서 행위를 하기위해서 필수적인 전제조건은 자유이다. 자유인은 "삶의 필연성과 이로부터 비롯되는 관계들과 전혀 상관없이 선택할 수"[5] 있어야 하기 때문에 아리스토텔레스는 자유인이 선택할 수 있는 세 가지 삶의 방식에서 노동labor, die Arbeit과 작업work, das Herstellen을 배제했다. 우리는 행위와 공공성의 관계를 다루기 위해서, 먼저 사적영역the private realm, der private Bereich의 노동, 작업이 왜 자유롭지 못한 활동인지를 살펴야한다. 넓은 의미에서 "노동과 작업은 인간의 필요와 욕구에 구속되어 필요하고 유용한 것을 생산하는 까닭에 자유로운 활동"에서 배제된다.[6]

좀 더 자세히 보면, 노동은 신체의 신진대사를 유지하기 위한 자연의 필연성에 묶여있는 활동이다.

5　H. Arent, *The Human Condition*, The University of Chicago Press, Chicago / London, 1998(1958), p.12; H. 아렌트, 이진우·태정호 역, 『인간의 조건』, 한길사, 2010(1996), 61쪽.
6　위의 책, p.13·62쪽.

노동은 인간신체의 생물학적 과정에 상응하는 활동이다. 신체의 자연발생적 성장, 신진대사와 부패는 노동에 의해 생산되어 삶의 과정에 투입되는 생명필수재에 구속되어 있다. 노동이 이루어질 수 있는 근본조건은 삶 자체이다.[7]

즉 노동은 자신과 타인에 의해서 소비되기 위한 생산과정으로서 자연의 순환과정과 신체의 신진대사와 같이 단지 생성과 소멸을 반복한다. 따라서 노동은 어떤 결과물도 남기지 않는다. 또한 노동은 고대 그리스에서 가장의 지배를 받는 가정의 여성과 노예에 의해서 수행되었다. 근대사회에서 작업의 생산물은 노동을 위한 유용한 수단이 됨으로써 작업은 노동과 구별되지 않고, 노동에 포함된다.[8]

(행위는) 사물이나 물질의 매개 없이 인간 사이에 직접적으로 수행되는 유일한 활동이다. 행위의 근본조건은 복수성으로서 인간조건, 즉 보편적 인간Man이 아니라 복수의 인간들men이 이 지구상에서 살며 세계에 거주한다는 사실에 상응한다. 인간조건의 모든 측면들이 다소 정치에 관련되어 있지만 특별히 복수성은 모든 정치적 삶의 '필요조건'일 뿐만 아니라 '가능조건'이라는 의미에서 절대적 조건이다.[9]

행위는 안정된 사적인 소유를 토대로 공적영역에서 평등하고, 자유로운 시민들 사이에서 이루어지는 활동이고, 또한 언어는 행위의 의미

---

7 위의 책, p.7 · 55쪽.
8 작업에 관하여 위의 책, p.7, p.139, p.143, p.162 · 56쪽, 197쪽, 291쪽, 221쪽 참조.
9 위의 책, p.7 · 56쪽.

와 말하는 사람의 인격과 특성을 드러내어준다. 이런 점에서 공적영역에서 정치적 활동은 행위와 언어로 수행된다.

인간 공동체에 현재하고 필요한 모든 활동 중에서 두 활동만이 정치적 활동으로 그리고 아리스토텔레스가 '정치적 삶으로 명명한 것을 구성한다고 여겨졌다. 그것은 행위praxis와 언어lexis이다. 이 행위와 언어로부터 인간사의 영역이 발생하며 단순히 필요하거나 유용하기만 한 모든 것은 이 영역으로부터 엄격히 배제된다.[10]

행위의 인간은 공적영역에서 평등하고 자유로운 인간이라는 점에서 동일하지만, 그러나 행위가 인간들 사이에서 유의미한 활동이기 위해서 말이 없는 행위로서 육체적 활동이 아니라 말이 있는 행위로서 서로에게 자신의 정체성과 차이성을 드러내야한다.

말과 행위의 기본조건인 인간의 복수성은 동등성과 차이성이라는 이중의 성격을 가진다. 만일 사람이 동등하지 않다면 서로를 이해할 수도 또 이전의 사람들을 이해할 수도 없으며 미래를 계획하거나 장차 올 사람들이 필요한 것을 예견할 수도 없을 것이다. 그러나 또 다른 한편으로 사람들이 구별되지 않는다면, 즉 모든 사람들이 현재 살고 있거나 과거에 살았거나 미래에 살게 될 다른 사람들과 다르지 않다면, 사람은 자신을 이해시키기 위해서 말이나 행위를 할 필요가 없을 것이다.[11] (그리고 행위와 언어는 동

---

10 위의 책, pp. 24~25 · 76~77쪽.

물과 인간의 차이를 보여주고, 행위와 언어를 통해서) 불멸의 명예를 택하는'가장 뛰어난 자'만이 참된 인간이다. 자연이 제공해주는 쾌락에 만족하는 자, 그는 동물처럼 살다가 죽는 자이다.[12] (또한) 정치적이라는 것, 즉 폴리스에서 생활한다는 것은 힘과 폭력이 아니라 말과 설득을 통해서 모든 것을 결정함을 의미한다.[13]

사람들 사이에서 이루어지는 행위는 다수의 사람들에게 영향을 미치고, 이 영향은 예측불가능하고, 환원불가능하다는 행위 그 자체의 곤경을 내재하고 있다. 행위가 내포하는 이러한 곤경을 약속을 통해서 행위의 미래를 예측하고 그리고 용서를 통해서 지나간 행위의 환원불가능성을 치유할 수 있다.

자신이 무엇을 행했는지 알지 못하고, 알 수 있다 할지라도 행한 것을 되돌릴 수 없는 무능력인 환원불가능성의 곤경으로부터 벗어나게 하는 것은 용서하는 능력이다. 미래의 불확실성인 예측불가능성의 치유책은 약속을 하고 또 그 약속을 지키는 인간의 능력에 내재해 있다.[14]

---

11 위의 책, pp.175~176 · 235~236쪽. 아렌트는 말을 수반하는 행위만이 공적영역에서 인간으로서 행위라고 한다. "말 없는 행위는, 행위하는 주체가 없기 때문에 더 이상 행위가 아니다. 행위자는 그가 동시에 말의 화자일 경우에만 행위자일 수 있다. 그가 시작하는 행위는 말에 의해 인간에게 이해된다. (…중략…) 그가 행위자로서의 자신의 정체성을 얻을 수 있는 말을 통해서만 즉 현재 행하고 이전에 행했고 장차 의도하는 것을 알려주는 말을 통해서만 행위는 적절한 것이 된다. (…중략…) 행위 이외의 다른 활동에서 말은 부차적 역할만을 한다"(위의 책, pp.178~179 · 239쪽).

12 위의 책, p.19 · 69쪽.

13 위의 책, p.26 · 78쪽.

14 위의 책, p.237 · 301쪽.

　용서와 약속은 행위에 지속성과 연속성을 유지하도록 하는 행위에 내재하는 잠재력이다. 즉 용서를 통해서 행위 결과의 희생자가 되지 않고, 행위의 결과에서 벗어나 새로운 행위를 할 수 있고, 약속의 이행함으로써 행위자는 자신의 정체성을 유지한다. 행위자가 스스로에게 하는 것이 아니라, 사람들 사이에서 행하는 용서와 약속이 의미를 가질 수 있고, 이와 더불어 행위가 공적영역에서 활동이라는 것을 말해준다.

　행위와 말은 하고 나면 곧장 사라진다는 그 자체의 허약성을 내포하고 있다. 그래서 행위와 말의 허약성을 극복하기 위해서 고대 그리스에서 폴리스는 단지 지리적인 의미에서 도시국가이기보다 가장 무상한 인간의 행위와 언어를 불멸적인 것으로 만드는 "일종의 조직화된 기억"이어야한다.

　　폴리스는 사람들이 함께 행위하고 말함으로써 발생하는 사람들의 조직체이다. 그리고 폴리스의 참된 공간은, 그들이 어디에 있든지 간에, 이 목적을 위해 함께 살아가는 사람들 사이에 존재한다.[15]

　작업의 생산물은 인공물로서 불멸적인 것이고, 행위는 '조직화된 기억'으로서 불멸적인 것이다. 그러나 작업은 고립된 활동인 반면에, 행위는 사람들 사이에서 가능한 공적영역에서 활동이다.

15　위의 책, p.198 · 260~261쪽.

2) 공적영역의 사적영역에로 포섭-사회적 영역

앞 절에서 우리는 노동과 작업을 사적영역의 활동 그리고 행위를 공적영역의 활동으로 분리해서 다루었다. 그러나 근대에서 사회적 영역the social Realm, der gesellschaftliche Raum의 등장으로 인해서 두 영역의 의미와 구별은 상실되었다.

근대에서 정치보다 경제가 생활과 이론의 중심이 되었고, 그리고 정치와 경제의 경계는 고대의 공적영역과 사적영역처럼 선명하게 구별되지 않는다.

> 사회의 발생 즉 '가계oikia' 또는 경제활동이 공적영역으로 부상함에 따라 가계유지와 이전의 사적 영역인 가족에 관련된 모든 문제들이 이제는 '집단적' 관심으로 되었다. 근대에서 이 두 영역은, 마치 정지하지 않는 삶의 과정 자체의 흐름 속에 놓인 파도처럼 끊임없이 서로 뒤섞인다.[16]

근대국가와 국민의 관계에서 행해지는 지배와 피지배는 아렌트에 의하면 전정치적이고, 사적영역에 속한다. 사회적 영역은 고대 그리스의 사적영역에 해당하고, 이 사적영역에서는 지배와 피지배관계만 있다.

고대 그리스에서 행위와 노동은 분리된 영역이고, 행위와 노동이 각각 닫힌 영역으로 사적영역 그리고 공적영역으로 분리된다. 이에 반해 근대와 현대사회에서 행위와 노동은 각각 열린 영역으로 상호 간에 긴

---

16 위의 책, p.33·85~86쪽.

밀한 연관관계를 가지고, 또한 양자가 서로에게 영향을 미치는 열린
영역이다. 아렌트는 근대에서 사회적 영역이 사적영역과 공적영역을
모두 포함하고, 사회적 영역이 생산과 소비의 영역으로서 경제적인 영
역이라고 말한다.

> 사적인 영역도 공적인 영역도 아닌 사회적 영역의 출현은 엄격히 말하자
> 면 비교적 새로운 현상이다. 이 현상의 기원은 근대의 출현과 일치하며 민
> 족국가에서 그 정치적 형식을 발견한다.[17]

아렌트에 의하면 사회적 영역에서 공적영역은 축소되고, 사적영역
이 극도로 비대해진다. "경제적으로 조직되어 하나의 거대한 인간가족
의 복제물이 된 가족집합체를 우리는 '사회'라 부르며 사회가 정치적
형태로 조직된 것을 '민족'이라 부른다."[18] 이런 맥락에서 공적 · 사적
영역을 포괄하는 사회적 영역에서 국가권력과 자본은 시민과 노동자
를 지배와 피지배의 관계에 종속시킨다. 이 사회적 영역에서 노동자는
공적인 행위를 할 수 있다. 그러나 현실적으로 이 공적인 행위는 대단
히 피상적으로 수행된다. 첫째로 노동자는 임금과 노동시간을 자본가
와 협상하지만, 이 협상은 공적인 행위이기보다 자연의 필연성에 묶여
있는 생산시간의 축소이거나 소비시간의 확대로 귀결된다. 이런 점에
서 자본가와 협상은 공적인 행위인 것처럼 보일뿐이다. 더 나아가 신

---

17 위의 책, p.28 · 80쪽; 이성환, 「한나 아렌트에게 묻는다 : 당신은 누구나 / 지금도 '행위'
　가 가능하다고 생각하는가?」, 『철학논총』 제65집 제3권, 새한철학회, 2011, 254쪽 참조.
18 위의 책, p.29 · 81쪽.

자유주의 세계화로 인하여 비정규직 확대와 실업증대는 노동자들의 생존과 재생산(출산)을 위협하고 있고, 이런 조건은 결국 시민의 삶을 피폐하게 한다. 생존의 필연성에 얽매이는 시민이 과연 공적 행위를 위한 준비(평등하고 자유로운 시민들과 공적인 문제에 대한 대화와 대화하기 위한 지적·정서적 훈련과정)와 참여(이 대화를 통해서 합의된 사항들을 관철시키는 활동)가 현실적으로 가능하겠는가? 시민들은 정신적·신체적 피로와 생존의 압박으로 인하여 공적행위를 위한 시간부족과 용기부족으로 대체로 공적영역에서 행위를 할 수 없게 된다. 둘째로 일반시민들은 투표를 통해서 공적영역에서 행위를 한다. 그러나 이 투표행위는 공적영역에서 행위이기보다 대체로 국가권력의 전략적 목표에 의해서 조종되는 행동으로 드러난다. 유권자들은 자본과 국가권력에 의해서 미리 규정된 정책내용에 대해서 선택하는 형식적·절차적 행동을 할 뿐이다.

결정적으로 중요한 사실은 사회가 모든 발전단계에서, 예전에 가정과 가계로부터 배제되었던 행위의 가능성을 배제한다는 것이다. 그 대신에 사회는 각 구성원으로부터 일정의 행동behavior, das Sich-Verhalten을 기대하며, 수많은 다양한 규칙들을 부과한다. 이것들 모두는 구성원을 '표준화'시켜 행동하도록 하는 경향성을 가지며 자발적인 행위나 탁월한 업적은 갖지 못하게 한다.[19]

---

19 위의 책, p.40·93쪽.

사회적 영역에서 시민들은 대체로 고대 그리스의 사적영역에 해당하는 내용들에 관해서 양자택일적으로 선택할 수 있을 뿐이다. 시민들은 고대 그리스 폴리스의 노예와 달리 행위불가능하지는 않지만, 그러나 현대의 사회적 영역에서 환원불가능하고, 예측 불가능한 행위를 할 수 없다는 것이다. 국가와 자본은 시민들이 비일상적인 위대한 행위를 하기보다 일상생활에 매몰되도록 규범과 언론을 통해서 유도한다.

다른 한편으로 김선욱은 아렌트가 근대와 현대사회에서 시민이 가진 행위의 가능성을 포기하지 않고 있다고 말한다.[20] 아렌트에 의하면 관찰자로서 시민이 자율적이고, 정치가는 관찰자의 의견에 의지하기 때문에, 또한 시민이 정치가를 움직일 수 있다고 한다. "오직 관찰자만이 전체를 볼 수 있는 위치에 있다." 반면에 "행위자는 사태의 한 부분이기 때문에 자신의 부분을 연출해야 한다." "행위자가 관여하는 것은 명성doxa, 즉 타인의 의견이다." 따라서 "행위자는 관찰자의 의견에 의존한다." 이런 맥락에서 시민들은 자본과 국가에 조종되지만, 또한 자본과 국가에 대항하고, 새로운 대안을 제시할 수 있는 자율성을 가지고 있다. 아렌트는 같은 페이지에서 "관찰자the spectator의 삶의 방식"을 "관조자적 삶(the bios theōrētikos : theōrein이라는 말에서 '보다'라는 말이 나온다)"이라고 말한다.[21] 관조자적 삶이라는 말에서 우리는 노동자와 제작자로서 시민은 생업에 전념하기 때문에 행위자를 관찰할 수 없음을

---

20 김선욱, 「촛불 광장에서 아렌트를 만나다」, 『시민과 세계』 14, 참여사회연구소, 2008, 412쪽 참조.

21 H. Arent, edited and with an interpretive essay by Ronald Beiner, *Lectures on Kant's Political Philosophie*, Chicago : The University of Chicago Press, 1992(1982), p.55; H. 아렌트, 김선옥 역, 『칸트 정치철학 강의』, 푸른숲, 2011(2002), 113쪽.

알 수 있다. 그러면 결국 관조자로서 시민만이 관찰자가 될 수 있다. 이런 의미에서 여전히 관찰자는 노동과 작업을 하지 않는 시민이거나 혹은 관찰과 노동을 동시에 할 수 있는 시민이다. 따라서 누가 시민인 가라는 물음에서 여전히 노동, 제작, 행위, 관조라는 위계의 문제는 해결되지 않고 있다. 그리고 어떻게 시민이 노동과 관찰을 동시에 할 수 있는가라는 물음이 해결되지 않고 있다. 김선욱에 따르면 아렌트의 정치적 입장은 "제3의 영역으로서의 시민사회 영역"이라고 말한다.[22] 이 경우에 누가(노동자, 시민) 혹은 어떻게 노동자로서 시민이 시민사회 영역에서 참여, 행위할 수 있는가라는 물음이 남아 있다. '제3의 영역'이라는 말은 최소한 노동과 행위의 수직적·수평적 분할을 함축하고 있고, 그럼에도 불구하고 시민의 정치적 영역을 의미한다. 이하에서 노동과 행위의 수직적·수평적 분할 그리고 동시성을 더 자세하게 논의할 것이다.

우리는 현대적 상황에서 공공성의 의미를 재구성해내기 위해서 마르크스에서 행위의 가능성을 살펴볼 것이다. 마르크스는 고전경제학을 비판적으로 계승하면서 자신의 이론을 전개했고, 또한 자본과 노동의 관계를 사적영역으로서 사회적 영역 내에서 다루었다. 그래서 마르크스는 자본주의적 사적소유das kapitalistische Privateigentum를 토대로 잉여가치는 시장에서 노동력과 노동의 부등가 교환에 의해서 발생한다고 말한다. 자본의 운동은 한 국가에 한정되지 않고 전 세계로 뻗어나간다. 자본가들은 기계와 기술의 발명을 통해서 숙련노동자들을 비숙련노동

---

22 김선욱, 앞의 논문, 416쪽.

자와 기계로 대체하고, 생산성을 높임으로서 다른 자본가들보다 경쟁에서 우위를 점해서 더 빨리, 더 많이 자본을 축적한다. 이 결과로 고정자본으로서 기계들에 의해서 잉여가치를 창출하는 요소인 노동자가 줄기 때문에 항구적으로 이윤율이 낮아진다. 따라서 자본주의 사적소유 체계 내에서 자본의 운동은 그 자체의 한계에 봉착할 수밖에 없다.

자본의 독점은 이 독점과 함께 그리고 이 독점 아래에서 꽃피웠던 생산양식의 질곡이 된다. 생산수단의 집중과 노동의 사회화는 자본주의적 외피와는 조화될 수 없는 지점에 이르게 된다. 그러므로 자본주의적 사적 소유das kapitalistische Privateigentum는 자기노동에 기초한 개인적 사적 소유das individuelle, auf eigene Arbeit gegründeten Privateigentum의 최초의 부정이다. 그러나 자본주의적 생산은 자연과정의 필연성에 따라 그 자신의 부정을 낳는다. 이것은 부정의 부정이다. 이 부정의 부정은 사적 소유를 다시 회복시키지 않지만, 자본주의적 시대의 성과, 즉 협업과 토지와, 노동 자체에 의해 생산된 생산수단의 공동점유에 기초한 개인적 소유das individuelle Eigentum auf Grundlage der Kooperation und des Gemeinbesitzes der Erde und der durch die Arbeit selbst produzierten Produktionsmittel를 세운다.[23]

마르크스에 의하면 자본주의적 사적 소유는 자기노동에 기초한 개인적 사적 소유를 부정하고서 생겨난 사회체제이다. 다시 자본주의체제는 노동의 기계화에 의해서 이윤율이 저하됨으로써 붕괴된다. 그러

---

23 K. Marx, *MEW Bd. 23*, S. 791; K. 마르크스, 김수행 역, 『자본』 I, 비봉출판사, 1990, 959~960쪽.

나 자본주의적 생산수단은 남아있고, 이 생산수단을 자본가들이 아니라 노동자들이 공동 점유한다. 따라서 노동자들은 이전보다 생계를 유지하기 위해서 더 적은 노동시간을 지출한다. 노동자들은 노동시간이 단축됨으로써 노동하지 않는 더 많은 자유 시간을 가질 수 있다. 마르크스는 노동시간의 단축을 전제로 자본주의 생산양식에 대한 비판의 기준으로서 아직 도래하지 않은 '자유의 왕국'을 아주 짤막하게 제시하고 있다.

> 자유의 왕국은 궁핍과 외부적인 합목적성에 의해 규정되는 노동이 끝장나는 곳에서 비로소 진정으로 시작되며 따라서 그 본성상 고유한 의미에서의 물질적 생산의 영역을 넘어서서 존재한다. (…중략…) 이 왕국에서 자유는 사회화된 인간, 연합된 생산자가 맹목적인 힘으로서의 자연에 의해 지배되지 않고 자연과의 질료변환을 합리적으로 제어하여 그들 공동의 통제 하에 두는 데서만, 즉 그것을 가장 적은 힘의 소모로 인간 본성에 가장 잘 어울리고 적합한 조건하에서 수행하는 데에서만 가능할 수 있다. 그러나 이것은 여전히 아직 필연의 왕국이다. 이 왕국을 넘어서야만, 인간적인 힘의 발전이 자기목적으로 있는 진정한 자유의 왕국이 시작된다. 단지 자유의 왕국은 필연의 왕국을 그 토대로 하여야만 개화될 수 있다. 노동일의 단축이 근본 조건이다.[24]

마르크스에 의하면 노동자들이 자본가들의 이윤추구를 위해서 노

---

24 K. Marx, *MEW Bd. 25*, S. 828; K. 마르크스, 김수행 역, 『자본』 Ⅲ, 비봉출판사, 1990, 1011쪽.

동하지 않는 사회, 그리고 노동자들이 자신의 생계유지를 위해서 인간의 본성에 맞는 노동을 하고, 적합한 조건에서 노동하는 사회가 비로소 필연의 왕국을 지나서 자유의 왕국으로 가는 전제조건이라고 한다. 마르크스의 자유의 왕국이 고대 그리스의 공적영역을 의미하는지 확실하지 않지만, 그는 최소한 고전경제학의 자본주의적 사적소유에서 벗어나 자유의 왕국에서 노동해방의 가능성을 이론적으로 전개시켰다. 다시 말해 그는 고전경제학을 통해서 고전경제학의 한계를 비판하고, 고전경제학을 넘어서는 새로운 이론적·사회적 지평을 열었다. 그러나 그는 사회적 영역의 한계 내에서 정치와 경제를 다루었기 때문에 자유의 왕국에서 행해져야하는 공적 행위의 의미를 다루지 못했다. 그는 지나치게 사회적 영역에서 진행되는 자본의 운동에 몰두해 있었다. 사실 자유의 왕국은 필연의 왕국 너머에 있는 것이 아니다. 마르크스도 자유의 왕국과 필연의 왕국은 수평적으로 상호교차하면서 존재할 수밖에 없다는 것을 잠정적으로 인식하고 있었지만, 자유의 왕국에서 수행되어야 하는 행위에 관해서 명시적으로 다루지 않고 있다.[25] 마르크스에게서 노동과 행위는 수평적으로 열린 영역이지만 동시적이 아니라 장소와 시간에서 순차적으로 필연의 왕국의 노동에서 자유의 왕국의 행위로 이행된다. 그러나 현대의 사회적 영역에서 노동과 행위는 동시적으로 수행되어야 한다. 즉 노동자 또는 가정주부가 주당 40시간 혹은 10시간을 노동을 하더라도, 그들이 왜 이 노동과 노동시간동안

---

[25] 채진원, 「프락시스praxis 관점에 있어서 아렌트와 마르크스간의 횡단성transversaity」, 『철학사상』 제33집, 서울대 철학사상연구소, 2009, 300~303쪽 참조.

일을 해야 하는지를 공적영역에서 심의하고, 합의해야 한다. 마찬가지로 노동자가 어디에서 어떤 시간에 노동하더라도 공적영역에서 행위의 가능성이 동시적으로 열려있어야 한다.

아렌트도 현대사회에서 노동(작업을 포함하는)과 행위는 고대 그리스와 같이 사적영역과 공적영역으로 명시적으로 분리될 수 없다고 말한다. 아렌트는 자본과 노동을 중심으로 전개되는 사회적 영역에 대한 비판으로서 고대 그리스의 공적영역에서 행위를 우리에게 제시했다. 그러나 고대 그리스에서 노동과 행위는 위계적으로 분리되어서, 이러한 조건에서 그녀는 고대 그리스의 장인이 동시적으로 노동과 행위를 수행할 수 있는 가능성에 대해서 언급하지 않았다.[26]

3) 사적영역과 공적영역의 재배치

한편, 랑시에르에 의하면 노동, 작업, 행위가 미리 인간의 감성the sensible에 공적영역과 사적영역으로 분할되어서 배치되어있다고 말한다. 그는 이런 감성의 분할distribution of the sensible로 인해서 노동, 작업, 행위에 대한 사적·공적영역이 개인의 내면에 미리 구성된 것에 대해

---

26 아렌트는 고대 그리스에서 노동과 행위를 위계적으로 분리된 것으로 파악한다. 이 연장선상에서 아렌트는 '사회적 것'의 모든 영역을 '행동'에 포섭시킴으로써, '사회적인 것'을 전복하는 '행위'의 가능성은 그 외부로 배제되고 만다. 따라서 공적영역의 행위는 사회적 영역의 외부에 위치한다. 즉 정치적 행위는 공적영역에서만 실행되고, 반대로 사적영역과 사회적 영역은 완전히 탈정치화 된다. 공적영역과 사적영역은 경직된 이분법으로 절단되고 양자의 경계선을 변경해갈 정치의 가능성은 아렌트 자신에 의해 폐기되고 있다(사이토 준이치, 윤대석·류수연 역, 앞의 책, 72쪽).

서 이의를 제기하고, 구성된 감성의 분할을 재구성하고, 새롭게 구성하는 민주적 감성의 분할이 우선적으로 필요하다고 말한다.[27] 그래서 그는 노동, 작업, 행위(정치)는 미리 분할된 것이 아니라 항상 다시 분할될 수 있다고 말한다.

　　정치란 특정한 경험들의 영역을 구성하는 것이다. 이 영역 안에서 어떤 대상들은 공동적인 것으로 간주되며, 어떤 주체들은 이 대상들이 무엇인지 지칭하고 대중에게 그 이유를 설명하는 역량을 지닌 사람들로 취급된다. 그러나 이러한 구성은 인간학적 상수에 의존하는 고착된 소여가 아니다. 정치가 의존하는 소여는 항상 분쟁적일 수밖에 없다. (…중략…) 어떤 의미에서 정치행위는 정치적 능력이 입증되는 감성의 경계를 추적하기 위한, 이를테면 무엇이 말이고 외침인지를 결정하는 하나의 갈등이다. 플라톤은 『국가』에서 장인들은 자신들의 작업이외에 어떤 것도 할 수 있는 시간이 없다고 직설적으로 진술한다. 그들의 업무량, 일과표 그리고 이 일과표에

---

[27] 랑시에르는 감성의 분할은 포섭과 배제를 동시에 포함하고 있다고 말한다. "어떤 공동적인 것의 존재 그리고 그 안에 각각의 몫들과 자리들을 규정하는 경계설정들을 동시에 보여주는 이 감각적 확실성의 체계를 나는 감성의 분할이라고 부른다. 감성의 분할은 따라서 분할된 공동적인 것과 배타적 몫들을 동시에 결정짓는다. 몫들과 자리들의 이러한 분배는 어떤 공동적인 것이 참여에 소용되는 방식 자체 그리고 개인들이 이 분할에 참여하는 방식 자체를 결정하는, 공간들, 시간들 그리고 활동 형태들의 어떤 분할에 의거한다. (…중략…) 감성의 분할은 그가 행하는 것에 따라서, 이 활동이 행해지는 시간과 공간에 따라서 누가 공동적인 것에 참여할 수 있는지를 보여준다. 어떤 정해진 '활동occupation, Betätigung'을 가지는 것은 공동적인 것에의 능력들 또는 무능력들을 그렇게 규정한다." (J. Rancière, übersetzt aus dem Französischen und hrsg. von Maria Muhle, *Die Aufteilung des Sinnlichen*, Berlin : b_books Verlag, 2008a, S. 25~26; J. Rancière, Translated with an Introduction by Gabriel Rockhill, *The Politics of Aesthetics. The Distribution of the Sensible*, London · New York : Continuum, 2009, p.12; J. 랑시에르, 오윤성 역, 『감성의 분할』, 도서출판 b, 2008, 13~14쪽); J. Rancière, 앞의 책, 2009, p.85 · 115쪽 참조.

적응해야 하는 업무의 수용력 등은 그들이 정치행위를 구성하는 부가행위에 접근하는 것을 용인하지 않는다. 그런데 정치는 이 불가능성에 의문을 던질 때에야 비로소, 자기 일 외에는 다른 것을 살필 시간이 없는 사람들이 분노하고 고통받는 동물이 아니라 공동체die gemeinsame Welt에 참여하면서 말하는 존재라는 것을 입증하기 위해 자기들에게 없는 시간을 가질 때에야 비로소 시작된다. (…중략…) 정치행위는 감성의 분할을 새롭게 구성하게 하고 새로운 대상들과 주체들을 공동 무대 위에 오르게 한다. 또한 정치행위는 보이지 않았던 것을 보이게 하며, 킁킁대는 동물로 취급되었던 사람을 말하는 존재로 만든다.[28]

고대 그리스와 근대 자본주의사회에서 형성된 감성의 분할에 의하면 공적영역에서 행위를 할 수 있는 자격은 '출생, 부, 기능, 자리, 이해의 차이들'에 의해서 미리 정해진다. 다시 말해 사회에서 미리 정해진 자격이 있는 사람이 공적행위를 할 수 있다. 플라톤은 노예(피정복자들), 여성, 장인, 시민에게 노동, 작업, 행위를 사적영역과 공적영역에 위계적으로 배치한다. 또한 마르크스는 필연의 왕국과 자유의 왕국을 수평적이지만, 장소와 시간에서 순차적으로 배치한다. 랑시에르는 이러한 노동과 행위의 분할이 공적영역의 정치와 행위에 의해서 출생, 신분, 부, 인종, 성, 자리, 이해의 차이들이란 이유로 미리 사회적으로 배치된 것에 이의를 제기한다. 이런 문제제기와 더불어 노동, 작업, 행위는 사

---

28 J. Rancière, übersetzt aus dem Französischen von Richard Steurer, hrsg. von Peter Engelmann, *Politik der Literatur*, Wien : Passagen Verlag, 2008b, S. 13~14; J. 랑시에르, 유재홍 역, 『문학의 정치』, 인간사랑, 2009, 10~12쪽.

적영역과 공적영역으로 위계적·수평적으로 미리 배치된 것처럼 감성에 각인된 것이라고 말한다. 이런 점에서 사적영역에서 노동, 작업 그리고 공적영역에서 행위의 분배는 고정된 것이 아니고, 두 영역의 경계는 담론에 의해서 변화될 수 있다.[29] 고대 그리스와 유사하게 근대의 공적영역은 무엇이 사적영역에 속하는 것인지에 의해서 규정되었다. 이 두 영역의 경계는 담론에 의존하는 것이지, 담론 이전의 것, 정치 이전의 것은 아니다.[30]

고대 그리스에서 모방하는 예술가가 무대에서 노동과 행위를 동시에 수행함으로써 이중적 존재가 되고, 또한 이 예술가는 노동, 작업, 행위의 분할구도를 파기시킨다. 이런 랑시에르의 의도에 따라서 현대사회의 노동자가 고대 그리스에서 모방하는 예술가의 이중적 역할을 수행하게 된다면, 현대사회에서 노동자는 기존의 감성분할을 해체하고, 민주주의적 감성분할을 수행함으로써 노동과 행위를 동시에 수행할 수 있다.

---

29 사적영역에서 노동, 작업 그리고 공적영역에서 행위의 분배는 "항상 가능성들의 존재방식들과 '일들Beschäftigungen'에 대한 논쟁적 분배"이다. 『국가』 제3권에서 모방하는 예술가는 이중적 존재이다. 다시 말해 장인이 자신의 생계활동이라는 사적인 공간에만 묶여서 공적인 활동에 배제되어있다. 반면에 모방하는 예술가는 이중의 인간, 사적·공적 일을 동시에 하는 노동자이다. "모방하는 예술가는 노동의 '사적인' 원리에 공적인 무대를 준다. 그는 각자를 제 자리에 억류하는 결정을 해야 할 것을 가지고 공동적인 것의 무대를 구성한다. 영혼들을 나약하게 하는 시뮐라크르들의 위험보다 훨씬 더 유해한 것은 바로 이 감성의 재분할이다. 그러므로 예술적 실천은 노동의 외부가 아니라 변위된displaced 가시성의 노동 형태다. 민주주의적 감성분할은 노동자worker, Arbeiter를 이중적 존재로 만든다. 그것은 장인을 '자신의' 장소, 가내 노동 공간으로부터 나오게 하며 그에게 공적토론들의 공간에, 그리고 토의하는 시민의 신분 속에 있을 '시간'을 준다."(J. Rancière, 앞의 책, 2008a S. 66~67; J. Rancière, 앞의 책, 2009, pp.42~43·58~59쪽.)
30 사이토 준이치, 윤대석·류수연 역, 앞의 책, 35쪽. 공적영역은 소진되지 않는 담론의 풍부함이 향수되는 공간이지, 단수의 진리가 사람들 위에 군림하는 공간이 아니다. 공적영역은 진리의 공간이 아니라 의견의 공간인 것이다. 따라서 공적영역에서 담론의 의미는 다름을 서로 분명하게 하는 데 있지, 이 다름을 하나의 합의를 향해 수렴하는 데 있는 것이 아니다(사이토 준이치, 윤대석·류수연 역, 앞의 책, 69쪽).

우리는 지금까지 사적영역과 공적영역에서 노동, 작업, 행위의 의미를 아렌트, 마르크스, 랑시에르에서 수직적 분할, 수평적 분할, 감성분할 그리고 민주주의적 감성분할이라는 구도로 다루었다. 이제 우리는 이런 분할들이 현실적으로 로컬리티에 고착되어왔고, 어떻게 주민들이 이런 고착된 분할구도에 순응, 저항하고, 그리고 민주주의적 감성분할을 통해서 재구조화될 수 있는지 살펴볼 것이다.

3. 생활정치의 토대로서 로컬리티

근대사회에서 사적영역과 공적영역의 경계가 모호해지고, 사회적 영역이라는 이름으로 공적영역이 사적영역으로 흡수되었다. 이러한 과정에서 노동, 작업, 행위에 대한 수직적 · 수평적 분할과 감성적 분할이 고착되어왔다. 이는 하버마스가 지적한 '생활세계의 식민화'에 다름 아니다. 그는 국가와 자본의 도구적 합리성에 의해 의사소통적 합리성이 잠식되어 왔다고 보면서 이 과정에서 시민들의 자율적인 생활세계는 점차 소외되어 식민화, 사유화되었다고 설명했다.[31] 이어 그는 이를 극복하는 지점으로 '공공성Öffentlichkeit'을 주창하는데, 공개적인 장에서 비판적인 논쟁을 통하여 사회적 합의를 형성하는 공공성의 정치와 이를 통한 공공성의 민주적 확장이야말로 생활정치의 영역이자 체계에 의해 지배된 생활세계의 복원임을 강조했다. 이는 종래 국가 공공성에 대한 저항

---

[31] J. Habermas, *Theorie des kommunikativen Handelns Bd. 2*, Frankfurt a. M. : Suhrkamp, 1988, S. 293, S. 522.

의 지점이자 새로운 공공성 주체로서 '시민'의 발견으로 연결된다. 다시 말해 사회에서 공적인 것에 합의를 창출하고 실천하는 과정에 시민이 주체가 되는 시스템이 중시되며, 사회구성원들의 토론과 연대가 공적인 문제에 통제권을 갖게 되는 데까지 나아간다.[32] 이는 '시민적 공공성'이 생활정치를 구성하는 주요한 기제로 작동함을 보여준다.[33] 그러나 시민적 공공성에 기초하고 있는 시민단체들은 현실적으로 여전히 기존 국가 공공성의 한계, 일반적인 규범과 이성적 판단에 의한 결정과 대표의 추상성과 불평등성을 드러낸다. 다시 말해 NPO와 NGO 등의 시민단체는 공적인 이슈의 제기와 해결에 관심을 기울였지만, 사적영역으로서 (가사) 노동, 공적영역으로서 행위에 대한 고착된 분할에 대한 이의를 제기하지 않았고, 또한 이 분할을 재배치하는 데에는 한계를 드러내었다. 이는 시민단체가 주도하는 시민적 공공성이 위계적 권력 장치나 계급·지역·민족 중심의 분할정치로부터 벗어날 수 있는 모티브를 제공할 수 있지만,[34] 새로운 가치와 세계를 지속적으로 구성하는 데까지는 나아가지 못함을 보여준다.[35] 이러한 점은 현재의 시민운동이 갖는 공공성 실천의 한계이자 넘어서야 할 지점을 보여준다.

이를 극복할 수 있는 지점으로 로컬공간에서 실천되는 생활정치를

---

32 김기성, 「시민자치와 정치적인 것의 변화」, 『한국정치학회보』 33-2, 한국정치학회, 1999, 162쪽.
33 송정기, 「공공성의 구조전환과 주민자치」, 크리스챤아카데미, 『주민자치, 삶의 정치』, 대화출판사, 1995.
34 A. 기든스, 권기돈 역, 『현대성과 자아정체성 : 후기 현대의 자아와 사회』, 새물결, 1997 338~351쪽 참조.
35 이러한 논지에 대해서는 정상호, 「정치담론으로서 '생활정치' 연구의 현황과 과제」, 한양대 제삼섹터연구소, 『시민사회와 NGO』 7-2, 한양대 출판부, 2009 참조.

제기해 볼 수 있다. 로컬은 시공간-인간-사회의 다층적이고 복잡한 양상이 혼재해 있는 곳으로 일상의 교류와 갈등이 발생하는 현장이자, 생활상 이익의 문제들이 구체적, 직접적으로 드러나는 영역이다. 주지하듯이 생활정치는 그간 경제 제일주의가 놓치고 온 미시적이고 비물질적인 것들에 대한 환기와 대의민주제가 드러낸 소통과 참여의 한계를 발판으로 출발되었다. 그러므로 그 출발점에서 가장 중요한 문제는 '아래로부터의 참여'와 공 / 사의 이분법에서 배제되어 온 '일상적이고 생활적인' 과제에 기초한 의제들을 구성한다는 점이다. 특히 이러한 생활정치는 분권과 자치가 직접적으로 실현되고, 일상의 체감이 높은 로컬공간을 매개로 가속화된다.[36]

로컬리티를 매개하며 수행되는 공공성의 양상은 생활공간에서 공유된 신념·가치관과 도덕적 유대감을 통해서 "제도화되지 않은 여성, 육아, 생태와 같은 영역에까지 공적 의제를 확장하여, 생활에서 드러난 모순과 갈등을 주민들 스스로 해결하려는 실질적 참여"를 포함하고 있다.[37] 이때 주민의 삶이 뿌리내리고 있는 생활세계의 다양한 문제해결을 위해, 정책형성 및 집행과정에 대해 주민 스스로가 사회적 책임을 갖고 직접 참여할 수 있는 의사소통 구조나 민주적 소통의 제도적 장치를 마련한다. 이를 발판으로 온갖 사적 경험들이 점철된 로컬공간은 '공공성의 공간'으로 전환될 수 있다.[38] 이러한 장치는 원리적인 측

---

36 위의 책, 25쪽.
37 이상봉, 「대안적 공공공간과 민주적 공공성의 모색」, 『대한정치학회보』 제19집 1호, 대한정치학회, 2011, 40쪽.
38 강대인, 「삶의 문화, 삶의 정치 : 새 문화를 여는 또 하나의 대안」, 정문길 외 편, 『삶의 정치, 통치에서 자치로』, 대화출판사, 1998, 31쪽.

면에서 전제한 '시민적 공공성'과 상통한다. 그러나 여기서 보편적 시민으로 흐를 위험을 견제하면서 로컬리티와 밀착된 주민자치와 연관하여 로컬 공공성으로 개념화하고자 한다.

다만, 이러한 논의 과정에서 저항적, 대안적 공공성으로 지적되는 로컬 공공성이 기존 국가의 축소와 이로 인한 로컬 공공성의 확대가 아니라는 점을 밝혀둔다. 이러한 논의의 출발은 국가 공공성에서 경로 이탈을 지향한다는 점에 의미를 둔다. 이러한 경로이탈을 통해 공공성의 경로를 재구성(영역, 주체, 절차, 이유 제시)하고자 하며, 이러한 재구성의 방법론으로 로컬리티를 매개하는 전략을 동원하고자 한다. 이 지점에서 주민들이 공동으로 발의하고 숙의체제를 형성하면서 운영해 나가는 주민도서관은 소통과 참여의 실천을 드러내는 적절한 예로 제시할 수 있다.

본 고에서는 주민들이 로컬 내에서 자발적으로 발의하고 운영하고 있는 도서관을 주민도서관이라고 명명한다. 여기에는 주민들의 참여, 자치, 주체성을 함축된다. 규모, 역할과 기능에 따라 다양한 명명이 가능한데, 여기에서는 주민들의 발의와 직접 참여와 민주적 절차로 지속되는 점에 초점을 맞추면서 특히 '주체'의 문제를 부각시키는 의미에서 주민도서관이라 명명한다. 이는 근대사회에서 학습되어온 '도서관'의 표상, 즉 계몽담론, 수직적 계통, 발신자 위치 등을 다르게 재편하고자 하는 의도도 내포되어 있다. 이러한 사항을 전제로 부산 북구에 있는 "맨발동무도서관"[39]의 사례를 중심으로 로컬리티와 공공성의 문제를

---

[39] 도서관 관련 법제 2조를 참조하면 맨발동무도서관은 사립공공도서관에 포함된다. 부산시 도서관을 관리하는 도서관넷(http://www.busanlib.net/)에서 맨발동무도서관은 작은 도서관으로 분류되어 있다.

고찰해 보고자 한다.

4. 공 / 사의 재배치와 주민도서관

주민들의 자발적인 참여 속에서 성장하는 도서관은 분명 지역(로컬) 주민들의 공동체적인 삶을 디자인하는 구심적 역할을 해 낼 것이다. 도서관 하나가 있음으로써 지역이, 세상이 어떻게 바뀔 수 있을까. 도서관이 있음으로 해서 지역의 사람들이 도서관에서 이어지고 나와 이웃을 돌보게 됨을 보여주고 싶다.[40]

위의 인용문에서 알 수 있듯이, 주민도서관은 '장소초월적metatopical'이 아니라, '장소한정적 공동공간topical common space'을 전제한다. 이 장소는 내가 살고 있는 곳에 근거한다. 도서관이라는 문화적 구심공간을 매개로 로컬 사람들과 어떻게 관계형성을 할까. 도서관을 매개로 개인(나)과 로컬리티, 그리고 세계를 어떻게 변형시켜나갈까에 대한 고민들은 현대사회의 로컬공동체가 안고 있는 실천적 고민들과 연결된다. 여기에서 전제하는 로컬공동체의 의미는 자연발생적으로 동질성을 갖춘 전통적인 의미의 자연적 공동체가 아니라 새로운 맥락에서 공동의 목적과 이념, 가치를 추구한다는 '의도적 공동체'로 이해한다.[41] 이

---

40 임숙자, 「마을도서관 '맨발동무' 사례를 통해 본 지속가능한 주민도서관의 길찾기」, 『성찰과 전망』 4호, 민주주의사회연구소, 2009, 44쪽.
41 신명호, 「도시공동체운동의 현황과 전망」, 『도시연구』 6, 한국도시연구소, 2000, 53~55

러한 목적과 가치는 주어진 로컬공간 속에서 "물리적·사회적 환경개
선, 생태보존, 교육, 복지, 보건, 치안 및 기타 공공재를 생산하는 문제
등과 관련될 수 있으며 그러한 문제를 해결하기 위한 사회적 역량은
주민의 자발적인 조직화와 참여, 이웃과의 유대형성 및 집합적 역량강
화 등을 위한 의식적인 노력을 통해서만 축적"될 수 있다.[42] 이는 앞에
서 전제했던 삶의 구체적 현장과 밀착된 생활정치의 현장과 상통한다.
여기에서 사적 공간에 갇혀 있던 개인들을 광장으로 불러내고 그들의
공동체성을 회복시키면서 새로운 공적 주체public individual의 탄생을
가능하게 하고 또한 그동안 공적영역에서 박탈당해 사적 영역에 갇혀
진 삶의 미세한 영역들을 공동의 관심사로 복원시키는 것이기도 하
다.[43] 의제를 공론화하고 해결해 나가는 과정에서 구성원들 간의 많은
갈등, 포섭과 배제의 역학 또한 작용할 것이다. 문제는 이러한 포섭과
배제가 동일시를 향한 권력 중심의 벡터를 지향하는 것이 아니라, 공
동의 선을 향한 벡터를 형성하면서 숙의와 민주적 절차 위에서 재구성
된다는 점을 주목한다. 한편,

> (일반적으로) 공공성, 공론장이라고 하면 사람들이 얼싸안고 평화롭게
> 대화하는 것만 생각했지, 서로 싸우는 문제는 빠져있다는 거죠. 갈등의 문
> 제, 갈등의 시발점을 공공성담론에 넣어 사유해야 합니다.[44]

쪽 참조.

42 곽현근, 「현대 지역공동체의 의의와 형성전략」, 이종수 편, 『한국사회와 공동체』, 다산,
2008, 130~131쪽.

43 이기호, 「생활정치의 관점에서 본 한일간 시민운동의 비교연구」, 한양대 제삼섹터연구
소, 『시민사회와 NGO』 창간호, 한양대 출판부, 2003, 175쪽.

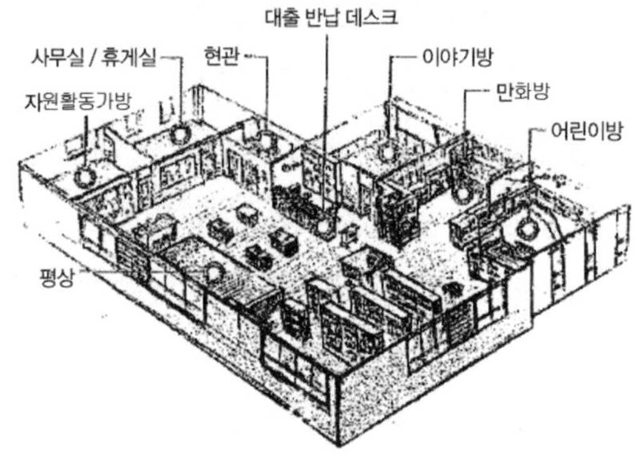

(맨발동무도서관 평면도)

위의 발언은 공공성담론의 출발 지점을 보여준다. 로컬주민들의 상이한 경험들과 욕망들을 어떻게 매개할 것인가의 문제는 곧 공공성의 발화위치가 어디에서 비롯되어야 하는가와 연결되어 있으며, 이 자리에 공공성은 상호주체성을 확인하는 통로로서 적극 요청된다. 현재 주민도서관의 출발이 대개 '내가 살고 있는 로컬리티'를 화두에 올리면서, 사적영역에서 공적영역으로 확대하며 로컬리티와 공공성을 매개시키면서 탄생한 것이 주민도서관의 공통된 출발점이라 볼 수 있다.

신문수는 공공성 실현을 위한 공간구현의 방식을 설명하면서, ① 외부와의 관계에서는 경계성의 약화 ② 다양한 행위들을 수용하는 공간 ③ 참여에 의해 실현되어지는 공간 ④ 다양한 주체의 협력 및 프로그램 조성 ⑤ 지역성과 장소성의 맥락을 반영하는 공공성 실현이 가능한 공간 전략이 이루어져야 할 것을 강조한다.[45] "평상같은" 공간을 지향

---

44 부산대 한국민족문화연구소 로컬리티의인문학연구단, 「좌담회 : 공공성과 로컬리티」, 『로컬리티인문학』 4, 부산대 한국민족문화연구소, 2010, 30~31쪽.

하고자 했다는 도서관 운영자의 발언이나, 이 도서관이 로컬주민들과 상호 매개되고 있다는 점에서 이 공간은 이곳과 저곳의 영역 표지가 아니라, 도서관 안팎의 소통을 전제하고 있음을 추정할 수 있다. 아래는 도서관의 내부 공간의 도면이다.

맨발동무도서관의 경우 한 켠에 크게 자리 잡은 평상은 마루 역할도 하고 무대 역할도 한다. 낮은 천장, 곳곳에 배치된 작은 방, 다락방 등은 아이들의 심리를 이용해 책읽기를 유도하고 있는 공간이다. 눈여겨볼 수 있는 것은 협소한 공간구조 임에도 각 영역별 공간구조가 서가 중심의 공간이 아니라, 책 읽는 장소, 활동중심의 공간구조를 취하고 있다는 점이다. 이러한 내부 공간 배치는 영역의 분리가 분명하게 드러나는 다른 공공도서관과 차이를 보여준다. 이러한 공간의 배치는 소비자(책 읽는 사람)와 공급자의 관계가 수평적이고, 또한 소비자 내부의 관계들 역시 그 경계들이 구획적이지 않음을 보여준다. 이를 통해 도서관의 총체적 역할이 대출, 개인학습 등으로 나타나는 단독적 공간표상에서 '머무름'과 '어울림'의 장소표상으로 드러난다. 이러한 공간 배치를 통해 맨발동무도서관의 지향점을 배치하고 있다는 점을 알 수 있다.

책만 읽는 공간이 아니라 사람들이 밥도 같이 먹고 사는 이야기도 서로 나누는 일종의 '두레' 같은 역할을 하려고 했지요.[46]

---

45 신문수, 『도시 외부공간의 공공성 구현을 위한 공간구현에 관한 연구』, 홍익대 석사논문, 2009, 80~110쪽.
46 임숙자(맨발동무도서관 관장) 인터뷰, 2011.5.6.

앞의 인용에서 주민도서관의 위치를 짐작해 볼 수 있다. 이는 기존의 공공도서관이 기획하고 있는 계몽의 담론 안에서 공급자와 소비자가 명확하게 재현되는 공간배치와 그 효과와는 사뭇 다른 지점이다.

한편, 친밀성을 사적영역에 한정시킨 아렌트에 대해 사이토 준이치는 친밀권intimate sphere과 공공권publics, Öffentlichkeiten을 이야기 하면서 친밀권은 "구체적인 타자의 삶 / 생명에 대한 배려 · 관심에 의해 형성 · 유지된다"[47]고 했다. 이는 '타자지향의 공공성'[48]과도 연결되는데, 타자에 대한 배려를 바탕으로 생성되는 친밀권은 '가족'의 형태를 넘어서고, 나아가 현대사회에서 "새롭게 탄생하는 공공권의 대부분은 친밀권이 전환되어 생겨난다"고 했다.[49] 여기서 친밀권의 문제를 공 / 사의 이분법에 배치하지 않고 상호 경계를 넘어설 수 있는 영역으로 확대할 수 있다. 이러한 공간배치는 한편으로는 소통의 통로를 확보하는 데 일차적인 장애가 될 수도 있다. 소위 '아는 얼굴들'의 섹터가 강해지면서 보이지 않는 경계가 드러나게 되고, 이것은 한편으로 로컬리티 안으로 공적영역으로서 도서관이 들어가는 데 부정적인 선입견을 형성하게 된다. 친밀감을 바탕으로 다시 섹터화될 수 있다는 문제제기는 공적영역이 다시 사적영역으로 환치될 수 있는 경우를 확인시킨다.

주민도서관이 가진 강점이 주민들의 생활세계에 근거한 친밀성의 공간에서부터 공감compassion의 영역을 확대해 나가면서 로컬 의제들

---

47 사이토 준이치, 윤대석 · 류수연 역, 앞의 책, 106쪽.
48 이노우에 타츠오, 「공공성이란 무엇인가 : 정의의 관점에서」, 한국민족문화연구소 초청 강연회, 2010.11.5.
49 사이토 준이치, 윤대석 · 류수연 역, 앞의 책, 109쪽.

을 발산하고 해결해 나가는 것이라고 볼 때, 특히 요청되는 태도는 공사, 혹은 공적영역에서의 '비판적 거리두기'이다. 공적영역이 자신의 주장을 다른 사람들에게 드러내고 설득하기 위한 공간이라는 점에서, 공적영역에 참여하는 주체는 항상 자신의 특수한 가치나 이해관계를 보편성의 언어로 해석할 필요가 있다.[50] 그러므로 단기적이고 사적 이해관계와 상충되기도 하고, 넘어서기도 하는 공적영역의 확보는 '비판적 거리두기'를 통해 실천된다.

5. 로컬리티와 주체의 재구성

로컬주민들이 주체가 되어 만들고, 운영하는 주민도서관은 무엇보다 로컬리티와 공공성을 상호기반하고 있다고 볼 수 있다. 주체의 문제, 실현(실행)방식의 문제, 목적의 문제 등이 다르게 구성되면서 주민도서관의 공공성은 기존의 공공도서관과 다르게 구성된다. 서비스 주체와 대상이 분리되는 기존의 공공도서관과는 다른 양상을 보이는 가장 큰 부분이 공공성 실현 주체의 전환에서 비롯되는 적극적인 참여방식을 주목할 수 있다. 단순히 책을 읽고, 대출하고, 대민서비스가 '주어지는' 공간이 아니라, 로컬리티의 "자발성과 역동성"이 발산되고 "돌봄과 소통"공간으로 자리매김하겠다는 운동주체들의 의지는 도서관을 매개로 공공성에 대한 담론지형의 변화를 수반한다. 여기에는 '발의-

---

50 이승훈, 「계급과 공공성 : 공공성 주체로서 노동계급의 가능성과 한계」, 『경제와 사회』 88호, 비판사회학회, 2010 겨울, 30쪽.

협의-실행기획-실천'의 과정을 통과하는 숙의 과정까지를 포함한 주민들의 자발적 참여방식을 통해 실천되는 것까지를 포함한다. 이렇게 되면 기존의 주체와 대상이 분리되고 위에서 아래로의 진행방향을 갖던 공공성의 영역이 다른 양상으로 실현된다.

맨발동무도서관의 운영 주체와 참여방식을 구체적으로 살펴보자. 사실, 도서관에서 시행하는 독서모임, 영화관람, 문학기행, 각종 문화공연 등은 비단 이 도서관에서만 볼 수 있는 것은 아니다. 인근의 타 도서관에서 이보다 더 세분화된 프로그램을 발견하는 일은 어렵지 않다. 문제는 이러한 프로그램들을 누가 발의하고, 어떻게 참여하는가 하는 주체의 문제이다. 일반적으로 공립공공도서관에서 전제되는 공공성은 '공공복리'에 초점이 맞추어지는데, 이때 주체와 대상의 관계에서 주체의 자리에 국가가, 대상의 자리에 국민이 배치되면서 관계맺음이 형성된다. 현재 맨발동무도서관 프로그램의 운영방식을 보면 전적으로 로컬주민들로 구성된 운영진 몇 사람과 자원봉사자들에 의해 행사가 진행된다. 이를 보면, 주민들의 지속적인 참여를 통해 지속가능한 주민도서관의 위상을 만들어 나간다고 볼 수 있다. 맨발동무도서관의 경우 6명의 실무운영위원, 80여 명의 주민자원봉사활동가, 5,000여 명의 대출회원, 5,000원·10,000원을 기부하는 로컬주민들로 운영된다.

이러한 맨발동무도서관의 운영주체의 대부분은 '여성들'이다. 주민도서관에서 여성이 주된 활동주체가 된다는 점은 기존의 공공성담론을 재구성할 수 있는 계기를 만들어준다. 다시 말해 노동, 작업, 행위의 장에서 언제나 비가시화되거나 사적영역에 배치되었던 '여성'이 공적영역에서 주체로 재구성된다는 '사건'을 목도하게 한다. 이런 기획을 통해 생산／소비, 가사노동／사회노동, 개인／공동체, 자율성／보살핌 사이의 이분법을 폐지하고 두 측면을 동시에 삶의 중요한 문제로 재인식하고 재위치 짓고자 한다.[51] 이러한 참여는 여성들이 무관심과 자신감의 부족을 극복할 수 있도록 만드는 중요 매커니즘이 되며 로컬에서 여성들을 가시화할 수 있도록 만들고 여성들에게 그들 스스로 문제를 해결할 수 있다는 가능성을 보여줄 수 있게 한다.[52] 이러한 여성들의 참여가 단순히 주체와 대상의 관계 안에서 실현되는 방식이 아닌, '그 자체 목적이 되는' 경험을 하게 한다. 도서관 자원활동가들과 직접적인 면담을 할 때 '활동을 하면서 이전과 이후의 다른 점'을 질문했을 때, "자부심", "의식의 변화에서 오는 행복, 기쁨"이라는 '자기서술'은 이를 반증한다.

다시 말해 참여 주체들은 공적영역에 '자기를 드러냄'으로 개인의 차원을 넘어선 '공적 행복'을 경험하게 된다.[53] 생활정치가 내 삶의 경험이나 의식과 분리되지 않은 정치구조를 만드는 것이고 삶 자체를 정치적으로 재구성한다는 의미를 담는다.[54] 그러므로 도서관을 매개한 여성들이 '보살핌'을 공론화하는 실천들은 이러한 생활정치의 다른 이름이다. 여기에서 여성들은 자신의 삶에서 보다 적극적인 주체로 재구성

---

51 장미경, 「생활정치와 페미니즘 : 생활자치운동 사례분석을 중심으로」, 『동향과 전망』 52, 한국사회과학연구소, 2002 봄, 189쪽.
52 C. Moser, 장미경 외역, 『여성정책의 이론과 실천』, 문원, 2000 가을; 장미경, 앞의 글, 2002, 125~158쪽에서 재인용.
53 이승훈, 「공공영역과 '시민됨'의 문화적 조건」, 『사회이론』 37, 한국사회이론학회, 2010, 111쪽.
54 하승우, 「생활정치와 로컬거버넌스의 민주적 재구성」, 『경제와 사회』 90호, 비판사회학회, 2011, 17쪽.

하고자 하는 욕망들과 만난다.

맨발동무도서관의 경우 북구공동육아협동조합에서 출발했다. 당시 '북구공동육아협동조합' 안에서 '어린이 책 시민연대'에 관여하고 있던 임숙자 씨의 개인적인 발언과 계획이 당시 생각을 같이 하던 몇몇 사람과 연결되었고, 이미 개인적으로 활동하고 있던 임숙자 씨의 공간에서 시작되었다. 개관 당시에는(2005) "맨발동무 어린이도서관"으로 간판을 내걸었다. 2010년 도서관을 확정 이전하면서 어린이뿐만 아니라 로컬 전체의 구성원을 지향한다는 의미를 강화하기 위해 어린이를 삭제하고 "맨발동무도서관"으로 개명(2010)했다. 주민의 주체적 운영으로 구성되는 대부분의 주민도서관의 출발은 개인적인 육아와 돌봄의 연장선에 있으며 나아가 이러한 사적욕망이 공적영역에서 가시화되고 의제화되었다고 볼 수 있다.

가부장사회에서 육아와 돌봄의 담당자인 여성(어머니)의 역할은 고정적으로 강제되어 왔다. 다시 말해 공 / 사의 이분법이 강력하게 작동하는 지배질서의 윤리적 상징체계 안에서 어머니의 역할담당은 사적영역에 고착되고, 이러한 여성의 보살핌은 비가시적이고 억압적인 형태로 존재해 왔다. 그런데 보살핌은 자체의 어떤 본질적 성질을 갖는 것이 아니라, 삶의 조건들, 예컨대 사회의 규범, 인간관계조직, 자원의 할당방식 등등과의 관계 속에서 특정한 성격이 구성된다는 점을 고려할 필요가 있다. [55]

---

[55] 허라금, 「보살핌의 사회화를 위한 여성주의의 사유」, 『한국여성학』 22-1, 한국여성학회, 2006 참조.

'돌봄'과 '소통'을 기치로 여성이 새로운 주체가 되어 운영되고 있는 주민도서관의 경우는 돌봄의 영역(주체)을 가시화하고, 사회화해 나가는 공간 창조의 형식으로 볼 수 있다. 이때 주민도서관은 사적영역의 가사노동에서 공적영역의 행위로 전이를 매개하는 공간이 되고 있다. 가사노동을 하는 주부가 도서관에서 노동과 행위를 동시에 수행함으로써 이중적 존재가 되고, 이 주부는 가사노동과 공적행위의 분할구도를 파기시킨다. 따라서 여성은 스스로 만든 도서관이라는 공간에서 동시적으로 사적노동과 공적행위를 함으로써 사회적으로 민주주의적 감성분할을 수행할 수 있다.

여성(타자)의 드러남이 또 다른 배제를 전제하면서 여성의 공간을 재확정하고 또 다른 구별짓기로 환원시키고자 하는 것이 아니다. 오히려 타자성에 대한 문제를 환기하고, 공통의 윤리적 실천으로 '돌봄'을 위치지음으로 돌봄의 '탈가족화', '탈여성화'를 실현시킨다. 돌봄 실천이 여성에게만 강제되지 않고 남성, 아이들에게도 자연스러운 일이 되며 어디서나 서로 보살피는 일이 일상적 삶의 조건이 되는 세계 안에서, 보살핌 가치는 사회적 관계의 윤리로 보편화되고 공공성을 가지게 된다.[56] 이러한 과정을 통해 근대적 공공성 담론에서 배제된 것에 대한 비판적 성찰을 유도하며, 공 / 사의 이분법 안에서 논의되는 공공성 담론을 새롭게 구성하도록 요청한다.

한편, 로컬리티를 매개하는 주민도서관은 사회자본의 관계망 안에서 이들의 영역이 확장되는 경험을 유도한다. 일반적으로 사회자본은

---

56 정신희, 「보살핌 공간의 사회적 확장에 관한 연구」, 이화여대 석사논문, 2009, 26~27쪽.

신뢰, 네트워크, 상호부조의 규범 등과 같이 행위자들 사이의 관계에 내재해 있고 협력적인 활동을 촉진하기 위하여 의존하는 특별한 형태의 자원"으로 간주된다. 이러한 "사회자본의 존재는 사회적 의무감 또는 사회적 기대를 고려하지 않고, 사익만을 추구하는 개인을 공동이익과 공동선을 지향하는 공동체의 구성원으로 전환"시키는 데 유용하게 작동된다.[57] 사회자본은 단일한 실체가 아니라 "정서적인 느낌과 지각적인 인식, 제도화된 관계가 만들어내는 어떠한 행동을 촉발시키는 다양한 요소들"이다.[58] 로컬의 사회자본 구성요소로 '긴밀한 관계망 형성, 신뢰형성의 구축, 상호호혜성 구축에 두고 여기에다 '토양특성별 차별화 전략'[59]이 동원될 때 로컬 자생력의 지속가능성이 가능하다. 이러한 사회자본이 형성되고 축적되는 바탕 위에서 주민도서관의 지속가능성은 더욱 박차를 가할 수 있다.

맨발동무도서관에서도 이러한 사회자본은 관찰된다. 맨발동무도서관이 위치하고 있는 지역에서 2000년대 들어 두 개의 공동체 흐름이 형성되었는데, 하나는 도시그린아파트를 중심으로 한 생태·주거공동체이고, 다른 하나는 아래쪽의 교육·문화공동체이다. 생태·주거공동체는 (사)대천천네트워크로 조직화되었고, 교육·문화공동체는 다시 북구공동육아협동조합 + 맨발동무도서관+대천마을학교 등으로 구성된다. 이들은 '대천마을'이라는 공통의 물리적 기반을 바탕으로 상호유

---

57 사회자본과 로컬공동체의 관계에 대해서는 곽현근, 앞의 논문, 125~159쪽 참조.
58 이종수, 「공동체와 마을 만들기」, 이종수 편, 『한국사회와 공동체』, 다산, 2008, 9쪽.
59 홍현미라, 「지역사회 변화전략으로써의 자원개발과정에 관한 연구 : 사회자본 관점 적용」, 이화여대 박사논문, 2005, 235~253쪽 참조.

대를 형성하고 있으며, 공동체들 간의 상호 협력을 통해 "결집력과 소통과 연대의 강화를 기대할 수 있다."[60] 이러한 관계망 안에서 맨발동무도서관의 경우 공간적인 면이나, 인적자원, 재정 등의 영역에서 상대적으로 구분이 이루어지는 면은 있겠지만, 분명한 것은 물리적, 정서적, 사회적으로 이들 네트워크가 긴밀하게 연결되어 있는 지점에 위치하고 있다는 점이다. 이는 이 도서관이 공적영역으로 더욱 확대되고 있으면서도 로컬리티와 더욱 밀착되고 있는 지점을 드러낸다.

주민도서관이 로컬리티와 관계를 맺는 과정에서 특히 주목할 것은 '내가 살고 있는 로컬을 어떻게 구성할까'이다. 이 문제는 현재 '내(우리) 삶의 재편'과 연결된다. 이는 삶의 방식에 대한 윤리적이고 도덕적인 실천의 문제와 이어지며, 나의 생활영역 경계에 대한 해체와 재구성을 수반하면서 생활공간 지형의 변화를 가져온다. 나의 경험에서 우리(주민)들의 경험과 요구로 확장되면서, 다양한 주민들의 욕구와 이에 대한 자발적인 참여가 로컬단위에서 해결되고, 여러 이해관계가 폭넓게 조율될 수 있는 다양한 커뮤니티 공간이 생성된다. 이때 이 공간이 국가와 자본이 공모하는 포섭과 배제의 그물을 비껴날 수 있는 '제3의 영역'으로서의 잠재성을 지닌다. 이 공간이 어떤 실천적 가능성을 제시하는가는 주민들의 내부에 있는 조건들을 어떻게 드러내고 안팎의 갈등의 지점들을 재구성할 것인가와 관련된다. 이때 공공성의 개입과 전략적 실천은 유효하게 작동한다.

---

60 이귀원(대천마을학교 교장) 인터뷰 2011.5.6; 이귀원, 「대천천 마을공동체 어디까지 왔나」, 문화도시네트워크, 『우리가 만드는 문화도시』, 산지니, 2010 참조.

참고문헌

강대인, 「삶의 문화, 삶의 정치 : 새 문화를 여는 또 하나의 대안」, 정문길 외 편, 『삶의 정치, 통치에서 자치로』, 대화출판사, 1998.

강수돌, 「대안 공동체 운동의 평가와 전망」, 『진보평론』 32, 메이데이, 2007.

곽현근, 「현대 지역공동체의 의의와 형성전략」, 이종수 편, 『한국사회와 공동체』, 다산, 2008.

김기성, 「시민자치와 정치적인 것의 변화」, 『한국정치학회보』 33-2, 한국정치학회, 1999.

김선욱, 「촛불 광장에서 아렌트를 만나다」, 『시민과 세계』 14, 참여사회연구소, 2008.

김태란, 「지역공동체형성에 대한 연구 : ‘금샘사랑방 문화클럽’과 ‘남산동 주민센터’를 중심으로」, 부산대 석사논문, 2008.

문재원, 「공간적 실천으로서 지역공동체 : ‘로컬리티 연구’와 ‘공간주권’의 접합을 위한 시도」, 부산대 SSK 공간주권 포럼 발표문, 2011. 3.

부산대 한국민족문화연구소 로컬리티인문학연구단, 「좌담회 : 공공성과 로컬리티」, 『로컬리티인문학』 4, 부산대 한국민족문화연구소, 2010. 10.

송정기, 「공공성의 구조전환과 주민자치」, 크리스챤아카데미, 『주민자치, 삶의 정치』, 대화출판사, 1995.

신명호, 「도시공동체운동의 현황과 전망」, 『도시연구』 6, 한국도시연구소, 2000.

신문수, 「도시 외부공간의 공공성 구현을 위한 공간구현에 관한 연구」, 홍익대 석사논문, 2009.

이귀원, 「대천천 마을공동체 어디까지 왔나」, 문화도시네트워크, 『우리가 만드는 문화도시』, 산지니, 2010.

이기호, 「생활정치의 관점에서 본 한일간 시민운동의 비교연구」, 한양대 제삼섹터연구소, 『시민사회와 NGO』 창간호, 한양대 출판부, 2003.

이노우에 타츠오, 「공공성이란 무엇인가 : 정의의 관점에서」, 한국민족문화연구소 초청강연회, 2010. 11. 5.

이상봉, 「대안적 공공공간과 민주적 공공성의 모색」, 『대한정치학회보』 제19집 1호, 대한정치학회, 2011.

이성환, 「한나 아렌트에게 묻는다 : 당신은 누구나 / 지금도 ‘행위’가 가능하다고 생각하는가?」, 『철학논총』 제65집 제3권, 새한철학회, 2011.

이승훈, 「계급과 공공성 : 공공성 주체로서 노동계급의 가능성과 한계」, 『경제와사회』 88호, 비판사회학회, 2010 겨울.

______, 「공공영역과 '시민됨'의 문화적 조건」, 『사회이론』 37, 한국사회이론학회, 2010.

이종수, 「공동체와 마을 만들기」, 이종수 편, 『한국사회와 공동체』, 다산, 2008.

이준형, 「공공성의 법학적 이해 : 이유 제시의 규제 이념으로서 정의」, 김세훈·현진권 외 편, 『공공성』, 미메시스, 2008.

임숙자, 「마을도서관 '맨발동무' 사례를 통해 본 지속가능한 주민도서관의 길찾기」, 『성찰과 전망』 4호, 민주주의사회연구소, 2009.

장미경, 「생활정치와 페미니즘 : 생활자치운동 사례분석을 중심으로」, 『동향과 전망』 52, 한국사회과학연구소, 2002 봄.

정상호, 「정치담론으로서 '생활정치' 연구의 현황과 과제」, 한양대 제삼섹터연구소, 『시민사회와 NGO』 7-2, 한양대 출판부, 2009.

정신희, 「보살핌 공간의 사회적 확장에 관한 연구」, 이화여대 석사논문, 2009.

조대엽, 「공공성의 재구성과 기업의 시민성」, 『한국사회학』 41-2, 한국사회학회, 2007.

채진원, 「프락시스praxis 관점에 있어서 아렌트와 마르크스간의 횡단성transversaity」, 『철학사상』 제33집, 서울대 철학사상연구소, 2009.

최종렬, 「신뢰와 호혜성의 관점에서 바라본 사회자본 : 사회자본 개념의 이념형적 구성」, 『한국사회학』 38-6, 한국사회학회, 2004.

하승우, 「생활정치와 로컬거버넌스의 민주적 재구성」, 『경제와 사회』 90호, 비판사회학회, 2011.

허라금, 「보살핌의 사회화를 위한 여성주의의 사유」, 『한국여성학』 22-1, 한국여성학회, 2006.

홍현미라, 『지역사회 변화전략으로써의 자원개발과정에 관한 연구 : 사회자본 관점 적용』, 이화여대 박사논문, 2005.

A. 기든스, 권기돈 역, 『현대성과 자아정체성 : 후기 현대의 자아와 사회』, 새물결, 1997.

D. 하비, 초의수 역, 『도시의 정치경제학』, 한울, 1996.

H. 아렌트, 이진우·태정호 역, 『인간의 조건』, 한길사, 2010(1996).

______, 김선옥 역, 『칸트 정치철학 강의』, 푸른숲, 2011(2002).

J. 랑시에르, 오윤성 역, 『감성의 분할』, 도서출판b, 2008.

__________, 유재홍 역, 『문학의 정치』, 인간사랑, 2009.

K. 마르크스, 김수행 역, 『자본론 I, III (상 / 하)』, 비봉출판사, 1990.

Z. 바우만, 김동택 역, 『지구화, 야누스의 두 얼굴』, 한길사, 2003.

사이토 준이치, 윤대석·류수연 역, 『민주적 공공성』, 이음, 2009.

David Harvey, *The Urban Experience*, Oxford : Basil Blackwell, 1989.

Hannah Arent, edited and with an interpretive essay by Ronald Beiner, *Lectures on Kant's Political Philosophie*, Chicago : The University of Chicago Press, 1992(1982).

__________, *The Human Condition*, Chicago·London : The University of Chicago Press, 1998(1958).

Jacques Rancière, Translated with an Introduction by Gabriel Rockhill, *The Politics of Aesthetics. The Distribution of the Sensible*, London·New York : Continuum, 2009.

__________, übersetzt aus dem Französischen und hrsg. von Maria Muhle, *Die Aufteilung des Sinnlichen*, Berlin : b_books Verlag, , 2008a.

__________, übersetzt aus dem Französischen von Richard Steurer, hrsg. von Peter Engelmann, *Politik der Literatur*, Wien : Passagen Verlag, 2008b.

__________, *Theorie des kommunikativen Handelns Bd. 2*, Frankfurt a. M. : Suhrkamp, 1988.

Karl Marx, *Marx Engels Werke Bd. 23, 25 Das Kapital I, III*(MEW Bd. 23, 25).

MEW : Karl Marx·Friedrich Engels, hrsg. v. Institut für Marxismus-Leninismus beim Zentralkomitee der Sozialistischen Einheitspartei Deutschlands, *Werke*, Berlin : Dietz Verlag(Ost), 1956.

Zygmunt Bauman, *Globalization : The Human Consequences*, Cambridge : Polity, 2009(1998).

2부

로컬 지배 권력과 공간배치

1990년대 이후 영국 노동당 정부의 로컬거버넌스 정책[*]

장세용

1. 로컬거버넌스

국가하위subnational 차원에서 국가의 직접적 역할이 감소하는 추세
가 진행되는 한편, 지방정치에 시민참여와 경제성장을 독려하는 로컬
거버넌스가 전지구화 시대 새로운 공동체 전략으로 떠올랐다. 로컬거
버넌스 개념이 학문과 실천영역의 담론에 폭넓게 밀고 들어온 계기는
전지구적 세계화와 정보혁명이 시민사회와 국가의 관계를 변화시키
고 정부를 넘어선 다양한 통치 질서들의 역할과 관계의 재점검을 강요
한 것이 핵심적이다.[1] 특히 영국은 1990년대부터 세계시장과 유럽연

---

[*] 이 글은 『역사학연구』 제43집, 호남사학회, 2011.8에 게재된 글을 수정한 것이다.
[1] Vivien Lowndes, "Something old, something, something borrowed : how institutions change(and stay same) in local governance", *Policy Studies* 26-3 / 4, 2005, pp. 291~309;

합에서 유리한 신기술, 기업생산성 증가, 의사소통 서비스, 엘리트 문화, 가상공간의 이용 가치를 강조하며 신자유주의 지방정치 개혁을 핵심 의제로 삼았다.[2] 1997년 5월 총선에서 '지방정부 현대화 의제'를 내걸고 압승(419 / 659)한 토니 블레어의 '신노동당'이, 2001년 5월 총선에서도 지방분권과 자치정부를 약속하며 연속집권에 성공한 것은, 로컬거버넌스 정책의 출현에 결정적 추동력으로 작용했다.[3]

그러나 실제 개별 로컬거버넌스는 대상과 범위 자체가 너무나 다종다기하고, 시간의 경과에 따른 정책 담당자와 정치 환경의 변화가 정책 운영과 집행에 차이를 가져오므로 일반화하기가 매우 어렵다. 그결과 로컬거버넌스는 이론의 모색과 확립보다는 주로 사례연구의 대상이었다. 특별히 논쟁을 자극한 사례는 도시정책과 제도에서 공-사협력public-private partnership체제와 관계망network 형성 구조를 강조하는 '기업주의 도시 거버넌스' 현상이다.[4] 이 문제에서 필자는 밥 제솝의 지

Anwar Shah, "A comparative institutional framework for responsive, responsible, and accountable local governance", ed. Shah, *Local Governance in Industrial Countries*, The World Bank, 2006, p.2.

2 Frank Mulaert·Erik Syngedouw·Arantxa Rodríguez, *The Globalized City : Economic Restructuring and Social Polarization in European Cities*, Oxford U. P, 2003, pp.47~64.

3 이 용어 자체는 게리 스토커가 처음 사용했다. Gerry Stoker, "Public-private partnerships and urban governance", ed. Jon Pierre, *Partnerships in Urban Governance*, Macmillan Press, 1998, pp.34~51. 개념의 이해에서 수직적 접근이 중앙정부의 상위 거버넌스가 로컬 수준에 차별과 특성을 유지하며 수직 이동한 것으로 본다면, 수평적 접근은 지방정부가 로컬거버넌스로 진화했고 그 과정에 신자유주의가 다양한 스펙트럼으로 개입했다고 본다. Ian Bache · Matthew Flinders, "Themes and Issues in Multi-level Governance", eds. Bache · Flinders, *Multi-Level Governance*, Oxford U. P., 2004, p.3. 국내 연구는 이은구 외,『로컬 거버넌스』, 법문사, 2003; 주재복,『갈등유형별 로컬 거버넌스의 구축방안』, 한국지방행정연구원, 2006; 박응격 외,『지방행정 거버넌스』, 인간사랑, 2009 등 참조.

4 Janice Morphet, *Modern Local Government*, Sage, 2008, p.xi; Phil Allmendinger · Graham Haughton, "Spatial Planning, devolution, and new planning spaces", *Environment and Planning C : Government and Policy* 28, 2010, pp.803~818.

적을 염두에 둔다. 첫째, 거버넌스 관련 연구가 전-이론적 단계 비평에 머무는 경향이라는 것, 둘째 주로 문제해결과 위기관리에만 연관시켜 거버넌스의 성공하는 사례에만 집착하고 실패하는 사례를 무시하는 점이다. 세째 많은 연구들이 특수한 연구 대상이나 거버넌스의 목적과 관련시키고 서로 다른 거버넌스 체제들의 양립가능성이나 불가능성과 그것이 전반적으로 함축하는 관계와 내용을 둘러싼 이론화 곧 메타이론화에 소홀한 경향이란 것이고[5] 필자가 유념하고 지향하는 방향이 바로 이것이다.

이것은 로컬거버넌스 관련 이론으로 잘 알려진 신공공관리new public management이론에서 보듯 대부분 정책과 현상을 '결국은' 긍정하는 경향과 관련이 있다. 이론적으로 구분해보면 ① 신공공관리이론은 신자유주의에 기초하여 민간기업의 경영기법과 가치를 공공기관에 적극 원용하는 것을 바람직하게 생각한다. 특히 행정서비스를 제공하는 공공부문에 시장지향적 경쟁원리를 도입하여 권한이양과 규제완화 그에 따른 능률향상과 생산성 제고 및 고객만족을 강조하는 가장 널리 확산된 이론이다.[6] 반면 ② 관계망 형성networking 거버넌스 이론은 경쟁과 시장원리를 강조하는 신공공관리이론과 달리 공공과 민간, 비정

---

5   Bob Jessob, "Multi-level governance and multi-level metagovernance-changes in the European Union as integral moments in the transformation and reorientation of contemporary statehood", eds. Bache and Flinders, *op.cit.*, 2004, pp.1~3.

6   Jan-Erik Lane, *New Public Management*, Routledge, 2000; Kate McLaughin, *New Public Management : Current Trends and Future Prospects*, Routledge, 2002. 신공공관리이론 비판과 대안 모색하는 글 eds. Tom Christensen·Per Lægreid, *New Public Management-The Transformation of Ideas and Practice*, Ashgate, 2002; *Transcending New Public Management-The Transformation of Public Sector Reforms*, Ashgate, 2007; Mike Dent, *Questioning the New Public Management*, Ashgate, 2004.

부 조직 사이에 자율조직적 관계망을 통한 상호이해와 의견교환, 신념의 공유와 유대 및 연계협력을 강조한다. 그러나 사실은 경쟁과 협력이라는 거버넌스 개념을 동전의 양면처럼 구사한다.[7] ③ 도시체제urban regime이론은 새라 엘킨과 클라렌스 스톤의 미국도시 연구에서 출발하였던 바, 지역사회권력구조(정부)와 도시정치경제(시장) 패러다임을 결합시켜, 누가 통치하느냐 차원이 아니라 누가 왜? 행동능력을 가지는가에 관심을 두고 도시정치체제를 분석한다.[8] 이 이론은 '합리적 선택' 이론에 근거하여 서로 다른 사회영역 즉 정부와 기업, 국가와 시장, 정치와 경제가 도시개발정책 결정에서 합의와 협력에 도달하는 방식을 검토하는 로컬거버넌스에 초점을 두고 도시정치의 인과관계와 행태적 측면, 사회경제적 환경 변화에 따른 정부와 비정부적 요소(시장)의 상호의존 관계를 설명한다. 도시체제론은 로컬의 정치를 너무 주의주의voluntarism적으로 해석하여 중앙정치와의 관계 분석에 소홀하다는 한계가 있다.[9]

---

[7] Manuel Castell, "The new public sphere-global civil society, communication, networks, and global governance", *Annals, AAPSS* 616, 2008.3, pp.78~93; D. Marsh · M. Smith, "Understanding policy network-towards a dialectic approach", *Political Studies* 48, 2000, pp.4~21; Jonathan S. Davies, "Local governance and the dialectic of hierarchy, market and network", *Policy Studies* 26-3 / 4, 2005, pp.312~335; Mark Bevir · R. A. M. Rhodes, *Interpreting British Governance*, Routledge, 2003, pp.49~53; eds. Martin Marcussen · Jacob Torfing, *Democratic Network Governance in Europe*, Palgrave, 2007, pp.3~20.

[8] Sarah L. Elkin, *City and Regime in the American Republic*, Uni. of Chicago Press, 1987; Clarence N. Stone, *Regime Politics-Governing Atlanta 1946~1988*, Uni. Press of Kansas, 1989. 이 주제의 간명한 요약은 다음의 글 참조하시오. Micky Lauria "Introduction-reconstructing urban regime theory", ed. Lauria, *Reconstructing the Urban Regime Theory-Regulating Urban Politics in Global Economy*, Sage, 1997, pp.1~11; P. John · A. Cole, "Urban regimes and local governance in Britain and France-policy adaptation and coordination in Leeds and Lille", *Urban Affair Review* 33, 1998, pp.382~404.

[9] Stefan Kipfer · Roger Keil, "Toronto Inc? Planning the competitive city in Toronto",

그렇다고 로컬거버넌스의 작동과정을 비판적으로 검토하는 이론이 전혀 없는 것은 아니다. 예를 들면 ④ 닐 스미스의 네오맑스주의 정치경제학은 도시재생 문제를 중심으로 로컬 공간에서 불평등이 생성되는 과정과 내용을 성찰했다. 그러나 도시공간규모urban scale를 너무 물신화하는 성향은 도시거버넌스에 작용하는 다중공간규모multiscalar의 정치경제적 개념화에 실패했고, 구조주의와 본질주의 및 생산주의 해석에 치우쳤다는 평가를 받았다.[10] ⑤ 한편 정치경제적 조절체제와 실천을 구성 요소로 삼는 조절이론regulation theory은 거버넌스 제도와 실천에 '행위자'의 위치를 부여하여 공간규모scale의 관계적 전망이 정치적으로 구성되는 방식에 관심을 기울였다. 그 결과 도시거버넌스 제도들이 자본을 축적하고 재생산하는 과정에 요구되는 사회–정치–경제적 조화를 보장하거나 조절하는 기획에 유용한 이론틀로 기여했다.[11] 특히 정치 및 경제지리적 공간화에 초점을 두고 공간의 정치경제학을 제시한 점은 큰 공헌이다. 그러나 조절이론의 전망은 다음과 같은 비판을 받는다. ① 자본주의 축적과 재생산의 합리성을 과신하여 국가의 경제적 조절 능력을 너무 강조한 점 ② 로컬의 경제 발전에서 비–경제

Antipode 34, 2002, pp.227~264.

10 Neil Smith, *The New Urban Frontier-Gentrification and the Revanchist City*, Routledge, 1996; "New globalism, new urbanism-gentrification as global urban strategy", *Antipode* 34, 2002, pp.42 7~450. 이에 대한 비판적 평가는 E. Valler, A. Wood, p.North, "Local governance and local business interests-critical review", *Progress in Human Geography* 24, 2000, pp.409~428.

11 ed. B. Jessop, *The Parisien Regulation School*, E. Elgar 2001; *European and American Perspectives on Regulation*, E. Elgar, 2001; *Developments and Extentions*, E. Elgar, 2001. *Regulation Theory in Crisis of Capitalism* 총서 1, 2, 5권이다. John Braithwaite, "Responsive regulation and developing economies", *World Development* 34-5, 2006, pp.884~898; *Regulatory Capitalism-How it Works, Ideas for Making it Work Better*, E. Elgar, 2008.

적 역동성의 역할, 곧 다양한 사회정치적 헤게모니가 공존하는 양상과 로컬에서 전략적 행위자들의 역할을 비롯한 사회적 관계성 인식을 홀대한 점 ③자연과 사회의 변증법을 비롯한 사회적 생산에서 소비 규범, 로컬 공간규모들의 절합이 가져오는 역할 인식에 소홀하다는 평가가 그것이다.[12] 특히 로컬거버넌스를 폭넓은 공간규모에서 정치-경제적 성향들이 작용하는 현실을 연역적인 관점에서 구조적 부산물로 읽는 경향 뿐 아니라, 도시를 조절적 과제를 관리하는 자명한 논리적 공간규모로 보는 경향은 '전략적'인 사회정치적 개입이 작동하는 공간규모 정치를 인식하는데 실패했다는 비판을 받는다.[13]

영국 맨체스터 학파의 ⑥ 신그람시주의 전략관계적strategic-relational 접근에 주목하는 이유는 국가-로컬 관계를 전지구화 및 유럽연합의 질서와 연관시켜, 부단히 유동하고 우연적으로 자동생성되는 공간규모재조정 전망을 통해서 검토하는 방식이 로컬거버넌스의 작동과 전략의 이해에 적합하다고 판단한 때문이다. 이러한 접근을 준거로 삼아 필자는 첫째 글로벌과 국가, 글로벌과 로컬, 국가와 로컬의 관계 맺기에서 국가의 역할을 평가한다. 둘째 전지구화와 유럽연합의 출현은 국

---

12 Mark Purcell, "The state, regulation, and global restructuring-reasserting the political in political economy", *Review of International Political Economy* 9-2, 2002, pp.284~318. Neil Brenner · Nik Theodore, "Cities and the geographies of 'actually existing neoliberalism'", *Antipode* 34, 2002, pp.349~379. Frank Moulaert, Flavia Martinelli, Sara González · Syngedouw, "Introduction-social innovation and governance in European cities-Urban development between path dependency and radical innovation", *European Planning and Regional Studies* 14-3, 2007, pp.195~209.

13 M. R. Jones, "Spatial selectivity of the state? The regulation enigma and local struggles over economic governance", *Environment and Planning A* 29, 1997, pp.831~864; G. MacLeod, "Beyond soft institutionalism-accumulation, regulation, and their geographical fixs", *Environment and Planning A* 33, 2001, pp.1145~1167.

가권한이양decentralization과 지방분권devolution 정책을 자극하고 그것의 집행 과정에서 국가와 로컬의 다중공간규모재조정 전략을 수행하도록 자극했다. 로컬거버넌스가 영토공간을 재구조화하는 공간규모재구성rescaling 정치의 양상을 밥 제숍과 닐 브렌너의 견해에 초점을 두고 평가한다. 세 번째로 로컬거버넌스는 흔히 지방분권 정부와 시장(기업)이 결합한 공-사협력 체제 집단이 거버넌스를 주도하는 기업주의 도시 정책으로 표상된다. 거기서 과연 시민참여와 비정부기구(NGO)나 비정치적 기구(NPO)들의 관계망 형성과 참여가 어떻게 구현되며 참여와 자율성의 민주주의가 작동하는지 검토한다.

2. 전략관계적 접근에서 국가-로컬의 관계

신그람시주의 전략관계적 접근의 기초는 역사-지리적으로 특수하고 규제적인 포드주의-케인즈주의 복지국가 공간과 대비되는 슘페터주의 노동복지workfare 후기국민국가 개념에 입각한다. 여기서 로컬거버넌스는 물질적 힘이며 이념적 구성물인 국가가 로컬을 새로운 형식으로 운용하고 이를 정당화하는 이론 및 실천적 기획의 본성에 초점을 두고 이해한다.[14] 이 논의에서는 밥 제숍이 '공간성'을 사회경제적 변화과정에서 정치적 중립이나 방법론적 추상이 아니라 권력 투쟁이 가져온 영토적 변환으로 성찰한 역할이 중요하다.[15] 사실 이 전환은, 밥

---

[14] B. Jessop, "A neo-Gramscian approach to the regulation of urban regimes; accumulation strategies, hegemonic projects and governance", ed. Lauria, *op.cit.*, 1997, pp.51~74.

제솝보다 먼저 닐 스미스가 공간을 역사적 생산물인 이종적이고 경쟁하는 장소로 개념화하며 주목했다. 닐 스미스는, 장소의 전유는 공간의 정치적 통제를 가져오고 경계가 설정된 공간규모는 장소를 전유하는 능력에 영향을 끼친다는 전제를 제시했다. 그 결과 장소를 전유하는 권력이 항상 경쟁하고 투쟁하듯, 어떤 공간 규모에서 사회집단이나 계급의 동맹은 장소의 전유와 통제 조건을 형성하고 관련되는 사회적 공간의 조건에 결정적 영향을 끼친다. 이런 관점에서 공간규모 재편성과 재조직은 통제와 권한의 부여, 특히 다양한 차원의 '혁신'을 목적으로 삼는 '공간전략'과 이에 맞선 '공간투쟁'[16]의 통합적 산물이다. 정치가 공간에서 계급, 인종, 성별 및 문화적 투쟁을 추동시켜 연대의 대상을 늘리거나 축소시키며 공간화가 작동하는 기제를 스미스는 '공간규모 도약jumping scales'이라고 불렀다. 이 도약은 다양한 공간규모들 사이의 능동적 협력과 경쟁, 동종화와 차이화, 권한부여와 권한박탈을 매개한다. 권력이 변화하면 공간규모scale의 형상 역시 자리잡기nesting와 상호관계의 조건, 공간의 면적에서 함께 변화한다.[17] 그러나 닐 스

---

15 B. Jessop, "Avoiding traps, rescaling states, governing Europe", eds. Roger Keil · Rianne Mahon, *Leviathan Undone-Towards a Political Economy of Scale*, UBC Press, 2009, pp.87~104. cf. Henri Lefebvre, *De l'Etat II. De Hegel à Mao par Staline*(La théorie 'marxiste' de l'état), Union Générale, 1976, pp.67~79; D. Harvey, *Spaces of Capital : Towards a Critical Geography*, Edinburgh U. P., 2001, pp.185~186.

16 공간전략에 관해서는 Timothy G. Bunnell · Neil M. Coe, "Spaces and scales of innovation", *Progress in Human Geography* 25-4, 2001, pp.569~589; C. Newstead, C. Reid · M. Sparke, "The cultural geography of scale", eds. K. Anderson *et al.*, *Handbook of Cultural Geography*, Sage, 2004, pp.485~497. 공간 투쟁에 관해서는 E. Syngedouw, Frank Moulaert · Arantxa Rodroguez, "Neoliberal urbanization in Europe-large-scale urban development projects and the new urban policy", *Antipode* 34-4, 2002, pp.565~566; Vincent J. del Casino Jr · Christine L. Jacoby, "Neoliberal subjectivities, the 'New' homelessness, and struggles over spaces of / in the city", *Antipode* 40-2, 2008, pp.192~199.

미스의 관점은 공간규모를 자연적 절대공간화하는 비변증법적 경향을 가진다는 비판과 유동적이고 다중적인 공간 개념의 체계화를 요청받았다.[18] 로컬거버넌스 공간에 전략 관계적 접근은 그 산물이다.

제솝은 앙리 르페브르가 공간생산에서 헤게모니 개념의 유용성을 강조한데 주목하고, 에른스트 라클라우와 샹탈 무페의 헤게모니 전략 이론을 근거로 그람시를 원原조절이론가로 삼고서 출발한다. 아울러 국가를 구조와 사회세력들의 관계적 접근과 전략적 선택이 수행되는 사회적 관계로 본 니코스 풀란차스, 통치성gouvernementalité이란 자못 자아심리적 개념으로 국가권력을 통찰한 미셸 푸코 역시 유용한 지적 근원으로 작용한다.[19] 그 결과 다중공간규모의 제도적 총체로서 통합적 국가의 통치능력은 상황에 따른 거시헤게모니나 미시적 헤게모니 혹은 반-헤게모니적 실천 과정에서 '우연적'으로 실현된다.[20] 이 관점

---

17 Neil Smith, *Uneven Development Nature, Capital and the Production of Space*, Blackwell, 1984, p.87·135·174; "Remaking scale : competition and cooperation in pre-national and post national Europe," eds. N. Brenner, B. Jessop *et al.*, *State / Space-A Reader*, Blckwell, 2003, pp.227~238.

18 Chris Collinge, "Positions without negations? Dialectical reason and the contingencies of space", *Environment and Planning A* 40, 2008, pp.2613~2622; M. Godwin, M. Jones·R. Jones, "Devolution, constitutional change and economic development-explaining and understanding the new institutional geographies of the British state", *Regional Studies* 39, 2005, pp.4421~4436.

19 Nicos Poulantzas, *L'État, le pouvoir, le socialisme*, Puf, 1978(박병영 역, 『국가, 권력, 사회주의』, 백의, 1994); Jessop, *Nicos Poulantzas-Marxist Theory and Political Strategy*, Macmillan, 1985(안숙영 외역, 『풀란차스를 읽자 : 맑스주의 이론과 정치전략』, 백의, 1996); "From micro-powers to governmentality-Foucault's work on statehood, state formation, statecraft and state power", *Political Geography* 26, 2007, pp.34~40; *State Power-A Strategic- Relational Approach*, Polity, 2008, pp.118~156.

20 Henri Lefebvre, *La production de l'espace*, 1974, 2000, p.18; Ernesto Laclau·Chantal Mouffe, *Hegemony and Socialist Strategy-Towards a Radical Democratic Politics*, Verso, 1985(김성기 외역, 『사회변혁과 헤게모니』 터, 1990); Antonio Gramsci, *Further Selections from the Prison Notebooks*, ed

은 밥 제숩이 국가를 고립된 익명의 정책 결정자나 정책 관행들의 영역이 아니라, 그 공간에 거주하는 자들의 사회적 힘들이 맺는 관계의 조직으로 이해하는 것과 관련 있다.

> (국가는)"단순히 제도적 총체일 뿐, 권력을 소유하지 않는다. 국가는 오직 그러한 권력을 매개하는 일단의 제도적 능력과 경향을 가질 뿐이다; 국가 권력은 국가 안에서 국가를 통하여 행동하는 사회적 힘들의 권력일 뿐이다."[21]

이런 관점은, 분석무대를 로컬로 옮겨 신자유주의 전지구화 축적이 실현되는 특수한 맥락의 공간에서 공간규모의 구성요소를 이론으로 체계화할 계기를 제공한다. 로컬거버넌스 자체를 광범한 다중공간규모화 기획을 실천하는 정치경제적 거버넌스의 일부로 인식하는 이런 접근은, 물질화된 공간규모를 가진 국가의 결합부분들conjuctures을 둘러싸고서, '한 사건의 다중인과성에도 불구하고 여러 사건이 같은 결과를 가져오는' 헤게모니적 거버넌스 기획에서 '기호와 담론'의 구성적

---

and tr. D. Boothman, Lawrence and Wishart, 1995, pp.385~386; Jessop, "Institutional (re)turns and the strategic-relational approach", *Environment and Planning A* 33, 2001, pp.1213~1235; B. Jessop and Ngai-Ling Sum, *Beyond the Regulation Approach-Putting Capitalist Economies in their Place*, E. Elgar, 2006, pp.348~373. cf. Pauline M. McGuirk, "State, strategy, and scale in the competitive city-a neo-Gramscian analysis of the governance of 'global Sydney'", *Environment and Planning A* 36, 2004, pp.1019~1020; A. Lagendijk, "The accident of the region-a strategic relational perspective on the construction of the region's significance", *Regional Studies* 41-9, 2007, pp.1193~1207.

21 B. Jessop, *State Theory-Putting Capitalist States in their Place*, Pennsylvania State U. P., 1990, pp.269~270(유범상 · 김문휘 역, 『전략관계적 국가이론』, 한울, 2000).

역할에 주목한다. 제숍은 신자유주의 축적의 조절체계가 작동하며 국가의 공간규모조직을 전략관계적으로 재구성하는 로컬거버넌스의 장[22]이 최근 과도하게 문화적으로 해석되는데 맞서 '경제적 상상력'을 핵심개념으로 삼는 비판적인 '문화의 정치경제학'을 제안한다. 이것은 '의미를 상호주체적으로 생산'하는 언어, 수사, 담론, 서사와 같은 기호현상을 신푸코주의 관점에서 주목하고 경제적 상상력도 일상의 담론으로 설명하거나 구성하고, 제도와 조직적 실천을 통해서 물질적으로 재생산된다고 본다. 곧 담론성과 물질성이 변증법적 정치경제학으로 로컬거버넌스에서 재생산되는 과정에 주목 한 것이다.[23] 그러나 이 관점을 견제하는 목소리도 적지 않다. 정치경제학적 사건이나 과정, 경향 및 구조를 기호학으로 설명하는 것은, 경제와 정치를 기호의 차원으로 축소시켜 두 영역의 관계를 분절시킨다는 비판이다. 비록 밥 제숍 자신은 문화(기호)를 정치 및 경제를 구별되는 영역으로 보지 않고, 기호학적 분석은 보편적 의미를 가진다고 반론하지만[24] 기호와 물질

---

22 Jessop, *The Future of the Capitalist State*, Polity, 2002(김영화 역, 『자본주의 국가의 미래』, 양서원, 2010).

23 B. Jessop and Ngai-Ling Sum, "pre-disciplinary and Post-disciplinary Perspectives", *New Political Economy* 6-1, 2001, pp.89~102; B. Jessop, "Critical semiotic analysis and cultural political economy", *Critical Discourse Studies* 1-2, 2004, pp.161~164; B. Jessop and Stijn Oosterlynck, "Cultural political economy : On making the cultural turn without falling into soft economic sociology", *Geoforum* 39, 2008, pp.155~169. cf. Andrew Sayer, "For a critical cultural political economy", *Antipode* 33-4, 2001, pp.187~708. 창조도시도 이런 노선에서 설명이 가능하다. eds. Philip Cooke · Luciana Lazzaeretti, *Creative Cities, Cultural Clusters and Local Economic Development*, E. Elgar, 2008.

24 비판 Bas van Heur, "Beyond regulation-Towards a cultural political economy of complexity of and emergence", *New Political Economy* 15-3, 2010, pp.421~444. 반론 Bob Jessop · Ngai-Ling Sum, "Cultural Political Economy-Logics of discovery, epistemic fallacies, the complexity of emergence, and the potential of the cultural turn", *New Political Economy* 15-3, 2010, pp.445~451. 경험적 연구의 적합성을 의문하는 반비판 Heur, "Research and

성을 결합하는 구체적인 연구를 아직은 설득력 있게 제시 않고 있다.

　이런 접근은 로컬거버넌스 이해에 두 가지 특징을 지목한다. 첫째 국가의 전략적 역할을 중심 단계에서 자본의 이익을 표명하는 '제도, 조직 및 여러 세력들의 복잡한 총체'[25]라는 통합integral 개념으로 이해한다. 이는 그람시의 '통합국가' 개념 곧 국가란 지배적 사회집단이 공적 및 사적 형식으로 국가의 제도적 총체의 구성요소로서 권력을 행사하는 것이 가능한 모든 제도들이란 관점을 긍정한 것이다. 제숍이 국가제도와 시민사회 사이에 경계의 유동성에 주목하며 로컬거버넌스를 형성하고 결합하는 국가 행위자와 비-국가 행위자 사이의 연계 관계 파악에 주목한 이유도 여기 있다. 이것은 신자유주의 전지구화의 산물인 소비주의와 개인주의가 국가를 로컬공간에서 사라지게 한다는 통념과는 달리, 국민국가의 약화에도 불구하고 국가 영토는 여전히 사회통합 기구로서 역할을 수행한다는 관점이다.[26] 국가를 응집력이 약화된 분산된 공간규모 형식으로 보는 이런 인식은 '공간성'을 통합국가 개념의 중심에 세우는 계기로 작용한다. 이제 국가는 공간적으로 이종적인 여러 요소를 포함하는 느슨한 제도적 총체일 뿐, 통합성과 통치능력이 미리 형성되거나 자본주의 논리가 필연적으로 보장되는 실체가 아니다. 국가의 작동과정에서 잠재적 우연성 즉 우연이 작용하

---

relevance-Response to Jessop and Sum", *New Political Economy* 15-3, 2010, pp.453~456.

25　B. Jessop, ""A neo-Gramscian approach to the regulation of urban regimes; accumulation strategies, hegemonic projects and governance", ed. Lauria, *op.cit.*, 1997, p.52.

26　전자의 관점은 Katherine B. Hankins · Emily M. Powers, "The disappearance of the state from "livable" urban spaces", *Antipode* 41-5, 2009, pp.845~866. 후사의 관점은 Marco Antonisich, "On territory, the nation state and the crisis of the hyphen," *Progress in Human Geography* 33-6, 2009, pp.789~806.

면서 체계 안에서 조율기능을 구축하는 자기조직능력autopoiesis을 강조하는 것은, 이 사회·경제 및 정치적 힘들이 특수한 경합활동 과정을 거쳐서 정치적, 곧 우연적으로 성취될 수 있다는 평가이다.[27]

　　로컬거버넌스에 대한 전략관계적 접근의 핵심은 첫째는 국가와 로컬 관계에서 '담론 구성체'가 작동하는 헤게모니 기획을 설명하고 지배적 이해관계 가운데서 그들의 사회구조적 기반을 표명한다. 둘째는 국가하위적인 사회적 이해관계에서 행위자의 광범한 동의를 보장하는 상호작용과 협상을 전개한다.[28] 그 결과 국가의 역할은, 담론을 통하여 지배적인 이익관계의 대상들이 전략적으로 구성하거나 고유하게 공간규모적으로 작동되도록 기여하는 특수한 구체적 행동의 프로그램인 '사회공간적 관계'로 부각된다.[29] 국가를 통합성, 제도적 조직 및 실천을 우연적으로 표명하며 거기서 '담론적 절차들'의 근본적 투쟁 영역으로 보는 이런 접근은, 로컬거버넌스를 구성하는 다양한 요소들과 계기들을, 구조적이되 주어진 것은 아니고 전략적으로 선택적이며 실천적으로 행동화하고 담론적으로 추동되면서 출현한 것으로 이해한다.[30] 물론 그것의 출현과 구성 형식은 로컬의 모든 사회적 힘들에 동등하게 작용하지 않는다. 이는 구조와 행위의 관계 이해를 요청한다.

27　B. Jessop, *op.cit.*, 1990, p.210. 이중적 우연성이 작용하면서 우연을 구조의 실현가능성으로 변화시키는 과정에 관한 설명은 루만의 체계이론을 보여준다. Nikolas Luhman, *Soziale Systeme*, Shurkamp Verlag, 1984(박여성 역, 『사회체계이론』I, 한길사, 2007), p.242.

28　Mark J. Smith, *Rethinking State Theory*, Routledge, 2000, p.216.

29　B. Jessop, Neil Brenner·M. Jones, "Theorising sociospatial relations", *Environment and Planning D-Society and Space* 26, 2008, pp.389~401.

30　B. Jessop, *op.cit.*, 1990, p.244.

구조는 분석적으로 그들의 형식, 내용과 활동에서 전략으로 취급되고, 행위는 분석적으로 구조화되고 다소간의 맥락에 민감하지만 구조화가 진행 중인 것으로 취급 된다.[31]

어떤 주어진 구조는 특정유형의 정치적 행위자, 정체성, 전략, 시공간 지평의 표현에 유리한 특권을 가지고, 이익관계가 헤게모니 기획에 담론적 배열로 통합 가능한 특정 행위자들에게는 손쉽게 침투한다. 그와 달리 이해관계가 불일치하는 행위자들의 정치적 담론을 표명할 공간의 제공은 '전략-맥락적 분석'을 거쳐 차별화시켜 고찰해야한다.[32] 어떤 이해관계, 정책 형식과 쟁점들은 헤게모니 장악 집단에게 상대적으로 유리하게 특권적으로 제도화 되며, 거버넌스 능력이 행동화되는 특정 국면에서 전략적 결합이나 통합이 가능해지기 때문이다. 그러므로 이렇게 말할 수 있다. 로컬거버넌스의 정책방향과 개입형식은 헤게모니적 이익관계에 유리한 특정 기획과 전략을 추구하도록 전개될 뿐 아니라, '정치경제적 권력의 장들에 핵심 섹터와 사회집단의 접근이 체계적으로 유리한' 표상 형식들을 가진다. 여기서 전력관계적 접근이 국가구조 및 행위자의 전략적 선택성이 로컬거버넌스를 물질 및 담론적으로 활동하게 만드는 방식에 초점을 맞추고 검토하는 것은, 헤게모니 기획, 헤게모니 지지 블록 및 국가-로컬에서 특정한 정치적 힘들의 잠정적인 실천과 정렬을 설명하는 담론형식의 생산을 이해하는데 요긴하다.

---

31 B. Jessop, "Institutional (re)turns and the strategic-relational approach", *op.cit.*, 2001, p.1223.

32 B. Jessop, "Critical realism and the strategic-relational approach", *New Formations* 56, 2005, pp.40~53.

즉 자본주의에서 헤게모니 및 반-헤게모니적 담론 구성으로서 조절 체계의 '문화적' 역동성 특히 사회공간적으로 '공간화된' 조절적 접근은 로컬(도시)에서 신자유주의 축적과 조절 전략을 신경제, 기업주의, 주택조합, 엘리트 문화, 고등교육, 기업적 공공행정 등의 갖가지 용어로 표상한다. 나아가서 신도시경영, 공간계획 기술, 통제와 감시기술, 성문화된 민주적 절차, 시장과 공공 섹터 결합 등 구조적이고 선택적인 제도화로서 전략적으로 중요한 공간규모를 형성하는 전략에 주목하도록 이끈다.[33] 이는 우리가 요즘 흔히 듣는 '글로벌도시', '혁신도시', '기업도시', '테크노폴리스', '국제자유도시', '문화도시', '청정도시', '다문화도시', '생태도시', '관문도시' 등의 표상적 도시경쟁 담론을 이해할 길을 제공한다. 여기서 의문이 제기된다. 로컬거버넌스 담론에는 신자유주의에 동조하는 표상만 존재하는가? 결코 그렇지 않다. 신자유주의의 작동 내부에도 반-헤게모니적 저항과 협상 및 상호선택 담론을 표명하는 존재가 역시 인정된다. 예컨대 신코포라티즘적 주택 및 복지 조합, 대안 경제, 신윤리주의, 인간적이고 민주적 신경제, 신사회적 기업주의 담론 등이 역시 가능하다.

여기서 로컬거버넌스를 담론적 실천으로 분석하는 이유가 드러난다. 그것은 로컬의 공간규모에서 유통되면서도 벗어나는 우연적 정책담론과 정치경제적 담론 사이에서 상호담론적 연쇄들의 전략적 형상

---

33 B. Jessop, "Liberalism, neoliberalism, and urban governance", *Antipode* 34, 2002, pp.452~472; N. Smith, "New globalism, new urbanism-gentrification as global urban strategy", pp.427~450; Saskia Sassen, "Globalization or denationalization? Annual RIPE Lecture", *Review of International Political Economy* 10, 2003, pp.1~22.

화를 관계적 관점으로 이해하는데 목표가 있다. 밥 제솝은 로컬거버넌스의 장site에서 '주권국가의 공간규모 재조정이나 혹은 국민국가의 이익 추구와는 또 다른 영역이 출현한 것'을 목격한다.[34] 그러나 이러한 접근은 다음과 같은 문제점이 있다. ① 로컬거버넌스의 능력을 도시공간규모에서 생산하는 다중공간규모적 상호의존성과 연관시켜 파악하는 담론적 실천의 명제에만 주목하면, 로컬공간규모를 정치적 구성물로 이해하기 어려워질 우려가 있다. ② 로컬거버넌스에서 특수한 정치적 사회적 및 담론적 실천은 국가의 구조 및 전략적 결정으로부터 출현한다. 예컨대 영국 노동당의 거버넌스 근대화 작업에서도 전략성, 민주성, 효율성이란 말은 조정, 통합 및 조절이란 테마와 함께 핵심 담론 역할을 수행했다. 그러나 로컬거버넌스는 현실에서는 제도의 토대가 허약하고 도시조절공간을 중앙정부가 통제하여 권한이양은 제한적이고 신자유주의 정책에 종속되어 심각한 긴장을 내포했다.[35] 이것은 '신코포라티즘' 곧 경제성장, 환경보호 및 정책 집행과정과 결과에 다양한 목소리를 포함하는 '3중 밑바닥 노선'의 쓰리윈win-win-win 해결책을 모색하도록 이끌기는 했지만, 결국은 로컬 전략 파트너십(LSPs)과 공동체를 위한 파트너십(NDCs)에 바탕을 둔 '공-사 협력체계' 담론을 정당화했다.[36] ③ 로컬거버넌스의 실천적 성취는 일련의 분산된 관계

---

34 B. Jessob, "Liberalism, neoliberalism, and urban governance-A state-theoretical perspective", *Antipode* 34-3, 2002, pp.452~472; "Multi-level governance and multi-level metagovernance……", eds. Bache · Flinders, *op.cit.*, 2004, pp.61~63.

35 Chrispian Fuller · Mike Geddes, "Urban governance under neoliberalism-new labour and the restructuring of state-space", *Antipode* 40-2, 2008, pp.266~275.

36 P. Allmendinger, *The Planning Polity-Planning, Government and the Policy Process*, Routledge, 2002

적 요소, 예컨대 정치적 이해관계, 합리성, 기술, 정책개입 영역을 요구하고 정체성과 관계들이 일시적으로 고정되는 구체적 국면 혹은 '결절점'을 표명한다.[37] 그러나 국가만이 공간의 통합성을 잠정적으로 실현하고 로컬거버넌스 능력의 활성화가 가능하다는 관점은 국가–로컬 관계가 여전히 수직적이라는 관점을 벗어나지 못하는 한계가 있다.

3. 국가–로컬의 헤게모니 작동과정과 '공간규모 재조정'

전략관계적 접근은 국가가 로컬거버넌스의 합리성을 계산하는 전략적 양식과 그것을 제도적으로 실천하는 기술과, 이해관계와 정치적 주체가 다양한 규모로 안정적으로 통치되는 양식의 틀을 담론적으로 생산하여 구성하는 능력을 긍정한다. 그 가운데 핵심이 국가의 활동이 로컬에서나 로컬을 넘어 다중공간규모 조직을 생산하면서 공간을 물질적으로 조정하며, 헤게모니 혹은 반–헤게모니적 담론 기획을 창조하고 유지하는 정책 패러다임과 제도적 형식 및 정치적 표상 체제이다. 앙리 르페브르와 데이비드 하비의 공간생산론을 기반으로 삼아 '공간적 전환spatial turn'을 넘어 '공간규모적 전환scalar turn'을 강조한 신그람시주의가 국가–로컬 관계 규정에서 주목하는 것이 바로 국가 및 로컬운영의 조절체계 수립과정에서 공간규모 재조직 특히 국가 영토의 재구조화와 국가하위 단위의 사회적 공간규모재조정 기획이다. 이

---

37 라클라우 · 무페, 『사회변혁과 헤게모니』, 140쪽. 라캉이 고정점points de capiton이라 부른 것.

것은 국가를 노동의 공간규모 분업과 더불어 이종적이고 다중규모의 제도적 총체[38] 곧 로컬거버넌스의 핵심 행위자를 '국가의 복잡하고 사회공간적으로 불균등한 제도적 구조의 한 역사적이고 지리적인 특수한 구성요소'로 받아들인다. 밥 제솝이 공간규모[39]에서 특정한 거버넌스와 조절 과제를 제도화하는 필연성 논리나 결정적 요소를 찾는 경향을 완화시키고, 조절적 공간규모 재조정은 '자연적이거나 불가피한 것이 아니라 과거의 정치적 갈등이나 타협의 결과를 반영'한다는 협상적인 '공간규모적 전환'의 성찰로 나간 이유가 여기 있다.[40]

공간규모재조정 문제는 사실 전지구적 자본이 국가의 본성과 역할 변화를 추동하면서 국가 이익을 실현하는 방식으로 보는 지극히 '정치적' 정치경제학이며, 로컬 수준의 재생산과 축적에서 조절 및 전략적 관계 행위를 담론으로 표명하는데 유용한 쟁점이다. 이 주제는 이미 1990년대에 '신지역주의' 담론이 다양한 로컬 규모에서 영토적 생산체계의 흥기를 가정하였고[41] '신제도주의' 분석 역시 유럽, 트랜스내셔널

---

38 N. Brenner, "Urban question as a scale question-reflections on H. Lefebvre, urban theory and the politics of scale", *International Journal of Urban and Regional Research* 24, 2000, pp.362~378; E. Swyngedouw, "Authoritarian governance : power, and the politics of rescaling", *Environment and Planning D : Society and Space* 18, 2000, pp.63~76.

39 공간규모scale는 반드시 인접한 경계를 가진 동종 공간은 아니고 공간면적scalar으로부터 출현하여 영토territory와 역동적 관계를 가진다. Maureen G. Reed · Shannon Bryneel, "Recaling environmental governance, rethinking the state-a three dimensional review", *Progress in Human Geography* 34, 2010, p.647.

40 Jamie Peck, *Workfare States*, Guiford Press, 2001, p.58; "Political economies of scale-fast policy, interscalar relations and neoliberal workfare", *Economic Geography* 78, 2002, p.340.

41 Michael Keating, "The invention of regions-political restructuring and territorial government in Western Europe", eds. Brenner *et al*, *State / Space : A Reader*, pp.256~277; C. Crouch, p.Galés · C. Trigilia *et al.*, *Local Production Systems in Europe. Rise or Demise?*, Oxford U. P., 2001; M. Jones · G. MacLeod, "Regional spaces, spaces of regionalism-territory, insurgent politics and the English question", *Transactions of the Institute of British Geographers* 29, 2005, pp.433~452; John

및 국가하위 수준에서 변화하는 정부 규모의 조직적 경계에 주목한 선례가 있다. 특히 후자가 제안한 관점 곧 정책 체계가 달라지면 국가하위 수준이든 초국가 수준이든 막론하고 영토적 경계도 달라져야 한다는 관점[42]은 개념과 중심주제 및 경험에서 전략관계적 접근과 공통점이 적지 않다. 그러나 밥 제숍과 닐 브렌너는 전자가 신자유주의 전지구화 공간을 소홀히 하고, 후자가 국가나 로컬정부 조직과 제도에만 집중했다고 비판하며, 전지구화 자본이 로컬의 수준에서 국가를 매개로 작동하며 공간을 구성하는데 초점을 두었다.

구체적으로 영국에서 공간규모재조정의 상황을 보면 잉글랜드에는 1995~98년 사이에 런던 외곽 소재 5개 군과 58지구district가 46개의 단일 행정당국unitary authority으로 대체되었다. 웨일즈는 기존의 45개 군과 지구가 22개의 단일행정체제로 변신하였고, 스코틀랜드는 65개 지역region과 지구가 32개 단위로 대체되었다. 다만 북아일랜드는 26개 지구가 그대로 유지되었다. 이러한 변화는 주로 공간규모의 경제와 관련되었다. 비교적 짧은 기간에 지방자치단체의 수가 극적으로 줄었고 평균 크기가 증가하였다. 1974년 평균 인구 29,000명의 1,855개 지방의회local council가 1990년에는 평균 106,000명에 521개 지방의회로 줄어들었고, 2002년에는 2000년에 새로 성립된 런던광역시를 포함해서 평균 주민 128,000명에 442개의 지방자치단체 행정당국만 있게 되었다.

Harrison,"Stating the production of scales-centrally orchestrated regionalism, regionally orchestrated centralism", *International Journal of Urban and Regional Research* 32-4, 2008, pp.922~941.

42 M. Goodwin·M. Jones·R. Jones, "Devolution, constitutional change and economic development-explaining and understanding the new institutional geographies of the British state", *Regional Studies* 39-4, 2005, pp.421~436.

그 결과 영국은 다른 유럽국가들 보다는 선출자 대비 유권자 주민이
훨씬 많은 상당히 큰 규모의 지방자치단체를 갖게 되었다.[43]

여기서 신그람시주의가 로컬거버넌스를 개념적으로 서로 맞물린
공간규모의 범위를 가로질러 동시에 작동하는 행위자이며 제도이고
정치경제적 힘들이 만든 정치적 구성물로 파악하는 배경을 발견한다.
곧 조절의 우연한 정치적 실천, 특정한 제도적 형식과 거버넌스의 메
커니즘을 경향적으로 형성하고, 그들이 도시공간규모를 통해서 표명
하는 다중공간규모에서 결정된 특수한 사회 및 정치적 실천이 그것이
다.[44] 논의의 핵심은 정치경제적으로 광범하게 상호의존적이면서도
우연적으로 연관되는 일단의 담론적 연관관계를 가진 다중공간규모
맥락에서 실천적이고 우연적 절합으로 생산 및 표명되는 실천들을 탐
색하고 분석하는 것이다.[45] 그 결과 기존 제도를 조정하고 새로운 정
책 공간규모들을 더 낮게 배열하는 과정에서, 조절과 통합을 넘어 새
로운 공간규모 개입을 정책적으로 발생시켜 변화를 추동한다. 이것은
정치경제적 관계의 더 폭넓고, 다중공간규모화되고 공간화 되는 체계
의 구성요소인 제도, 관계 및 실천들이 자본주의 전지구화의 축적과
조절의 영토 재조직 과정에서 동급의 공간규모에 집착하는 '공간규모

---

43 Robert Leach · Janie Percy-Smith, *Local Governance in Britain*, Palgrave, 2001; 임성일 · 최영
　출, 『현실과 교훈 : 영국의 지방정부와 공공개혁』법경사, 2001; David Wilson · Chris
　Game, *Local Government in the United Kingdom*, Palgrave Macmillan, 1998, 4th ed. 2008(임채호
　역, 『영국의 지방정부』, 박영사, 2008).
44 W. Larner · R. LeHebron, "The spaces and subjects of globalizing economy-a situated
　exploration of method", *Environment and Planning D-Society and Space* 20, 2002, pp.753~774.
45 N. Brenner, "The urban question as a scale question-reflections on Henri Lefebvre, urban
　theory and the politics of scale", *International Journal of Urban and Regional Research* 24, 2000,
　pp.362~378.

적 고정scale fix'을 추적한다. 이 접근은 로컬거버넌스가 도시공간규모를 조절하여 제도화하는 과제를, 거시적 맥락이나 미시적 맥락, 전략과 구조 사이의 특수한 절합 관계로 표현되는 정치적 구성의 우연적 과정의 산물이다. 정치경제학적 공간을 형이상학적 자율체계 공간이 아니라 변덕스런 대립 전선을 가진 구성적 담론공간으로 이해하기 때문이다.[46]

국가는 제도적 조직, 규제적 경험과 정치적 전략의 다른 공간규모(글로벌, 로컬(지역) 및 국가) 관계에서 일반화되어 끊임 없이 새로 정의 된다. 그 결과 일단 이렇게 말할 수 있다. 공간규모재조정은 국가의 헤게모니 전략 기획 노선의 산물이다. 국가의 제도적 형식은 특정 시공간에서 광범한 사회적 동의라는 문화적 헤게모니를 성취할 수 있고 지배적 경제, 사회 및 정치적 이익을 보편화하고 복지를 진전시킬 수 있다. 이들 이익이 바로 권력 블록이고 국가는 정체성과 이익의 통합을 만들고 유지하는 중심역할을 한다. 한번 만들어진 블록은 국가의 특정한 제도적 형식과 공간규모적 조직을 성취하고 유지하는 다양한 전략을 구사하면서 헤게모니 장악 기획을 지지하는 사회문화적 기초를 제공한다.[47] 신그람시주의가 헤게모니 기획과 관련시켜 국가 형식의 성공적 구성은 우연적 선택의 산물이라고 강조하는 것은 거버넌스 및 관련 공간의 실천과 존재 형식의 역사성에 초점을 맞춘 것이다.

46　Glyn Daly, "Radical(ly) political economy-Luhmann, postmarxism and globalization", *Review of International Political Economy* 11-1, 2004, pp.20~24.

47　N. Smith, *op.cit.*, 2000, p.208.

전지구화가 포함한 것은 …… 사회적 관계로서 그리고 사회적 관계의 장
으로서 공간 규모의 창조 및 / 혹은 재구조화이다. 이는 실제의 경제활동의
본질적인 장으로서 더 작은 공간 규모, 특히 도시, 경계선, 국가적 혹은 거
시-지역적 규모의 연속적(비록 자주 변화하지만)인 의미에서; 경제활동에
서 세계화, 전지구적 도시화, 국제적 권역화 등과 같은 전지구화화로 다른
공간규모들의 절합을 지향한다. 그리고 지역주의에 바탕을 둔 새로운 사
회운동에서, 다양한 '부족주의' 혹은 소생하는 민족주의와 전지구화에 대
한 서로 다른 방식의 저항에서 명백하다.[48]

그러나 제솝의 방법론에서 국가는 여전히 목적론적 · 실체론적 · 본
질론적이라고 지적할만한 측면을 내포한다. 닐 브렌너의 신국가공간
론에 주목하는 이유가 여기 있다. 브렌너는 공간의 의미를 두고 투쟁
하는 행위자인 실제 권력의 기하학과 제도화된 공간적 실천에서, 조건
적이고 경쟁하며 궁극적으로 변화가능한 후기 국민국가 개념의 복잡
성을 긍정한다.[49] 브렌너 역시 닐 스미스와 비슷하게 국가가 시민사회
에서 경제조절이나 힘의 균형 수정을 목표로 삼는 '국가공간기획'과
'국가공간전략'이 경제와 사회에 광범하게 개입하며 불균등 발전을 전
개하는[50] 역할을 인정한다. 그러나 동시에 양자를 예민하게 구분하기

---

48 B. Jessop, "The crisis of the national spatio-temporal fix and the ecological dominance of
   globalizing capitalism", *International Journal of Urban and Regional Studies* 24, 2000, p. 281.
49 N. Brenner, "Global cities, glocal cities-global city formation and state territorial
   restructuring in contemporary Europe", *Review of International Political Economy* 5-1, 1998,
   pp. 12~17; "Open questioning on state rescaling", *Cambridge Journal of Regions, Economy and
   Society* 2-1, 2009, p. 126.
50 B. Jessop, *op.cit.*, 1990, pp. 260~261; Neil Brenner, *New State Spaces-urban Governance and the*

도 한다. 이는 국가 권력의 협소한 조직적 의미와 광범한 통합적 의미 사이의 구분이다. '국가공간기획'은 특정한 행동노선 뒤에서 국가의 개인 및 행위자들의 동원에 기여하는 내부 활동으로 공간규모 조건에서 중앙집권화하고 지방분권화하는 경향들 그리고 영토적 조건에서 균일성이나 관행화 사이에 긴장을 말한다. 한편 '국가공간전략'은 국가가 광범한 정책 분야를 가로질러 경제 및 사회발전을 촉진시키는데 사회와 상호작용을 말한다. 이것은 특정 공간규모의 특권화나 책임의 더 폭넓은 분배, 그리고 공간을 가로질러 사회경제적 계정과 활동의 균등화나 집중의 추구 사이에 모순으로 구조화된다.[51] 그 공통점은 공간규모와 영토적 차원을 병합하는 것이다. 결국 공간규모는, 영토가 서로 다른 위치, 장소 및 지역을 가로질러 권력들을 공간적으로 표명하는 것을 강조하는 정부의 서로 다른 수준들 사이에 권력의 서열적 질서를 말한다.[52]

닐 브렌너는 새로운 국가공간을 1970년대 이후 상호-공간규모적 관계들 사이에서 관리 및 조정과 연계된 행정적 탈중앙집중화와 그와 결합된 차이화된 사회경제활동의 산물로 평가한다.[53] 후기 국민국가 또한 맥락적으로 특수한 제도적 변형과 정치투쟁의 산물로서 미완성이고 미확정적인 '다중규모의 크기'로 형성된 재절합 지대로 규정한다. 브렌너의 견해에서 주목할 것은 공간규모재조정 과정도 전통적인 국가공간

Rescaling of Statehood, Oxford U. P., 2004, pp.87~88.

[51] N. Brenner, *ibid.*, pp.96~101.

[52] *ibid.*, pp.97~98.

[53] *ibid.*, pp.105~108; "Urban governance and the production of new tate spaces in western Europe 1960~2000", *Review of International Political Economy* 11-3, 2004, pp.447~488.

전략과 국가공간 기획이 '수직적인 위계 공간을 재편성'하는 현상을 넘어서 '자본 축적 공간 재조정'과 '도시화 과정 공간 재조정'에 주목할 뿐아니라, '논쟁하는 정치적 공간 재조정'을 포함시킨 것이다.[54] 이 세번째 재조정은 국가-사회의 작동 과정에 연계되어, 지역 갈등의 정치, 영토의 이용과 지역 푸대접 같은 복잡한 경험적 관계를 분류하고, 결정적으로 로컬거버넌스의 토대인 지방분권의 다양한 양상과 연관된다.[55] 국가하위 공간기획 전략인 지방분권은 낡은 것 위에 새로운 제도의 층을 놓는 것이 아니라, 국가의 조절적 경향과 로컬의 제도적 결과가 변증법적 양식으로 새로운 거버넌스를 주형하는 역동적 과정이다.

국가공간성을 확고하게 둘러싼 형상은 국가 조절활동 표명하는 상대적으로 분할되고 차별화된 지리학을 제공한다.[56]

비록 정확한 개념화가 어렵지만 '지역적 공간' 또는 '지역주의 공간'을 생성 시키는 지점이 여기이다.[57] 이 공간은 상대적으로 비구조화되

---

54 N. Brenner, *ibid.*, pp.267~294; J. Uitermark, "Re-scaling, 'scale-fragmentation' and the regulation of antagonistic relationships", *Progress in Human Geography* 26, 2002, pp.743~765; eds. H. Leitner · J. Peck · E. Shepard, *Contesting Neoliberalism-Urban Frontiers*, Guiford, 2007. 예컨대 건조built도시, 소비도시, 고용도시 또는 노동력도시냐에 따라 달라진다. John B. Parr, "Spatial definitions of the city : Four perspectives", *Urban Studies* 44-2, 2007, pp.381~392.

55 A. Rodríguez-Pose · N. Gill, "The global trend towards devolution and its implications", *Environment and Planning C : Government and Policy* 26, 2003, pp.54~72.

56 N. Brenner, *op.cit.*, 2004, p.108.

57 A. Amin, D. Massy · N. Thrift, *Decentering the Nation-A Radical Approach to Regional Inequality*, London : Catalyst, 2003; M. Jones · G. McLeod, "Regional spaces, spaces of regionalism-territory, insurgent politics and the English question," *Transactions of the Institute of British Geographers* 29, 2004, pp.433~452; "Territorial, scalar, networked, connected-In what sense

고 무한히 다양한 개별성을 가지고 특정 장site에서 중복되고 얽히며 침투하는 힘들이 상호작용하는 차별화된 공간scalar이며 로컬거버넌스가 출현하는 지점이다. 이 공간은 독자적 공간이 아니고 국가구조와 사회세력이 통합적 국가를 더욱 가변적이고 비결정적인 다중공간규모적 제도의 위계에서 작동하면서 형성되는 과정에서 나타난 것이다.

제솝과 브렌너는 최근 로컬거버넌스로 표상되는 국가재조직과 경제재구조화에서 공간규모의 정치가 작동하는 양상과 의미를 성찰하면서 국가를 영토, 공간, 장소 및 관계망이 변증법적 상호작용하는 모순과 난관 및 긴장을 내포한 실체로 인식[58]을 수렴하는 경향이다. 밥 제솝은 닐 브렌너의 관점을 일단 수용하면서 신자유주의 전지구화 공간에서 글로벌 자본이 로컬 수준에서 국가를 매개로 다층적 수준에서 생산의 재조정과 국가 공간규모 재조정을 수행하며 '공간규모의 장'을 재형상화하는 현상에 주목한다. 특히 국민국가가 단순한 '제도' 역할만 하지 않고 시장관계를 매개하고 서로 다른 수준의 정부 사이에서 상호작용하는 사회적 관계의 '관계망 조직'으로 변신하여 자기 재창조를 수행하며 다중규모의 거버넌스 체계를 유연하게 구성하고 표명하도록 변신하는데 주목한다.[59] 닐 브렌너 역시 전지구화가 공간규모재조정으로 공간의 재영토화 전략을 수행하지만 국가중심주의를 넘어

---

a 'regional world'?" *Regional Studies*, 2007, pp.1177~1191.

[58] B. Jessop, Brenner · M. Jones, "Theorising sociospatial relations", *Environment and Planning D : Society and Space* 26, 2008, pp.389~401; M. Jones · Jessop, "Thinking state / space incomposibly", *Antipode* 42-5, 2010, p.1122.

[59] B. Jessop, "The crisis of the national spatio-temporal fix and the tendential ecological dominance of globalizing capitalism", *op.cit.*, 2000, pp.323~360.

선 것은 아니라고 본다.[60] 그러나 제숍과 브렌너가 말한 국가의 역할
은, 공간생산과 재생산이 국민국가 권력을 장악한 일차원적 국가 공간
형성을 뜻하지 않는다.[61] 국가가 공간규모를 상대화하고 동원하며 새
로운 제1위 규모의 공간을 건설하려는 전략에서 준거 절차는 다양하
지만, 결과는 불확실하고 경쟁하며 모순적이고 변화무쌍하기 때문이
다.[62] 기본적으로 제숍이 국가공간의 진화를 형성하는 공간화된 사회
적 '관계'의 중요성을 강조한다면, 브렌너는 국가 재구조화의 제도적
층위 형성 과정에서 행위자의 '경로의존path-dependent'적 역할을 강조
하고 개별 도시를 비롯한[63] 서로 다른 공간규모에서 또는 공간규모를
가로질러 작동하는 지극히 다양한 행위자들과 집단들의 연계관계에
주목하는 차이점이 있다.

---

60 N. Brenner, "Globalisation as reterritorialisation-The re-scaling of urban governance in the European Union", *Urban Studies* 36-3, 1999, pp.431~451; "Beyond state-centrism? Space, territoriality, and geographical scale in globalization studies", *Theory and Society* 28, 1999, pp.39~78; "The urban question as a scale question-Reflections on Henry Lefebvre, urban theory and the politics of scale," *International Journal of Urban and Regional Research* 24, 2000, pp.361~378; *New State Spaces : urban Governance and the Rescaling of Statehood*, Oxford U. P., 2004, pp.1~26.

61 필립 커니가 생각한 고정되고 안정된 국가 공간규모 재조정이 아니다. cf. Philip G. Cerny, "Restructuring the state in a globalizing world-capital accumulation, tangled hierarchies and the search for a new spatio-temporal fix", *Review of International Political Economy* 13, 2006, p.687.

62 B. Jessop, *op.cit.*, 2000, p.252.

63 N. Brenner, "A thousand leaves-notes on the geographies of uneven spatial development", eds. Keil · Mahon, *op.cit.*, 2009, pp.27~49; "Restructuring, rescaling and the urban question", *Critical Planning* 16, 2009, pp.60~80; Danny MacKinnon · John Shaw, "New state spaces, agency and scale-devolution and the regionalisation of transport governance in Scotland", *Antipode* 42-5, 2010, pp.1229~1232.

4. 지방분권과 시민참여 민주주의

로컬거버넌스는 기본적으로 주민이 정책 의사결정 과정에 참여하는 권력을 부여받고 운영하는 것으로 구성된다. 신자유주의는 정치적으로 소비자와 생산자간의 집합적 의사결정에 공식적으로 법률제도적 수준 이상의 위치를 부여하여 특정 조직이나 국가의 정치사회적 시장 개입의 차단을 기대한다. 그러나 필요한 경우에는 이해관계자들의 참여와 조정이 가능하다. 정부 역시 이해당사자로서 일시적으로 법률과 제도로 합법적 통제가 가능하다. 이때 정부가 개입하는 목표는 서비스 공급자로서 정부의 역할을 감소시키면서, 자율조직하는 관계망과 레짐regime을 가진 시민사회가 조직된 다중심적 국가를 만드는 것이다.[64]

1997년 이후 노동당의 지방분권 개혁 전략은 하향식 접근(입법, 조사 시찰단, 백서)과 상향식 접근(다양한 형태의 특정 지구 설정, 로컬주의자의 경험과 선도자 중시)을 동시에 중요시하였다. 중앙정부와 로컬정부의 대화도 보수당 정권보다 더 활발해졌지만 정책적 영향력 행사가 목표는 아니었다. 2001년 백서『강한 로컬 리더십』은 장차 중앙정부는 서비스 투입, 서비스 절차 그리고 로컬의 결정을 '통제'하는 방식으로부터 국가적 기준과 회계책임을 통하여 서비스 배달 '보증'으로 초점을 변경시킬 것이라고 약속했다. 이 백서는 '획득된earned 자율성'의 체제 곧 로컬 정

---

64 Kevin Morgan, "Policentric state-new spaces of empowerment and engagement", *Regional Studies* 41-9, 2005, pp.1237~1251. 레짐regime은 현실정치 영역에서 다 설명하지 못하는 행위자들의 기대방식의 총체이며 공동의 정책 결정방식, 레짐이동shift은 새로운 사실의 습득이나 관례의 상호양해 등으로 국가나 로컬간 협력 양식에서 전반적 체제변화에 합의하는 것을 말한다.

부를 넘어서 재정적 제한을 완화하고 활동환경을 개선하여 높은 성적을 이룬 행정당국에 공통의 보상과 인센티브를 약속하였다. 이들 두고 국가하위 기구의 개혁의제가 '하향식 접근'과 '상향식 접근'을 병행하고, 국민국가의 기준을 충족시키려는 보상적 추동과 로컬의 지식과 혁신의 격려, 집행부 지도력 강화와 공공의 참여 촉진 사이에 긴장 유발 현상을 지적하며 '하향식' 국가가 '기강 잡힌 다원주의' 국가로 변화했다는 평가도 받는다.[65]

'시민참여'는 주민서비스의 질에서 로컬 민주주의 소생과 결합된 가장 중요한 정치적 의제였다. 노동당은 지방정부를 효율성을 앞세워 '화폐가치'로 유인하여 재구성한 보수당과 달리, 로컬행정당국과 공동체 사이의 상호작용을 중시했다. 주기적 지방선거와 공적 참여를 로컬 민주주의의 건강성을 측정하는 중요한 지표로 삼고 시민배심원, 시민패널, 로컬 전망 실행visioning exercise 같은 새로운 자문 방법이 전통적인 공적 회합과 더불어 출현하였다. 보수당이 지향한 시민=고객 개념을 유지 발전시켜 서비스 배달 차원을 더욱 강조하는 동시에 시민들이 행동을 변화시켜 더욱 많은 책임을 지도록 요청했다.[66] 다양한 자율조

---

65 Chris Painter, "Operating codes in the emerging system of local governance-from 'top-down state' to 'disciplined pluralism", *Public Money and Management* 25-2, 2005, pp.89~98. 그러나 실제로는 로컬의 고위 자문관senior councilor과 고위직 같은 로컬 엘리트들이 정책 형성에 과도한 영향력을 발휘하고, 2004년에 공직에 22,300명의 선출직 카운슬러를 증가시킨 것이 권력의 배분에 전혀 효과가 없었다는 지적도 많다. 게다가 1998~2000년간 지방선거 투표율은 29%에 불과했고 그 뒤에 약간 올랐지만 로컬수준에서 대의 민주주의는 표류하고 있다.

66 G. Stoker, *Transforming Local Governance-From Thatcherism to New Labour*, Palgrave, 2004, pp.114~125; Charlotte Fletcher-Morgan · Kate Leyland, "Making people more responsible-the Blair governments' programme for changing citizen's behaviour", *Political Studies* 58, 2010, pp.427~449.

직에 감사inspection 체제를 요구하고 로컬이 국가적으로 우선시되는 정책의 배달을 요청한 이유도 여기 있다. 그러나 많은 노력과 혁신적 시도에도 불구하고 그것이 반드시 정책에 충격적 효과를 가져온 것은 아니었다. 노동당이 강조한 참여는 '참여의 최대화'인지 '참여의 평등'인지 불확실했다. 노동당이 로컬에 관심을 촉구하며 '당신의 지역-당신의 선택 : 영국의 지역들에 재활력을' 요청했지만, 신노동당의 공간규모재조정과 재구조화 전략 기획의 내부에는 신자유주의와 사회민주주의 사이에 긴장과 모순이 존재하고 중앙정부의 신자유주의에 로컬국가가 종속되었다는 평가도 받는다.[67] 이것은 신자유주의가 시장의 탈규제, 개인의 권리와 자율성을 강조하는 한편 경쟁 메커니즘이 초래하는 한계를 보완할 도구로서 신-코포라티즘, 신국가주의, 신공동체주의라는 사회경제적 가치를 내재한 메타-거버넌스 조직 형성을 목표로 삼는 양면성에서 비롯한다.[68] 그 결과 기대와는 달리 로컬거버넌스가 기존 고전자유주의가 상상한 것보다 훨씬 더 국가 개입주의적인 양상을 지니게 되었다는 평가까지 받게 되었다. 지방정부가 직면한 또

---

67 Crispian Fuller · Mike Geddes, "Urban governance under neoliberalism-new labour and the restructuring of state-space", *Antipode* 40-2, 2008, pp.274~276.

68 로컬 경쟁을 통한 근대화라는 논리 Richard Cowell · Steve Martin, "The joy of joining up-modes of integrating the local government modernisation agenda", *Enviornment and Planning C : Government and Policy* 21, 2003, pp.159~179; Mark Tewdwr-Jones · J. Morphet, "The contested strategies of local governance-community strategies, development plans, and local government modernisation", *Environment and Planning A* 41, 2006, pp.533~551. 메타교환, 메타조직, 메타위계, 메타연대, 거버넌스에 대한 거버넌스인 복합양상의 공간성을 가진 메타 : 거버넌스의 출현으로 평가하는 밥 제숍의 견해 B. Jessop, "From governance to governance Failure and multi-level governance to multi-scalar meta- governance", eds. Bas Arts, Arnoud Lagendijk and Henk van Houtum, *The Disoriented State-Shifts in Governmentality, Territoriality and Governance*, Springer, 2009, pp.92~93.

다른 과제는 유럽연합의 출현과 유럽화의 결과 국가의 중심-로컬 관계를 넘어 로컬과 유럽연합이라는 제3의 관계가 출현하면서 유럽 차원의 인정이 요구된 사실이다. 그 결과 새로운 사회적 파트너십이 요구되면서 국민국가에서 중앙정부와 로컬정부가 결합하는 수준이 더욱 복잡해졌다. 유럽 자체는 물론 영국에서도 로컬거버넌스가 수준, 진행속도 및 실현방식에서 서로 다르게 진행되면서 복합수준multi-level 거버넌스의 출현이 불가피해졌다.[69]

지방분권은 주민참여와 민주주의에 근거한 경제발전을 지향하는 공간재조정과 로컬거버넌스를 현실화하는 표상이었고 로컬이 중앙정부에 정치경제적 도전과 자립계획을 수립할 공간을 제공했다. 그러나 그 결과가 동일하지는 않았다. 국가근대화를 목표로 삼은 지방분권에서 로컬주민들의 자발적 참여와 서비스가 제공되었지만 민주주의의 보장은 여전히 취약하여 로컬 단위에서 과두제가 유지되었다는 평가를 많이 받기 때문이다.[70] 예컨대 '국가를 넘어선 거버넌스', '신지역주의' 혹은 성공한 기업주의 도시로 평가받는 맨체스터의 경우 공동체 뉴

---

69 Stephen George, "Multi-Level Governance and European Union", eds. Bache · Flinders, *Multi-Level Governance*, pp.107~126; Mike Geddes, "Neoliberalism and local governance-cross-national perspectives and speculations", *Policy Studies* 26-3 / 4, 2005, p.370.

70 Sue Goss, *Making Local Governance Work-Networks, Relationships and Management of Change*, Palgrave, 2001, pp.105~111; Martin Jones · Mark Godwin · Rhys Jones, "State modernization, devolution and economic governance-an introduction and guide to debate", *Regional Studies* 39-4, 2005, pp.397~403; "Devolution, constitutional change and economic development-explaining and understanding the new institutional geographies of British state", *Regional Studies* 39-4, 2005, pp.421~436; Peter Sommerville, "Community governance and democracy," *Policy and Politics* 33-1, 2005, pp.117~144; ed. Jonathan Bradbury, *Devolution, Regionalism and Regional Development-the UK Experience*, Rouledge, 2008; Phil Allmendinger and Graham Haughton, "Saptial planning, devolution, and new planning spaces", *Environment and Planning C : Government and Policy* 28, 2010, pp.803~818.

딜 기획이 가져온 '뉴 이스트 맨체스터 신도시재생회사' 사례에서 보듯 지역 사회의 권력이 다수의 실질적인 이익집단에게 속하는 지방통치 연합이 아니라, 신공공관리 도시정부 당국이 주도하는 공-사협력체제로 결합된 소수 엘리트 '맨체스터 마피아'에게 장악되었다. 다른 도시 역시 경영관리론적 입장이 파트너십의 민주적 성격을 더욱 약화시켰다.[71] 그 결과 거버넌스에 다양한 행위자들이 포함되었지만 국가 권력이 반드시 감소한 것은 아니었고, 새로운 거버넌스 양식에 통합적 요소로서 참여적 실천의 확산에도 불구하고 시민 권력 확립을 보장하지 않는 역설적 현상이 출현했다. 이것은 로컬거버넌스가 민주주의적 정의와 형평의 보장이 아니라, 성장정책의 추동자로서 지역경제발전에 주민을 들러리 세우는 전략의 장으로 취급된 결과이다. 이것은 정치적 경쟁, 국가기업주의, 공공섹터 근대화, 시민사회 행동주의 및 로컬현실에 관한 지식이란 변수가 상호작용한 산물이기도하다.[72]

이런 상황에서 푸코가 말한 '행위에 대한 행위'이고 '정상화하고 합의하는 기술'로서 '통치성' 개념이, 시민의 참여와 능력계발을 강조하는 신자유주의 거버넌스 현실 설명에 유용하다는 지적이 나왔다. 그러

---

71 Jonathan S. Davies,"The limit of partnership-an exit-action strategy for local democratic inclusion", *Political Studies* 55, 2007, pp.779~800; Bredan Evans, "The politics of partnership-urban regeneration in New East Manchester", *Public Policy and Admnistration* 22-2, 2007, pp.201~216.

72 Sylvain Giguère, "The drivers of growth-why governance matters", OECD, *Local Governance and the Drivers of Growth*, OECD, 2005, pp.11~38; Merilee S. Grindle, *Going Local : Decentralization, Democratization, and The Promise of Good Governance*, Princeton U. P., 2007, pp.10~14. Keith baker・Jonathan B. Justice・Chris Skelcher, "The institutional design of self-governance-insights from public-private partnerships", ed. Eva Sørensen, *The Politics of Self-Governance*, Ashgate, 2009, pp.90~92.

나 이 개념은 '국가를 넘어선 거버넌스'로서 신자유주의 거버넌스의 일상에서 자기 능력계발의 일환으로 자발적인 참여와 민주주의를 자극하는 유용한 역할과 동시에, 국가가 다양한 평계로 침투해서 통제하는 양상을 수용하게 만드는 야누스적 이중성이 우려되었다.[73] 맨체스터를 비롯한 여러 도시에서 경제발전의 추동자로서 다양한 공-사 협력체제의 도시재생전략이 주민의 공공참여를 표방했지만, 국가가 개입하는 고도로 능동적인 진로 조종을 당연시한 것도 사실이다. 그러나 '이스트 맨체스터' 도시재생 사례에서 시민들의 항의와 시위가 자율적이고 능동적인 참여의 성공에 기여했고, 여기에 자기계발과 자기지배를 강조하는 통치성 개념을 적용하여 참여민주주의를 진작시키는 공동체 전략이 가능한 잡종체제라는 평가도 있다. 이것은 로컬거버넌스가 주민참여라는 인간적 요소가 주도하는 사회운동의 장인 자율적 거버넌스로 존재할 때 그 동력을 확보할 수 있다는 지적이다.[74]

---

73 Mike Raco · R. Imrie, "Governmentality and rights and responsibilities in urban policy", *Environment and Planning A* 32, 2000, pp.2187~2204; Erik Syngedouw, "Governance innovation and the citizen-The janus face of governance-beyond-the state", *Urban Studies* 42-11, 2005, pp.1991~2006; Michael Cuthill · John Fien, "Capacity building-facilitating citizen participation in local governance", *Australian Journal of Public Administration* 64-4, 2005, pp.63~80.

74 M. Raco, Gavin Parker, Joe Doak, "Reshaping spaces of local governance? Community strategies and the modernisation of local government in England", *Environment and Planning C : Government and Policy* 24, 2006, pp.475~496; Walter Nicholls, "The urban question revisited : The importance of cities foe social movements", *International Journal of Urban and Regional Research* 32, 2008, pp.841~857; Sylvain Giguère, "The use of partnerships in economic and social policy-practice ahead of theory", Mark Considine · Giguère, *The Theory and Practice of Local Governance and Economic Development*, Palgrave Macmillan, 2008, pp.49~58; Georgina Blakeley · Brendan Evans,"Who participate, how and why in urban regeneration projects? The case of the new 'city' of East Manchester", *Social Policy & Administration* 43-1, 2009, pp.15~32; G. Blakeley, "Governing ourselves-citizen participation and governance in Barcelona and Manchester", *International Journal of Urban and Regional Research*

　로컬거버넌스의 '신자유주의' 시공간의 역동성에서 참여와 민주주의는 우선 두 가지 문제가 제기 된다. 하나는 참여의 의미와 잠재력 및 그것이 내포한 함정의 문제이다.[75] 다른 것은 로컬민주주의에서 대의제도와 참여 사이의 분열, 도시에서 참여와 민주화와 사회운동 사이의 구분과 중복의 문제이다.[76] 사실 요즘 자주 거론되는 심의deliberative 민주주의든 혹은 수평적 거버넌스 구조든 그것이 중산층과 엘리트의 이익에 유리한 조건을 보장하는데 우선 순위가 주어진다면 참여의 장치가 민주적 거버넌스를 촉진할 방도는 과연 무엇인가? 로컬거버넌스에서 문제제기적인 권력 관계는 로컬 파트너십에 참여하는 비선출적 로컬 명사들의 영향력으로 대표되는 엘리트주의적 참여를 구현한 결과 민주주의와 회계책임을 손상시켰다.[77] 인구의 8.3%인 시민이 로컬거버넌스의 심의 활동에 참여한다는 긍정적 평가도 있지만, 90%의 주민이 정책의 실체에 접근하는데 장애로 작용하는 수사학적 장벽과 이미지 정치를 넘어서, 도시의 가난하고 주변화된 공동체에서 민주적 참여를 진작시키고 심화시키는 문제는 해결되지 않았다. 이것은 경제 못지않게 정치적 역동성의 문제로서, 시민권 문제와 더불어 끊임없이 토론하는 민주적 협상훈련과도 연결되어 있다.[78]

34-1, 2010, pp.130~145.

[75] Marcus Andre Melo · Gianpaolo Baiocchi, "Deliberative democracy and local governance; towards a new agenda", *International Journal of Urban and Regional Research* 30-3, 2006, pp.587~600.

[76] Justin Beaumont · Walter Nicholls, "Plural governance, participation and democracy in cities", *International Journal of Urban and Regional Research* 32-1, 2008, pp.87~94.

[77] Mike Geddes, "Partnership and the limits to local governance in England-institutionalist analysis and neoliberlism", *International Journal of Urban and Regional Research* 30-1, 2006, pp.76~97.

전략관계적 접근 담론의 한계를 발견하는 곳이 여기이다. 로컬거버넌스를 구성하는 토대인 정치경제학적 체제는 실용주의적 요소가 크게 작동하므로, 헤게모니 담론으로 설명하기에는 한계가·있다. 특히 로컬거버넌스가 개별 로컬리티 마다 고유한 경로의존적인 경우가 많기 때문에 정책결정과정에서 대다수 주민을 소외자나 희생자로 만들어 버릴 때 반대 목소리가 묻혀 버린다.[79] 신자유주의 정책자체가 실용성과 기회주의에 근거한 모순과 경쟁으로 특징 지워지므로, 로컬거버넌스의 실제 정치 체제들은 헤게모니적 성장기계가 주도한다고 간단히 재단하기 어려운 모순된 사회적 세력들과 도전적인 정치적 운동을 포함한다. 로컬거버넌스는 제도, 전략 수행기관, 발전담론, 정책의제, 거버넌스 관계들의 누더기에 불과하다는 지적도 받는 이유가 여기 있다.[80] 이런 측면에서 다양한 장소성에 기반한 다차원적 로컬거버넌스 인정이 불가피하다.[81] 이것은 '행위자 관계망 이론(ANT)'에 주목하도록 만든다.

---

78 Mark Purcell. "City-regions, neoliberal globalization and democracy-a research agenda", *International Journal of Urban and Regional Research* 31-1, 2007, pp.197~206; Arto Haveri, "Evaluation of change in local governance-the rhetorical wall and the politics of images", *Evaluation* 14-2, 2008, pp.141~155; P. John, "Making representative democracy more representative-can new forms of citizen governance in the UK open up democracy", *Public Administration Review* 69-3, 2009, pp.494~503; "Citizen governance-where it came from, where it's going", eds. Catherine Durose · Stephen Greasley · Liz Richardson, *Changing Local Governance, Changing Citizens*, The Policy Press, 2009, pp.23~24.

79 F. Moulaert, F. Martinelli, E. Syngedouw · S. Gonzalez, "Towards Alternative Model(s) of Local Innovation", *Urban Studies* 4-3, 2005, pp.1969~1990.

80 Valeria Guarneros-Meza · M. Geddes, "Local governance and participation under neoliberalism-comparative perspective", *International Journal of Urban and Regional Research* 34-1, 2010, pp.115~129.

81 국가권력을 제도적 장소 범위의 집합체로 보는 경우 John Allen · Allan Cochrane, "Assemblages of state powers-topological shifts in the organization of government and politics", *Antipode* 42-5, 2010, p.1073.

브렌너가 국가-공간성 상상력을 통하여 여과된 국가-로컬 공간성
이 사회사상과 행동으로서 생산되는 비구조화된 관계적 과정에 주목
한 것은, 행위자 관계망 이론에 바탕 둔 사회형식과 연관시킬 가능성
을 지속적으로 엿보게 만들었다.[82] 그러나 그 자신은 행위자 관계망
이 공간의 수평적 재조정을 통한 국가, 시민제도 및 행위자들 사이의
트랜스내셔널한 관계에 주목하므로 국가-공간규모의 정치이론에 포
함시키는 것은 이론적 오류라고 평가한다.[83] 그럼에도 브렌너가 비구
조적이고 관계적 공간규모를 통해서, 관계망 이론이 사회생물학적 관
계적 관계망의 산물로서, 영토 개념을 통해서 사유하는 측면에서 양자
의 접근 방식에 겹치는 지점이 있다.[84] 로컬거버넌스가 트랜스로컬의
관계망을 지향할 때 국가의 경계를 넘어서는 이론 장치가 필요한데 비
해서, 로컬거버넌스 내부 관계에서 행위자 관계망은 장소적 관계망을
가진 시민참여와 민주주의 검토에 유용하게 작용할 수 있다. 그러나
필자가 보기에 비록 행위자 관계망이 이종적 관계망을 끊임없이 생성

---

82 H. Leitner · E. Sheppard, "The city is dead, long live the net-harnessing European interurban
    networks for a neoliberal agenda", *Antipode* 34, 2002, pp.495~518; Helga Leitner, "The
    politics of scale and networks of spatial connectivity-Transnational interurban networks and
    the rescaling of political governance in Europe," eds. Eric Shepperd and Robert B. McMaster,
    Scale and Geographical Inquiry-Nature, Society, and Method, Blackwell, 2004, p.252; H. Knox · M.
    Savage · p.Harvey, "Social networks and the study of relations-Networks as method,
    metaphor and form", *Economy and Society* 35-1, 2006, pp.113~140. A. Moore, "Rethinking scale
    as a geographical category-from analysis to practice", *Progress in Human Geography* 32-2, 2008,
    pp.203~225; Chris Collinge, "Positions without negations? Dialectical reason and the
    contingencies of space", *Environment and Planning A* 40, 2008, pp.2613~2622; Adelheid Hol
    l · Ruth Rama, "The spatial patterns of networks, hierarchies and subsidiaries", *European
    Planning Studies* 17-9, 2009, pp.1261~1280.
83 N. Brenner, "The limit to scale? Methodological reflections on scalar structuration", *Progress
    in Human Geography* 25, 2001, pp.591~614, p.592.
84 Joe Painter, "Rethinking territory", *Antipode* 42-5, 2010, pp.1090~1118.

하는 경계지를 강조함에도 불구하고, 로컬거버넌스에 적용할 때 내부 모순에 주목하기보다는 수평화 시키는 결과가 우려된다. 이것은 샐리 마스트턴 등이 말하는 수평적 공간 곧 신자유주의가 관철되어 개별 행위자와 장소만이 부단히 변화하며 존재하는 평평한flat 공간인 '존재론적 공간론'[85]과 친밀성을 가진다. 이들은 공간규모적 변화 분석은 위계적 공간 조직의 바깥, 공간규모들 사이의 변화 나아가 전지구화 현상 이해에 부적합하다고 평가한다.[86] 필자는 이런 평가가 개체와 전지구적 트랜스 양상만을 강조하며 로컬의 고유한 가치의 측면을 소홀할할 가능성을 우려한다.

5. 정치적 공간성의 장

이 연구는 1990년대 이후 영국 노동당 정부의 로컬거버넌스 정책에 초점을 두고 밥 제숍의 전략관계적 접근과 닐 브렌너의 신국가공간이론을 신그람시주의 전략관계적 접근이라는 비판적 메타이론으로 검토하였다. 로컬거버넌스는 기존 국가공간이 광범한 국가 기획으로 재구성되는 공간기획이다. 가장 대표적 공간기획인 공간규모재조정에

85 John Paul Jones III · Keith Woodward · Sallie A. Marston, "Situating Flatness", *Transactions of the Institute of British Geographers* 32, 2007, pp.264~276; "Of eagles and flies-orientations towards the site", *Area* 42, 2010, pp.271~280.
86 Alan Latham · Derek p.MaCormack, "Globalizations big and small notes on urban studies, Actor-Network Theory, and geographical scale", eds. Ignacio Farías and Thomas Bender, *Urban Assemblages-How Actor-Network Theory changes urban studies*, Routledge, 2010, pp.63~65.

서 국가의 영향력은 더욱 가변적이고 비결정적인 다중공간규모적 제도의 위계에서 작동한다. 밥 제숍은 신자유주의 로컬거버넌스 공간에서 조절체계의 역동성을 기호와 물질의 상호관계로 보는 문화의 정치경제학 담론을 표방하는 신지평을 제공한다. 특히 자본 축적과 조절은 헤게모니 및 반-헤게모니적 구성으로서 작동하고, 핵심적 기초인 국민국가 공간은 결코 고정되지 않으며 재정의와 경쟁 및 재구조화를 반복하는 다중공간규모로 이해한다. 닐 브렌너의 신국가공간론은 국가 구조와 사회세력이 통합국가를 주형하는 과정에서 국가공간의 재조직과 경제의 재구조화에서 공간규모의 정치가 작동하는 양상과 의미를 설명한다. 거기서 국가는 영토, 공간, 장소 및 관계망이 변증법적 상호작용하면서 모순과 난관 및 긴장을 내포한 실체로서 자동조정 되는 존재로 수렴되는 경향이다. 공간규모재조정에서 담론적 헤게모니는 강력한 행위자인 전지구적 자본과 국가권력만이 아니라, 시민사회의 참여나 일상적 의회민주주의 역시 구체적 삶의 환경에서 상상력이나 상징들의 가치를 선택하거나 구성하며 확산시키는 계기를 제공한다. 그러나 전략관계적 접근은 다음과 같은 한계가 있다. 첫째 특수한 행위자나 집단들의 정치적 정체성과 이해관계를 설명하고 참여를 기록하고 선택적으로 제도화하고 특정 담론 전략에만 호의적이다. 둘째 헤게모니적 국가형식 출현을 정당화하는 특정 정책의 실천의 예시에만 주목하여 구체적 사례들을 배제시켜 로컬거버넌스의 자율성과 헤게모니 담론만 강조한 결과 정치경제적 실천의 양상을 설명하는데 한계가 있다. 셋째, 국가-로컬의 헤게모니 관계가 제도적 형식, 개입과 정치적 표현의 체제를 실천적으로 동원하는 방식에 주목할 뿐, 실제로 헤게모니 전략관계로 작동하는 것이 타당한지 의심할 여지가 있다.

로컬거버넌스는 비록 전지구화라는 동력이 국가를 매개로 외부에서 추동하지만, 그것 자체는 공간규모, 장소, 관계망에서 참여자들이 복잡하고 다양한 사회운동 방식으로 끊임없이 상호영향을 끼치며 경쟁하는 정치적 공간성의 장이다. 그 공간은 '자연적'인 필연적 결과물이 아니라 역사적으로 경쟁하며 생산된 정치적 성취물이다. 동시에 특정 전략에 봉사하는 거버넌스의 형식과 공간 규모를 구성하는 지배적인 사회정치적 힘 가운데서 집단적 사회적 행동과 투쟁의 우연적 산물이다. 특히 신자유주의 축적과 조절 전략이 로컬거버넌스에서 다양한 도시경쟁을 비롯한 표상적 담론 경쟁을 촉발시키는 도시공간은 능동적 정치적 구성물로서 구조적이고 선택적인 제도화가 추구되는 전략적 공간규모로서 주요한 탐구대상이다. 그러나 로컬거버넌스 담론에 신자유주의에 동조하는 표상만 존재하는 것은 아니다. 반-헤게모니적 저항과 협상 그리고 상호선택 담론 역시 표명된다. 신-코포라티즘적 주택 및 복지 조합, 대안 경제, 신윤리주의, 인간적이고 민주적인 신경제, 신사회적 기업주의 담론 등이 역시 가능하고 공간규모 재조정에도 일정한 영향을 끼친다. 문제는 다양한 정책에도 불구하고 주민이 정책의 실체에 접근하는데 장애로 작용하는 수사학적 장벽과 이미지 정치를 넘어서, 도시의 가난하고 주변화된 공동체에서 민주적 참여를 진작시키고 심화시키는 문제는 해결되지 않았다. 이것은 경제 못지않게 정치적 역동성의 문제로서, 시민권 문제와 더불어 끊임없이 토론하는 민주적 협상훈련과도 연결되어 있다.

참고문헌

박응격 외,『지방행정 거버넌스』, 인간사랑, 2009.

이은구 외,『로컬 거버넌스』, 법문사, 2003.

임성일 · 최영출,『현실과 교훈 : 영국의 지방정부와 공공개혁』, 법경사, 2001.

주재복,『갈등유형별 로컬 거버넌스의 구축방안』, 한국지방행정연구원, 2006.

A. Lagendijk, "The accident of the region-a strategic relational perspective on the construction of the region's significance", *Regional Studies* 41-9, 2007.

A. Moore, "Rethinking scale as a geographical category-from analysis to practice", *Progress in Human Geography* 32-2, 2008.

Alan Latham · Derek p. MaCormack, "Globalizations big and small-notes on urban studies, Actor-Network Theory, and geographical scale", eds. Ignacio Farías and Thomas Bender, *Urban Assemblages-How Actor-Network Theory changes urban studies*, Routledge, 2010.

Antonisich Marco, "On territory, the nation state and the crisis of the hyphen", *Progress in Human Geography* 33-6, 2009.

Arto Haveri, "Evaluation of change in local governance-the rhetorical wall and the politics of images", *Evaluation* 14-2, 2008.

Baker Keith · Jonathan B. Justice · Chris Skelcher, "The institutional design of self-governance : insights from public-private partnerships", ed. Eva Sørensen, *The Politics of Self-Governance*, Ashgate, 2009.

Bas van Heur, "Beyond regulation-Towards a cultural political economy of complexity of and emergence", *New Political Economy* 15-3, 2010.

Beaumont Justin · Walter Nicholls, "Plural governance, participation and democracy in cities", *International Journal of Urban and Regional Research* 32-1, 2008.

Bob Jessob, "Liberalism, neoliberalism, and urban governance", *Antipode* 34, 2002.

__________, "Liberalism. neoliberalism, and urban governance-A state-theoretical perspective", *Antipode* 34-3, 2002.

__________, "Critical semiotic analysis and cultural political economy", *Critical Discourse*

Studies 1-2, 2004.

__________, "Critical realism and the strategic-relational approach", *New Formations* 56, 2005.

__________, "From micro-powers to governmentality-Foucault's work on statehood, state formation, statecraft and state power", *Political Geography* 26, 2007.

__________, "Avoiding traps, rescaling states, governing Europe", eds. Roger Keil and Rianne Mahon, *Leviathan Undone-Towards a Political Economy of Scale,* UBC Press, 2009.

__________, "From governance to governance Failure and multi-level governance to multi-scalar meta-governance", eds. Bas Arts · Arnoud Lagendijk and Henk van Houtum, *The Disoriented State-Shifts in Governmentality, Territoriality and Governance,* Springer, 2009.

Bob Jessop · N. Brenner · M. Jones, "Theorising sociospatial relations", *Environment and Planning D-Society and Space* 26, 2008.

Bob Jessop · Ngai-Ling Sum, "Cultural Political Economy-Logics of discovery, epistemic fallacies, the complexity of emergence, and the potential of the cultural turn", *New Political Economy* 15-3, 2010.

____________________________, "Research and relevance-Response to Jessop and Sum", *New Political Economy* 15-3, 2010.

Bob Jessop · Stijn Oosterlynck, "Cultural political economy-On making the cultural turn without falling into soft economic sociology", *Geoforum* 39, 2008.

Bredan Evans, "The politics of partnership-urban regeneration in New East Manchester", *Public Policy and Administration* 22-2, 2007.

Chris Collinge, "Positions without negations? Dialectical reason and the contingencies of space", *Environment and Planning A* 40, 2008.

Chris Painter, "Operating codes in the emerging system of local governance : from 'top-down state' to 'disciplined pluralism'", *Public Money and Management* 25-2, 2005.

Chrispian Fuller · Mike Geddes, "Urban governance under neoliberalism-new labour and the restructuring of state-space", *Antipode* 40-2, 2008.

Danny MacKinnon · John Shaw, "New state spaces, agency and scale-devolution and the regionalisation of transport governance in Scotland", *Antipode* 42-5, 2010.

Erik Syngedouw, "Governance innovation and the citizen-The janus face of governance

-beyond-the state", *Urban Studies* 42-11, 2005.

Fletcher-Morgan · Charlotte · Kate Leyland, "Making people more responsible-the Blair governments' programme for changing citizen's behaviour", *Political Studies* 58, 2010.

Frank Moulaert · Flavia Martinelli · Sara González and Syngedouw, "Introduction-social innovation and governance in European cities-Urban development between path dependency and radical innovation", *European Planning and Regional Studies* 14-3, 2007.

G. Blakeley, "Governing ourselves-citizen participation and governance in Barcelona and Manchester", *International Journal of Urban and Regional Research* 34-1, 2010.

G. Blakeley · Brendan Evans, "Who participate, how and why in urban regeneration projects? The case of the new 'city' of East Manchester", *Social Policy & Administration* 43-1, 2009.

Glyn Daly, "Radical(ly) political economy-Luhmann, postmarxism and globalization", *Review of International Political Economy* 11-1, 2004.

H. Knox · M. Savage · P. Harvey, "Social networks and the study of relations-Networks as method, metaphor and form", *Economy and Society* 35-1, 2006.

Helga Leitner, "The politics of scale and networks of spatial connectivity-Transnational interurban networks and the rescaling of political governance in Europe", eds. Eric Shepperd and Robert B. McMaster, *Scale and Geographical Inquiry-Nature, Society, and Method,* Blackwell, 2004.

Holl Adelheid · Ruth Rama, "The spatial patterns of networks, hierarchies and subsidiaries", *European Planning Studies* 17-9, 2009.

Ian Bache · Matthew Flinders, "Themes and Issues in Multi-level Governance", eds. Bache and Flinders, *Multi-Level Governance*, Oxford U. P., 2004.

J. MacLeavy · J. Harrison, "New State Spatialities-perspectives on State, Space, and Scalar Geographies", *Antipode* 52-5, 2010.

Joe Painter, "Rethinking territory", *Antipode* 42-5, 2010.

John Allen · Allan Cochrane, "Assemblages of state powers-topological shifts in the organization of government and politics", *Antipode* 42-5, 2010.

John B. Parr, "Spatial definitions of the city-Four perspectives", *Urban Studies* 44-2, 2007.

John Braithwaite, "Responsive regulation and developing economies", *World Development* 34-5, 2006.

John Harrison, "Stating the production of scales-centrally orchestrated regionalism, regionally orchestrated centralism", *International Journal of Urban and Regional Research* 32-4, 2008.

Jonathan S. Davies, "Local governance and the dialectic of hierarchy, market and network", *Policy Studies* 26-3 / 4, 2005.

__________________, "The limit of partnership-an exit-action strategy for local democratic inclusion", *Political Studies* 55, 2007.

Jones III · John Paul · Keith Woodward · Sallie A. Marston, "Situating Flatness", *Transactions of the Institute of British Geographers* 32, 2007.

____, "Of eagles and flies-orientations towards the site", *Area* 42, 2010.

Katherine B. Hankins · Emily M. Powers, "The disappearance of the state from "livable" urban spaces", *Antipode* 41-5, 2009.

M. Godwin · M. Jones · R. Jones, "Devolution, constitutional change and economic development-explaining and understanding the new institutional geographies of the British state", *Regional Studies* 39, 2005.

_____________________________, "Devolution, constitutional change and economic development-explaining and understanding the new institutional geographies of the British state", *Regional Studies* 39-4, 2005.

M. Jones · G. MacLeod, "Regional spaces, spaces of regionalism-territory, insurgent politics and the English question", *Transactions of the Institute of British Geographers* 29, 2005.

___________________, "Territorial, scalar, networked, connected-In what sense a 'regional world'?", *Regional Studies,* 2007.

M. Jones · Jessop, "Thinking state / space incomposibly", *Antipode* 42-5, 2010.

M. Raco · Gavin Parker · Joe Doak, "Reshaping spaces of local governance? Community strategies and the modernisation of local government in England", *Environment and Planning C-Government and Policy* 24, 2006.

Marcus Andre Melo · Gianpaolo Baiocchi, "Deliberative democracy and local governance;

towards a new agenda", *International Journal of Urban and Regional Research* 30-3, 2006.

Mark Purcell, "City-regions, neoliberal globalization and democracy-a research agenda", *International Journal of Urban and Regional Research* 31-1, 2007.

Mark Tewdwr-Jones · J. Morphet, "The contested strategies of local governance- community strategies, development plans, and local government modernisation", *Environment and Planning A* 41, 2006.

Martin Jones · Mark Godwin · Rhys Jones, "Devolution, constitutional change and economic development-explaning and understanding the new institutional geographies of British state", *Regional Studies* 39-4, 2005.

____, "State modernization, devolution and economic governance-an introduction and guide to debate", *Regional Studies* 39-4, 2005.

Michael Cuthill · John Fien, "Capacity building-facilitating citizen participation in local governance", *Australian Journal of Public Administration* 64-4, 2005.

Micky Lauria, "Introduction-reconstructing urban regime theory", ed. Lauria, *Reconstructing the Urban Regime Theory-Regulating Urban Politics in Global Economy,* Sage, 1997.

Neil Brenner, "Global cities, glocal cities-global city formation and state territorial restructuring in contemporary Europe", *Review of International Political Economy* 5-1, 1998.

__________, "Beyond state-centrism? Space, territoriality, and geographical scale in globalization studies", *Theory and Society* 28, 1999.

__________, "Globalisation as reterritorialisation-The re-scaling of urban governance in the European Union", *Urban Studies* 36-3, 1999.

__________, "The urban question as a scale question-Reflections on Henry Lefebvre, urban theory and the politics of scale", *International Journal of Urban and Regional Research* 24, 2000.

__________, "The limit to scale? Methodological reflections on scalar structuration", *Progress in Human Geography* 25, 2001.

__________, "Urban governance and the production of new tate spaces in western Europe 1960～2000", *Review of International Political Economy* 11-3, 2004.

__________, "A thousand leaves-notes on the geographies of uneven spatial development", eds. Keil · Mahon, *Leviathan Undone-Towards a Political Economy of*

Scale, UBC Press, 2009.

__________, "Open questioning on state rescaling", *Cambridge Journal of Regions, Economy and Society* 2-1, 2009.

__________, "Restructuring, rescaling and the urban question", *Critical Planning* 16, 2009.

Neil Brenner · Nik Theodore, "Cities and the geographies of 'actually existing neoliberalism'", *Antipode* 34, 2002.

Neil Smith, "New globalism, new urbanism-gentrification as global urban strategy", *Antipode* 34, 2002.

__________, "Remaking scale : competition and cooperation in pre-national and post national Europe", eds. Jessop Brenner *et al.*, *State / Space-A Reader,* Blckwell, 2003.

Peter John, "Citizen governance-where it came from, where it's going", Catherine Durose, eds. Stephen Greasley and Liz Richardson, *Changing Local Governance, Changing Citizens,* The Policy Press, 2009.

__________, "Making representative democracy more representative-can new forms of citizen governance in the UK open up democracy", *Public Administration Review* 69-3, 2009.

Peter Sommerville, "Community governance and democracy", *Policy and Politics* 33-1, 2005.

Phil Allmendinger · Graham Haughton, "Saptial planning, devolution, and new plannig spaces", *Environment and Planning C-Government and Policy* 28, 2010.

Sylvain Giguère, "The use of partnerships in economic and social policy-practice ahead of theory", Mark Considine · Giguère, *The Theory and Practice of Local Governance and Economic Development,* Palgrave Macmillan, 2008.

Valeria Guarneros-Meza · M. Geddes, "Local governance and participation under neoliberalism-comparative perspective", *International Journal of Urban and Regional Research* 34-1, 2010.

Vincent J. del Casino Jr · Christine L. Jacoby, "Neoliberal subjectivities, the 'New' homelessness, and struggles over spaces of / in the city", *Antipode* 40-2, 2008.

Walter Nicholls, "The urban question revisited-The importance of cities foe social movements", *International Journal of Urban and Regional Research* 32, 2008.

Bob Jessop, (ed.), *European and American Perspectives on Regulation*, E. Elgar, 2001.

_______________, *The Parisien Regulation School*, E. Elgar 2001.

_______________, *Developments and Extentions,* E. Elgar, 2001.

_______________, *Regulation Theory in Crisis of Capitalism*, E. Elgar, 2001.

Bob Jessop, *Nicos Poulantzas-Marxist Theory and Political Strategy,* Macmillan, 1985(안숙영 외 역,『풀란차스를 읽자 : 맑스주의 이론과 정치전략』, 백의, 1996).

_______________, *State Theory-Putting Capitalist States in their Place,* Pennsylvania State U. P., 1990(유범상 · 김문휘 역,『전략관계적 국가이론』, 한울, 2000).

_______________, *State Power-A Strategic- Relational Approach,* Polity, 2008.

_______________, *The Future of the Capitalist State,* Polity, 2002(김영화 역,『자본주의 국가의 미래』, 양서원, 2010).

Bob Jessop · Ngai-Ling Sum, *Beyond the Regulation Approach-Putting Capitalist Economies in their Place*, E. Elgar, 2006.

C. N. Stone, *Regime Politics : Governing Atlanta 1946 ~1988,* Uni. Press of Kansas, 1989.

David Wilson · Chris Game, *Local Government in the United Kingdom,* Palgrave Macmillan, 1998, 4th ed. 2008(임채호 역,『영국의 지방정부』, 박영사, 2008).

Frank Mulaert · Erik Syngedouw · Arantxa Rodríguez, *The Globalized City-Economic Restructuring and Social Polarization in European Cities*, Oxford U. P, 2003.

Gerry Stoker, *Transforming Local Governance-From Thatcherism to New Labour,* Palgrave, 2004.

H. Leitner · J. Peck · E. Shepard(eds.), *Contesting Neoliberalism-Urban Frontiers,* Guiford, 2007.

Jan-Erik Lane, *New Public Management,* Routledge, 2000.

Janice Morphet, *Modern Local Government,* Sage, 2008.

Jonathan Bradbury(ed.), *Devolution, Regionalism and Regional Development-the UK Experience,* Rouledge, 2008.

Kate McLaughin, *New Public Management-Current Trends and Future Prospects*, Routledge, 2002.

Laclau Ernesto · Chantal Mouffe, *Hegemony and Socialist Strategy-Towards a Radical Democratic Politics*, Verso, 1985(김성기 외 역,『사회변혁과 헤게모니』, 터, 1990).

Lefebvre Henri, *De l'Etat II. De Hegel à Mao par Staline*(La théorie 'marxiste' de l'état), Union Générale, 1976.

_______________, *La production de l'espace* , 2000(1974).

M. Bevir · R. A. M. Rhodes, *Interpreting British Governance,* Routledge, 2003.

Mark J. Smith, *Rethinking State Theory,* Routledge, 2000.

Martin Marcussen · Jacob Torfing(eds.), *Democratic Network Governance in Europe,* Palgrave, 2007.

Merilee S. Grindle, *Going Local : Decentralization, Democratization, and The Promise of Good Governance,* Princeton U. P., 2007.

Mike Dent, *Questioning the New Public Management,* Ashgate, 2004.

Neil Brenner, *New State Spaces-urban Governance and the Rescaling of Statehood,* Oxford U. P., 2004.

Neil Smith, *Uneven Development Nature, Capital and the Production of Space,* Blackwell, 1984.

__________, *The New Urban Frontier-Gentrification and the Revanchist City,* Routledge, 1996.

Nicos Poulantzas, *L'État, le pouvoir, le socialisme,* Puf, 1978(박병영 역, 『국가, 권력, 사회주의』, 백의, 1994).

Philip Cooke · Luciana Lazzaeretti(eds.), *Creative Cities, Cultural Clusters and Local Economic Development,* E. Elgar, 2008.

Robert Leach · Janie Percy-Smith, *Local Governance in Britain,* Palgrave, 2001.

S. L. Elkin, *City and Regime in the American Republic,* Uni. of Chicago Press, 1987.

Sue Goss, *Making Local Governance Work-Networks, Relationships and Management of Change,* Palgrave, 2001.

Tom Christensen · Per Lgreid(eds.), *New Public Management-The Transformation of Ideas and Practice,* Ashgate, 2002.

______________________________, *Transcending New Public Management-The Transformation of Public Sector Reforms,* Ashgate, 2007.

디아스포라적 공간으로로서의
오사카 코리안타운의 로컬리티*

이상봉

1. 디아스포라적 공간, 이쿠노

글로벌화의 확산에 수반한 초국가적 이동 증대는 디아스포라 연구에 대한 새로운 관심을 불러 일으켰다. 과거 유대인 등의 구체적인 이산을 의미하던 디아스포라라는 용어는 초국가적으로 이동하는 다양한 사람들의 경험이나 문화를 나타내는 것으로 그 용법이 확산되고 있으며, 기존의 국가 중심적 틀만으로는 설명하기 힘든 초국가적 이동에 대한 새로운 전망을 제시하는 기대를 품고 있기도 하다. 이처럼 초국가적 이동의 증대라는 구체적인 현상에 대한 설명에서 촉발된 디아스포라 연구는, 1990년대 중반 이후 포스트모더니즘의 연구경향과 결합

---

* 이 글은 『韓日民族問題硏究』 제22호, 한일민족문제학회, 2012.6에 게재된 글을 수정한 것이다.

하면서, 이제는 실체로서의 디아스포라를 넘어, 피차별의식과 같은 일정한 의식을 나타내거나 '해방'의 언설에서 드러나는 바와 같은 특정의 연구지향을 지칭하는 것으로까지 전유되고 있다. 물론 디아스포라적 경험의 확산이 반드시 근대 국민국가의 틀을 깨고자 하는 해방의 언설로만 이어지는 것은 아니다. 앙I. Ang이 잘 지적하고 있는 바와 같이 디아스포라적 경험의 확산이 국민국가의 탈영토화 전략, 즉 국가적 경계를 넘어선 민족의 재창출로 이어질 수도 있다. 이를 해방의 언설과 대비되는 의미에서 '민족중심의 언설'이라 할 수 있다.[1]

　본 고는 기존의 '민족중심' 디아스포라 담론에 대해 비판적 시각을 견지하면서, 이에 대비되는 '로컬리티 중심'의 새로운 접근을 시도한다.[2] 필자를 포함한 '로컬리티의 인문학' 연구 그룹은 기존의 국가중심적인 패러다임에 대한 성찰적 · 대안적 패러다임의 하나로서, 로컬리티 연구의 새로운 가능성을 모색하고 있다. 연구시각의 관점으로 좁혀서 보자면, 로컬리티 연구는 국가 / 로컬, 중심 / 주변, 다수 / 소수, 주체 / 타자 등 근대의 구조주의적 이분법에 의해 배제되어 온 소수(자)에 주목한다는 점에서 해방의 언설과 같은 비판적 디아스포라 연구와 시각을 공유한다. 기존의 민족중심 디아스포라 연구가 디아스포라가 지닌 본질적, 추상적, 이론적, 제도적 측면을 강조해 왔다면, 로컬리티 연구는 이러한 연구경향에 의해 그동안 묻혀 있던 디아스포라의 구체성,

---

1　Ang, Ien, "Togather-in-Difference-Byond Diaspora", into Hybridity, *Asian Studies Review* 27-2, 2003, p.142.

2　이에 관해서는 이상봉, 「디아스포라와 로컬리티 연구 : 재일코리안을 보는 새로운 시각」, 『한일민족문제연구』 제18호, 한일민족문제학회, 2010, 116~120쪽 참조.

역사성, 다양성, 실천성 등을 드러내고자 한다. 기존의 모국(민족) 중심의 사고에서 벗어나 거주지 로컬주민과의 상호관계에 주목해 디아스포라를 바라볼 경우, 현지인과 이주자가 뒤섞여 일상을 살아가는 이른바 디아스포라적 공간diasporic space이 지닌 로컬리티가 중요한 문제로 대두한다.[3]

이상과 같은 연구시각을 바탕으로, 기존의 디아스포라 연구가 소홀히 다뤄온 다양한 문제들을 새롭게 들춰내기 위해 사례를 분석하였다. 일본 오사카시大阪市 이쿠노구生野區에 자리한 재일코리안[4] 집주 지역, 일명 '코리안타운'은 디아스포라 일반론은 물론 재일코리안 디아스포라로 통칭되는 경우와 비교할 때도, 일반성으로 포섭되기 힘든 다양한 특성을 갖고 있다. 특히 이쿠노구 전체 인구의 25% 정도를 차지하는 코리안 인구의 임계량critical mass은 현지인과 이주민이 엮어내는 다양한 문화적 접변을 살펴보기에 적합할 것으로 여겨진다. 이쿠노 코리안타운이 갖는 사례연구로서의 의미를 본 연구의 의도와 관련지워 제시하자면 다음과 같다.

첫째, 집주지의 형성에서부터 영주의식의 표출에 이르는 거의 한 세기에 걸친 시간적 흐름 속에 나타나는 공간적 변용을 읽어내기에 매우 유용하다. 인구의 유동이 상대적으로 적었고 이주민의 세대 간 전승

---

3 브라A. Brah는 '디아스포라적 공간'을 이동하는 사람들의 경제, 정치, 문화, 심리적 프로세스가 합류하는 장소이며, 내셔날 아이덴티티가 해체된 공간이라고 보며, 이 개념은 이주민과 현지인 간의 상호관계성을 검증하는데 도움이 된다고 역설한다. Brah, Avtar, *Cartographies of Diaspora-Contesting Identities,* New York : Routledge, 1996, pp.209~210.
4 본 고에서는 재일한국인과 재일조선인을 통칭하는 의미로 재일코리안이라는 용어를 사용하며, 해방 이전의 경우는 재일조선인으로 표현한다.

또한 비교적 잘 이루어지고 있기 때문이다. 식민지 상태에 있던 1920 년대부터 본격적으로 건너간 이들 이주자들은, 이주 당시에는 일본제국의 신민으로서, 법적 신분으로는 차별이 없는 전형적인 이농, 즉 피식민지 조선의 농촌에서 식민종주국 일본의 도시로의 이주라는 형태를 나타냈다. 독립 후 조국으로 귀환하지 않고 잔류를 선택할 수밖에 없던 이들은, 일본 국적을 박탈당한 채 일본의 전후 민족국가 재건 과정에서 이방인으로서 배제의 대상이 된다. 이후 일본사회의 지속적인 차별과 배제에도 불구하고 민족성을 유지해 온 이쿠노 코리안타운의 로컬리티는 이른바 뉴커머 중심의 이주공간에서는 볼 수 없는 다양한 관계성을 드러낸다.

둘째, 이쿠노 지역은 독특한 역사적 경험을 가지고 있다. 일본과 조선 간에 형성된 제국-식민관계에는 서구 제국주의와는 다른 아시아적 맥락이 존재한다. 즉, 재일코리안이라는 존재에는 청산되지 않은 식민지시대 경험이 투사되어 있어 이들을 단순한 이주민으로 일반화하기 힘들며, 이들의 구체적인 경험은 서구의 시각과 이론만으로는 설명하기 힘든 특수성을 지니고 있다. 예를 들어, 서구의 시선으로 보면 한국과 일본의 역사·문화가 동양이라는 카테고리로 묶일 정도로 상당히 동질적으로 보일 수 있지만, 실상은 좀처럼 동화되기 힘들 정도로 다르다. 하지만 신체적인 외관으로는 일본인과 한국인을 구분하기란 상당히 힘들다. 특히 재일코리안이 일본어로 말하고 일본문화에 익숙해지게 되면 더 이상 외관만으로는 구분하기 힘들게 된다. 단지 국적이나 이름과 같은 상징에 의해 구분되어질 뿐이다. 일반적으로 국외이주자들의 경우 시간이 지나면서 국적이나 이름은 현지화 하면서도 자신들의 문화적 정체성만은 유지하려는 경향이 강한데 비해, 재일코리안은 언어나 문화에서는 상당부분 일본에 동화되어 있으면서도, 국적이나 이름(본명)만은 계속 유지함으로써 이를 정체성의 근거로 삼으려는 경향이 강하다.[5] 또한 한국과 일본은 공히 단일민족국가의 성격이 매우 강하다. 따라서 이러한 두 단일민족국가 간의 문화적 충돌이 동일한 거주공간에서 발생할 때 나타나는 포섭과 배제의 양상은 기존의 서구 다민족국가 중심의 이론 틀로는 설명하기가 매우 힘들다.

셋째, 트랜스-로컬 네트워크가 강하게 작동하고 있다는 점이다. 이쿠노에 거주하는 재일코리안의 약 70%는 제주도 출신자이다. 제주도는, 지리적 주변성과 피차별의 역사를 지닌, 한국 내에서도 매우 특수한 로컬리티를 가진 곳이다. 오랜 기간 고립된 섬에서 자족적으로 살아오면서 제주도인은 강한 내부적 동질성을 갖게 되었다. 통혼권의 범위가 한정되어 동일 생활권의 구성원들은 대부분 혈연적 친족관계로 얽혔고, 그 결과 혈연적 요소와 지연적 요소가 결합된 강력한 유대를 형성했다.[6] 또한, 조선조에서 격리되어 차별받던 역사적 경험은 외부세계에 대한 배타성을 형성하는 중요한 요인으로 작용하였다.[7] 이러한 내부적 동질성과 대외적 배타성은 이쿠노라는 이주지의 생활공간

---

5 여기에는 한일 간의 청산되지 않은 역사로 인해, 유독 재일코리안의 경우에만 일본국적취득자를 민족의 배신자나 비굴한 자로 보는 모국의 시선이 작용하고 있는 것도 사실이다.
6 친인척을 포괄하는 가장 넓은 범위의 관계를 제주도에서는 '궨당'으로 부른다. 궨당에 의해 제주도의 사람들은 사실상 혈연과 지연을 분리할 수 없을 정도로 밀접한 인간관계를 맺게 된다. 김창민, 「범주로서의 친족 : 제주도의 궨당」, 『한국문화인류학』 24호, 1992, 97~100쪽 참조.
7 조선왕조는 1629년(인조 7)부터 약 200년간 제주도민이 뭍으로 가는 것을 금지하는 출륙금지령을 실시했다.

내에 다양한 혈연·지연적 상호부조 네트워크를 재생해 내었으며, 떠나온 곳과 사는 곳의 생활공간을 잇는 이른바 트랜스-로컬 네트워크를 형성하였다. 트랜스-로컬의 시각에서 이쿠노의 코리안타운을 바라볼 경우 국가 단위의 디아스포라 연구에서 포착하지 못했던 다양하고 구체적인 사실들이 드러난다.

2. 집주지 형성의 역사성과 트랜스-로컬 네트워크

1) 이주의 요인

이쿠노구를 비롯한 오사카지역에 조선인이 건너오기 시작한 것은 조선이 일본의 식민지가 된 1910년 이후 일본 기업이 임금이 싼 조선의 노동자를 모집하면서 부터이다. 특히 1914년 무렵 오사카방적이 제주도에서 직공을 모집한 것을 비롯해, 오사카와 큐슈의 여러 공장에서 조직적으로 제주도 사람들을 모집함으로써 대규모 도일이 이루어졌다. 1920년대가 되면 도일자의 수는 더욱 증가하여, 한 해에 3,500여 명이 건너갈 정도로 도일은 일반적인 현상이 되었다. 제주도 출신 도일자는 그 정점을 이루던 1934년에 5만 명을 넘어, 제주도 전체 인구의 1 / 4 정도를 차지했다.[8] 노동이 가능한 인구의 상당수가 일본으로 건너간 셈이다.

---

8   濟州島廳, 『昭和14年濟州島勢要覽』, 濟州島, 1939, 20쪽.

특히 제주도에서 오사카로의 이동이 많았는데, 그 요인을 유입과 유출의 측면으로 나누어 살펴보면, 우선 오사카 측의 유입요인으로는 당시 급속한 공업화가 진행되던 오사카지역의 기업과 정책당국이 값싼 식민지 노동력을 필요로 했다는 점을 들 수 있다. 당시(1924) 조선인 노동자는 같은 직종의 일본인보다 적게는 10%에서 많게는 50%까지 낮은 임금을 받았다.[9] 이에 더하여, 초기에 건너온 노동자들이 보여준 성실함은 당국이나 기업이 매력을 느끼기에 충분했다. 당시 언론 또한 한목소리로 제주도 출신 노동자를 긍정적으로 평가하며 거들었다. 조선인을 부정적으로 보는 여론이 널리 유포되는 와중에도 유독 제주도 출신에 대해서는 '근면 성실함'을 높게 평가했다. 당시 오사카 『아사히신문』은 제주도 출신 노동자가 좋은 평판을 얻고 있어서 다른 지역 출신이 제주도 출신이라고 속여서 취업을 하는 경우도 있다고 보도하기도 했다.[10] 근면 성실은 오사카 자본의 이해에 딱 들어맞았다.

제주도 측의 유출요인을 살펴보면, 일본 제국주의의 식민정책은 조선의 농업을 피폐화시켰고, 이에 일자리를 찾아 농촌을 떠나는 이농이 양산되었다. 이러한 일반적인 상황에 더해, 제주도가 처한 특수한 처지는 도일을 촉진하는 계기로 작용했다. 즉, 열악한 자연환경에다 출륙금지 등의 차별정책으로 핍박받던 제주도민의 입장에서는 일자리를 찾아 조선의 내륙으로 나가는 것과 일본으로 건너가는 것에 큰 차이를 느끼지 못했다. 제주도 행정당국 또한 적극적으로 도일을 장려했

---

9 김광열, 『한인의 일본이주사 연구, 1910~1940년대』, 논형, 2010, 187쪽.
10 『大阪朝日新聞』, 1928.2.10.

다. 노동력의 유출이 조선에 진출한 일본자본의 이해와 상충된다는 점에서 다른 지역 행정당국이 도일을 꺼릴 때에도 제주도는 그럴 필요가 별로 없었다. 공업 발전이 미약하여 고려할 자본가조차 거의 없었기 때문이다. 오히려 제주도의 지역경제는 도일노동자로부터의 송금에 크게 의존하고 있었다. 당시 1년에 30~40만 원의 수입초과이던 당시 제주도의 무역구조에서 일본으로부터의 수 십 만원의 송금은 제주도의 부를 결정하는 주요 요인이었다.[11]

이밖에 상황적인 요인으로, 제주도와 오사카를 잇는 정기 항로의 개설은 제주인의 오사카 이주를 촉진하는 계기가 되었다. 물론 정기항로가 개설된 배경에는 사전에 그만한 수요가 있었기 때문이므로 항로개설로 인해 이주가 시작된 것은 아니다. 다만, 정기 직항로의 개설로 부산이나 목포를 경유할 때보다 1/3 정도의 싼 값으로 오사카에 갈 수 있게 되었다는 점은 당시 제주인의 경제력을 감안할 때 도일에 큰 영향을 미쳤을 것으로 여겨진다.[12] 식민통치시기에 조선인도 명분상으로는 다 같은 황국신민이었지만, 조선인이 일본에 건너가기 위해서는 따로 '도항증명서'나 '일시귀선증명서' 등이 필요했다. 당국은 이를 통해 조선인의 도일을 통제하고자 하였기에 증명서를 발급받는 것은 쉬운 일이 아니었다.[13] 하지만 제주도는 다른 곳과 달리 도일을 장려하는 정책을 펴고 있었기 때문에 상대적으로 일본행 배를 타기가 용이했다.

---

11 『木浦新報』, 1933.6.24.
12 김창후, 「국외 제주인들의 항일운동」, 『제주항일독립운동사』, 제주도, 1996, 305쪽.
13 김광열, 앞의 책, 120쪽.

2) 이주의 패턴과 거주형태

1920년대 이후 본격적으로 진행된 조선인의 노동이주는 전형적인 연쇄이주chain migration의 패턴을 나타냈다. 먼저 와 있던 조선인이 기업을 대신하여 모집을 행하거나, 역으로 궁핍한 생활을 못 이겨 일본에 건너가고자 하는 조선인이 현지의 조선인에게 부탁하는 등의 방식으로 지연·혈연을 이용한 이주가 줄을 이었다. 제도적으로도 먼저 건너와 일하고 있던 친척이나 지인 등이 보증을 설 경우 도항증명서 등을 교부받기가 쉬웠다. 1927년 당시 이루어진 조사결과는 이러한 사실을 뒷받침 한다. 즉, 당시 도일자 가운데 친척이나 지인의 초청에 의한 경우가 전체의 78.2%(남편 또는 친척 39.2%, 지인 39%)를 차지할 정도로 연고에 의한 도일이 일반화되어 있었다.[14] 또한 초기에 단신으로 건너온 노동이주자들이 시간이 흘러 점차 자리를 잡으면서 고향의 처자를 불러들이게 되고, 이에 따라 여성인구의 급증이 나타났다. 1925년 남성인구의 33%에 불과했던 여성의 비율이 1932년 44%, 1933년 66%, 1934년 70%, 1936년에는 75%에 이르렀다.[15] 이러한 여성비율의 증가는 이주자의 정주화와도 직결된 것이다.

이쿠노의 코리안들은 식민지시기에 건너온 자나 그들의 자손만이 아니다. 해방 이후에도 한국의 정치적 불안(4·3항쟁, 한국전쟁)이나 경제적 곤란 등을 이유로 1970년대까지 다수의 제주인이 밀항 등의 형태로 오사카로 건너왔다. 제주 4·3사건으로 약 5천~1만여 명이 일본으

---

14 山口縣警察部, 『來往朝鮮人の特別調査現況』, 1927. 김광열, 앞의 책, 53쪽에서 재인용.
15 大阪府社會課, 『在阪朝鮮人の生活狀態』, 大阪府, 1934, 77쪽.

로 밀항한 것으로 추정되며, 그들의 대다수(70% 내외)는 친척이나 지인이 살고 있는 오사카에 정착했다.[16] 밀항은 한국에서 산업화로 인한 이농이 만연했던 1970년대에 절정에 달했다. 육지의 농촌 거주자들이 인근의 대도시로 이농할 때, 제주인들은 친척이나 지인이 다수 살고 있는 오사카를 택한 것이다. 이처럼 전후의 (밀)입국자가 많은 것도 이쿠노 지역의 커다란 특징 가운데 하나라고 할 수 있다. 식민지시대에 건너온 제1세대와 구별하는 의미에서 제1-1세대로 볼 수 있는 이들 전후입국자 수는 전체 이쿠노 재일코리안의 1 / 4 가량을 차지한다.[17]

연쇄이주라는 이주패턴은 그들의 거주형태에도 큰 영향을 미쳤다. 전반적으로 초기의 재일코리안 집주 지역은 게토ghetto의 성격이 강했다. 식민지 출신 노동자 유입에 대한 현지인의 대응은 차가웠고, 조선인은 집을 얻는 것 자체가 쉽지 않았다. 따라서 일본에 건너오는 과정에서 작용했던 혈연·지연의 네트워크가 주거지 형성으로 이어진다. 도일한 조선인의 초기 거주형태는 주로 함바(飯場)나 노동하숙이었다. 이들은 지연·혈연을 매개로 한 상호부조를 통해 언어문제나 생활상의 불편을 해결하고자 했고, 이것이 집주의 계기가 되었던 것이다. 이러한 집주공간을 중심으로 점차 가족 단위의 거주자가 늘어나면서 1920년대 중반에는 '조선인부락'이라 불린 집단 거주구역이 출현하게 된다. 가족을 불러들여 함께 생활하고자 하는 조선인이 늘어났지만 민족적 편견과 차별로 인해 집을 얻기가 힘들었고, 따라서 용케 확보한

---

16 문경수, 「4·3사건과 재일한국인」, 『4·3과 역사』 창간호, 제주4·3연구소, 8쪽 참조.

17 大阪府立大社会福祉学部, 『1991年度 調査報告 : 大阪生野における在日韓國·朝鮮人の勞働と生活』, 1991, 大阪府立大社会福祉学部, 14쪽.

조선인의 집에 다른 조선인들이 더불어 거주하는 상황이 일반화되어 있었다. 조선인만의 이러한 집주공간은 수 가구에서 수십 가구에 이르기까지 다양한 형태로 존재했다. 하지만 용케 확보한 집주공간의 대부분은 이전부터 슬럼지역이던 곳이나 저습지의 빈터 또는 매립지 등 일본인이 잘 살지 않는 공간이었다.[18]

3) 정주화와 트랜스-로컬 네트워크

집주지의 확대와 정주의식의 증대는 거주공간과 직업형태의 변화로 이어졌다. 상대적으로 조선인의 거주비율이 높은 지역(朝鮮町 68.4%, 猪飼野町 67.5%)을 중심으로 조선인을 대상으로 한 상공 서비스업이 등장했으며, '조선시장', '조선유곽'과 같은 장소가 출현하면서 주거만이 아니라 일상생활의 대부분을 조선인들끼리 행하는 공간이 만들어졌던 것이다.[19] 또한 주택 및 노동시장에서의 조선인에 대한 차별과 불안정한 고용상황은 정주를 희망하는 조선인들로 하여금 영세자영업으로의 진출을 도모케 했다. 1930년대 초반부터 이쿠노 지역에는 영세한 고무공장 등이 밀집하여 고무공업의 메카를 이루었다. 어느 정도 자립기반을 마련한 조선인은 이들 자영업에 진출하였으며, 자신의 공장에서 일하는 노동자들은 지연·혈연에 의해 유입된 조선인들로 주로 채워졌다. 비록 영세한 가내공업의 형태를 벗어나지는 못했지만, 일정한 자산을 가지고 자영업에 종사하는, 따라서 정주성이 높은 이들

---

18 外村 大, 『在日朝鮮人社會の歷史學的硏究』, 綠蔭書房, 2004, 132쪽.
19 위의 책, 149쪽 참조.

의 출현은 해방 이후에 까지 집주지가 존속할 수 있었던 중요한 요인이 된다.

이쿠노 지역의 조선인들이 모두 하나의 공간으로 묶이지는 않았다. 이주 과정에서 작용한 지연·혈연 중심의 네트워크는 집주과정 및 집주 이후의 생활에서도 여전히 작동하였다. 출신지 별로 생활공간이 분리되는 경우가 많았고, 출신지를 이유로 한 다툼도 자주 발생했다. 때로는 출신지 별로 세력경쟁을 벌여 폭력사건으로 발전하는 경우도 있었다.[20] 특히 제주도 출신의 경우, 일본인에 의한 차별에 더해 섬 출신이라는 이유로 같은 조선인들로부터도 차별받는 경우가 많았고, 육지 출신이 제주도 출신을 갈취하기까지 하였다. 이러한 상황은 제주도출신자들을 더욱 결집하게 했다. 육지인과의 관계에서 처음에 약자의 입장에 있던 제주인은 그 수가 급증한데다 특정 지역을 중심으로 모이면서 입장은 바뀌었다. 1925년 이카이노(猪飼野, 이쿠노의 옛 지명)에서 육지 출신으로 구성된 아리랑단과 제주도출신 청년들의 충돌이 일어났는데, 이 싸움에서 제주출신들이 이긴 후 다른 곳에서 차별받던 제주도 출신까지 이카이노에 모여들었다. 그 결과 거주하는 사람들의 80% 이상이 제주도 출신일 정도로, 이곳은 일본 속의 제주 거리가 되었다.[21]

제주도 출신자의 경우, 위로는 약 1만 명의 조합원을 둔 '동아통항조합'에서부터, 아래로는 출신지의 말단 행정단위인 면이나 리의 향우회에 이르기까지 상당히 조직화되어 있었다. 같은 제주도 출신이라도 출

---

20 위의 책, 117쪽.
21 이준식, 앞의 글, 25쪽.

신지 마을별로 특정 지역에 집주하면서, 특정 직종에 종사하는 경향이 있었다. 1936년 8월에 화재로 전소한 오사카시 동구 가와니시쵸川西町의 31가구 가운데 2가구를 제외하고는 모두 제주도 한림翰林리 출신자였으며,[22] 남제주도 법환法還리 출신자는 고무공장, 북제주도 행원杏源리 출신자는 인쇄공장 등의 형태로 특정 직종에 주로 종사하였다.[23] 또한 이들은 같은 마을 출신끼리 모여 사는데 그치지 않고 자신들이 떠나온 고향마을과의 네트워크를 계속 유지했다.

이주 집단과 출신지와의 관계에 관한 연구에 의하면, 일반적으로 시간이 경과함에 따라 이주지에서 정주하는 경향이 높아지는 반면 출신지와의 유대는 점차 약해진다고 본다. 그러나 제주도 출신들은 떠나온 고향 마을과의 유대를 계속 유지했으며, 이는 식민지 민족해방운동과 같은 국가 단위의 이념적 레벨이 아니라 일상생활의 레벨에서 작동하는 것이었다. 적어도 1930년대 중반까지 제주도민들 사이에서는 '농번기에는 제주도에서, 농한기에는 일본에서'라는 식의 계절 이동 형태의 노동이 성행하였음도 확인할 수 있다.[24] 또한 일본에서의 주택사정이 열악한데다 생업에 종사하느라 바빠서 자식을 낳으면 고향 제주도로 보내 부모나 친척에게 수 년간 맡겨 놓는 것이 보통이었고, 해방 후 이런 이산가족의 상당수가 부모와 가족을 찾아 일본으로 밀항했다.[25] 수시로 도일과 귀환이 반복되는 가운데, 바다를 건너 출신지(제주도)와 거

---

22 外村 大, 앞의 책, 132쪽.
23 鄭雅英, 「路地裏から發信する文化」, 『環』vol.11, 2002, 268쪽.
24 外村 大, 앞의 책, 166쪽.
25 이문웅, 「재일제주인 사회에서의 무속」, 『濟州道研究』 제6집, 제주학회, 1989, 82쪽 참조.

주지(이쿠노)를 연결하는 생활권이 형성되어져 있었던 것이다.

식민도시와 종주국 도시 간에 형성된 이러한 연계는, 해방으로 한국과 일본 사이에 명확한 국경이 그어진 이후에도 트랜스-로컬 네트워크의 형태로 지속되었다. 이러한 네트워크에 의해 제주도의 로컬리티가 이쿠노에 재현되며, 현지문화와의 접합에 의해 문화적 변용도 나타난다. 로컬 레벨의 생활문화는 문화의 계승과 변용 양상을 읽어내기에 적합하며, 민족문화라는 획일화 된 잣대에 의해 파악할 수 없었던 다양한 문화적 양상을 드러낸다.

제주도와 이쿠노를 잇는 트랜스-로컬 네트워크는 고향마을(제주도)의 요구에 마을을 떠난 사람들이 대응하는 형태로 계속 지속되었다. 제주도에서 이쿠노로의 이주가 전형적인 이농(타지 돈벌이 형)의 형태를 띠고 있었기에, 떠나온 자들은 남겨둔 마을사람들을 위해 뭔가를 해야 한다는 일종의 보호자로서의 의식이 작동했던 것으로 여겨진다. 해방 후 제주 4·3사건과 한국전쟁, 그리고 그 후의 열악한 경제상황을 이유로 고향마을 청년들이 새로운 기회를 찾아 일본으로 밀항해 올 때, 이러한 네트워크는 밀항자를 보호하고 정착할 수 있도록 돕는 안전망으로 작동하였고, 1960년대 이후 한국에서 새마을 운동이 한창일 때는 마을을 돕는 모임을 경쟁적으로 만들어 기부를 행했다. 이 때문에 제주도의 대부분의 마을 입구에는 재일교포의 공덕을 기리는 공덕비가 세워져 있다. 특히 제주도와 일본을 잇는 인적 네트워크가 가장 활발했던 북제주군의 기부가 가장 많다.[26] 그러나 이러한 네트워크가 앞으

---

26 재일 제주인의 고향마을에 대한 기부는 470건을 기록한 1973년을 전후해 가장 활발했으

로도 지속될 지에 대해서는 장담할 수 없다. 제주에서 살다가 일본에 건너온 1세에 비해 2세, 3세, 4세로 갈수록 출신 마을에 대한 애정도 적고 인식도 상당히 다르다. 그들은 이제 제주도로 돌아갈 생각은 하지 않는다. 하지만 마을 사람들은 재일코리안의 토지를 위탁받아 농사를 짓고 있으며, 일본으로 갈 경우 이들의 도움으로 활동을 하게 된다. 마을 차원의 지역 개발과 관련하여 재일코리안의 투자와 지원은 지금도 여전히 중요한 부분을 차지하고 있다.

3. 생활공간에서의 차별과 저항

1) 차별구조의 실태

식민지시기에 강제동원 또는 돈벌이를 위해 일본에 건너온 조선인의 대부분은 해방과 함께 조국으로 돌아가기를 원했다. 그러나 약 60만 명의 조선인들은 바로 귀국하지 못하고 잔류를 선택할 수밖에 없었다. 이들 역시 언젠가는 돌아갈 수 있을 것으로 생각하여 일본에서의 생활을 일시적인 체류로 여겼다. 그러나 조국의 분단과 정치 · 경제적 상황의 악화로 귀국이 점차 현실에서 멀어지자, 조국의 의미는 물론 자신들이 사는 공간에 대한 의미가 새롭게 다가온다. 일본인의 차별에

며, 1991년에 168건으로 줄어든 이후 계속 감소를 나타내고 있다. 이에 관한 상세한 내용은 고광명, 「재일 제주인의 상공업활동과 지역사회공헌」, 『사회과학연구』 14-1, 서강대 사회과학연구소, 2006, 172쪽 참조.

대한 반발로 형성된 저항적 민족주의와 일본에서 일본인들과 함께 살아가야 한다는 현실이 생활의 현장에서 치열하게 부딪히게 된 것이다.

식민지 시기 대동아공영이라는 허울 좋은 명분아래 대일본 제국의 신민으로 포섭되었던 재일조선인들은 전후에 상황이 바뀌자 이질적인 타자로서 심각한 차별과 배제의 대상이 된다. 일본정부는 이미 생활의 영역에 침투해 있던 조선인을 비국민으로 배제해 나가면서 단일민족국가의 정체성을 만들어 갔고, 사회적으로도 그러한 풍조가 강화되었다. 법적·제도적인 차별은 별도로 하더라도, 재일조선인에 대한 일상에서의 차별은 식민지시기에 형성된 부정적 이미지의 유산이다. 일본인의 대부분은 재일조선인에 대해 '뒤떨어진다, 냄새난다, 더럽다' 등의 편견을 가지고 있었는데, 이는 식민지 지배를 용이하게 하기 위해 심어진 차별의식에다 해방직후 조선인이 처한 열악한 생활 상태에 대한 멸시감이 더해 진 것이라고 할 수 있다.[27]

재일코리안에 대한 차별과 배제는 집주 지역에서 두드러지게 나타난다. 앞서 살펴본 바와 같이, 이쿠노 집주 지역의 거주형태는 이미 상당히 구조화되어 유동성이 적었다. 지연과 혈연에 근거한 상호부조의 네트워크가 강하게 형성되어 있었고, 주택지와 직장 및 조선시장과 같은 공유공간도 형성되어 있었다. 이러한 집주지에서의 생활상의 차별은 우선 주택과 취업문제에서 두드러지게 나타났다. 현지 일본인들에 의한 입주거부와 취업상의 차별은 전후의 공공정책에서도 여전했다. 오사카시의 경우 1970년대까지 시영주택에 외국인들의 거주를 배제해

---

27 原尻英樹, 『在日としてのコリアン』, 講談社, 1998, 67쪽.

왔다. 따라서 재일코리안은 공공임대주택 거주 비율이 매우 낮고 민영임대주택에 의존하는 비율이 높다. 또한 재일코리안은 주거유형별로는 동일주택에 부모와 자녀가 함께 거주하는 경우가 많고, 직업 역시 차별구조의 영향을 덜 받는 영세자영업 종사자가 많다. 전체로서의 재일코리안 주거지역의 전형적인 모습은, 나가야[長屋]의 밀집, 대로변이 아닌 뒷골목, 영세공장과 주택이 혼용된 거주형태 등으로 상징된다.[28]

재일코리안 집주 지역이라 하더라도 공적인 생활시스템은 일본인을 중심으로 이루어 졌고, 여기서 배제된 재일코리안은 자신들 만의 별도의 생활시스템을 형성하여 이에 대응하였다. 통상의 주택시장과 공적서비스에서 배제되면서 발생하는 문제를 자신들의 상호부조 네트워크를 통해 해결해 온 것이다. 이처럼 재일코리안 집주 지역에는 자신들 만의 생활시스템이 형성되어 있지만 이는 주류 일본사회 내의 부분사회에 불과할 뿐이다. 따라서 그곳을 둘러싼 일본사회와의 관계를 통해 그 존재방식이 규정되는 구조적 성격을 지니고 있다. 즉, 상대적으로 독자적인 생활시스템을 가진다고는 하나 단일민족지향의 성향이 특히 강한 일본사회 내에 존재하는 '소수 에스닉집단'이라는 구조적 틀을 벗어나지는 못한다. 이쿠노에 집주하는 재일코리안은 다른 지역에 산재하는 자들에 비해 일상에서의 차별을 덜 느낀다고 한다. 그러나 이는 역설적으로 이쿠노 코리안 집주 지역이 지역 전체로서 차별받고 배제되어 있음을 반증하기도 한다.

28　平山洋介, 「在日韓國·朝鮮人の居住問題とエスニック·コミュニティ」, 『平成2年 日本建築学会近畿支部 研究報告集』, 日本建築学会, 1990, 589쪽.

이처럼, 다문화 공생의 지역으로 흔히 표상되곤 하는 이쿠노에 대한 외부적 시선의 이면에는 차별과 배제의 원리가 적나라하게 작동하는 생활공간이 존재한다. 최근 들어 점차 나아지고는 있지만, 이쿠노에 거주하는 다수의 일본인과 재일코리안 사이에는 네트워크가 거의 구축되어 있지 않고 접촉 또한 매우 적다. 같은 지역에 거주하면서도 각각 별개의 생활시스템을 형성하고 있는 공간 격리의 양상에 대해 좀 더 구체적으로 살펴보자.[29]

2) 일본인 로컬 커뮤니티의 대응

전통적으로 일본은 지역의 주민자치조직이 잘 발달되어 있다. 자치조직이라고는 하지만 과거 국가동원체제 등의 영향으로 통치조직과도 밀접한 관련을 맺고 있다. 현재에도 광범위하게 작동하고 있는 대표적인 자치조직이 쵸나이카이[町內會]와 학부모회(PTA : 이하 PTA로 표기)이다. 쵸나이카이의 가장 중요한 기능은 구성원 간의 인적 네트워크를 통한 지역결집과 행정협력이다. 구체적으로 지역 내의 각종 경조사에의 협력, 지역행정에 참여하는 각종 위원의 추천, 모금활동 등을 수행하며, 행정조직의 간부와 지역정치가 그리고 쵸나이카이의 간부

---

[29] 재일코리안 집주지는 게토와 엔클레이브의 성격이 섞여있는 모호한 공간적 특성을 나타내고 있다. 타니Tani는 이쿠노의 민족 간 관계를 '박탈 가설deprivation Hypothesis'로 제시하고, 박탈된 가치를 회복하려는 일상에서의 노력을 통해 민족 간 관계의 회복을 기대한다. T. Tani, "Toward a Social Theory of Ethnicity and Inter-ethnic Relationships", *JINBUN KENKYU*, Osaka City Univ., 2004, p.26.

들은 일종의 헤게모니 블록을 형성하여 지역통제와 이익배분의 기능을 수행한다. 따라서 지역주민의 경우 쵸나이카이와 어떤 연계를 맺고 있는가에 따라 생활에 영향을 받을 정도다.[30] 또한 지방의원과 쵸나이카이 간에도, 행정과의 관계에는 미치지 못하지만, 중요한 연계가 존재한다. 선거 때가 되면 쵸나이카이가 가지고 있는 인적 네트워크가 집표에 효과를 발휘하기 때문이다.

쵸나이카이는 해당지역 거주자 모두의 참여를 원칙으로 삼고 있기 때문에 재일코리안도 자동적으로 멤버가 된다. 하지만 헤게모니 블록을 형성하는 간부직에는 철저하게 배제되고 있다. 외국적자 또한 지역을 구성하는 멤버로 보아 통치의 대상에는 포함시키지만, 쵸나이카이가 수행하는 행정협력 기능과 집표기능 등을 감안할 때 간부의 역할까지 맡길 수는 없다는 인식이 강하게 작용하고 있다. 오사카의 경우, 이러한 쵸나이카이를 신코쵸카이[振興町會](이하 쵸카이로 표기)로 부르며, 이것이 초등학교지구 단위로 모여 연합聯合쵸카이를 구성하고 있다. 이쿠노에는 모두 19개의 연합쵸카이가 있으며, 연합 쵸카이의 회장은 각 단위쵸카이의 회장 가운데서 선출한다. 학교단위 쵸카이의 회장은 보통 PTA의 고문과 사회복지협의회장을 겸하고 있다. 그런데 이러한 쵸카이의 역대 회장은 모두 일본인이다. 재일코리안의 구성 비율이 40%가 넘는 지구[町]에서도 그 사정은 다르지 않다. 특히 재일코리안 밀집 지역일수록 오히려 그 운영에 있어 연공서열을 더 따지고 배타성이 훨씬 강하다.[31]

---

[30]　上田惟一,「行政, 政治, 宗敎と町內會」, 岩崎信彦 外編, 『町內會の硏究』, お茶の水書房, 1989, 455쪽.

[31]　T. Tani, "A Study of Inter-ethnic Relationships-The Growing Ethnic Complexity In The

각 학교별로 구성되는 PTA도 사정은 마찬가지이다. 이쿠노 관내에는 공립초등학교가 19개교, 중학교가 9개교 있다. 재일코리안 재적생의 비율은 초등학교의 경우 최고 74.6%, 평균 32.3%이며, 50%에 가깝거나 그 이상인 학교가 4곳 있다. 중학교는 평균 28.2%이며, 50% 이상인 학교가 1곳 있다. 이처럼 재일코리안 재적생의 수가 적지 않음에도 각 학교별 PTA의 간부(회장, 부회장, 서기회계, 회계감사) 가운데 재일코리안은 1987년까지 한 명도 없었다. 1988년에 재일코리안 출신 간부(회계감사)가 1명 탄생한 이후 극소수이기는 하지만 재일코리안 출신 간부가 선임되고 있다. 하지만 전체적인 경향은 여전히 배타적이다. 다만 간부회의 하부조직인 각종 위원회의 위원장직은 소수가 맡고 있다. 재일코리안 재적생의 비율이 가장 높은 M교의 경우를 보면, 간부회의 하부조직으로 각종 위원회가 구성되어 있는데, 총 16개 위원회의 위원장 가운데 재일코리안은 2명에 불과하며, 핵심 간부가 아닌 하위직으로 갈수록 재일코리안의 참여가 다소 늘어나는 경향을 나타낸다.[32] PTA의 이러한 배타성으로 인해 재일코리안이 중심이 되어 '외국인보호자회'라는 별도의 조직을 만드는 학교가 많다.

이쿠노 재일코리안을 대상으로 한 설문조사 결과에 의하면,[33] 비록 단순 참여의 형태이기는 하지만 쵸카이나 PTA에의 참여 빈도는 다른 지역사회단체에 비해 그래도 높은 편이다. 하지만 쵸카이나 PTA 활동에 참여하는 자들조차도 참여의 이유로 '지역에 사는 일본인들과 마찰

Japanese City", *IJJS*, The Japan Sociological Society, No. 1, 1992, p.126.
32 Ibid, p.128.
33 大阪府立大社会福祉学部, 앞의 책, 97쪽.

을 피하기 위해서' 또는 '순번제로 역할을 나눠맡기 때문에' 등을 들고 있어 자주적으로 지역사회의 운영에 참여하고 있지 않음을 알 수 있다. 그 근저에는 재일코리안을 지역사회의 동등한 구성원으로 인정하지 않으려는 현지인의 배타적 인식이 존재하고 있음은 말할 필요도 없다. 다만 재일코리안의 세대교체가 진행되는 가운데 영주의식을 가진 젊은 층을 중심으로 지역자치에의 능동적 참여를 요구하는 목소리가 점차 강해지고 있다.

이와 함께, 재일코리안의 집주지 형성에 대한 로컬단위의 대응을 확인할 수 있는 좋은 사례가 일본인 토착 커뮤니티의 활동이다. 외국인이 밀려 들어와 집주공간을 형성하고 나아가 강력한 결속력을 바탕으로 그곳을 민족적 엔크레이브enclave로 만들어가려는 시도에 대응하여, 이쿠노의 토착민들 역시 일본 내의 다른 지역에서 쉽게 볼 수 없는 배타적이고 결속력이 강한 '무라[村](마을)단위'의 커뮤니티를 형성·유지하고 있다. 이쿠노는 원래 농촌이었다. 이곳에는 토착 성씨姓氏와 연계된 2곳의 신사(弥榮神社, 御行森神社)와 2곳의 절(宗玄寺, 安泉寺)이 있어 마을[村] 단위 네트워크의 중심을 이뤘다.[34] 토착의 커뮤니티는 흔히 '○○(지역)보존회'와 같은 명칭을 사용하는데, 이쿠노에는 이 지역의 옛 지명을 딴 '이카이노보존회'가 존재한다. 현재의 이쿠노에 살고 있는 토착민 세대는 150~170세대 정도로 파악되고 있는데, 이들의 수는 메이지시대 '자이쇼[在所]대장'에 등록된 187세대와 비슷한 수치이며, 이들

---

34 이에 대한 상세한 내용은, 谷 富夫, 「民族關係の社會學的硏究のための覺書き」, 駒井 洋, 『日本のエスニック社會』, 明石書店, 1996, 352~359쪽 참조.

토착민 세대를 중심으로 이카이노보존회가 결성되어 있다.[35] 이카이노는 재일코리안 집주지이기도 하지만 토착민이 기억하고자 하는 공간이기도 하다. 이카이노는 재일코리안이 이주해오기 이전부터 나름의 역사성을 지니고 있으며, 이에 근거해 지역의 역사와 문화를 그 지명과 함께 보존해가려는 모임이 이카이노보존회라고 할 수 있다. 자신들이 대대로 살아오던 고장이, 언제부턴가 코리안 거주지로 표상되는데 대한 방어기제가 작동했다고도 볼 수 있다. 대부분의 토착민이 세대 단위로 여기에 가입해 있는데, 농촌지역도 아닌 대도시의 한 가운데서 이처럼 토착민 집단이 단결해 있는 것은 상당히 드문 일이다. 이카이노보존회는 이카이노 지역이 재일코리안의 지역만으로 표상되는 것을 안타까워하며, 지역의 옛 역사, 특히 백제와의 교류가 활발했던 향토사를 기억하고자 하며, 마을의 씨신사氏神社와 관계된 지역 축제인 단지리地車 마쯔리를 주관한다.[36] 지역신사가 중심이 된 마쯔리는 마을사람들의 전통적인 정체성 확인의 장으로, 씨신사의 후손氏子이 아닌 재일코리안은 여기에 관여할 수 없다.

토착 커뮤니티의 활발한 활동이 재일코리안을 의식한 것이라고 볼 수 있는 이유는, 비슷한 역사적 배경을 가지고 있으면서 재일코리안의 유입이 그리 많지 않았던 인근지역, 즉 구舊기노무라木野村 지역에서는 토착민의 결속이 그다지 강하지 않다는 점에서 찾을 수 있다.[37] 이처럼 재일코리안이 혈연·지연과 민족적 유대를 중심으로 하여 이쿠노

---

35 李容柱, 「若者が働きたいと歸るまち」, 『部落解放』 545호, 解放出版社, 2005, 19쪽.
36 이에 관한 상세한 내용은, 猪飼野保存會, 『猪飼野鄕土誌』, 猪飼野保存会, 1997 참조.
37 谷 富夫, 앞의 글, 364쪽 참조.

를 자신들의 공간으로 표상하고자 하는데 대한 일본 토착민의 대응은, '무라(마을)'를 단위로 한 결속력 강화라는 방식을 취하고 있음을 알 수 있다. 일본은 전통적으로 위협에 직면하면 마을 단위의 결속을 통해 자신의 정체성을 강화하는 방식에 익숙해 있다.

3) 재일코리안 독자의 생활시스템

이쿠노의 공식적인 지역사회 운영시스템에서 배제된 재일코리안은 자신들만의 네트워크로 이에 대응하고 있다. 재일코리안의 네트워크 는 다양한 층위에 걸쳐 형성되어 있다. 국적이나 정치적 이념을 기반으로 한 민단과 총련의 지부가 각 각 4개씩 존재하며, 제주도 단위에서부터 자신이 태어난 작은 마을에 이르기까지 각 단위별로 형성된 지연(향우회), 혈연(친족회)조직 등 수많은 커뮤니티들이 다양한 일상의 문제들을 중심으로 활발한 활동을 전개하고 있다. 집주지의 형성과정에서부터 작용했던 지연·혈연 중심의 거주시스템에 더해, 전후에도 계속된 일본사회의 배제, 즉 외국인 집주지역이라는 이유로 공적 서비스의 사각지대로 방치한 상황은 코리안 네트워크의 활성화에 큰 영향을 미쳤다. 특히 1960~70년대에 활발하게 전개된 차별반대 투쟁은 중요한 계기가 되었다.

일본 사회의 각종 차별에 대항하는 재일코리안의 인권운동은 부당한 차별의 근거가 되었던 '민족성'을 회피하기보다 역으로 이를 고취하는 방향을 선택했다. 구체적인 커뮤니티 활동으로는, 1세를 대상으로

한 모국어 학습교실(어머니학교), 민족문화의 유지를 위한 민족학급 개설운동, 보육활동, 신체장애자를 위한 공동작업소, 민족축제인 민족문화제 개최 등을 들 수 있으며, 향우회나 친족회 이외에 KCC(1971), 외국인보호자회(1974), 지역활동연구회(1975), 이쿠노의 주택을 생각하는 모임(1977~1978), 민족학급·민족클럽(1977), 와다치제작소(1980), 공동보육소 이도바타いどばた(우물가, 1983), 성화사회관(1983), 아시아하우스(1990) 등 다양한 코리안 커뮤니티가 형성되어 있다.[38] 특히 주거문제와 관련해서는, '재일한국기독교회관(KCC)'이 중심이 되어 지속적인 활동을 벌인 결과, 오사카에서는 다른 지역에 앞서 외국인의 공영주택 입주가 가능하게 되었다.

다른 지역에서는 1곳 정도에 불과한 민단과 총련의 지부가 이쿠노에는 각 각 4곳씩 존재할 정도로 공식조직 또한 잘 발달되어 있지만, 한국과 북조선이라는 조국(이념) 지향성을 강하게 내세우는데 공식조직과는 달리, 지연·혈연에 근거한 중층적 생활 네트워크가 잘 형성되어 있다는 점은 이쿠노의 로컬리티를 잘 드러낸다. 제주도 특유의 로컬리티를 반영하여, 이쿠노에는 도(제주도) 단위에서 말단의 리(마을)에 이르기까지 중층적 커뮤니티가 형성되어 있음은 앞서 살펴본 바와 같다. 특히 향우회 가운데는 80년 이상 지속된 곳도 적지 않을 정도로 커뮤니티의 대부분이 오랜 역사를 가지며, 이미 세대를 넘은 전승이 이루어지고 있다.

재일코리안의 민족노동시장도 생활 네트워크에서 중요한 위치를

---

38 平山洋介, 앞의 글, 592쪽 참조.

차지한다. 특히 플라스틱·금속가공, 샌들, 철공 등의 영세가공업에 주로 종사하는 코리안들은 독자의 직업영역을 구축하고 있다. 사업자금이나 운영자금의 마련도 지인이나 친족을 통하는 등 코리안 네트워크 내에서 주로 이루어진다. 이는 사업의 영세성을 나타내기도 하지만 직업영역에서 상호부조 네트워크가 잘 작동함을 의미하기도 한다. 종업원은 전체의 62%가 가족이나 친족이고, 재일코리안은 74%에 이르며, 일본인을 고용하는 경우는 극히 드물다. 친족 단위의 네트워크는 거주 형태를 통해서도 확인 된다. 부모와 성인 자녀의 거주형태에 관한 조사결과에 따르면, 조사대상 67가구 가운데 동거 26가구, 10분 이내 거주 10가구, 구區내 거주 13가구로, 전체의 70% 이상이 지역 내에 거주하며 밀도 있는 친족 네트워크를 형성하고 있다.[39]

이러한 친족 네트워크의 중심에는 제사라는 의례가 자리하고 있다. 통상 기제사는 대체로 해당 조상의 부계 자손들만의 의례이지만, 제주도 출신의 경우 외손, 사돈, 심지어는 친지도 제사에 참여하여, 제사의 횟수와 참여인원이 많은 것이 특징이다.[40] 특히 제사를 지내기 전과 후에 가지는 친교의 시간에 많은 이야기와 정보를 주고받으며, 이는 제사가 가진 중요한 네트워크의 기능이다. 이쿠노 재일코리안을 대상으로 한 설문조사에 의하면,[41] 제사에는 항상 참가한다는 응답이 88.4%로 압도적으로 많았으며, 응답자의 약 8할이 제사를 계승하겠다고 답

---

39 위의 글, 631쪽 참조.
40 재일 제주인의 제사의례에 관해서는, 이문웅, 「재일제주인의 의례생활과 사회조직」, 『제주도연구』 5집, 제주학회, 1988, 53~54쪽 참조.
41 黃慧瓊, 「大阪市の在日コリアンにおける食文化の民族的アイデンティティ」, 『日本家政學會誌』 Vol.53, No.7, 2002, 40쪽.

했다. 제사와 같이 가정을 중심으로 계승되어온 생활양식은, 외부압력을 상대적으로 덜 받고 자신의 의지만 있으면 계승할 수 있기 때문에, 세대를 이어 계속 유지되어 왔다고 볼 수 있다. 또한 지연·혈연 중심의 생활네트워크는 사회적 관계에도 영향을 미쳐, 교우관계도 주로 재일코리안 간에 형성되어 일본인 친구가 매우 적으며, 특히 연령이 높을수록 교우관계가 재일코리안 내부에 한정되는 경향을 보였다.

지역 신사와 절을 매개로 하는 일본인의 신앙 네트워크에 대응하는 재일코리안의 네트워크가 '무속'이다. 재일코리안은 배타적인 지역 신사나 절에 참가하는 대신 제주도의 무속신앙을 일본에 옮겨왔다. 무속은 단순한 주술적 신앙 이상의 의미를 갖는다. 무속적 의례행위는 제사와 함께 제주 출신자들의 아이덴티티 형성에 도움을 주는 한편, 이쿠노에 사는 동향 출신자들 및 이쿠노와 고향마을 간의 트랜스-로컬 네트워크를 유지하는 데도 중요한 역할을 해 왔다. 무속을 행하는 이른바 조선절은 오사카, 나라, 교토에 걸쳐 약 80개가 존재하는데 그 대부분은 재일코리안 집주지에 인접해 있으며 이쿠노 인근에 위치한 이코마[生駒]산 기슭에는 수많은 '조선절'이 모여 있다.[42] 일본 지역사회에는 각 가구마다 하나의 절과 관계[檀家]를 맺고 신앙생활을 행하는 관습이 존재하는 바 이는 에도시대에 각 가구마다 반드시 하나의 절에 소속되게 하여 이를 통치에 활용한 데서 비롯한다고 한다.[43] 재일코리안은 제주도 특유의 무속신앙과 이러한 관습을 결합시켜 '조선절'을 통

---

42 이문웅, 「재일 제주인 사회에서의 무속 : 오사카 이쿠노 지역을 중심으로」, 『濟州道研究』 제6집, 제주학회, 1989, 83쪽 참조.
43 위의 글, 84쪽.

한 신앙 네트워크를 이쿠노에서 재현한 것이다. 조선절 이외에도 이쿠노 지역에는 주택의 현관에 절 표식을 내걸고 점이나 부적 등의 무속 행위를 행하는 점술사나 보살(굿당)이 다수 존재한다. 하나의 보살(굿당)을 매개로 연결되는 고객 네트워크는 주로 지연이나 혈연관계를 중심으로 한 수명 단위의 그룹으로 형성된다.[44] 주로 재일코리안 1세가 중심이 되어 제주도의 무속신앙을 옮겨온 형태로 지속되고 있는 이쿠노의 무속신앙은 세대가 거듭 될수록 약화되고 제주도의 로컬리티 또한 상실되고 있지만, 일본문화와 접하면서 재일코리안 특유의 문화로 발전될 여지 또한 지니고 있다.

4. 디아스포라적 공간의 가능성

1) 공적 공간에 민족성 드러내기

이처럼 현지 일본사회의 차별에 대응하여, 이쿠노의 재일코리안은 비공식 네트워크를 통해 자신들만의 공간을 구축해 왔다. 그러나 다른 한편에서는 자신들의 존재를 공적 공간에 재현하려는 시도들도 나타났다. 특히 한국에 고향을 두고 있는 세대와는 달리, 일본에서 태어나서 자란 3~4세들은 이쿠노를 자신들이 계속해서 살아갈 공간, 즉 영주공간으로 인식하면서, 이러한 인식을 공간적으로 재현하려는 다양

44　瀧澤健次, 「在日コリアンの巫俗信仰」, 『日本 宗教と社会学会 別冊 ワークショプ 報告書』, 宗教と社会学会, 1998, 90쪽 참조.

한 노력을 전개하게 된다. 영주의식이 공간적으로 재현되는 초기의 형태는, 자신들이 배제되고 차별받았던 가장 주된 요인인 '민족성'을 오히려 공적으로 드러내는 방식으로 나타난다.

재일코리안이 자신들의 민족성을 공적공간에 드러내려는 시도는 우선 공립학교 내의 '민족학급' 개설과 지역 공공도서관 내의 '한국(조선)코너' 설치를 통해 나타났다. 양자 모두 재일코리안 집주 지역인 이쿠노가 선구적인 역할을 한다. 공립학교 내에 민족학급을 개설하자는 운동은 1960년대 말에서 1970년대에 걸친 차별반대운동의 연장선상에서 이루어졌다. '차별반대'를 키워드로 삼아 일본의 부락해방운동과의 연대로 전개된 운동의 결과, 1970년대에는 모두 3곳의 학교에 민족학급이 설치되었는데, 그곳은 모두 동화지구나 재일코리안 집주지가 포함되거나 인접한 학군이었다. 민족학급을 위한 시도는 1948년에 이미 시도된 바 있었다. 당시 일본 문부성은 조선인 학교 폐쇄에 따른 반발을 무마하고자 조련朝連대표와 각서를 교환했는데, 그 골자는 정규수업 이외에 적당한 방법으로 조선어 등을 가르쳐도 무방하다는 것이었다. 하지만 각종 제약이 뒤따라 각서는 유명무실한 것이 되었다.[45] 새로운 민족학급 개설운동은 기존의 1948년 각서에 기반 한 것과는 다른 것으로, 학교교사와 학부모의 자주적인 노력에 의해 달성되었고, 운영은 방과 후에 자원자들로 반을 구성해 민족교육을 실시하는 형태로 이루어 졌다. 2006년 7월 현재, 오사카시에는 모두 103개의 초·중학교

---

45 이에 관한 상세한 내용은, 金兒恩, 「公立學校における在日韓國朝鮮教育の位置に關する 社會學的考察」, 『京都社會學年報』 第14号, 京都大学, 2006, 25쪽 참조.

에 민족학급이 설치되어 있으며, 2,000명 이상의 학생들이 방과 후 주1
회, 연간 40시간 전후 정도의 수업을 받고 있다. 참가학생은 주로 한국
에 루트를 가진 한국·조선적, 일본국적, 이중 국적자들이다. '오사카
시 외국인 교육연구 협의회'의 조사에 의하면, 1992년에 한국·조선적
학생이 1만 명을 넘었지만 2002년에는 6,000명 이하로 줄었고, 한국에
민족적 루트를 가진 학생은 1만 5천 명 정도로 추계된다. 이 가운데 절
반 정도가 민족학급에 참가하고 있다고 한다.[46]

  지역의 공공도서관은 생활권의 단위에서 주민들 간의 대화와 상호
이해가 이루어지는 대표적인 공공공간이다. 이러한 지역의 공공도서
관이 거주외국인에 대해 충분한 서비스를 제공하지 못하자, 이를 대신
할 수 있는 별도의 공간을 마련하고자 민족도서실 설립운동이 전개되
었고, 그 결과 회원제 형태의 도서실이 이쿠노의 곳곳에 마련되었다.[47]
이러한 노력과 함께, 1980년대 이후에는 일본사회에 다문화적 인식이
확산되면서 공공도서관에도 변화가 나타난다. 민족도서실이 촉매가
되어 1988년 이쿠노 구립도서관에 '한국(조선)도서 코너'가 설립된 것이
다. 이러한 변화의 바탕에는 서울올림픽이후 증대된 일본인의 한국에
대한 관심도 자리하고 있지만, 그 원동력이 된 것은 자신들의 공간을
갖고자 하는 재일코리안의 강한 열망이다. 지역은 단순히 물리적 공간
으로서만이 아니라 거기에 살고 있는 사람들 간의 관계성에 의해 재구

---

46 위의 글, 35쪽.
47 이에 관한 상세한 내용은 張明順, 「大阪市生野區における民族図書室と公共圖書館の關
    係性についての一考察」, 神戸大學大學院人間發達環境學研究科 『研究紀要』1-1, 神戸大
    學, 2007, 104쪽 참조.

성된다. 그런 면에서 다수의 재일코리안이 거주하는 이쿠노의 공공도
서관에 그들의 공간이 없었다는 것은, 그들이 공적 존재로서의 의미를
부정당했다는 것에 다름 아니다. 도서관측은 그동안 재일코리안의 현
재화된 요구가 없었기 때문에 공간을 제공하지 않았다고 설명하고 있
다. 하지만 그 이면에는 일본사회의 지속적인 차별과 억압에 익숙해진
재일코리안이 공적시스템을 불신하고, 그에 의한 문화적 서비스에 대
해서도 기대를 가지지 않아 왔다는 사실이 자리하고 있음을 지적해 둘
필요가 있다.

이와 함께, 재일코리안은 '축제의 공간' 창출을 통해 지역의 구성원
으로서의 자신의 존재를 드러내고자 했다. 흔히 마쯔리로 불리는 지역
축제는 일본의 보편화된 문화양식의 하나로 대부분의 마을이 지역연
고의 마쯔리를 갖고 있다. 재일코리안은 일상적·문화적으로 일본사
회에 상당히 동화되어 갔지만, 커뮤니티 단위의 지역 축제에 참여할
여지는 거의 없었다. 대부분의 지역축제가 일본의 민족성과 토착적인
뿌리를 강조하는 방식으로 이루어져 왔기 때문이다. 따라서 이쿠노의
코리안이 그들만의 지역축제를 만든 것은 이쿠노가 자신들이 계속해
서 살아갈 공간임을 드러내는 것이었다.

일본의 가장 일반화된 일상적 문화양식인 마쯔리를 통하여 자신들
의 정체성을 드러내고자 한 재일코리안은 1983년에 일본 최초의 코리
안 축제인 '이쿠노민족문화제'를 개최했다. 당시 성화사회관의 관장이
던 김덕환에 의해 창시된 축제는, '하나가 되어 키우자! 민족의 문화를!
넋을!'이라는 슬로건에서 알 수 있듯이, 디아스포라가 지닌 민족적 유
대를 바탕으로 한 것이었다. 1983년 10월 열린 첫 축제는 마당극, 농악,

민요 가창, 탈춤, 부채춤, 결혼가장행진 등으로 구성되었고, 약 3,000명
의 남녀 및 어린이가 모였다.[48] 매년 가을에 행해지는 이 축제에 일본
인은 참가할 수 없다. 민족성 고취를 슬로건으로 내건 축제 창설멤버
들은 민족적 차이를 부각시키고자 노력했다. 이웃의 일본인 주민들에
게 자신들의 차이를 공적으로 드러내고 또 인정받기 위해서이다. 하지
만 이쿠노가 자신들의 생활공간임을 드러내는 이러한 시도에 대해 다
수의 일본인은 강한 저항감을 나타냈다. 축제 초기에는 개최 장소의
확보에 애를 먹을 정도였다.[49] 이는 일본국적을 가진 사람만이 합법적
인 일본 주민이라는 사고방식이 현지 일본인들 사이에 뿌리 깊게 자리
하고 있었기 때문이다.

기존의 이쿠노 지역축제(단지리)에서 이민족이라는 이유로 철저히
배제된 재일코리안은, 그들만의 축제에서는 차별의 이유가 되었던 민
족성을 강하게 드러내는 방식을 택했다. 따라서 초기 축제의 성격은
지배문화에 대항하는 저항 민족주의의 성격이 농후했다. 다만 그 저항
의 방식에는 이념적인 민족성을 재 강화하는 것만이 아니라, 일상생활
에 근거한 문화적 차이와 정체성을 그대로 드러내려는 시도가 겹쳐져
있었다. 이러한 고민은 축제에 무엇을 담을 것인가를 둘러싸고 치열하
게 전개되었다. 조국의 민족문화를 재현할 것인가? 아니면 재일코리
안 나름의 정체성을 드러낼 것인가? 조국과의 강한 연계를 통해 일본

---

48 이희숙, 「재일한인 축제를 통해서 본 장소의 정치」, 『한국지역지리학회지』 9-3, 한국지역지
리학회, 2003, 250쪽.

49 金德煥, 「民族のマダン―(廣場) : 生-野3民族文化祭」, 『月刊社會教育』 1985(8), 国土社,
1985, 32쪽 참조.

문화에 대비되는 민족문화를 그대로 재현하기를 바라는 그룹이 있었던 반면, 한국인도 일본인도 아닌 이쿠노 재일코리안만의 문화를 창조하고자 하는 그룹도 있었다. 당시의 축제 창설자 그룹은 민족문화운동을 전개하던 한국 국내의 활동가들과 연계를 가지고 있었고, 따라서 초기의 축제는 그 슬로건에서 알 수 있듯이 민족문화 창달의 성격이 강했다. 민주화운동의 일환으로 민족문화를 주창하던 한국의 활동가에게는 축제의 주체는 민중으로서의 코리안으로 여겨졌다. 하지만 일본인도 한국인도 아닌 재일코리안의 정체성을 계속 외면할 수는 없었다. 이쿠노의 코리안에게 있어 축제의 주체는 '지역주민'으로서의 코리안이었기 때문이다. 결국, 재일코리안 고유의 문화를 만들어가려는 그룹에게 주도권이 넘어가면서 적어도 명분상으로는 민족문화의 기원을 찾는 일보다는 재일코리안이 새롭게 만드는 민족문화에 그 중점이 놓여졌다.

그러나 명분으로 내건 지향성과는 달리, 실제 축제에서 행해지는 내용들은 서울에서 재창조된, 이른바 표준화된 한국문화의 답습에서 크게 벗어나지 못하였다. 그들의 뿌리인 제주도의 '토착문화'는 그리 적극적으로 축제에 재현되지 못했다. 예들 들면, 제주도의 무속에서 행하는 신방神房의 내림굿은 제주출신 재일코리안 여성들의 생활 속에서 계속 지속되어 왔음에도, 이는 미신이나 인습에 불과한 것으로 치부되어 민족문화로서 평가되지 못했다. 근대적·국가적 시선에 의해 일상의 토착문화는 민족문화로서 선택되지 못했으며, 지역을 건너, 세대를 넘어 전승된 민족문화가 아니라, 에스닉 심벌로서 새롭게 만들어진, 표준화된 민족문화가 재현된 것이다.

2) 혼종과 공생의 디아스포라적 공간

1990년대에 접어들면서, 이쿠노를 둘러싼 내·외부적 환경, 즉 일본 사회의 재일코리안에 대한 인식과 이쿠노 재일코리안 사회의 주체에 있어 큰 변화가 일어난다. 단일민족국가를 자랑하던 일본은 1990년대 중반 이후 외국인의 유입이 급격히 늘어나면서 다문화 사회로의 전환을 고민하게 되었고, 이쿠노 재일코리안 사회의 주체도 3~4세를 중심으로 바뀌었다. 주체의 경험 및 사회의 전반적인 인식의 변화는 축제의 내용과 의미에도 영향을 미쳤다. 축제의 주도권을 넘겨받은 3~4세들은 더 이상 민족문화와 민족축제를 저항정체성의 기반으로만 여기지 않는다. 그들이 생각하는 축제는 즐기는 것이고 소비하는 것이다. 초창기 멤버들은 축제의 방향성에 문제가 있다고 여기지만 현재의 멤버들은 그렇지 않다. 축제의 결집력도 약화되어, 전성기에 수천 명에 달하던 관객들도 이제 수백 명 수준으로 줄었다.

다문화 사회로의 전환이라는 과제에 직면한 일본사회는 이쿠노 재일코리안의 경험을 통해 다문화공생의 실마리를 찾고자 한다. 실제로 이쿠노 재일코리안의 민족성 드러내기는 재일코리안 후속세대는 물론 이쿠노에 사는 일본주민의 인식에도 적잖은 영향을 미쳤다. 자신들만의 네트워크에 갇혀 지내던 재일코리안이 공적인 공간에 치마저고리를 입고 나서는 것은 결코 쉬운 일이 아니었고, 그것을 바라보는 일본 주민들도 이를 인정하기가 쉽지만은 않았다. 하지만 점차 서로의 모습에 익숙해져 갔다. 재일코리안의 민족성 드러내기는 자신들은 물론 일본 주민들에게까지 다문화적 상황을 공적으로 인지시키는 기능을 하고 있다는 것이다. 바로 이 같은 차이에 대한 인정이, 배제나 동화의 강요가 아닌, 공생의 가능성으로 이어질 것으로 기대한다.

그러나 이쿠노 재일코리안의 민족성 드러내기에서 바로 다문화 공생의 가능성을 끌어내기에는 무리가 따른다. 그 가장 중요한 이유는 아직도 민족중심의 집합적인 표상의 틀과 한국문화 vs 일본문화라는 대립적인 틀을 극복하지 못하고 있기 때문이다. 이쿠노를 혼종과 공생의 공간으로 표상하려는 경향은 단지 외부의 시선만이 아니다. 이쿠노에 사는 재일 코리안이나 일본인 주민 모두 이쿠노라는 혼종의 공간이 다문화 공생의 공간이 되어야 한다는 점을 주장한다. 다른 지역과는 구별되는 차이에 대한 인식, 즉 자성적 인식이 싹튼 것으로 여겨지는 대목이다. 그러나 당사자들이 의식적으로 내거는 슬로건만으로 그 가능성을 읽어내는 것은 성급하다는 생각이 든다. 오히려 다문화 공생이라는 사회적 화두가 선행하고, 이에 이쿠노의 당사자들이 당위적으로 뒤따르는 것은 아닌지 의심해 보아야 한다. 다문화적 경험이 거의 없는 한국과 일본의 민족문화가 병존하고 있는 현상을 캐나다나 호주와 같은 다문화사회의 논리로 읽어내려는 작업에는 보다 신중할 필요가 있기 때문이다.

기존의 민족중심적 틀을 극복하고, 진정한 공생의 가능성을 찾기 위해서는 새로운 질문을 던질 필요가 있다. 즉, 이쿠노 코리안의 정체성 드러내기는 무엇을 위한 것이며, 어떤 결과를 가져 왔는가? 일본문화와 대비되는 한국 민족문화 강조를 통해 공간을 통한 민족정체성 표상이 가능해 졌는가? 그렇다면 그 대가로 재일코리안의 공간적 배제를 심화시키지는 않았는가? 정체성 드러내기는 재일코리안 역시 이쿠노의 주민이고 주체라는 의식을 강화하였는가? 등의 질문이 가능하다.

물론, 축제를 비롯한 재일코리안의 민족성 드러내기가 젊은 후속세대들에게 '민족적 자각'의 계기를 제공함은 분명하다. 하지만 민족 중심의 틀에 의한 지나친 범주화는 오히려 '일본인'과 공생하기 힘든 존재로서의 재일코리안의 의미를 더욱 강화할 수 있다. 이문화 공간의 존재를 의도적으로 공생의 메시지로 읽어낼 수는 있지만, 무의식적, 일상적 수준에서 작동하는 재일코리안 vs 일본인 이라는 민족적 대립을 없앨 수는 없다. 물론 저항 정체성으로서의 민족성은 민족적 차이에 근거한 차별과 배제가 작동하던 시기에는 중요한 의미를 가지고 있었다. 하지만 재일코리안을 일본 내에서 한국문화를 대변하는 존재로 파악하고, 한국문화와 일본문화의 민족적 대비를 통해 저항 정체성으로서의 민족성만을 부각시키는 구도 속에서는, 재일코리안의 역사적 특수성과 경험에 근거한 혼종의 정체성은 드러낼 수 없다. 민족 중심적 시각은 복수의 문화를 단순히 국적이나 민족이라는 기준에 근거해 분류하고자 하기 때문에 복수의 정체성이나 문화적 존재로서의 재일코리안의 의미에 대해서는 거의 주목하고 있지 않다.

디아스포라적 공간 또는 주체로서의 이쿠노의 가능성, 즉 탈근대적 공간의 창출은 그곳 또는 그들이 가진 혼종성 또는 사이성in-betweenness에서 비롯한다. 하지만 근원지(뿌리)의 민족문화만이 아니라 주거(생활)지의 문화에 대한 진정성 또한 담보되지 못한다면, 그들이 가진 혼종성은 한국문화의 아류로 전락하거나, 아니면 이것도 저것도 아닌 것에 머물 위험이 있다. 일본문화에 둘러싸여 생활하는 현실적인 상황을 감안할 때, 한국민족문화에 대한 지나친 강조는 이산의 경험을 살리기

보다는 이를 회피하는 결과를 가져올 수 있다. 재일코리안의 정체성에는 한국의 민족성 뿐만 아니라, 일상에 근거한 일본문화의 일부도 이미 자리하고 있다. 따라서 그들이 드러내고자 하는 문화적 정체성 속에는 일본문화의 모방도 존재한다. 이것은 정체성이 일상생활의 모방 과정을 통해 구축되고 끊임없이 교섭되기 때문이다. 예를 들면, 이쿠노에서 행해지는 굿판은 기본적으로는 제주도 무속을 답습하고 있지만, 그 외에 일본에서 굿을 하기 때문에 일본의 신들이나 그 토지에 연이 있는 역사상의 인물을 의례에 초청하고 있고, 일본적인 역사적 사건이나 현상을 한국문화적인 맥락으로 대체하거나 의례에서 일본어를 사용하는 장면도 가끔씩 나타난다.[50]

그동안 재일코리안의 정체성을 규정해 온 국적, 혈통, 역사적 경험, 민족문화 등의 요건들이 일본에서 태어나서 자란 3~4세대 코리안에게는 더 이상 적용되기 힘들다. 그들은 복수의 국가와 민족, 출신과 언어, 습관과 문화가 혼재된 경계인이며, 그들이 드러내고자 하는 민족 정체성 또한 단순한 저항적 민족주의의 표상에 머무르지 않는다. 그들이 지닌 복수의 정체성은 공존하기도 하지만 분열하고 대립하기도 한다. 경계인인 그들에게 민족중심의 잣대로 선택을 강요하면 할수록 정체성의 혼란은 가중된다. 민족중심의 틀이 한국과 일본 모두에서 여전히 작동하고 있지만, 민족적 코드만으로 재일코리안을 구별하는 것은 점차 유효성이 줄어들고 있다. 민족적 코드에 의한 범주화는 동일 범주 내에 있는 집단 모두를 고유의 행위준칙에 따르는 것으로 간주하지

---

50 瀧澤健次, 앞의 글, 91쪽.

만, 실질적으로 재일코리안은 세대, 거주 지역, 개인적 경험의 차이 등으로 인해 동일한 행위준칙으로 묶어내기 힘들다. 재일코리안 젊은이들은 같은 세대의 일본 젊은이들과 마찬가지로 다양한 문화적 기호를 가지며, 그들에게 있어 민족축제의 단골메뉴인 농악이나 풍물도 여러 가지 문화적 선택지 가운데 친밀한 하나일 뿐이다. 이러한 점에서 한국계일본인이라는 새로운 범주는 이미 존재하는 '일본 vs 한국'이라는 민족적 코드에 의한 범주를 대체할 수 있는 가능성을 가진다.

이상에서 고찰한 바를 정리하면 다음과 같다. 이쿠노 재일코리안은 식민지시기 싼 임금에 기반 한 이주노동자의 형태로 건너온 자들이 주류를 이루었으며, 이들은 전형적인 연쇄형 이주 패턴을 나타냈다. 이들은 일본 현지인들의 차별 때문에 지연 혈연을 매개로한 상호부조의 집주지(게토)를 형성하였으며, 거주기간이 길어지면서 정주화가 진행되어 시장이나 유곽 등을 갖춘 조선인들만의 일상의 거주공간이 형성되었다. 직업 활동에 있어서도 차별의 영향을 덜 받는 영세자영업에의 진출이 두드러져 지연 혈연에 기반 한 직업형태가 주류를 이루었다. 제주도 출신이 대다수를 차지했던 이쿠노 조선인들은 일본인들뿐만 아니라 육지 출신 조선인들로부터도 차별의 대상이 되었다. 따라서 같은 조선인이라는 민족적 유대보다는 제주도 출신끼리 결속을 강화했으며, 자신이 떠나온 고향마을과의 유대를 지속하여 제주도와 이쿠노를 연결하는 트랜스-로컬 생활 네트워크를 형성하였다.

이처럼 이쿠노 집주 지역은 지연과 혈연에 근거한 상호부조의 네트워크가 강하고, 주택지, 직장, 시장 등의 공유 공간 형성도 잘 되어 있는 탓에 전후시기에는 귀국하지 못한 재일코리안의 메카 역할을 하였으나 집주 지역 바깥과의 관계, 즉 일본 현지사회로부터는 차별과 배제의 대상이 되었다. 주택시장이나 공적 서비스 등에서 재일코리안은 배제되기 일쑤였고, 수적으로 다수를 차지하면서도 공적인 생활 시스템은 일본인을 중심으로 이루어 졌다. 이에 재일코리안은 자신들만의 별도의 생활시스템을 형성하여 대처하였고, 이러한 시도에 대응하여 토착 일본인들 역시 다른 지역에서 쉽게 볼 수 없는 배타적인 커뮤니티를 형성하였다. 이로써 이쿠노는 그야말로 차별과 배제를 상징하는 공간이 되었다.

이쿠노 코리안타운의 공간적 변화는 1990년대 들어 두드러진다. 다문화 공생이 일본사회의 중요한 화두로 대두하고, 재일코리안 내부에서도 세대교체가 이루어지면서 이쿠노 재일코리안은 자신들의 존재를 공적 공간에 재현하려고 시도하였다. 이러한 노력은 공립학교 내의 '민족학급' 개설과 지역 공공도서관 내의 '한국(조선)코너' 설치 등의 형태로 나타났으며, 특히 '축제의 공간' 창출을 통해 지역사회 구성원으로서의 자신의 존재를 드러내고자 했다. 즉, 한국인도 일본인도 아닌 이쿠노 재일코리안의 역사성과 문화를 재현함으로써 차별의 공간이었던 이쿠노를 차이가 공존하는 다문화 공간으로 만들어가고자 했던 것이다. 그러나 명분으로 내건 이러한 지향성과는 달리 실제 축제에서 재현된 것은 표준화된 한국문화의 답습에서 크게 벗어나지 못하였다.

이쿠노 재일코리안과 일본 현지인들이 부딪히면서 쌓은 역사적 경험에서 다문화공생의 실마리를 찾고자 한다면, 우선 재일코리안 자신이 민족성에 집착하는 태도를 지양하여야 한다. 이쿠노 코리안타운의 가능성은 디아스포라적 공간, 즉 그곳 또는 그들이 가진 혼종성에서 비롯한다. 재일코리안의 정체성에는 한국인으로서의 민족성뿐만 아니라 일상에 근거한 일본문화의 일부도 자리하고 있다. 그들은 복수의 정체성을 가진 경계인인 것이다. 경계인을 민족 중심의 잣대로 바라보면 정체성의 혼란은 가중된다. 이러한 점에서 한국계 일본인Korean Japanese이라는 새로운 범주의 허용을 진지하게 고민할 필요가 있다고 여겨진다.

참고문헌

『大阪朝日新聞』, 1928.2.10.
『木浦新報』, 1933.6.24.

고광명, 「재일 제주인의 상공업활동과 지역사회공헌」, 『사회과학연구』 14-1, 서강대
　　　사회과학연구소, 2006.
김창민, 「범주로서의 친족: 제주도의 궨당」, 『한국문화인류학』 24호, 한국문화인류학
　　　회, 1992.
김창후, 「국외 제주인들의 항일운동」, 『제주항일독립운동사』, 제주도, 1996.
문경수, 「4·3사건과 재일한국인」, 『4·3과 역사』 창간호, 제주4·3연구소, 2001.
이문웅, 「재일제주인의 의례생활과 사회조직」, 『제주도연구』 제5집, 제주학회, 1988.
＿＿＿, 「재일제주인 사회에서의 무속 : 오사카 이쿠노지역을 중심으로」, 『濟州道研
　　　究』 제6집, 제주학회, 1989.
이상봉, 「디아스포라와 로컬리티 연구 : 재일코리안을 보는 새로운 시각」, 『한일민족
　　　문제연구』 제18호, 한일민족문제학회, 2010.
이희숙, 「재일한인 축제를 통해서 본 장소의 정치」, 『한국지역지리학회지』 9-3, 한국
　　　지역지리학회, 2003.
谷 富夫, 「民族關係の社會學的研究のための覺書き」, 駒井洋, 『日本のエスニック社
　　　會』, 明石書店, 1996.
金德煥, 「民族のマダン一(廣場) : 生-野3民族文化祭」, 『月刊社會敎育』 1985(8), 国土
　　　社, 1985.
金兌恩, 「公立學校における在日韓國朝鮮敎育の位置に關する社會學的考察」, 『京都
　　　社會學年報』 弟14号, 京都大学, 2006.
上田惟一, 「行政, 政治, 宗敎と町內會」, 岩崎信彦 外編, 『町內會の研究』, お茶の水書
　　　房, 1989.
瀧澤健次, 「在日コリアンの巫俗信仰」, 『日本 宗教と社会学会 別冊 ワークショプ報告書』, 宗
　　　教と社会学会, 1998.
李容柱, 「若者が働きたいと歸るまち」, 『部落解放』 545호, 解放出版社, 2005.
張明順, 「大阪市生野區における民族図書室と公共圖書館の關係性についての一考

察」, 神戶大學大學院人間發達環境學研究科『研究紀要』1-1, 神戶大学, 2007.

猪飼野保存會, 『猪飼野鄕土誌』, 猪飼野保存会, 1997.

鄭雅英, 「路地裏から發信する文化」, 『環』vol.11, 藤原書店, 2002.

平山洋介, 「在日韓國・朝鮮人の居住問題とエスニック・コミュニティ」, 『平成2年
　　日本建築学会近畿支部 研究報告集』, 日本建築学会, 1990.

黃慧瓊, 「大阪市の在日コリアンにおける食文化の民族的アイデンティティ」, 『日本
　　家政學會誌』Vol. 53 No. 7, 日本家政学会, 2002.

Ang, Ien, "Togather-in-Difference: Byond Diaspora, into Hybridity", *Asian Studies Review*
　　27-2, 2003.

Brah, Avtar, *Cartographies of Diaspora: Contesting Identities,* New York : Routledge, 1996.

Tani, T., "A Study of Inter-ethnic Relationships: The Growing Ethnic Complexity In The
　　Japanese City", *IJJS*, The Japan Sociological Society, No. 1, 1992.

______, "Toward a Social Theory of Ethnicity and Inter-ethnic Relationships", *JINBUN
　　KENKYU*, Osaka City Univ., 2004.

김광열, 『한인의 일본이주사 연구, 1910~1940년대』, 논형, 2010.

大阪府立大社会福祉学部, 『1991年度　調査報告 : 大阪生野における在日韓國・朝鮮
　　人の勞働と生活』, 大阪府立大社会福祉学部, 1991.

大阪府社會課, 『在阪朝鮮人の生活狀態』, 大阪府, 1934.

山口縣警察部, 『來往朝鮮人の特別調査現況』, 山口縣, 1927.

外村 大, 『在日朝鮮人社會の歷史學的研究』, 綠蔭書房, 2004.

原尻英樹, 『在日としてのコリアン』, 講談社, 1998.

濟州島廳, 『昭和14年濟州島勢要覽』, 濟州島, 1939.

제주해군기지 건설에 대한 로컬리티
—기반의 이해와 로컬리티의 정치[*]

배윤기

1. 로컬리티-기반의 이해를 위하여

저기 무너져 있구나

저기 처참하게도 무너져 있구나

이시믄 이신 양 어시믄 어신 양 오순도순 살던 그 마을이

이웃 집 돌담 너머 제사음식 나누던 그 정이

무너진 밭담 사이로 휑하니 찬바람만

무너진 사람들을 헤집고 다니는구나

우리 어멍 살을 받고 우리 아방 뼈를 받앙 태사룬 이 땅

---

[*] 이 글은 『한국민족문화』 제43집, 부산대 한국민족문화연구소, 2012.5에 게재된 글을 수
    정한 것이다.

땅을 닮은 얼굴들이 땅을 닮은 옷을 입고

신새벽 이른 조반에서 해거름 늦은 밤참까지

등가죽이 벗겨지고 등허리가 휘어져라 땅을 파던

땅을 닮은 사람들이 옹이 박힌 제 손으로 제 가슴팍 파고 있네[1]

제주특별자치도 서귀포시 대천동 강정마을. 제주도 남단의 아름다운 자연 경관 위에 조그맣고 조용한 마을이다. 물 부족한 제주에서 '큰 내'를 뜻하는 강江과 '물 가'를 뜻하는 정汀이라고 부를 정도로 이곳만큼은 물이 풍부하기로 유명하다. 현재 서귀포 시민 80% 이상이 강정천을 식수원으로 사용하고 있다. 화산섬 제주의 하천은 대체로 건천乾川이지만 이곳 강정천은 사시사철 물이 흐르고, 또한 강정들판에는 수분이 풍부하고 땅이 기름져서 같은 작물을 심어도 다른 곳보다 산물이 많이 날뿐만 아니라 제주에서 유일하게 벼농사가 가능했다고 한다. 전통적으로 반농반어를 경제 기반으로 하는 강정마을은 서귀포시 많은 마을들 중 상대적으로 높은 소득 수준을 자랑해왔다. 사람들은 강정에 이런 삶의 조건을 반영하는 '유일', '제일' 등 의미를 덧붙여 수백 년 전부터 "일강정"이라 불렀다. 이에 대한 주민들의 강한 자부심은 공동체를 하나로 결속시키는 힘이자 마을의 각종 대소사에 함께 참여하도록 하는 유인이 되어왔다. 이런 강정마을이 2007년 4월부터 현재까지 5년 동안 해군기지 건설 문제로 몸살을 앓고 있다. 주민들은 이 문제를 둘러싸고 각종 공동체적 결연이나 유대뿐만 아니라, 일부에서는 가족과

---

1   김경훈, 『돌맹이 하나 꽃 한 송이도』, 제주 : 도서출판 각, 2011.

친지 관계까지 찢겨져 분열과 갈등을 겪고 있다.

국방부가 홍보하는 '민·군복합형 관광미항'이라는 당초의 개념과는 달리, 여러 가지 밝혀지고 주장되는 설계상 오류들에도 불구하고, 2011년 말부터 현재까지 해군이 실행하고 있는 공사와 공사장 부지 내 '구럼비 바위' 폭파 등은 찬·반의 갈등과 충돌을 최고조에 올려놓고 있다. 2012년 3월 말까지 경찰에 의한 420여 명의 반대쪽 주민들과 활동가의 무더기 연행과 일부 구속 그리고 공사강행은 지역 여론 또한 악화시키는 실정이다. 해군의 공사강행은 자기 지역 공간 변화 혹은 (재)구성과 관련, 강정마을 주민들뿐만 아니라 제주도민, 나아가 제주도정까지 각각의 발언권을 원천적으로 부정하는 태도로 이해되고 있다. 이와 관련, 제주CBS는 2012년 3월 27일 제주도민 2,100명을 대상으로 여론조사 결과를 보도했다. 이 조사에서 제주해군기지 선정과정과 추진방식에 '문제 있다'는 응답자가 55.8%로 '문제없다' 22.9%보다 두 배 이상 많았다. 그리고 전통적으로 보수층인 60대 이상을 포함하여, 모든 연령대에서 '문제 있다'라는 지적이 더 높게 나왔다[2]는 사실은 바로 악화된 지역 여론을 그대로 알려준다.

제주해군기지 문제와 강정마을에 관한 언론 매체들의 보도 내용이나 선행 연구물들이 시도하는 사회과학적이고 이론적인 접근들과 그 이론의 적용 방식들 등을 검토하면서, 이 연구는 그 입장이나 방향과 대안 구상과 관련하여 미궁에 빠지게 되었다. 제주해군기지 건설 문제에 대한 학문적 해명들과 언론들의 보도 시각과 내용들이 단순히 '이익

---

[2] http://www.nocutnews.co.kr/Show.asp?IDX=2097953 (검색일 : 2012.3.28)

갈등'이나 '이익 균형', 절차적 정당성에 기초한 '민주적 합의', 혹은 이들을 가능케 할 협치governance의 필요성 등에 관한 이론을 토대로 채워지는 데서 일정한 한계를 드러내는 것으로 보였기 때문이다. 물론 이런 논의들이 갖는 사실 관계의 정리 및 해석과 관련한 유용성 혹은 그 유의미성은 분명히 있다. 하지만 해당 공동체의 '현재적'이고 '관계적'인 맥락 속에 있는 구체적인 현장을 초월하는 이론적 담화가 언제나 현지의 목소리들을 추상적 수준에서 수렴시켜오지 않았는지 되묻지 않을 수 없다. 이를테면 '민족', '민주주의', '안보', '개발' 등에 관행적으로 환원시키는 추상적 수렴이 어떻게든 '이상'적이고 '발전'적인 미래의 비전에 토대를 두고 논리적으로 완벽하다고 하더라도, 중요한 점은 결과적으로 구체적인 현장 주민들이 제기하는 목소리들이 갖는 장소 특유의 맥락적 의미들의 소외와 대상화 문제들을 간과해왔다는 사실이다. 이 논문이 유의해서 보려는 부분이 바로 이 지점이다.

현장조사와 주민들과의 대담을 통해, 나는 강정마을 주민들의 인간적 연계들과 주민들과 '구럼비 바위' 사이 관계의 문제, 그리고 그것들이 주민들 삶에 어떤 의미를 갖는가를 이해하지 못한다면, 강정마을과 마을의 변화에 대한 이야기가 공허해질 수밖에 없다고 생각하게 되었다. 설령 강정이라는 공간을 둘러싼 담화들과 그 실행이 그 담화가 공언하는 이상을 최종적으로 고스란히 실현한다고 하더라도, 그 과정에서 주민들이 구경꾼으로 전락하고 현재의 삶을 구성하는 관계들과 문화가 파괴된 다음, 그 공간을 채우는 하나의 요소 정도로 취급된다면 분명 주객이 전도되는 사태라 아니할 수 없다. 이 글이 제주해군기지 건설 문제를 둘러싼 목소리들에 대한 '로컬리티-기반의locality-based' 이해라는 접근을 시도함으로써, 공간 (재)구조화와 관련한 로컬리티 연구의 한 방법을 모색해보려는 의도는 우리에게 너무 익숙하게 된 인식과 실행, 그리고 그것들이 결과해 온 맥락적 정황의 폐해들 때문이다.

따라서 본 논문이 주목하는 부분은 로컬리티 연구에서 로컬리티-기반의 이해가 갖는 의미이다. 이런 접근은 로컬 현장에서 로컬리티 정치의 전통적이고 일상적인 과정이 특정 계기를 통해 변질됨으로써 로컬리티를 의미화하는 상이한 담화들을 부각시킬 수 있는데, 이들의 위상 차이를 어디서, 어떻게 볼 것인가의 문제와 관련된다. 이는 그런 차이로부터 파생되는 권력 관계의 구체적 실행 과정에서 소외되거나 배제되는 로컬 주민들의 의미화와 담론 과정들을 또한 어떻게 이해할 것인가의 문제와 연결된다. 이런 관계적 얼개를 해명하기 위해, 먼저 공간을 두고 전개되어온 경합과 갈등이 로컬리티의 정치를 구성하면서 지금까지 일반적으로 구성되어온 글로벌 / 국가 / 로컬 차원에서의 로컬리티 담론 형식들과 그 실행의 문화정치적 맥락들을 읽어본다. 여기서는 각각의 차원에서 의미화되는 로컬리티 담론의 위상 차이가 어떻게 우 / 열의 경계를 만들고 차별의 식민적 인식을 조작하고 사회적으로 강제하는가를 조명한다. 이어서 제주해군기지 건설문제의 그 동안의 경과와 문제점들을 로컬리티의 담화적 구성을 위한 경합이라는 맥락 안에서 위로부터 강행되는 담화와 실행을 비판적으로 살펴보고 정리한다. 이렇게 구성되는 문제는 근대사회에서 당연시 해온 국가 혹은 자본 주도의 로컬화(위로부터의)에 대한 비판적 논의뿐만 아니라, 로컬 주민 주도의 로컬화(아래로부터의)와 관련하여 새로운 차원에서 로컬리티-기반의 궁리의 필요성을 강조한다. 그리고 로컬 주민들의 전통적인 관계 양식에 기초한 발화들에 접근하여 그 현재적 의미화와 그런 의미화의 가치를 존재론적인 측면에서 이해해볼 것이다. 결론적으로 이 글의 전체적인 문제의식의 골간은 '지금, 여기'와 그것을 말하는 형식을 찾아가는 접근 방식에 대한 미결의 모색이 될 것이다.

2. 비판적 로컬리티 연구와 말하기 형식들

이 글의 제목이 제안하는 '로컬리티-기반의' 이해, 즉 로컬리티 연구에서 로컬리티-기반이란 말이 뜻하는 위치와 시각이 왜 필요한가를 설명하면서 논의를 시작해보자. 로컬리티-기반의 이해는 근대적 체계가 조작해온 인간의 앎 혹은 지식 그 자체에 전제되어 있는 일반성 혹은 보편성의 강제에 의해 주변이나 경계로 밀려난 앎 혹은 지식의 형태와 방식을 되찾는 일이라고 생각해볼 수 있다. 여기서 주변과 경계는 지리적 또는 / 그리고 위상학적 관계 맥락에서의 위치와 시각으로부터 이식 / 생성되는 '말하기'의 형식으로 구성된다. 일차적으로 담화적인 구성물인 로컬리티는 근대화 과정에서 걸림돌 혹은 장애물로 취급되어 localized 권력에 의해 포섭되는 동시에 배제되어온 차이의 로컬 정체성들이라 할 수 있다. 흥미로운 점은 바로 이런 일방적인 로컬화 과정 때문에 '아래로부터' 구성되는 차이의 로컬리티들은 역설적으로 근대성과 '위로부터의' 근대적인 로컬화 방식에 대한 비판적 위치들이 될 가능성을 품고 있다. 그래서 로컬리티에서 본다 / 사유한다는 것은 바로 특정 공간에서 공통의 기억과 공유의 삶 가운데 장소를 구성함으로써 수립되는 시간적·공간적 차이의 로컬리티들로 나타난다. 그러나 로컬리티의 정치라는 로컬화 과정을 구성하는 언어들의 경합과 갈등에서는, 언제나 삶의 토대로서 땅과 노동, 거기서 생성되는 로컬리티-기반의 이야기하기가 배제되거나 침묵화되기 일쑤이고, '국토개발', '안보' 등의 이름으로 실행되는 지구 지정zoning이나 학문적 이론 혹은 설계도의 생산 혹은 적용, 아니면 합리화를 위해 질서 잡힌 목소리로 정리·가공되는 과정에서 이성적으로 '이해될 수 없는' 혹은 '걸러지지 않은' 감정적 목소리로 간주되어 대부분 잘려나간다. 로컬리티-기반의 이해는 바로 이 지점에 의문을 던지면서 출발한다.

발언되지 못한, 혹은 듣더라도 사회적으로 유의미하게 이해될 수 없었던 그런 목소리들은 무엇을 의미하고 있는가? 일부 언론들의 관성적인 보도와 같이 그들의 목소리를 '금전적 이익추구'나 '지역이기주의'로 쉽게 환원할 수 있는 문제인가? 또 연구자로서 '나'는 이론의 자리에 서서 관성적으로 '그들'을 보고 이론의 관점에 입각해 '그 목소리들'을 해석해오지 않았는가? 그렇다면 과연 '어디서' 보고 '어떻게' 이해할 것인가? 이렇게 제기될 수 있는 의문들에 대답하기 위해서는 로컬적 의미를 향한 대안적 접근법이 구상될 필요가 있다. 이를 위해서는 공간 변화를 둘러싸고 경합하는 여러 담화들의 발화자와 발화 방식이 로컬리티 맥락에서 어떤 위치와 시각으로 엮이어 구성되고 또 어떻게 경합·갈등하는지 갈무리할 맥락적이고 논리적인 근거를 먼저 탐색해야 할 것이다. 로컬화 과정에 대한 이와 같은 탐색은 로컬리티에 대한 의미화들이 이야기 구성체로 수립되는 정신적인 로컬리티를 형성하며, 그와 나란하게 권력 행사와 투쟁의 결과물로서 구축되는 물질적인 공간의 (재)구성을 구체적으로 조명하고 그 성격들을 분별하려는 의도를 갖는다. 이런 과정에서 특히 주목되어야 할 측면은, 법·제도적 장벽과 매체의 장벽에 가려져 잘 알려지지 않지만, 공간 (재)구조화의 현장에서 주민들이 던지는 문제제기의 '존재론적 진실'이다. 한편, 범주를 넓혀서 추려봐야 할 문제는 횡단-로컬적trans-local 맥락[3]이다. 개발주의에 입각하여 글로벌 차원의 '위로부터' 처방되고 강제되는 일반적 공간화의 기획 및 법·제도적 위력과, 이에 대항적인 로컬 차원의 '아래로부터' 자기 준거적으로 생성되는 힘들, 이들의 갈등과 충돌이라는 다양한 지역들의 동시대적 사건들과 토착 거주민들 문제는 어느 정도 같은 궤를 이루고 있기 때문이다. 그러므로 공간 (재)구조화와 관련한 로컬리티에 대한 로컬리티-기반의 이해라는 대안적 접근법은 다층위적이고 횡단적 조명이 동시에 이뤄지고 고려될 필요가 있다.

글로벌 / 국가 / 로컬이라는 다중적 맥락에서 하나의 대안적 연구로서 로컬리티 연구의 위치를 모색하는 김용규는 「로컬리티의 문화정치학과 비판적 로컬리티 연구」라는 논문에서 "근대성 속의 모든 로컬 지역과 로컬리티 담론들에 강요된 거의 초월적 가치"[4]인 "서구적 근대성의 개발 모델"을 근대 민족국가들이 자기 존재 근거로 삼아왔음을 비판하면서, 로컬리티 내부에 조성되는 정신적·물질적인 모순 상황을 설명한다. 식민지 경험을 했든 아니든, 그런 모델을 내면화한 근대 민

---

3 제주해군기지 문제와 관련한 현장의 글로벌 연대 또한 광범하게 진행되고 있지만, 모두 논의하기에 지면이 한정되기 때문에, 이 글에서는 그 부분의 논리적 근거들만 논한다.
4 김용규, 「로컬리티의 문화정치학과 비판적 로컬리티 연구」, 『한국민족문화』 32, 부산대 한국민족문화연구소, 2008, 41쪽.

족-국가 권력은 바로 자기들의 '서구'로부터 이식받은 모델을 다시 '계몽' 혹은 '근대화'의 이름으로 로컬인들에게 내면화시켜, 동질화된 / 되지 않는 정신적·물질적 로컬리티들을 "식민화의 전략에 의해 활용되는 공간"[5]으로 복제한다고 주장한다. 한편, 이런 주장은 글로벌 시대가 강조되면서 그 자체가 경향적으로 가치화되기도 하는 로컬리티에 대한 하나의 경계警戒로 받아들일 수 있는데, 이런 논리는 로컬 혹은 글로벌의 편의적 본질화를 경계하기 위해서 누가, 어디서, 어떻게 이야기하는가에 대한 꼼꼼한 검토 필요성의 강조로 연결될 수 있다. 이런 까닭에 그는 "로컬 내의 특정 세력들이 자신들의 이익을 위해 로컬 주체들을 배제한 채 로컬을 전유하고 있지 않은지" 의문을 제기하고, "로컬리티를 주장하는 숱한 논리들 내에 모순적이고 상충적인 갈등들이 존재하고 있지 않은지"를 따져야 한다고 역설한다. 바로 이럴 때라야만 로컬리티 연구가 "지역적 삶과 로컬리티 담론 간의 분열을 정정하고자 하는 실천적 행위이자 로컬리티 담론 내부에서라도 현실과 이론 간의 통일을 회복하고자 하는 노력"[6]으로 자리매김 될 수 있다.

이런 국면에서, '로컬 외부'를 초대하는 세력 주도로 이뤄지는 로컬 내부의 관계 위상들의 새로운 배치를 통한 로컬 공간의 (재)구조화 시도와, 그런 주장과 시도가 자기들 삶의 공간에 부적절함을 알고 있지만 유능하게 담화구성을 해낼 수 없거나 할 기회를 원천적으로 부정당하는 세력의 저항, 이렇게 대별될 수 있는 힘들 사이의 갈등과 투쟁의

---

5   위의 글, 46~47쪽.
6   위의 글, 48~49쪽.

과정으로 로컬적 과정을 이해해볼 수 있다. 로컬리티의 정치를 구성해 온 근대적 방식의 (재)배치 문제는 언제나 '민족적 이익'이나 '시대적 사 명'으로 포장하고 현지의 권력을 내세워 공모·대리 실행하지만, 이는 또한 지속되어오던 로컬의 관계들을 해체하고, 그 해체의 공백에 자기 기획을 기입함으로써, 자기 이익 확보를 은폐 / 노출하는 전통적인 토 착 지배세력 혹은 신흥 지도자들의 이야기 방식 및 성격과 긴밀하게 관련된다. 이른바 상상적으로 구성되는 '민족적 주체'가 차이의 로컬 리티들의 복속과 배제를 끊임없이 선동하고 강제하며 정당화해온 다 양한 지역들의 근대화 과정들은 그렇게 안착된 듯이 보이는 체계를 실 증하고 있다. 그리고 근대화 과정의 그런 정당화는 민족사의 재구성과 동질화 과정에 스스로를 동일화identification 하는 민족 엘리트들의 상상 속에 가정되는 영원한 민족적 공간인 장소 초월적 공간(placeless place = u + topos = utopia)을 위한다고 공언하는 까닭에 근대적이어서 보편성을 획득한다고 '사회적으로' 간주됨[7]으로써 이뤄진다.

이런 정당화는 발전 / 퇴화, 문명 / 야만, 개화 / 미개라는 역사주의 적 시간 계열에 따르는 우등 / 열등의 자동 등식에 끼워 맞춰짐으로써

---

[7] 근대적 혹은 사회적 공간의 생산을 비판적으로 논의하는 르페브르Henri Lefebvre는 '사용 자' 혹은 '거주민'의 공간은 노동과 놀이 등으로 구성되는 생활공간이라고 설명하는 한편, 사회적 혹은 지배적 생산양식의 전략과 전술을 반영하는 청사진, 단순 이미지들과 같은 완전히 너무 객관적인 의미들all-too-objective meanings로 적재되는 유토피아 공간을 비판한 다. "사실은 ('특권 없음'을 암시하는) '사용자'와 ('주변적임'을 암시하는) '거주민'의 가장 기본적 요구는 큰 고난을 겪고서야만 표현expression할 수 있는" 구체적인 목소리들의 침 묵화가 사회적으로 강제되는 근대의 공간적 조건을 설명하는 그는, 사회적으로 "전유되 는 장소들은 고정되거나, 반쯤 고정되거나, 이동 가능하거나, 아니면 텅 비어 있게" 된다 고 강조한다. Henri Lefebvre, *The Production of Space*, Trans. Donald Nicholson-Smith, Oxford : Blackwell, 1991, pp.360~363 참조.

"민족적 주체의 무의식 속에 심어지게"[8] 되고, 하나의 조작적 가정으로서 '민족적 주체'는 진보하는 민족사의 시간을 자기 토대로 삼는 까닭에, 사회적 과정의 법적 도덕적 우위[9]에 확고히 선다. 이런 때문에 민족사의 시간을 위하여 '후진', '향수' 혹은 '동정'의 병적인 징후로서 진단되는 로컬리티의 구체적인 시간들은 정지되고 박제되어야 한다. 그런데 정당화 그 자체의 문제뿐만 아니라, 그에 수반하여 이상적으로 설계되는 추상적 논리의 인식적 지배와, 로컬리티에서 주민들에게 부과되는 이른바 '불도저'로 표상될 수도 있는 구체적인 추방논리의 '국가적이고 사회적인 불가피성', 그 부정합의 사이 혹은 공백 지대에 항상 이미 글로벌 / 국가 / 로컬 권력과 자본의 정치·경제적 이익이 개입된 사실 또한 지적되어야 한다. '공언되는' 그들의 사회적 상상과 시도가 언제나 '은폐되는' 사적 이익을 에워싸면서 '공적으로' 구현되는 까닭이다. 현실적으로 너무 명백하지만 다양한 장치들에 의해 맹목적으로 가려지는 이런 문제는 근대 지식의 논리나 이론의 불투명성과 날조 가능성을 입증해주고 있지만, 언제나 사회적인 담화 체계의 공리주의적 환원 속으로 숨겨진다. 따라서 우리는 장소, 위치, 위상 따위가 어떻게 정치적이고 또 권력적인 의미를 갖고 위력을 행사하는지 하는 문제에 주목하지 않을 수 없다.

지식의 지정학geopolitics을 논의하는 미뇰로Walter D. Mignolo는 사유의

---

8   김용규, 앞의 글, 47쪽.
9   이와 같은 위상학적 배치 위에서 본다면, 우리사회의 친일과 친미 그리고 안보 등을 주장하는 우파 민족주의 논리뿐만 아니라 좌파 민족주의 역시 동일한 논리 연장의 다른 위치에 서 있다고 비판적으로 볼 수 있다.

장소와 존재의 장소가 불가분의 관계에 있다고 주장한다. 그에 따르면, 정복과 식민화, 그리고 이들을 포장하는 근대 지식(체계)이 바로 이런 무매개적 관계를 전도시켜 '자기 자리 바깥에서 말하기saying out of place' 형식들을 이식시킨다. 이런 형식들은 식민자들에 의한 토착민 문화 파괴 이후의 공백 지대를 토착화된 백인Creole과 엘리트 문화가 메움에 따라 라틴아메리카 각 나라들에서 '권력의 식민성'을 정초한다. 수천 년 동안 그곳 사람들과 삶 가운데서 풍성해졌던 공간 의식, 기억들, 사회적 관계들, 노동 등의 과정에 깊이 관련되어왔던 그 장소와 원주민들의 관계가 파괴되었기 때문에, 토착민들은 더 이상 자기들의 이야기를 말 할 근거(지)를 상실했다. 또한 근대적 식민 문화가 이미 생활 공간 깊숙이 침투함으로써, 외래적 요소들이 그들의 앎과 상상의 공간을 장악했고, 그러므로 그들의 이야기는 식민자들과의 관계 속에서 언제나 이미 매개되어 '자기 자리 바깥에서 말하는' 형식을 이식받아 표현될 수밖에 없다는 것이다. 다시 말해, 자기들 이야기가 정작 자기들 공동체에 '어울리지 않게out of place'10 되는 모순적 상황에 놓인다.

이 지점에서 미뇰로는 권력의 식민성 극복을 위한 대안적 인식과 실천을 모색하는데, 왜냐하면 지배적인 기성 인식체계의 그런 식민적 모순이 라틴아메리카의 식민과 독재 그리고 최근까지 지배해온 신자유주의 만연 따위의 문화정치적 뿌리인 까닭이다. 그런 때문에 그는 상실된 토착의 방식으로부터 대안 모색의 단초를 찾고자 한다. '내'가 사유 활동을 하고 있는 그곳, 그 '장소'가 곧 자기의 '존재'11라고 미뇰로

10　Walter D. Mignolo, *Local Histories / Global Design*. Princeton : Princeton UP, 2000, p.130.

가 주장하는 근거도 바로 거기 있다. 문제는 지금까지 경향적으로 국가 혹은 자본에 의한 로컬리티 담론의 이식 메커니즘에 의해 로컬 주민들과 그들의 이야기가 배제되어왔고, 또 그런 상태에서 지역적 삶이 국가 권력과 로컬의 토호들에 의해 이중적으로 로컬화되어 로컬 주민들이 자기들의 정신적·물질적 삶의 터로부터 추방당해온 것이 로컬리티의 현실이라는 점이다. 구체적인 이 지점을 비판적으로 독해함으로써, 우리는 근대성의 경계로 밀려나고 주변화되는 가운데서도, 로컬리티-기반의 '자기 자리에서 말하기saying in place'가 자기 공동체에 '어울리게in place' 되는 로컬인들의 자기 준거적 의미화의 동시대적 정당성과 "비판적 주변성"[12]을 포착하고, 이를 통해 그것의 정당한 위치 모색의 실마리를 찾는다. 그러므로 중심 혹은 보편의 자리가 아닌, 주변 혹은 경계에서 사유하기와 말하기가 바로 굴종과 예속을 강요해온 권력의 식민성에 대한 비판과 극복의 출발이 된다고 주장할 수 있다.

이런 문제의식과 관련하여 토미야마富山一郎는 "말의 소재所在야말로 사회의 미결성과 관련된 헤게모니적 실천이며 경험을 이야기한다고 하는 행위에 있어서 로컬한 장소에서부터 로컬리티를 만들어내는 실천"이라면서 누가, 어디서, 무엇을 말하는지를 따지는 로컬리티 연구의 주안점을 환기한다. 그는 또 로컬리티(연구)의 말을 "이야기하는 자신도 그 관계성에 포함되어 가는 관계성의 생성을 만들어 내는 실

---

11 그는 "나는, 내가 생각하는, 그곳이다I am where I think"라고 말한다. *ibid.*, p.89. 여기서 그는 정복과 식민화가 특정 지역(서구)의 생각을 보편적이라고 가정하고, 이를 지역 초월적 지배를 가능하게 하는 인식적 토대를 만들어가는 과정으로 설명한다.
12 김용규, 앞의 글, 49쪽. 그는 "자신들의 언표 위치를 정확히 인식하는" '비판적 주변성'을 중심의 주변화 전략에 의해 '구성된 주변'과 대비시킨다.

천"이라고 말하는데, 여기서의 분석적 작업은 "객관적 사실을 확정하는 분석"과는 다른 "진실의 발견이라기보다는 관계의 생성과 관련된 기술"이라고 설명한다. 다시 말해 로컬리티 연구는 추상적으로 전제된 개념적 진실의 확증을 위한 연구가 아니라, 로컬적 관계의 구체적 생성 혹은 활성을 북돋울 가능성을 여는 작업이라는 주장이다. 그는 또한 이런 해석 내용의 진위가 아니라 미완의 수행적 과정이자 개입적인 작업으로서 로컬리티 연구의 분석이 '주권의 문제'나 '닫힌 공동체'로 향하는 것이 아니라, "미결성을 확보"함으로써 타자성에 미래를 여는 작업임을 강조하고, 이를 받아 안을 수 있는 로컬리티(연구)의 말을 제안[13]한다. 그러니까 로컬리티-기반의 이야기들의 이해를 통해 관계(성)의 문제를 분별하는 동시에, 어떤 당위나 필연이 아니라 미결의 상태로 새로운 관계(성) 생성의 가능성을 로컬 주민들에게 열어놓는 개입적인 작업으로서 비판적 연구의 접근이 하나의 로컬리티 연구 방법으로 수립될 수 있을 것 같다.

지금까지 비판적 로컬리티 연구가 장소에 근거하는 차이들을 말소하고 효과적인 지배를 위한 장소초월적인 기획과 실행의 결과로서 강제되는 우월적 의미화들의 식민적 논리를 비판적으로 논의할 가능성의 근거들에 대하여 살펴보았다. 그리고 로컬적 과정에서 의미화와 실행들을 누가, 어디서, 무엇을 말하고 또 어떻게 실행하는지를 분별하면서 접근하고, 들리지 않거나 발언될 기회를 봉쇄당한 목소리들에 대한 로

---

13 冨山一郎, 박수경 역, 「기억이라는 문제, 혹은 사회의 미결성openness에 관하여」, 『로컬리티 인문학』3, 부산대 한국민족문화연구소, 2010, 239~240쪽.

컬리티-기반의 이해를 시도할 수 있는 논리적 근거들을 밝혀보았다.

특정 장소를 둘러싼 의미화들은 그렇게 말하는 사람의 자리 혹은 준거에 따르는 다양한 '말하기' 형식의 실행들의 경합을 구성한다. 특히 여기서 글로벌, 국가, 민족 등 장소초월적 가치에 근거하여 구체적 공간에 부과되는 우월적 의미화들, 그리고 이를 초대하기 위해 스스로 나서서 로컬리티의 현장을 하나의 '공백 지대'로 가정한 다음, 이익관계로 재구성하는 로컬 주체들의 앎 혹은 지식의 식민성 문제들도 간략히 확인했다. 지금부터는 강정마을이라는 공간에서 일어난 제주해군기지 건설의 추진과 유치 과정에서 이와 같은 문제 과정들의 일정한 패턴들이 어떻게 '자기 자리 바깥에서 말하기'를 통해 실행되는지 '비판적 주변성'의 자리에 서서 살펴보려고 한다.

3. 해군기지 유치와 언어적·물질적 공간 분리

해군이 제공하는 홍보 동영상에는 '민·군복합형 관광미항 제주해군기지'의 목적을 "해양주권 강화, 친환경·녹색성장, 관광문화·지역사회 기여"라고 개념화하고 있다. 특히 이 사업을 국책사업이자 안보 논리의 연장으로서 성립시키는 근거인 '해양주권 강화' 항목은 바다의 무한한 부존자원을 보호하고 개발함과 동시에 해상교통로를 지킴으로써 국민의 해양경제활동을 자유롭게 보장하려고 한다는 점을 내세우고[14] 있다. 그러나 이런 일상적 임무가 군이 아니라 '경찰의 고유 업무'임을 주장하는 많은 반론에도 불구하고, 정부와 군 당국의 약속이

옳은지 그른지를 따지는 일은 이 논문의 관심사가 아니다. 또한 반전 평화를 내세우거나 환경과 생태를 내세우는 운동 단체 활동가들의 주장, 즉 '평화의 섬, 제주' 담론을 중심으로 미국의 동북아 전략에 부응, 중국 등과의 긴장 격화 등에 대한 비판과 멸종 위기 종 붉은발 말뚱게와 연산호 군락 등의 서식지 파괴와 오염 등의 우려가 국가안보적 가치에 견주어 어느 것을 앞세워야 할지를 논하는 일 또한 이 글의 범위를 벗어난다. 나는 여기서 로컬리티를 구성하는 근본 토대인 마을 주민들의 '거주권'[15]과 '자기 결정권'에 주목하면서 논의를 구체적으로 전개하고자 한다.

전반적 상황을 돌이켜보면, 제주도가 2006년 7월 특별자치도로 거듭나는 시점이 중요하게 보이고, 이 시점을 분수령으로 해군기지건설 문

---

14 대한민국해군 제주민군복합항건설사업단 홈페이지 http://www.navy.mil.kr/sub_guide/jeju_main.jsp (검색일 : 2012.3.20) 참조.

15 여기서 '거주' 혹은 '거주민'의 의미는 자본주의 경제 혹은 임차 경제라는 토대 이전의 '모두가 거주한다는 공통의 토대'에서 말하는 것이다. 이와 관련하여, 마젝Robert p.Marzec은 "Enclosures, Colonization, and the Robinson Crusoe Syndrome : A Genealogy of Land in a Global Context." *boundary 2*. 29-2. 2002. p.142에서 흥미로운 설명을 제공한다. 엔클로저가 땅과 관련한 인간적 관계의 기본적 틀을 바꿔놓는 현상에 주목하는 그의 설명에 따르면, 땅에 대한 사용권에 기반을 두는 "거주자"로부터 "임차인" 혹은 "지주"로의 자아the Self의 이런 법적인 변형은 기본 토대의 위치 이동을 표시한다. 어원적으로 "거주자"라는 단어는 임차 경제 안에서 주체성의 상품화 혹은 지주에게 수여되는 자주성의 지위와는 아주 다른 논리를 일컫는다. **거주하기**Inhabiting는 **살고 있는**habiting(프랑스어habiter)이란 단어에서 파생한다. 즉 '관계하다to have dealings with', '같이 살다cohabit', '체재하다dwell', '거주하다inhabit'의 뜻이다. 그러나 그것은 또한 존재 그 자체Being itself 영역의 부분이다. 라틴어 Habre는 '소유하다to have', '구성되다to be constitued', '존재하다to be'를 의미한다. 거주자inhabitant란 단어 안에서, 자아와 땅은 무관한 실체들로 사유되지 않는다. 오히려 그것들은 서로의 관계로부터 사유될 수 있을 뿐이다. 거주자는 체재하면서, 특정 장소와 관계하고, 구체적인 사람들과 같이 사는 그 사람이다. 거주라는 단어 그 자체는 관계를 칭한다. 그리고 18세기 말의 개인주의 관념과 20세기의 초월적 주체성을 강조하는 관념과는 현저하게 다른 땅이라는 하나의 논리에서 그 관계를 근거 짓는다.

제에 대한 제주도정의 태도가 급변한다는 점을 포착할 수 있다. 취약한 산업기반 위에서 독자적 생존의 길을 찾아야 하는 제주도정으로서는 개발과 세입의 원천이 절실하게 필요했다. 이런 가운데 해군기지를 통한 '마을 발전'이라는 이야기에 찬성하는 제주도정과 도민 그리고 당시 마을 지도자들의 주장은 해당 마을이 아니라 제주도정 차원에서 '현실적' 근거를 확고히 갖추게 된다. 다른 편으로, 반대 주민들 또한 다 함께 잘 살기 위해 자기들 마을이 발전하기를 바라는 욕구 또한 분명히 있다. 그래서 이미 강정에서 벌어지고 있는 공간 (재)구조화라는 가시적 현상과 그것의 미래상을 두고 벌어지는 논쟁들은 불가피하게 '금전적 이익의 문제'를 둘러싸고 평행선을 달리는 것으로 보이게 될 뿐만 아니라, 자칫 이데올로기 논쟁에 가담하게 될 수도 있다. 특히 이데올로기 논쟁으로 휘말려들 경우, 결국 문제를 '힘의 논리'에 방기하게 되고, 현실적인 대안을 논하기 힘들어진다. 그래서 대화와 소통 그리고 합의라는 이른바 '민주적' 절차의 이름으로 논의되는 사태들의 봉합 이전 단계인, 로컬화 과정 안으로 들어가서 '로컬리티-기반의 이해'라는 로컬리티 연구의 한 방법을 통해 접근해보려고 한다. 이를 위해 먼저 유치과정을 간략히 살펴보는 가운데, 위로부터의 공간 분할로 인해 새롭게 부과되는 관계 속에서 재배치되는 위치들의 맥락을 알아보자.

1) 해군기지 유치의 경과[16]

　제주해군기지 건설 계획은 1993년부터 해군에서 제기된 제주 남단의 해군기지 신규 건설의 필요성을 제156차 합동참모회의가 신규소요 결정으로 받아들이고 정부 내 협의가 진행되면서 시작됐다. 1995년 김영삼 대통령 주재 국무회의에서 제주해군기지를 국책사업으로 선정함으로써, 국방부의 국방중기계획에 반영되어 본격 시작되었다. 이에 따라 국방부는 이미 해양수산부(해수부)가 1993년부터 장기발전계획을 수립하고 있던 화순항을 기지의 최적지로 선정, 그 내부에 기동함대기지 건설을 위한 해군의 보안항구로서의 수용을 해수부에 요청하여, 2001년 5월 해수부에서 '수용가능 예상'이라고 회신함으로써 가시화되었다. 그리고 2002년 5월 해군의 기동함대기지의 필요성을 강조하는 함상토론회 개최와 6월 해수부의 화순항 내 보안항구를 포함시킨 항만기본계획(안) 발표가 있자, 이에 대응하는 주민들의 '화순항 해군기

16　경과의 내용과 〈표〉는 윤용택,『생명평화마을, 일강정은 살아있다』, 2010, CD 영상해설 자료; 윤용택,『생명 평화의 섬, 제주를 꿈꾸며』, 제주 : 도서출판 각, 2011; 김경훈,『돌맹이 하나 꽃 한 송이도』, 제주 : 도서출판 각, 2011; 이경원 · 김정화, 「공공갈등과 공익의 재검토 : 제주해군기지 건설 사례」,『경제와 사회』봄호 통권 제89호, 비판사회학회, 2011, 298〜332쪽; 은재호 · 김형성 · 최대용, 「국방 · 군사시설 입지 갈등의 원인과 해법 : 제주해군기지 사례의 교훈」,『한국정책학회보』제20권 2호, 한국정책학회, 2011, 319〜352쪽; 이보라, 「제주도 내 '군사기지 유치' 담론을 통해 본 평화정치학」, 이화여대 석사논문, 2009; 김철웅 · 장성수, 「성공적 크루즈항 건설을 위한 협력적 거버넌스 구축방안 : 제주해군기지 후보지 선정 사례를 중심으로」, 한국관광학회 제주학술심포지엄 발표논문, 2008, 102〜123쪽; 김진호, 「군사안보시설 현지화를 위한 갈등해결방안 연구 : 제주 해군기지건설논쟁을 중심으로」,『통일문제연구』, 상반기호 통권 제47호, 평화문제연구소, 2007, 65〜103쪽; 구럼비살리기전국시민행동,『제주 강정마을에서 보내는 평화의 목소리 : 울지마 구럼비, 힘내요 강정』, 서울 : 나름북스, 2011; 연합뉴스, 「'제주 해군기지' 추진. "안보엔 타협없다"」, http://media.daum.net/v/ 20120229160508047 (검색일 : 2012.3.11) 등을 참조하여 재정리하였다.

지 결사반대 도민대책위원회 준비위원회' 결성 등으로 갈등이 표출되기 시작했다. 곧이어 10월 코리아리서치에 의뢰, 실시한 여론조사 결과가 찬성 25% 반대 58%로 나오자 제주도정은 공식적으로 "반대입장"을 표명했다. 그리고 12월 26일 해수부가 '화순항 개발기본계획서'를 발표, 사실상 기지건설을 유보함으로써 갈등은 수면 아래로 들어갔다.

해군기지 건설과 관련한 갈등은 2005년 3월 국방부가 '제주해군기지 추진기획단'을 설치하고 화순항 일대 12만평에 해군기지를 재추진하겠다고 발표하자 다시 불거진다. 제주참여환경연대 등 21개 단체가 활동하는 것으로 알려진 반대대책위원회 또한 재가동된다. 대책위는 평화, 환경보전, 삶의 질 수호 등을 주장하며, 특히 "'모든 위협요소로부터 자유로운 상태인 적극적 의미의 평화를 실천해 나가는 일련의 사고체계와 정책 등을 포괄하는 문화적, 사회적, 정치적 활동체계'를 말한다"고 제안하는 2005년 1월 정부 지정의 '세계평화의 섬'이 정의하는 평화, 즉 한 걸음 더 나가 "적극적 평화 상태를 실현하기 위한 사회구성원 간의 지적, 인적, 물적 네트워크가 형성되어 평화를 창출하고 확산하고 건설하는 제 과정을 말한다"[17]는 내용을 적극적으로 구현하고자 하는 운동을 결합시켜 전개해 왔다.

이에 맞서 같은 해 11월에는 그동안 물밑에서 활동하던 도민회(13개), 보훈단체(8개), 안보단체(6개), 경제 / 시민단체(37개) 등 64개 단체가 '제주해군기지 범도민 유치위원회'를 결성하고, 이듬해 10월 유사한 성격의 단체들 54개가 '제주사랑범도민실천연대'를 발족했다. 이들 단체

---

17 http://www.peace.jeju.kr/contents/index.php?mid=010201 (검색일 : 2012.3.11)

는 각각 ROTC 동우회 고문과 전 제주상공회의소장을 회장으로 추대했다. 이른바 제주지역의 유지들로 구성된 이들 단체는 제주상공회의소, 건설협회 등을 통해 본격적으로 경제적 이익 확보라는 목적을 위해 보상을 통한 경제적 유인에 민감하게 반응하는 주민들을 조직화하는 한편, 지역 업체 도급 지분을 더 많이 확보하기 위해 중앙행정기관이나 사업 발주처(국방부·해군)의 의사결정 과정에 적극적으로 개입했다. 해군기지 입지의 최적지로 꼽혔던 화순항, 위미2리, 그리고 현재 문제가 되고 있는 강정마을까지 유치위원회(이하 유치위)가 각각 결성되었던 토대 또한 특별자치도의 세수 증대 및 가시적 발전의 필요성과 결합하여, 결국 지역 이익집단들의 개발을 통한 경제적 이익을 둘러싸고 공모하는 '이익 결사'였던 셈이다. 이런 과정에서 자치단체로서 제주도정은 찬성과 반대 양 집단들과의 적극적인 상호작용을 통해 지역사회의 합의를 촉진하기 위해 노력해볼 수 있는 입지를 스스로 포기한다. 제주도정은 오히려 찬성 편에 서서 해군기지를 발판으로 국가로부터 더 많은 지역개발 예산을 따내기 위해 매진함으로써 갈등이 더 증폭될 수밖에 없었다.

어쨌든 이후 담화분석에서 더 상세하게 밝히겠지만, 아래 〈표〉 주요 일지에서 확인할 수 있는 바와 같이, 이례적으로 강정마을의 경우 주민들 의견을 수렴하려는 시간적 여유와 적극적 노력도 없이 2007년 3월부터 미리 계획된 로드맵에 따라 각 행위자들이 기민하게 움직임으로써, 일체의 과정들이 신속히 실행됨을 확인할 수 있다. 간단히 정리하면, 강정마을회 임시총회 이전인 2007년 3월 강정마을이 후보지로 갑자기 추가되는 시점부터, 4월 8일 마을회장과 어촌계 회장 등이 도지사와 회동하여 사전 협의하고, 이후 마을회장 주도로 다양한 자생단체 대표자 회의와 지역 유지회의 등에서 협의한 다음, 25일 어촌계 회의에서 '결의한 사항'을 다음날 26일 마을 임시총회에서 추인하는 형식을 취한다. 이후의 '말하기' 분석은 바로 이 과정을 제대로 이해하기 위한 작업에 초점을 맞춘다.

〈표〉 제주해군기지 건설 문제 관련 주요 일지

시 기	내 용
1995년 4월	대통령(김영삼) 주재 국무회의, 제주해군기지 국책사업 선정
2002년 5월	제주 화순항 해군전용부두 협조(해군↔해수부) / 찬·반 논쟁 시작
10월	제주도, "반대 입장" 표명
12월	해양수산부, 「항만개발기본계획」 해군기지 반영 유보
2005년 3월	국방부, 해군기지 재추진 구상 발표 / 반대대책위 재가동
6월	제주도지사, 1년 동안 해군기지 논의 중단 발표
10월	해군 위미지역 실사 및 현지 답사
2006년 1월	위미지역 해군기지건설 가능성 검토 / 건설 가능 판단(4월)
5월	위미지역 해군기지 유치위원회 기자회견
7월	위미지역 해군기지 유치반대대책위 구성 / 제주도 민·관 T/F 구성
12월	국회, 해군기지 예산 연구용역비(20억) 편성
2007년 3월	해군기지 추가 후보지(강정동 추가) 포함 8개 지역 실사 및 검토
4월	제주도지사, 5월 도민여론조사 후 해군기지 정책 결정 계획 발표(11일)
	김장수 국방장관, 제주도 방문 해군기지건설 강행 입장 발표(13일)
	강정마을회 임시총회 마을주민 87명 참가 동의(유권자 1,200여명 중, 26일)
	강정마을회, 150명 동의로 임의 변경 유치 기자회견 (해군·제주도에 건의 공문, 27일)
	도지사, 도의회간담회에서 강정마을 후보지 포함 결정(30일)
5월	도지사, 해군기지 유치 결정 및 최우선 후보지로 강정마을 발표(14일)
	강정해군기지유치반대위원회 결성(17일)
	제주도, 국방부·해군에 강정마을 동의 및 계획·설계 용역 착수 통보(22일)
6월	국방부, 제주도에 제주해군기지 건설지역 결정 통보(8일)

시 기	내 용
	강정마을 해군기지 찬·반 투표 실시, 찬성 주민 방해로 무산(19일)
	대통령(노무현) 제주평화포럼 방문, 해군기지와 평화의 섬 양립 가능 발언(22일)
7월	제주군사기지저지와 평화의 섬 실현을 위한 범도민대책위 발족(3일)
8월	강정마을회 총회, 유치 주도 마을회장 해임, 신임회장 선출(10일)
	강정마을회 총회 주민투표, 유치무효 선언 (725명 참여, 찬36, 반680, 무효9, 20일)
	국방부, 강정마을 해군기지건설 결정 변동 없음 확인(21일)
12월	행정자치부, '지자체 상생·협력 갈등관리 최우수 사례'로 제주도 선정
2008년 9월	정부, 제주해군기지를 민·군복합형관광미항으로 개발 사업 확정 발표
2009년 1월	국방부 장관, 제주해군기지사업 실시계획 승인 고시
4월	국방부·국토해양부·제주도, 해군기지건설 기본협약서(MOU) 체결
8월	제주도지사 주민소환투표 투표율 미달로 무산(26일)
12월	제주도 의회, 강정 해안 절대보전지역 변경(해제) 의결
2010년 3월	국방부, 국방·군사시설사업 실시계획 변경승인 고시
12월	해군기지건설 반대 기자회견 주민 46명 강제연행, 해군기지공사 시작
2011년 2월	해군 및 건설업체 해군기지 예정지에 현장사무소 개소
3월	제주도의회, 절대보전지역 변경 의결에 대한 취소의결안 가결
8월	야5당 진상조사단 보고서 채택, 사업 재검토 촉구(4일)
	경찰, 전투경찰 인력·장비 증강 배치(14일)
	공사장 펜스 설치 작업 충돌, 강정마을회장 강동균 강제 연행(24일)
9월	경찰 병력 보호 속 공사구역 철제 펜스 설치 완료
12월	국회, 해군기지 예산 1천278억 삭감, 49억 배정(정부 원안 1천327억)
2012년 2월	국무총리실, "제주해군기지 계획대로 2015년까지 건설하기 위해 준설 등 본격적인 공사를 빠른 시일 안에 시작하겠다." 발표(29일) 경찰, '불법집회', '무단침입' 혐의, 주민·활동가 400여명 연행 및 일부 구속(최근 3월말까지)

2) 위로부터의 로컬화 혹은 자기 자리 바깥에서 말하기

현재 제주해군기지 문제의 이해에서 2007년 3월부터 8월까지 약 6 개월 동안이 중요한데, 특히 화순, 위미 등 이전 후보지들에서 가장 격렬한 반대 의사를 표명했던 해녀들을 중심으로 사전 작업이 진행된다는 점이 특징적이다. 이를 위해 마을회장은 마을 임시총회 이전, 어촌계 임원 회의부터 어촌계 총회까지 다양한 회의들을 단계적으로 준비하고 실행해나갔다. 강정마을 해녀들은 약 80% 이상이 60살 이상이어서 다른 마을보다 평균적으로 노령 인구 비율이 높았다. 이런 점은 설득을 위한 양호한 조건이 되었다. 따라서 마을 회장과 어촌계 임원들은 해녀들에게 "지금은 자원도 많이 고갈되고 평생 물질작업을 해서 살아갈 수도 없으므로 동의하는 것이 좋다"[18]고 회유하면서, 해군기지 내 병원이 들어서면 해녀들의 잠수병을 무료로 고칠 수 있고, 도로망도 넓어져서 "엄청난 발전이 기대된다"고 '무상치료'와 '지역발전'을 반복 강조한다. 4월 25일 열린 「어촌계 총회 회의록」을 보면 해녀들의 의견을 듣는다기보다는 미리 준비된 각본을 토대로 일방적으로 짜놓은 계획을 관철시키는데 역점을 두고 회의가 진행됨을 충분히 간파할 수 있다. 흥미로운 사실은, 한 참석자가 "해군기지의 적지 장소가 어디냐"고 묻자, "옥코지선 정치망에서 냇각전까지 길이는 1,000미터 폭은 500미터 정도"라고 하는 지나칠 정도로 상세한 대답을 볼 때, 그리고 불과한 달 전인 3월 갑자기 강정마을이 후보지로 추가되는 정황을 미루어,

---

18 강정동 어촌계, 「어촌계 총회 회의록」, 2~3쪽.

해군이나 도정과의 직간접 결연 속에서 회의가 진행되고 있음을 추론할 수 있다. 특히 이런 말들은 화자들이 해군 혹은 '국가 안보의 수호자'에 자신을 동일시함으로써 '자기 자리 바깥에서 말하기'를 실천하는 전형적인 담화 형식으로 이해된다.

이날 어촌계 총회에 참석한 마을회장 윤아무개(숙박업소 운영)는 인사말에서 먼저 "장소 선정이 4월말까지"임을 강조한다. 그는 "이런 기회가 일생에 한번 올까말까 한 일"이라면서 "화순은 반대하다가 지금은 유치동의서를 받으러 다닌다"고 근거 없는 말을 슬쩍 흘린다. 그는 또 "해군기지를 유치해야하는 이유는 일일이 만나서 대화하고 해결해야 하는 문제지만, 오늘 결정을 하여 내일 마을회의를 거쳐 신청을 하는 게 시급하여 더 많은 설명을 자세히 드리지 못하여 죄송하다"[19]고 사정을 설명한다. 마을회장 자신도 분명히 '해군기지 유치신청'이란 사안이 '만나서 대화하고 해결해야' 할 일이라는 점을 인지하고 있으며, 그러지 못하는 사실에 대해 사과하고 있다. 그런데 그런 사정을 정당화하기 위해 동원하는 다른 마을과의 경쟁, 일생일대의 기회, 사안의 시급성 등은 전혀 근거가 없음이 드러났다. 어느 마을도 자기 마을에서 유치신청을 하기 위해 절차를 거친 사례가 없었고, 국방부 또한 당시까지 그리고 그 이후로도 최적지를 결정하지 못할 경우 제주해군기지 계획 자체를 철회하겠다는 의사를 한번도 표명한 바 없었기 때문이다.

또한 「4 / 26일 마을 총회 회의록」에 따르면, 마을총회에서도 어촌계 총회에서와 같이 마을회장은 "매우 송구스럽게 생각"한다면서 인사

---

19 강정동 어촌계, 위의 글, 2쪽.

말을 시작한 다음, 본격적인 논의가 시작되기도 전에 "해군기지 관련해서는 어떠한 외부인사와도 접촉하거나 협의한 사실이 없다"는 점을 먼저 밝히고 있다. 그는 또한 "절차상 잘못된 부분이 있을 것"이라면서, "그런 점은 이 자리를 빌어 사과"[20]한다고 동일한 패턴을 반복한다. 만약 사전에 예정지를 결정해놓지 않았다면, 유치위의 일련의 노력에 어떠한 사과도 필요 없을 것이고, 오히려 순수한 '지역발전을 위한 노력과 시도'로 이해할 수도 있을 것이다. 그리고 당시 정말 순수하게 '신청'만이 시급했다면, 차후에라도 절차를 밟고 충분한 논의를 거칠 수 있기 때문에, 신청하자고 총회를 소집한 행위 자체에는 아무 문제가 없음이 명백하다. 그러나 '조건에 맞지 않으면 그 때 가서 반대할 수 있다'는 마을회장의 발언과 달리, 이후의 일들은 '강정마을이 최적지'라는 국방부의 확정 발표를 위해 일사천리로 진행되었음을 상기할 때, 바로 이런 미리 "예정된 수순"[21]이 마을회장의 사과 이유였다고 역추론할 수 있다.

한편 「어촌계 총회 회의록」을 보면, 유치위원들의 '거리낌' 없는 회의 진행과 거듭되는 마을회장의 사과와 양해 요구는 자기들이 무시하기로 계획한 마을의 관례와 규약 때문으로 보인다. 그럼에도 불구하고 마을 주민들의 관계를 정의해주던 지혜로운 방식의 결집에 다름 아닌 관례와 규약에 대해 계원들은 간접적으로 발언하지만, 마을회장과 의장은 사안의 '시급성'을 거듭 상기시키면서, 나중에 조건이 맞지 않으

---

20 강정동 마을회, 「4 / 26일 마을 총회 회의록」, 2007, 1쪽.
21 반대쪽 주민들의 표현인데, 그들은 심지어 당시 마을총회의 분위기를 "군사작전," "말 한마디 하려 하면, 잡아먹을 듯 달려드는 분위기"였다고 증언하고 있다.

면 반대할 수 있다는 주장으로 봉합한다. 아래 인용은 안건의 중요성과 급박한 진행에 일단 제동을 건 계원들이 요구하여 15분 동안 개별 논의 시간을 가진 후 이어지는 발언들이다.

○○○ : 26일 저녁에 마을총회를 한다고 하니 마을주민들의 결정에 따르는 것이 좋다.

의　장 : 우리가 먼저 결정해야 마을회의를 하게 된다.

○○○ : 마을 주민들과 같이 협의하여 결정하는 것이 좋다.

의　장 : 70%가 마을어장에서 이루어지는데 우리 □□권을 포기하고 마을에서 결정해도 좋으냐.

○○○ : 절대로 안 된다.

○○○ : 어촌계는 어촌계대로 마을은 마을에서 결정하는 것이 좋다.

○○○ : 해군기지 유치내용을 모르는 계원들이 많으므로 내일 아침 총회를 다시 하는 것이 좋겠다.

○○○ : 무기명 투표로 결정하자.

○○○ : 내일 아침 총회를 다시 하는 데 동의한다.

○○○ : 해군기지 유치신청을 했다가 보상이나 그 외 마을의 조건이 맞지 않으면 반대를 할 수 없느냐?

마을회장 : 가능하다.

○○○ : 우리가 유치신청을 해놓고 반대하기가 쉽지는 않다.

○○○ : 해군기지 유치신청을 해서 유치가 결정되어도 보상이나 그 외 마을의 조건이 맞지 않으면 반대를 할 수 있으므로 시급하고 하니 □□하는 것이 좋다.

전　　원 : 동의.

전　　원 : 박수.

의　　장 : 전계원이 찬성하므로 해군기지 유치신청에 동의함을 선언한
　　　　 다.[22]

　속개된 회의에 들어온 일반 계원들은 계속 주민들과의 협의를 강조
하고 있다. 그렇지만 유치위원들은 하나같이 법 없는 관계로 살아온
사람들에게 '법적 권리'와 '보장될 수 없는 미래'의 가능성에 근거를 두
고 발언한다. 그러니까 그들의 자리는 이미 현재의 마을을 초월하여
국방부의 논리와 비전을 복제하고 확정된 '미래의 마을'로 이동해 있다
는 점을 포착할 수 있다. 다시 말해 그들이 살고 있는 시간은 마을 주민
과의 관계 속에서 함께 만들어가는 마을의 미래를 위한 '현재의 시간'
이 더 이상 아니다. "마을 주민들과 같이 협의"라는 해녀들의 요구들이
말하는 바와 같이, 지금 이곳의 관계 속에서 협의하고 갈등하며 마을
의 미래상을 그려내고 만들어왔던 오래된 관례와 규약은 현재의 관계
에 결속되는 시간성을 벗어날 수 없는 상호관계성, 즉 숱한 현재들이
누적되어 함께 지켜온 '신의' 혹은 '의리'의 문제다. 그리고 그 관례와
규약은 당시까지 강정마을의 로컬리티의 정치를 구성하고 마을 사람
들의 상호적 신뢰에 바탕을 두고 진행되어온 자기 준거적인 '아래로부
터의 로컬화' 과정 그 자체이다. 물론 거기서도 이견과 갈등이 없진 않
았겠지만, 누적된 신뢰를 저버리지 않음으로써 마을의 평화는 끊임없

22　강정동 어촌계, 앞의 글, 3쪽. 주민들 이름 ○○○, 불명확한 표현은 □□로 표시함.

이 갱신되면서 지속되어왔다고 볼 수 있다.

이렇게 볼 때, 달리 해석하기가 어렵기는 하지만, 유치위의 일련의 작업이 마을 생활 속에서 인간적 대면 관계를 통한 상호신뢰에 기반을 두고 이뤄져온 일상적인 관행이나 규율과는 '맞지 않도록' 미리 기획되어 실행되었다고 한다면, 관계를 통해 자기 존재를 표현하는데 익숙한 대면 공동체의 일반적인 특성[23]을 고려할 때, 마을회장의 '사과'로 포장된 일련의 말들은 자기들이 맺어왔던 관계뿐만 아니라 상대의 존재 그 자체를 심각하게 파괴하는 기만적 술수에 해당될 수 있다. 이렇게 귀납될 수 있는 관계 위상의 변화를 표현하는 말들은 이미 유치위 사람들이 공동체 바깥으로 나가 있다는 사실을 은폐하는 동시에 노출시킨다. 한편으로 이런 인위적 재배치는 자기들이 의미화하는 상상의 '미래' 공동체에서 '현재'의 동료로서 주민들을 배제하려는 의도 또한 노골화한다. 이와 같이 '자기 자리 바깥에서 말하는' 화자들의 주된 특징은 차이의 불인정, 대화 기피, 위계적인 명령을 통해 지금까지의 자기 동료들을 대상화한다.

대상화objectification라는 사고방식은 "인간적인 관계들 밑에 깔려있는 결속의 기획을 인정하지 않고 봉쇄하는 것"이며, "현존하는 관계에 적용될 뿐만 아니라 새로운 관계 맺기를 위한 거리낌 없는 마음가짐에도 영향"을 준다. 이런 방식은 '동일화'라는 사유의 과정을 통해 더욱

---

23 강정마을은 제주도의 여느 마을과는 달리 외지인은 3가구 정도에 불과한, 그야말로 날 때부터 한 평생을 함께 보내는 사람들이 살고 있는 자연부락이라고 알려진다. 또한 관광객도 많이 드나들지 않기 때문에 제주도 내 여느 마을보다 더 대면관계face-to-face encounter적 특성이 강하다고 한다. 이보라, 앞의 글, 32쪽.

'거리낌' 없어지는데, 마을 공동체를 초월하여 '우리는 하나'라는 무차별적 평등의 이상을 조작하는 관념적 공간과 도래하지 않은 시간 속으로 나를 현재의 '나self'로부터 탈출시킨다. 특히 '민족주의' '국가주의' 등 근대성을 구성하는 그런 이상적 공간과 시간은 그 사회의 구성원들로 하여금 '자유로부터 도피'하도록 유혹하는 동시에, 다양한 차이를 이유로 거기에 귀속할 자격이 없거나 혹은 거기에 가담하지 않을 경우 '이질', '비정상' 등의 '모욕denigration'[24]을 통해 위협한다. 이와 같은 유혹／위협을 통한 동일화의 사회적 무의식화는 "편안한 밤의 휴식을 선사"한다는 근대 정체성 정치의 이데올로기[25] 안에서 작동하는데, 이는 결국 현재의 '나'와 '나의 자리'를 부정하면서 성립된다. 그러니까 유치위원들은 전통적인 관계로 표현되는 지금의 '나'로서가 아니라 미래의 새로운 관계를 기획하는 '나'로서 기존의 관계들과 자기들 존재를 표현해주던 동료들을 대상화하고, 관계의 빈자리에 놓이는 국가적 안보와 '나'를 동일화함으로써 강정마을의 '계몽된' 주체인 동시에 민족-국가적 주체가 된다. 그리고 그들은 그런 주체들에게 한국 사회에서 역사

24　Richard, Schmitt, ed. Lewis R. Gordon, T. Denean Sharpley-Whiting·Rene T. White, "Racism and Objectification-Reflections on Themes from Fanon", *Fanon : A Critical Reader*, Oxford : Blackwell, 1996. p.36. 미국이나 서구사회에서는 유태인과 흑인들 그리고 그런 사회적 소수자들에 동조하는 사람들을 싸잡는 방식인데, 우리 사회에서 이런 이질성은 흔히 "빨갱이", "종북", "좌파" 따위로 중상한다. 지금 강정마을에서도 똑같은 현상이 벌어지고 있다.

25　Hall, Stuart Hall. "Old and New Identities, Old and New Ethnicities", ed. Anthony D. King. *Culture, Globalization and the World-System*. Minneapolis : U of Minnesota P, 1997, pp.42~43. 같은 책의 다른 논문 "The Local and the Global-Globalization and Ethnicity", pp.19~39에서 홀은 글로벌 시대 민족 : 국가의 실질적 역할이 축소되고 점점 옅어지는 정체성 코드 때문에, 오히려 그 담론효과의 필요성이 더 강조되고 더욱 강력하게 본질화되는 현실을 지적한다. 같은 맥락에서 우리의 민족주의도 성찰할 수 있다.

적으로 주어져온 법·도덕적 우위를 확보한 상태에서 '거리낌' 없이 활동할 수 있게 된다.

앞서 인용문의 '어촌계는 어촌계대로 마을은 마을에서'라는 표현으로 드러나듯이, 유치위원들 의식에 기입된 도래하지 않은 시간과 해군의 조감도와 컴퓨터 그래픽화된 공간은 분리 불가능했던 시간적 현재와 공간을 법적인 칼로 도려내 분류하고 정리하는 유일한 표준 잣대가 된다. 마침내 현재는 정지하고 미래를 위해 '여기'의 공간은 대체 가능한 것으로 변화되는 분수령이 만들어진다. 지금까지 유지되던 관계가 살아 있는 '현재'와 삶의 터전인 '이곳'을 토대로 강정마을의 '오늘'이 유지되어왔다면, 해군기지 유치를 계기로 그 관계는 서로가 더 이상 함께 할 수 없는 위기, 대립, 교환, 거래의 관계로 반전된다. 그래서 "우리가 먼저", "우리 □□권을 포기" 등의 말은 사전에 구획된 '우리'라는 경계 안으로 들어오도록 유혹하는 동시에, 만일 들어오지 않을 경우 미래 청사진이 제시하는 혜택과 이익에서 배제되리라고 위협하는 담화적 책략들을 노골적으로 은폐 / 노출할 수 있는 것이다. 그리고 그들의 '우리'라는 말이 호출하는 동시에 배제하는 경계에서는 언제나 근대 / 전근대, 세련 / 구태, 고급 / 저급, 유능 / 무능, 영리함 / 어리석음 따위로 전제되는 가치 평가를 작동시킨다. 바로 이 경계 지점에서 '위로부터의 로컬화'를 의미화하는 해군기지로서 개념화된 로컬리티 담화는 마을 주민들의 신의에 기초한 삶을 의미화 해왔던 강정의 현재적 로컬리티 담화를 극적으로 분리시킨다.

또 한 가지 주목할 부분은 마을 주민들의 의견을 수렴하는 절차로서 어촌계 총회와 다음날 마을총회의 참석인원 숫자에 변동이 거의 없다는 사실이다. 회의록들은 어촌계 총회 81명, 마을총회 87명(유권자 약 1,200여 명 중)으로 각각 기록하고 있다. 여기에다 기록으로 남겨진 회의 내용과 이로 읽히는 분위기는 양 총회 공히 비슷하다. 왜 이렇게 됐을까? 왜 주민들은 당시 좀 더 적극적으로 나서지 않았을까? 마을 주민들의 증언에 따르면, 당시 이런 유치위의 실체와 그들을 중심으로 실행되는 일련의 활동에 관해 주민들이 전혀 몰랐고 알 수 있는 근거도 없었다. 특히 해군기지 문제의 핵심적 절차이기도 한 마을총회와 관련하여서는 문제가 더 심각해진다.

먼저, '마을총회 공고 기간'과 '총회 성립 조건'이다. 유치위는 마을총회를 준비하면서 이례적으로 4일 간 공고하고 안내 방송도 1회에 그쳤다. 마을의 관례와 규칙에 따르면, 총회 개최 자체도 "개최일을 제외하여 7일간 공고"하고 수시로 안내방송을 해야 하며, 공동재산 매각이나 대여 결정시 마을총회 성립을 위해 참석 주민 200명(제3조 2항) 이상을 요구하고 있다. 어장과 어업권 등을 관계 속에서 의미를 갖는 "공동재산"으로 볼 것이냐, 아니면 어촌계 총회에서 유치위원들에 의해 언급된 바와 같이 법에 따르는 "사유재산"으로 간주할 수 있느냐, 등의 문제를 여기서 따지기는 힘들다. 다만 '공동재산'을 말하는 사람들과 '사유재산'을 주장하는 사람들의 발화 위치가 다르다는 점은 분명하다. 그래서 현존하는 관계 위에서 말하는 사람들에게 '바다'와 '구럼비 바위'는 현재를 떠받치는 살아있는 현재들의 축적인 과거로서 대체 불가능한 반면, 법적인 관계 위에서 '그것들'은 단순한 합법적 권리의 대상으로 양도, 판매, 대체 가능한, 그래서 새로운 생산물을 위한 재료로서 개조 가능한 상품이 되어버린다.

　다음으로, '회의 안건의 변경' 또한 그런 유사한 배제의 조건을 만든다. 유치위원들이 마을 총회 당시 안건을 '해군기지 관련의 건'이라 공고함으로써, 마을 사람들이 그 사안에 주의를 기울이지 않도록 만들었다. 당시 유치위 활동에 조금 관심을 가졌던 주민들조차 마을버스 정류장에 나붙은 공고문을 보고, 그저 "해군이 한번 주민들 마음을 떠보려고 오는 모양이다"고 생각하고 그냥 잊어버렸다고 증언한다. 그리고 「4 / 26일 마을 총회 회의록」 또한 "회의안건 : 강정지역 해군기지 관련의 건"이라고 분명히 기록하고 있음을 미루어, 그 증언에 대한 의심의 여지는 없어진다. 그러나 마을총회 당시 인사말을 끝낸 마을회장은 '의안 채택' 순서로 들어가자, 아무런 사전 해명도 없이 곧바로 "강정지역 해군기지 유치의 건을 상정"[26]한다.

　이와 같은 과정적 조건에서 해군기지 관련 논의는 오로지 '선 유치 신청, 후 논의 가능'이라는 결과적으로 '허구적인' 원칙에 의해 진행되었던 것이다. 마을총회에서 "집집마다 찬성하는 서명을 받으면 너무 광범위해서 복잡해지니까 접수된 다음에 해도" 된다고 주장하는 윤아무개는 "결정되지도 않은 상황에서 하면 일을 그르칠 수가 있으니까 오늘은 여기서 종료하고 일단 마을회장님이 접수를 해서 그 다음에 하는 것이 좋을 것"이라고 말한다. 이와 같은 유치위원들의 발언들은 주민들과의 더 많은 대화의 기회를 차단할 뿐만 아니라, 기필코 관철시켜야 할 해군기지 유치라는 '일을 그르칠' 가능성을 회피하기 위해 인간(관계)을 희생시킨다. 이런 거리낌 없는 일방성의 관철 때문인지, 어

26　강정동 마을회, 앞의 글, 2쪽.

촌계 총회와는 달리 마을총회에서는 '주민들과 협의'를 요구하는 목소리가 극히 적어지고, 군 당국자가 홍보할 내용들이 유치위원들 목소리로 더욱 상세하게 소개되고 있다.

> 군함이 정박하고 있는 항구에는 고기가 많이 산다고 합니다. 그만큼 환경에는 문제가 없으며 해군기지가 혐오시설이라고 하는데 제가 볼 때는 해군기지가 유치되면 3천 5백 명 정도가 근무하는 것으로 알고 있습니다. 이 사람들 모두가 강정마을에 산다면 아파트 문화공간, 수영시설, 어린이 공부방 등 모든 시설을 주민들이 활용할 수 있고, 또 여기에 오는 사람은 해군사관학교에서 10등 안에 든 엘리트 (…중략…) 인재들만 온다고 하는데 지역학생의 학습지도 등 학생들에게 유익하다고 봅니다. 경제적으로는 총예산 8천억이 드는데, 매년 공사 기간 중에는 230억이 지역에 뿌려진다고 합니다. 1,700개 일자리가 생기고 공사 후에는 매년 800억씩 소득 창출을 예상하고 돈이 되는 모든 업종들은 민간인에게 맡긴다고 합니다.[27]

유치위원들이 머릿속에서 그려내고 말하기로 의미화하는 '해군기지 강정'은 한결같이 장밋빛으로 도색되는 반면, 공통의 기억으로 구성되어온 마을(사람들)의 관계와 이를 반영하는 말하기 형식들은 간단히 무시될 뿐만 아니라 위상학적으로 강등된다. 이런 과정적 가치절하로 인해, 대부분의 마을 주민들은 원천적으로 참여에서 배제되었을 뿐만 아니라, 자기 마을이 해군기지 유치신청을 했다는 사실을 다음날

---

27 강정동 마을회, 앞의 글, 5쪽.

저녁 유치위원회의 '유치신청기자회견' 관련 텔레비전 뉴스를 보고 알게 되었다. 그리고 약 보름 후인 5월 14일 제주도지사가 '여론조사'를 근거로 강정마을을 최종 후보지로 선정 발표하는데, 그 발표에 따르면, 당사자들인 강정 주민들이 제주도 전체 찬성 54%보다 2%가 더 많은 56%가 찬성했다. 그런데 문제는 제주도정이 여론조사에서 기본적인 조사 주체, 방식, 표본 집단, 신뢰도 등에 대한 일체의 정보를 제공하지 않았고, 공식·비공식 정보공개 요구에도 일절 응하지 않고 있다는 사실이다. 증언에 따르면, 마을 주민 어느 누구도 여론조사 전화를 받지 못했다고 한다. 해군은 이렇게 진행된 과정을 "우리나라 국방사업 역사상 정부나 군의 요구가 아니라 주민 스스로 요구한 가장 민주적인 방법으로 결정된 사업"이라고 이해하는 근거로 삼고 있다.

　해군기지 건설의 주체로 볼 수 있는 국방부(해군)와 이를 적극적으로 초대하는 국가 혹은 지역의 관련 기관들이 가지는 시각과 태도를 확인할 수 있는 정보는 별로 없다. 그러나 엄격한 정보통제에도 불구하고, 지난 2009년 5월 5일 MBC 피디수첩[28]의 '제주도 강정마을, 그들은 왜 분노하는가?'편은 2008년 9월 17일 해군, 경찰, 국정원, 제주도정 관계자 등 15명이 제주시내 한 식당에서의 대책회의를 기록한 '제주해군기지건설관련 유관기관회의록'을 폭로했다. 이 비밀 회의록은 앞서 2009년 1월 19일 제주 KBS가 보도하여 제주도 내에서는 알려졌지만, 피디수첩 보도를 계기로 전국적으로 알려지게 되었다. 그 내용은 "수시로 모여 협의하고 있던" 국가와 지방정부가 이 문제를 어떤 식으로 인식하는

28　http://www.youtube.com/watch?v=k2x4Ak2VALA&feature=youtu.be (검색일 : 2012.3.24)

지를 고스란히 드러낸다. 이 회의에서 제주 환경부지사 유덕상은 "이제는 추진단계, 걸림돌은 제거하고 가야. 해군이 주도해서 공세적으로 해야 한다. 분열은 좋은 상황, 공세적 법 집행 필요함"이라고 발언했다. 이에 한 경찰 간부는 "도에서 조그만 것이라도 공세적으로 고소 고발해줘야 경찰도 조치 가능. 인신구속 있어야 수위 낮아져"라고 응수했다. 그리고 국정원 간부는 "제주지검 차장 만나 해군기지 관련 불법행위에 대해 엄격히 법 집행 요구. 외부 개입세력에 대해서는 강정 찬성 측에서 문제제기하면 국정원·경찰이 측면 지원"할 것이라고 거들었다.

'걸림돌'을 제거하기 위한 '공세적'이고 '엄격한 법 집행'을 위해 유관 기관들이 모두 동의하고 또 협력하자는 내용인데, 결국 반대하는 주민들에 대한 고소 고발과 구속이라는 법 절차를 사전 공모하여 계획하는 치밀함을 보여주고 있다. 제주 KBS에 의해 이 사실이 알려지고 난 다음, 2009년 1월 21일 대책회의에 참석했던 환경부지사는 '사과 기자회견'을 가졌다. 이 자리에서 그는 "이유 여하를 막론하고 이런 상황이 발생한 것에 대해 도민 여러분께 대단히 죄송하다는 말씀을 드립니다. 이와 관련 도민 여러분께서 어떠한 질책을 하시더라도 달게 받아들이고, 이를 계기로 더욱 성숙하고 발전된 도정이 되도록 최선을 다 하겠습니다"라는 두 문장의 짧은 공식 회견문을 읽었다. 이 회견문은 누가, 어디서, 어떻게 발언해서 생긴 상황이고, 구체적으로 무엇 때문에 '죄송'한지를 빼버림으로써 책임 소재를 삭제하는 탁월한 담화 기술을 구사하고 있다.

결과적으로 대책회의 대화의 내용을 말한 사람들의 인식과 태도에 대한 사과가 아니라, 이 회견은 오로지 폭로된 '실수'와 파장이 생긴 '상황' 그 자체에 대한 사과일 뿐이다. 그러니까 사과의 대상 또한 반대하는 주민들을 포함한 전체 제주도민이 아니라, '발전된 도정'을 위해 일사분란하게 협력하며 통제에 잘 따르고 성공적으로 일을 추진해오던 찬성 쪽 사람들인 셈이다. '사과 기자회견'이라는 명목을 내세웠지만, 이는 역설적으로 대책회의의 발언들과 인식에 변함이 없음을 노골적으로 은폐 / 노출하는 동시에 기존의 입장을 재확인함으로써 오히려 반대 세력에게 유혹 / 위협하는 방식으로 이해될 수 있다. 그리고 이런 관과 군의 '걸림돌'을 제거하기 위한 '공세적'이고 '엄격한 법 집행'이라는 인식과 태도는 해군기지 예정지 50% 이상 강제수용, 2011년 여름 철제장벽 설치 과정의 충돌들에 이어 최근의 공사강행 등에서도 그대로 나타나고 있다.

3) 아래로부터의 로컬화 혹은 자기 자리에서 말하기

대다수 강정마을 주민들은 자기들 삶의 공간과 생활양식의 변화와 관련하여 벌어지는 타인들에 의한 기획과 일방적인 실행 앞에서 무기력한 '구경꾼'이 될 수밖에 없었다는 데서 이 문제를 보고 있다. 해군의 주장대로 마을의 '획기적인 발전'이든 반대쪽 주장대로 '재앙'이든, 그런 삶의 터전으로서 공간의 변화 및 재구성의 문제에서 그저 치워져야 할 '걸림돌'이나 '장애물' 정도로 취급됨으로써, 거기서 평생을 살아온 많은 마을 주민들은 아직도 극도의 무기력과 당혹감, 그리고 공포에 휩싸여 있다. 제주도지사의 선정 발표 이후로 줄곧 국방부나 해군이 마련했던 '국내

외 기지 실태조사'나 공식·비공식 논의 과정들이 주민들 목소리를 청
취하는 것이 아니라, 이미 정해진 계획의 법 절차적 정당성을 보강하기
위한 수순으로 축적되어온 까닭이다. 주민들은 전혀 의도하지 않았음
에도 결과적으로 '들러리' 역할을 한 동조자들로 끼워 맞춰졌던 것이다.

강정마을에서 금귤 농사를 짓는 마을 노인 강아무개는 "역사가 묻힌
다고 그게. 역사가 영원히 사라져 버리는 거야"[29]라면서, 해군기지 건
설 예정지로 강정마을이 확정된 지 4년이 지난 당시의 마음 상태를 "솔
직히 경찰만 보면 이빨로 막 뜯어먹고 싶은 심정"[30]이라고 털어놓는
다. 이렇게 표현될 수밖에 없는 언어로 그의 마음 속 상처의 깊이를 속
속들이 가늠할 수 없지만, 그를 비롯한 마을 주민들이 법 / 불법, 역사 /
비사, 주권적 존재 / 국가주권의 희생자 등이 뒤섞이는 어떤 '식별 불
가능한 경계' 지대로 밀려나고 있음을 생각해볼 수 있다.

법대로 안 하고. 도지사든, 도의원이든, 해군이든 주민하고는 한 번도 논
의 안 하고 막 밀어붙이면서 주민을 아주 무시해버리는 거. 이게 내 땅이고,
우리의 땅인데, 그렇게 무시당하는 게 억울하지. 우리가 역사적으로 한 70
년을 살아온 땅인데, 생각해봐요. 우리를 인간 취급도 안 하는 데 어떻겠
어. 죄 없는 사람 잡아 가두고, 공권력 투입해서 죄 다 때리고. 이게 어디 사
람이 할 짓이냐고.[31]

---

29 강부언·정동신, 「구럼비 깨져 앙불 나거든」, 구럼비살리기전국시민행동, 앞의 책, 2011, 108쪽.
30 위의 글, 110쪽.
31 위의 글, 106~107쪽.

그가 지칭하는 '법'과 '역사'는 '주권적 존재'로서 지금까지 자신을 호출해왔고 또 지금까지 그렇게 믿어왔지만 결국 배신당했다고 판단되는 국가의 법과 역사이다. 그 법과 역사에 의해서 생활 속 관계에 의해 지탱되어오던 마을의 법과 역사가 묻히는 데 대한 분노이자, 그것이 국가 폭력으로 변신하여 바로 자기 앞에 장벽으로 우뚝 선데 대한 좌절감이기도 한 것이다. 이와 같은 주민들의 마음을 어느 정도 반영하는 '강정마을 주민 정신건강 실태조사'가 『서귀포 신문』[32]에 의해 사건 이후 2년 4개월이 지난 2009년 9월 실시되었는데, 내용이 조금 충격적이다. 이 조사는 신경정신과 전문의 김광일이 만든 정신심리설문(BSI)으로 주민 110명을 대상으로 진행되었고, 무응답과 불성실 응답자 12명을 제외한 98명의 응답이 분석되었다. 적대감(57%), 우울(53.1%), 불안(51%), 강박증(50%)[33]으로 나타났고, 조사 당시 최근 1주일 동안 죽고 싶다고 생각한 사람이 43명(44%)으로 집계됐다. 이는 통계청에서 실시한 '2008년 사회통계조사'의 제주도민 자살 충동 평균치가 8.1%임을 감안하면, 5.4배 정도 높은 수치이다.

자살을 생각한 마을 주민들이 꼽은 이유는 '정부와 도의 태도'(38%)와 '지역 주민 간 갈등'(37%)으로 비슷하게 나타났는데, 신경정신과 전문의 이범룡은 전자가 논리적이라면 후자는 심리적이라고 분석한다.

---

[32] http:// www.seogwipo.co.kr / news / articleView.html?idxno=51832 (검색일 : 2012.3.25)
[33] 이런 통계는 2007년 충남 태안의 기름유출 사고 당시 동일 유형의 조사에서, 당시 삶의 터전을 거의 망쳐버린 주민들의 정신심리 결과가 적대감(26.7%), 우울(44.5%), 불안(51%), 강박장애(39%) 나온 것과 비교해 훨씬 심각한 상태임을 확인할 수 있다. 이범용, 「도민 사회의 심리적 위로와 지지 필요」, 『서귀포 신문』, 2009.9.17. http://www.seogwipo.co.kr/news/articleView.html?idxno=51833 (검색일 : 2012.3.25)

그런데 '정부와 도의 태도'를 선택한 사람들 또한 심리적 과정을 일차적으로 겪었기 때문에, 감정적 유대를 유지해온 상대를 상실한 상태에서 그 상대에 대한 배신감이 우선적이어서, 결국 양자 모두(75%)는 마을공동체 문제에서 비롯되었다고 해석할 수 있다. 따라서 "직접적 찬반으로 나와 정반대 편에 서 있는 당신, 죽이고 싶다"는 마음은 "사랑이 분노와 적개심으로 바뀌는" 과정을 거친 경우인데, '우리, 같은, 부락사람'이라는 유대가 깊었기 때문이다. 감정적 유대가 깊고 큰 만큼 상처가 더 크고 심각하다고 진단하는 그는 "애초 깊은 감정적 유대가 없다면 당장은 분노와 적개심도 덜한 법"[34]이라고 풀이한다. 그러니까 여기서 주민들의 마음은 '나'와 '너'가 분리되지 않는 관계를 토대로 하는 까닭에, 그것이 무의미해진 상황을 확인하는 순간 '죽(이)고 싶다'는 살해 충동으로 나타난다고 볼 수 있다.

2011년 12월22일 마을을 직접 방문했을 때, 주민 대부분이 '해군기지 결사반대'라고 쓴 노란 깃발을 내건 '코사마트'를 이용했는데, 서로 길 하나 두고 마주보며 태극기가 걸린 '나들가게'는 출입구가 열리는 일이 거의 없는 폐점 상태로 보였다. 마을 주민들은 '나들가게'엔 해군과 경찰 그리고 공사 관계자들만 드나든다고 귀띔했다. 공사장을 둘러싸고 있는 철제 장벽과 함께 어우러지는 이런 공간 분할의 장면은 마을에 가로놓인 마음의 분단 장벽 역시 그대로 드러내고 있다. 이런 장벽은 또한 강정마을에 200개 남짓한 자생조직[35] 가운데, 2007년 5월 기준 80%

---

34 이범용, 앞의 글. 실제로 설문조사 과정에서 꽤 많은 주민들이 "'왜 이 설문에는 누구를 죽이고 싶다'는 설문 내용은 없냐"라는 질문을 했다고 한다.
35 http://www.seogwipo.co.kr/news/articleView.html?idxno=51549 (검색일 : 2012.3.25)

이상을 해체시키거나 회원 탈퇴, 불참 등으로 인한 파행 운영을 낳고 있다. 특히 갑장회(남 50개, 여 30개)는 20살이 되면 자연스럽게 꾸리는 모임으로 70살 이상까지 참여하는 가장 광범위한 유대였지만, 대부분 해산됐다. 그 외 관광계 50개, 동창회, 친목계, 강정조기축구회, 고운환경감시단 등도 마찬가지다. 마을청년회와 부녀회도 찬성 또는 반대 한 쪽만 참여하면서 제한적인 운영만 하고 있는 것으로 알려진다.

1993년 설립되어 1998년 김대중 대통령 취임식 기념공연 때문에 전국적으로 유명해진 '일강정민속보존회'는 27명의 회원으로 시작해 70여 명으로 늘었다가, 현재 제한적으로 운영되고 있다. 민속보존회장은 "처음에는 취미로 시작했지만, 나중에는 이 좋은 것을 강정마을에서 사람들이 즐겨왔던 문화를 우리 아이들에게도 남겨주고 싶다"[36]고 생각하면서 모두들 신명나게 하다 보니, 관청이나 마을 등의 행사들에 단골로 불려 다녔고 거기서 받은 점심값을 모아 경로잔치도 하고 어르신들 여행도 보내드렸다고 한다. 그러나 '해군기지 건설'이라는 국책사업이 스스로 만들어가던 한 마을의 신명나는 문화적 노력 또한 해체시키고 갈라놓았다. 그녀는 "서로 어색하니까 하나둘씩 떠나게 됐지. 반대하는 주민이 더 많으니까 찬성 쪽이 떠나게 됐어. 근데 떠나는 것을 잡거나 할 수 없지. 얘기도 안 하게 되니까. (…중략…) 1년에 한 번 총회도 겨우 열어"라고 보존회의 현황을 설명한다.

가장 지키고 싶은 건 그냥 그대로의 마을이야. 민속보존회에서 하고 싶

---

36   이영자, 「다시, 신명나는 강정이 올 거야」, 구럼비살리기전국시민행동, 앞의 책, 2011, 81쪽.

었던 것도, 후손들에게 우리가 살고 만들어온 그대로를 전해주는 것이고. 그래서 구럼비도 그대로 남겨주고 싶어. 구럼비는 정말 마을 사람들 사이에서도 뭔가 '신기'가 있다고 해. 그 바위에서 기운이 나온다는 거지. 할망물은 그 바위틈에서 나오는 물이야. 예전부터 마을 사람들이 그 물을 받아 기도를 드리거나 먹거나 했어.

할망물을 먹으면 아이를 낳지 못하는 사람이 아이를 낳고, 아이가 아프면 할망물을 떠다 기도를 드리면 낫는다는 전설이 있어. 나도 첫째 아이가 아팠을 때 할망물을 떠다 기도를 드린 적이 있어. 구럼비 바위에서 굿도 많이 하지. 그 바위가 반들반들하고 평평해서 음식을 놓고 제사를 드리거나 굿을 하기 좋거든. 그게 다 사람들이 옛날부터 만들어온 문화잖아.[37]

마을주민들은 하나같이 그러나 제각각 구럼비와 만나고 관계 맺어온 다양한 기억들을 살아가고 있다. 어린 시절부터 지금까지 50여 년 동안 그 바위에서 숫아나는 용출수인 '할망물'을 제사 지낼 때 쓰는 지성수로 받아쓰셨다는 주민 김아무개는 현재 '삼거리 식당'[38] 주방장으로 활동하고 있다. 그는 "1.5 킬로미터 연결된 구름 같은 바위에서 약 50미터 간격으로 용천수가 나오는데, 할망물이 최고"라고 소개하면서, "구럼비가 곧 나의 마을이고, 내 자신이지. 그것이 없어지면 지금까지 이곳에서 살아온 내가 없어지는 거"[39]라고 설명하면서 한숨과 함께 눈

---

37 위의 글, 84~87쪽.
38 '삼거리 식당'은 지금 철제장벽으로 가로막혔지만 원래 제주 올레 7길이 구럼비 바위로 이어지는 지점에 가설된 식당으로 반대활동을 벌이는 주민들과 활동가들에게 식사를 제공하는 곳이다.
39 2012년 12월 22일 강정마을 '삼거리 식당'에서 대담. 이야기를 나눴던 마을 주민들과 활

시울을 적신다. 하지만 국가의 시선은 구럼비를 확연히 다른 위치에서 냉정하게 보고 있다. 문화재청은 올해 3월12일 구럼비 바위 발파를 둘러싸고 일어난 주민들의 울부짖음과 그 가치에 대한 논란에 대해 '제주 구럼비 바위 문화재 지정 가치에 대해 밝힙니다'라는 제목의 해명자료를 내고 "구럼비 바위에서 국가지정문화재로 지정할 만한 특별한 비교 우위를 찾기 어려워 문화재 지정 절차를 진행하지 않았다"고 밝혔다. 또한 "2010년 10월5일 천연기념물분과위원장과 지질 전공 문화재위원이 현지조사를 한 결과 '구럼비 해안은 현무암질 용암류가 노출돼 있는 제주도 다른 해안과 비슷해 국가지정문화재로 지정할 만한 가치가 없다'는 검토 의견이 나왔다"고 말했다. 구럼비 바위가 "제주 일원에서 흔히 발견되는 용암바위이기 때문에" 문화재로서의 가치가 충분치 않다[40]는 것이다.

그렇지만 민속보존회장이 말하는 '문화'는 어떤 물질로 환원되거나 박제 혹은 소비되는 대상object으로서 '비교 우위'를 갖는 국가적 문화재 또는 자본주의적 문화(상품)와 뚜렷이 구분된다. 문화재청의 담화는 삶의 가치를 담는 그리고 그 속에서 솟아나는 문화를 고려하지도 않고, 어떻게 보면 아예 '무가치한 것'으로 전제하는 전략이 내장된 전형적인 자본주의적 문화 개념을 복제한다. 앞서 확인했던 마을 주민들 사이의

동가들 대다수는 나에게 "구럼비에 못 가봤지"라고 말했다. 그 말에서는 구럼비와 함께 했던 생활에 대한 애정과 지금 갈 수 없는 안타까움, 그리고 그것을 모르면 자기 말을 이해할 수 없을 것이라는, 이 글을 구상할 당시 끊임없이 나의 생각을 끌어당겼던, 중심 숙제로서 어떤 '로컬리티 : 기반의 이해'라는 화두를 던지는 것 같았다.
40 「'구럼비' 바위에 대해서 미처 몰랐던 것들」,『아시아경제』, 2012.3.13, http://durl.me/vw96a (검색일 : 2012.3.20)

다양한 관계들과 마찬가지로, 민속보존회장의 이야기에서 확인할 수 있는 점은 주민들이 맺어온 구럼비와의 관계에도 역시 똑같은 관계 역학이 작동하고 있다는 사실이다. 또한 삼거리 식당 김아무개의 '나의 마을' 또한 개발과 발전을 통해 소비·교환 가능한 가치로서 '부동산'이 아니기는 마찬가지다. 주민들에게 구럼비는 하나의 살아있는 친구 같은 존재라는 이야기들을 현장에서 공통적으로 들을 수 있다. 주민들에게 구럼비는 하나의 사물로서 대상, 즉 내용적으로 관찰되고 파악되며 그래서 어떤 다른 곳의 동질적인 다른 것과 대체 가능한 것이 아니다. 구럼비는 마을주민들의 '따로 또 같이' 공유되는 기억을 통해, 자기들 내면과 자신들이 서로 맺어온 인간관계 속에서 뒤섞이며 자기들의 이야기와 문화를 꽃피워왔으며, 끊임없이 현재의 시간과 공간을 생성해왔다. 이런 생성은 관계 공간 속에서 움직임이 시작되고 연속되며 연관됨으로써, 단지 외부자의 시선으로는 파악될 수도 없고 측정되거나 분류될 수도 없는 함께 나눔sharing을 통하여 몸속에 체화·축적된 기억과, 부버Martin Buber의 표현을 빌면, 존재와 더불어서 혹은 온 존재를 기울여with one's being '너'라고 말하기를 통해 이루어진다.

살아있는 관계와 진정한 문화는 바로 '지금 여기'라는 현존재의 자리에서 시시각각 생성된다. '그', '그녀', '그것'의 매개된 경험 세계가 아닌 '나-너'의 나눔 혹은 함께함의 대체불가능한 참된 관계 속에서 비로소 존재의 자리는 만들어진다. 그래서 "모든 참된 삶은 만남"[41]이다. 여기

---

[41] Martin Buber, *I and Thou*, Trans. Walter Kaufmann, New York : Charles Scribner's Sons, 1970, p.62.

서 만나는 너는 나의 존재 조건이 되고 나는 너의 존재 조건이 된다는 의미에서, 참된 삶과 문화는 관계 속에서 '존재와 더불어' 한다. 또한 '지금'이라는 시간과 '여기'라는 공간은 이런 '나-너'의 관계에서만 구축될 수 있다.

하지만 초월적 이념이나 관념의 공간에 준거해서 말하기, 다시 말해 '나의 자리 바깥에서 말하기'는 '나-너'의 관계를 분리하고 '나-그것'으로 대체한다. 교환·대체 가능하지 않은 일체의 요소들을 고려 항목에서 제외시키거나 배제하는 인식과 발화는 앞서 '위로부터의 로컬화' 추진 세력들과 유관기관들, 그리고 문화재청의 발언들에서 구체적으로 확인할 수 있었다. 그래서 다시 역으로 너와 나의 분리는 곧 존재의 조건인 참된 관계로 살아있는 시간과 장소를 정지시키고 폐쇄하여, 마침내 분단시키는 것이다. 강정마을 공사현장의 철제장벽과 '코사마트'와 '나들가게' 사이에 놓인 마음의 장벽이 이런 담화적 과정의 변화들을 고스란히 재현한다.

일부에서는 제주도(민)가 외부에 배타적인 기질을 갖고 있어 해군기지에 반대한다고 말한다. 실제로 그럴까? 강정마을의 지난 10여 년 동안을 되돌아보면, 주민들이 외부에 대해 전혀 배타적이지도 않았고, 오히려 어떻게 외부의 변화를 자기들 것으로 소화해서 마을을 보다 나은 삶의 공간으로 만들어갈 것인가 궁리하고 또 노력해왔음도 확인할 수 있다. 2002년 유네스코는 '생물권 보전 지역'으로 한라산 국립공원에 강정 해역 일부를 포함하여 지정하고, 같은 해 해양수산부 또한 강정마을 해역을 생물다양성의 보전을 위해 '생태계 보전지역'으로 지정했다. 또 문화재청은, 지금은 이른바 '국책사업' 때문에 아닌 것처럼 강

정을 제외시키려고 노력하지만, 2004년 바다 속에 서식하는 생물군락
지로는 처음으로 강정마을 해역이 포함된 서귀포시 문섬, 범섬, 숲섬,
새섬 주변 등 제주도 내 연산호 군락지를 '천연기념물'로 지정했다. 제
주도 역시 2006년에 범섬 일대 등 19.54㎢를 '도립해양공원'으로 지정
했다. 그리고 강정마을 해안 대부분은 제주특별법상 '절대보전지역'[42]
으로 지정되어 군사기지 및 각종 개발행위를 할 수 없게 되어 있었다.
이에 따라 마을청년회를 중심으로 자체 조직을 구성하여 매년 환경캠
프를 열어 전국의 청소년들을 불러들이고 마을 알리기에 적극 나서기
도 했다. 그렇게 해서 제주도정으로부터 '생태마을 강정'이란 이름도
얻었다. 자발적인 마을 만들기가 어느 마을에도 뒤지지 않고 활발하게
일어나고 있던 마을이었던 것이다. 그렇지만 이를 바라보는 위치와 시
각에 따라 전혀 다른 의미화가 가능했다는 엄연한 현실은 한 순간에
마을을 "총성 없는 전쟁터"로 만들고 말았다.

　유치신청 당시 상황을 종합해보면, 강정마을은 개발을 억제하는 법
적 제도적 보호가 점점 더 강화되고 있었다. 그러나 개발과 부동산 경
기의 활성 등으로 생기는 이익을 바라는 지역 유지들 입장에서 이런
보호가 오히려 '장벽'이자 '장애물'이었다. 그래서 해군기지라는 국책
사업의 유혹 / 위협이 그들에게는 유일한 탈출구였을 수 있다. 이른바
'민·군복합형 관광미항 제주해군기지'라는 '비교 우위'를 갖춘 화려한
3차원 입체 영상은 그들로 하여금 평온하던 생태마을을 자기들의 결

---

42 '절대보전지역' 해제는 2009년 12월 한나라당(현재 새누리당) 의원이 다수인 제주도의회
가 '날치기'로 통과시켜 지역 차원에서 유일하게 남아있던 공사의 제도적 걸림돌을 제거
했다.

핍과 부재와 정체와 낙후의 상징으로 보도록 했을 가능성이 있다. 전 마을회장의 "일생에 한번 올까말까 한 일"이라는 발언은 이런 모든 설명들을 한 마디로 축약 대변하고 있다. 이런 토대 위에서 화폐로 환산 가능한 이익추구를 위해 당시까지의 모든 관계와 노력들을 일거에 뒤집어버린 마을에 대한 이들의 의미화는 일체의 생활적인 그리고 존재론적인 현재를 무가치한 것으로 전락시킬 수 있게 된다. 또한 이와 같이 생활기반을 초월하는 인식의 도입은 이전까지 의미화 되어온 공동체 관계의 균열이자 도래하지 않은 공간을 하나의 현실로 전제하게 된다. 이런 언제나 이미 결정되어 있는 상상적 미래는 다른 견해와 관계를 '걸림돌'이나 '장애물'로 간주하도록 만든다. 또한 우리 사회에서는 이런 인식 전환이 안보논리와 결합할 경우, 더욱 과격한 태도로 무장할 수 있게 된다. 물론 이들은 "외방 사람들"이 와서 세뇌시켰기 때문에 "착한" 혹은 "아무 것도 모르는" 마을 사람들이 반대한다고 비난하지만, 실제로는 자기들이 먼저 의존하고 초대하여 현재에 강요하고 있는 그 담화들이 오히려 외부권력을 등에 업고서 더 큰 담론을 복제하고 있다는 사실을 숨기기 위한 술수에 지나지 않는다. 우리는 바로 이것이 로컬 권력의 '복제된 식민성'을 구성한다고 이야기할 수 있다.

이렇게 목표를 설정하고 스스로를 국가사회의 목적과 동일시할 때, 다른 존재를, 그리고 그 존재와의 대화를 '불확실'한 까닭에 '혼란'과 '무질서'를 야기할 수도 있는 구차한 절차로 간주하는 '결정론적 사고'를 뿌리내릴 수 있게 하는 토양이 조성된다. 결정론적 사고는 "어떠한 상황에 처해서도 그것에 대응하여 자신의 태도를 결정할 수 있는 인간의 능력을 무시하는 인간관"이다. 빅터 프랭클은 어떠한 강제적인 상황에도 불구하고 "인간은 결국 자기 결정적"이라고 단언한다. "인간은 그저 단순히 존재하는 것이 아니고 언제나 다음 순간에 그의 실존이 어떻게 될 것인가, 무엇으로 변할 것인가를 결정"한다. 그래서 어떤 사건에 처한 "인간은 그 자신이 주어진 조건에 굴복할 것이냐, 아니면 용감히 맞설 것이냐를 결정"[43]하는 존재이다. 지금 강정마을에서 일어나고 있는 일은 마을주민들이 국가관이 없어서 혹은 안보를 몰라서, 아니면 발전으로 잘 살기 싫어서 발생한 것이 아니다. 바로 그런 문제를 거론할 수 있는 이전 단계에서 주민들이 겪어야 했던 '무자비한 민주주의'[44]가 남기고 간 흔적들 때문이다. 현재 강정마을 주민들의 움직임은 자기 결정의 기회조차 박탈당하고 "국가", "안보", "개발" 등이 방사하는 이념의 경계지대로 내몰린 상황에서 '자기 자리에서 말할' 근거(지)를 상실한 사람들의 마지막 남은 몸으로 하는 언어, 가장 순수한 몸짓 혹은 몸부림이다.

4. 미결의 문제들

마을 사람들은 찬성이든 반대든 정말 "우리들 결정에 따라" 이뤄질 수 있으면 좋겠다고 이구동성으로 말한다. "생태마을로 잘 만들어보려

---

43 빅터 프랭클, 김충선 역, 『죽음의 수용소에서』, 서울 : 청아출판사, 1995, 209쪽.

44 무자비한 민주주의ruthless democracy는 미국 소설가 멜빌Herman Melville이 19세기 중반 가장 선진적인 민주주의 국가를 자랑하면서도 노예제를 토대로 자행되는 인종적 학대와 전쟁을 통한 팽창주의에 골몰하며 국민들을 제국 형성을 위한 도구로 선동 및 동원하는 미국의 구체적 현실을 비판하면서 썼던 용어이다. 이런 맥락에서 우리는 강정마을 주민들이 해군기지건설의 주체인 해군을 '해적', '깡패' 등으로 표현하는 근거를 유사한 맥락에서 확인할 수 있다.

고 한동안 노력했었다"고 당시를 회고하는 전 강정마을 청년회장 윤아무개는 "다수결이 문제가 없지는 않겠지만, 그래도 마을 안에서 서로 티격태격도 좀 해보고 결국 마을 사람 다수가 원한다면, 해군기지 아니라 핵발전소든 무엇이든 받아들이겠다. 약간 훼손되기는 했지만 현재 설치된 콘크리트 시설물들은 생각에 따라 다른 용도로 얼마든지 활용할 수 있다. 지금이라도 원점에서 다시 논의하기에 늦지 않다. 우리에게 결정권을 주어야 한다"[45]고 말하면서 허탈한 표정을 짓는다. 강정마을 주민들은 5년 동안 어느 누구로부터도 자기 문제에 대한 이런 자기 결정권을 보장받지 못한 채 고립되었고, 그래서 강탈당한 자기 존재의 자리를 되찾기 위해 투쟁하고 있다. 앞서서 논의되었지만, 이들의 투쟁은 바로 존재할 권리, 관계 맺을 권리, 그리고 자기 장소 안에서 관계를 누리며 거주할 권리를 위한 투쟁이다. 어떻게 보면, 결론은 단순하다. 문제를 발생시킨 사람들과 기관들이 주민들을 '지금, 여기'로부터 분리시켜 이념의 공간, 그 경계 지대로 몰아넣고 비난할 것이 아니라, 진정한 로컬리티-기반의 이해를 통해 문제 해결의 물꼬를 터야 한다.

존재의 조건과 장소를 강탈한 나는 '그것'이 된 너를 소비할 수 있을 뿐이고, 그런 나 또한 '그것'이 된다. "존재한다는 순수한 사실을 함께-지각하는" 매개되지 않는 사유와 관계를 말하는 "동무friend"[46]와는 달리, 매개적 사유와 관계는 지금까지의 동무를 하나의 대상으로 가정

---

[45] 2012년 12월 21일 강정 마을회관에서 대담.

[46] Giorgio Agamben, Trans. David Kishik · Stefan Pedatella, *What Is an Apparatus?* Stanford : Stanford UP, 2009, p.36.

혹은 전제하고 사유[47]한다. 존재와 더불어 관계하는 '너'가 아닌, 내 사유의 자율성으로 대상을 관찰하고 분류하며 계산하고 등식화함으로써 이용 / 착취 가능한 물건으로 간주한다. 모든 존재를 딱딱하게 굳은 대상으로 환원할 수 있는 '소비 공간'은 이렇게 탄생한다. 다시 말해서, '나의 자리 바깥에서 말하기'는 곧 '진리 조건'으로 정의되는 숫자로 '지금 여기'를 환산하고 표준화된 다른 것으로 대체 가능한 물건으로 만든다. 그런 말하기는 결국 '지금 여기'를 초월하는 미래의 그곳을 위하여 과거를 수정 배치하고 (재)구성함으로써 현재를 정지시켜 모든 것을 교환가치로 유통할 수 있는 소비 공간 창출을 위한 미래기획인 셈이다.

지금의 강정마을은 교환과 소비를 위해 동질화된 근대적 시간 위의 공간으로 마을을 변질시키려는 글로벌(미군) / 국가(한국군) / 로컬(토착권력)의 중첩된 지배 언어들과, 자기 자리에서 자기 삶과 관계에 근거하여 '아래로부터 로컬화' 하려는 언어들이, 경합하면서 로컬리티 정치의 현재를 구성하고 있다. 바로 지금 그런 소비 공간으로서 강정의 생산을 위해 맹목적으로 닦달하는 장치가 강정마을 주민들을 체계적으로 배제하면서 비상 상황을 조성하고 공권력과 법의 이름으로 억압하고 있는 것이다. 그래서 이 문제는 단순한 교과서적 문구들로 전락한 민주적 법 절차와 합의의 문제로 환원될 수 없을 뿐만 아니라, 그 이전의 문제로서 우리의 현대적 조건에서 인간 존재의 자리가 국가, 민족, 안보 따위의 구실을 내세우는 세력에 의해 점점 더 넓게 예외공간으로

---

47 권력이 갖고 행사하는 욕망의 은폐 / 노출은 이런 사고에서 비롯되는데, 구체적으로는 대상을 '벌레', '본질적 악', '흑인', '여성', '어린아이' 등으로 '변신'시키는 메커니즘을 통해 작동한다.

강탈되는 데 대한 근원적 물음에서 시작하고, 그 위에 횡단-로컬적 연대를 구축해나갈 필요를 곱씹게 만든다. 바로 이런 맥락에서 우리는 "어떻게 이런 근원적이고 정치적인 '함께-지각함synaesthesia'이 시간이 흐르면서 유일하게 남겨진 합의the consensus의 문제로 되어버렸을까"[48] 라는 탄식에 가까운 비판적 질문을 하지 않을 수 없다. 따라서 분리와 분단으로 인한 고통을 극복하고 치유할 수 있는, 그리고 그런 경합과 갈등을 회피하는 것이 아니라 있는 그대로 직면할 수 있는, '자기 자리에서 말하기'는 '지금 여기'를 생성하는 가운데 로컬리티의 정치에서 '아래로부터의 로컬화' 전략의 출발점이 될 수 있다.

　로컬리티-기반의 이해는 말하기들을 비판적으로 식별함으로써 무시되고 박탈당하는 주민들의 차이의 목소리들에 주목하고, 그 목소리들에게 로컬리티의 대안적 의미화 및 실행과 관련한 가능성의 문을 개방하는 작업이라고 할 수 있다. 로컬리티-기반의 이해는 지금도 로컬리티들에서 일어나고 있는 여러 형태의 공간 (재)구조화 계획 및 실행과 관련하여, 어디서부터 출발해야 하는가 묻게 만드는 성찰적 지점을 제시한다. 다시 말해 이것은 언어로 재현되는 로컬리티에 대한 다양한 의미화들에 내재하는 "계획-예산-집행"이라는 기계적이고 콘크리트적인 '덮어쓰기'에 대한 너무 익숙해진 현대적 무감각의 문제를 거론한다. 이런 작업들은 로컬리티를 다양한 층위에서 이론화하거나 본질화하고자 하는 '불순한' 시도들을 차단할 뿐만 아니라, 횡단-로컬적 연대를 구상할 공통의 토대를 광범하게 확보해가는 지평을 확보할 가능성

48　Giorgio Agamben, *op.cit.*, p.37.

의 문제와 연결될 것이다.

그래서 곧 로컬리티 연구에서 로컬리티-기반의 이해는 '자기 자리에서 말하기'의 연구를 위한 접근 방법이라 할 수 있다. 또한 '지금 여기'의 생성 혹은 생성 로컬리티generative locality의 연구와 연결되며, 바로 이 지점에서 비판적 로컬리티 연구를 통한 로컬리티의 정치에 접근하고 개입할 드넓은 지평을 확보한다. 그리고 '이론'이 제공하는 도식과 '투명하다'고 가정된 '사회'라는 논리를 넘어서 도달하는 경계에서 작업해나갈 때라야만, 연구(자)의 동시대성 또한 확립된다. 왜냐하면 "자기들을 동시대인이라고 부를 수 있는 사람들은 스스로를 세기의 빛들에 눈멀도록 놔두지 않고, 그래서 그 빛 속 그림자들을, 그것들의 내밀한 어둠을, 일별할 수 있는 자들 뿐"[49]인 까닭이다. 따라서 로컬리티-기반의 이해라는 방법은 무엇보다도 연구자와 연구대상 사이의 역동적 관계 속에서 연구자 자신의 성찰을 통한 '위치'와 '시선'의 재조정이라는 선행적 과정 또한 요구한다. 이를테면 '지금, 여기'를 말함으로써 동시대 자기들 땅에서 유배당하는 수많은 '난민들'이 보이고 그들 목소리의 의미를 제대로 듣는다. 바로 여기서 로컬리티-기반의 이해는 로컬리티(거주민)에 대한 얄팍한 본질론 뿐만 아니라 단순한 동정의 시선 역시 변증법적으로 지양할 수 있을 것이다.

수많은 이야기들을 담으려 했던 이 글은 여러 가지 측면에서 한계 또한 갖지 않을 수 없다. 무엇보다도 현지조사의 시간이 너무 짧았고, 그에 비례하여 주민들과의 대담이 턱없이 부족하다. 그래서 자료들을

---

49 *ibid.*, p.45.

검토하면서 현지 대담으로 확인되거나 추론될 수 있는 부분들만 신중하게 사용하고자 노력했다. 또한 전통적으로 마을 문화에서 큰 자리를 차지하고 있는 해녀들을 만나려고 애초에 의도했으나 실패했다. 어촌계 총회 당시 분위기 때문에 찬성했다가 반대로 돌아선 해녀들조차도 현재 깊은 자괴감에 외부 사람들을 꺼릴 뿐만 아니라 바깥 출입을 아예 하지 않으려 한다고 마을 사람들이 전한다. 만약 이들과 함께 땅과 바다를 터전으로 일하고 있는 더 많은 주민들의 '자기 자리에서 말하기'들을 풍부하게 채록할 수 있다면, 더 깊이 있는 로컬리티-기반의 이해에 접근할 수 있을 것 같다. 이 부분은 다음 과제로 남긴다.

참고문헌

강정동 마을회, 「4 / 26일 마을 총회 회의록」, 2007.

강정동 어촌계, 「어촌계 총회 회의록」, 2007.

윤용택, 『생명평화마을, 일강정은 살아있다』, CD 영상해설자료, 2010.

이범용, 「도민 사회의 심리적 위로와 지지 필요」, 『서귀포 신문』, 2009.9.17.

  http://www.seogwipo.co.kr/news/articleView.html?idxno=51833 (검색일 : 2012.3.25)

「'제주 해군기지' 추진. '안보엔 타협없다'」, 『연합뉴스』, 2012.2.29.

  http://media.daum.net/v/ 20120229160508047 (검색일 : 2012.3.11)

「'구럼비' 바위에 대해서 미처 몰랐던 것들」, 『아시아경제』, 2012.3.13.

  http://durl.me/vw96a (검색일 : 2012.3.20)

「제주도민 56% "해군기지 절차 문제있다"」, 『노컷뉴스』, 2012.3.27.

  http://www.nocutnews.co.kr/ Show.asp?IDX=2097953 (검색일 : 2012.3.28.)

김경덕, 「'마음의 병' 앓는 주민, 10명 중 '4명' 꼴」, 『서귀포 신문』, 2009.9.17.

  http://www.seogwipo.co.kr/news/articleView.html?idxno=51832 (검색일 : 2012.3.25)

김경덕, 「'손 놓은' 강정은 지금 … '적과 동지'뿐」, 『서귀포신문』, 2009.9.10.

  http://www.seogwipo.co.kr/news/articleView.html?idxno=51549 (검색일 : 2012.3.25)

평화의 섬, 제주

  http://www.peace.jeju.kr/contents/index.php?mid=010201 (검색일 : 2012.3.11)

대한민국해군 제주민군복합항건설사업단

  http://www.navy.mil.kr/sub_guide/jeju_main.jsp (검색일 : 2012.3.20)

〈PD수첩〉, '제주도 강정마을, 그들은 왜 분노하는가?'

  http://www.youtube.com/watch?v=k2x4Ak2VALA&feature=youtu.be (검색일 : 2011.3.24)

강부언 · 정동신, 「구럼비 깨져 앙불 나거든」, 구럼비살리기전국시민행동, 『울지마 구럼비 힘내요 강정』, 서울 : 나름북스, 2011.

김용규, 「로컬리티의 문화정치학과 비판적 로컬리티 연구」, 『한국민족문화』 32, 한국민족문화연구소, 2008.

김진호, 「군사안보시설 현지화를 위한 갈등해결방안 연구 : 제주 해군기지건설논쟁을 중심으로」, 『통일문제연구』 상반기호 통권 제47호, 평화문제연구소, 2007.

김철웅·장성수, 「성공적 크루즈항 건설을 위한 협력적 거버넌스 구축방안 : 제주해군기지 후보지 선정 사례를 중심으로」, 한국관광학회 제주학술심포지엄 발표논문, 2008.

은재호·김형성·최대용, 「국방·군사시설 입지 갈등의 원인과 해법 : 제주해군기지 사례의 교훈」, 『한국정책학회보』 제20권 2호, 한국정책학회, 2011.

이경원·김정화, 「공공갈등과 공익의 재검토 : 제주해군기지 건설 사례」, 『경제와 사회』 봄호 통권 제89호, 비판사회학회, 2011.

이보라, 「제주도 내 '군사기지 유치' 담론을 통해 본 평화정치학」, 이화여대 석사논문, 2009.

이영자, 「다시, 신명나는 강정이 올 거야」, 구럼비살리기전국시민행동, 『울지마 구럼비 힘내요 강정』, 서울 : 나름북스, 2011.

冨山一郎, 박수경 역, 「기억이라는 문제, 혹은 사회의 미결성openness에 관하여」, 『로컬리티 인문학』 3, 한국민족문화연구소, 2010.

구럼비살리기전국시민행동, 『제주 강정마을에서 보내는 평화의 목소리 : 울지마 구럼비, 힘내요 강정』, 서울 : 나름북스, 2011.

김경훈, 『돌맹이 하나 꽃 한 송이도』, 제주 : 도서출판 각, 2011.

윤용택, 『생명 평화의 섬, 제주를 꿈꾸며』, 제주 : 도서출판 각, 2011.

프랭클 빅터, 김충선 역, 『죽음의 수용소에서』, 서울 : 청아출판사, 1995.

Giorgio Agamben, Trans. David Kishik·Stefan Pedatella, *What Is an Apparatus?*, Stanford : Stanford UP, 2009.

Martin Buber, Trans. Walter Kaufmann, *I and Thou*, New York : Charles Scribner's Sons, 1970.

Stuart Hall, "Old and New Identities, Old and New Ethnicities", Ed. Anthony D. King, *Culture, Globalization and the World-System*. Minneapolis : U of Minnesota P, 1997.

Henri Lefebvre, Trans. Donald Nicholson-Smith, *The Production of Space,* Oxford : Blackwell, 1991.

Robert p. Marzec, "Enclosures, Colonization, and the Robinson Crusoe Syndrome-A Genealogy of Land in a Global Context", *boundary 2*. 29-2. 2002.

Walter D. Mignolo, *Local Histories / Global Design*, Princeton : Princeton UP, 2000.

Richard Schumitt, "Racism and Objectification-Reflections on Themes from Fanon", Ed. Lewis R. Gordon · T. Denean Sharpley-Whiting · Rene T. White, *Fanon-A Critical Reader*, Oxford : Blackwell, 1996.

3부

로컬과 주체성의 실천

언어권리와 로컬의 주체형성[*]

제주로컬어 부흥운동을 중심으로

차윤정

1. 위기의 언어

우리 시대의 중심 담론 가운데 하나는, 열린 공간, 열린 문화를 표방하는 세계화 담론이다. 하지만 세계화 담론의 확장과 함께, 이에 대한 우려의 목소리도 높아지고 있다. 세계화가 내세우는 열린 공간과 열린 문화가, 힘의 중심에서 주변으로의 확산, 중심을 향한 균질화의 양상을 보이기 때문이다. 이러한 양상은 언어 분야에서도 나타난다. 자본과 권력을 등에 업은 중심의 언어에 의한 언어적 균질화는 주변부 언어의 소멸을 가속화시키고 있다. 주변부 언어 소멸 문제의 심각성은, 이것이 문화 소멸과 언어사용자의 정체성, 인권의 문제와도 직결되기

---

* 이 글은 『한국민족문화』 제40집, 부산대 한국민족문화연구소, 2011.7에 게재된 글을 수정한 것이다.

때문이다. 이에 따라 최근 유네스코를 중심으로 한 국제 사회에서는, 생물, 문화, 언어의 다양성을 확보하기 위한 적극적인 노력들을 기울이고 있다.

언어 소멸 현상은 언어 간의 문제일 뿐만 아니라 국가 내부 로컬어[1]의 문제이기도 하다. 국가 내에서도 자본과 문화, 언어는 중심에서 주변으로 불균등하게 확산되고 있기 때문이다. 더구나 로컬은 세계화가 실현되는 장이기도 하지만, 국가 내부의 하부 단위이기도 하다는 점에서, 더욱 심각한 위기 상황을 맞이하고 있다. 로컬어는 세계화와 국가 내부의 중앙집중화 상황 속에서, 이중적 배제를 통해 소멸의 길로 접어들고 있다.

로컬어 소멸 위기와 관련하여, 2007년 제주도는 국내에서 처음으로 지자체 차원의 지역어 보전 정책으로 「제주어 보전 및 육성 조례」를 제정하였다. 그리고 로컬인들의 노력으로 2010년 제주로컬어는, 유네스코 '소멸 위기 언어 레드북'에 '아주 심각한 위기에 처한 언어'[2]로 분류 등록되었다. 이러한 일련의 사건 배경에는 로컬인들의 로컬어에 대한 인식의 전환이 자리하고 있다.

이 글에서는 로컬어 문제를 통해 로컬의 주체형성에 대해 살펴보고자 한다. 이를 위해 다음과 같은 전제를 한다. 로컬에서 살아가는 로컬

---

1   로컬을 기반으로 한, 로컬인의 사유와 경험을 표상한 표상체계이자 로컬인의 의사소통 수단으로 사용되고 있는 언어를 의미한다.

2   유네스코에서는 소멸 위기 언어를 다음과 같이 5단계로 분류한다. 1단계는 '취약한 언어', 2단계는 '분명한 위기에 처한 언어', 3단계는 '심하게 위기에 처한 언어'이며, 4단계는 '아주 심각한 위기에 처한 언어', 5단계는 '소멸한 언어'이다. 제주어는 4단계에 속하는 것으로 분류되었다.

인이 언어를 통해 주체가 된다는 것은, 자신이 태어날 때부터 배워 사용한 로컬어를 어떠한 억압도 없이 사용할 수 있는 상황을 누린다는 것이다. 그리고 인간은 이러한 상황을 누릴 수 있는 언어권리를 가진다는 것이다. 하지만 언어권리를 누릴 수 없는 상황이 되었을 때, 갈등이 발생하게 된다. 갈등은 다양한 방식의 대응 행위를 유발시키는데, 이에 대한 로컬의 대응은 로컬적 특성으로 읽힐 수 있다. 이러한 관점에서 이 글에서는 제주도의 로컬어 부흥운동을 사례로, 로컬의 주체형성에 대해 살펴보겠다.

2. 언어권리와 로컬어

최근 차이와 다양성의 문제가 부각되면서, 문화적 권리와 언어권리에 대한 관심이 증대되고 있다. 문화적 권리란 인간의 문화에 대한 권리로, 이는 인간의 기본적인 권리인 인권에 속한다.[3] 인권의 일차적 개념은, 모든 인간은 평등하며 자유롭다는 자연법적 원칙에 따라 일체의 사회적 차별과 불평등에 대항하여 인간 본연의 존엄성을 지켜야 한다는 것이다.[4] 이렇게 본다면 문화적 권리란, 인간은 자신이 살아온 삶의 총체적 방식대로 삶을 영위할 권리를 가진다는 것에 다름 아니다.

흔히 언어를 문화의 DNA라고 한다. 문화는 언어 속에 담지될 뿐만 아니라, 문화를 대표적으로 표상하는 것이 언어이기 때문이다. 따라서

---

3 강내희, 「신자유주의 체제와 문화적 권리」, 『문화연대 토론회 자료집』, 2007, 17쪽.
4 김성재 외, 『인권의 시대를 향하여』, 나남출판, 2002, 18~20쪽.

문화적 권리가 인간의 기본적인 권리라면, 언어권리 역시 인간의 기본적인 권리라고 할 수 있을 것이다. 언어권리는 인간의 언어에 대한 권리로서, 인간이 누려야 할 기본적인 권리인 것이다. 이 글에서는 언어권리란, 인간이 자신에게 자명한 언어를 자유롭게 선택하고 사용할 수 있는 권리, 그리고 그것을 통해 어떤 불평등한 대우를 받지 않아도 될 권리, 자신이 선택한 언어를 사용하여 창조적으로 다양한 문화적 활동을 할 수 있는 권리라고 정의하겠다.

그렇다면 인간에게 자명한 언어란 무엇일까? 인간에게 있어 명백한 언어란, 인간이 자유로운 상태에서 사용하는 언어를 말한다. 즉 어떠한 외부적 압력이나 감정적 억압이 없는 상태에서 자율적으로 발화하는 언어이다. 이런 관점에서 보면, 인간이 태어나면서부터 배운 언어는 자명한 언어가 될 것이다. 인간은 자신이 태어나서 배우고 익힌 언어에 대해 애착을 가지고 있으며, 이것을 사용해 가장 자연스럽게 소통할 수 있기 때문이다. 그리고 인간은 누구나 이런 언어를, 아무런 제한 없이 사용하고 싶어하는 욕망을 가진다. 언어권리란 자명한 자신의 언어를 자유롭게 사용하고, 그 사용에 따른 배제나 소외, 차별 같은 불평등한 처우를 받지 않을 권리이다.

하지만 언어권리는, 인간이 놓인 역사적 · 사회적 조건에 따라 그 권리가 보장되기도 하고 그렇지 못하기도 해 왔다. 식민치하에서 피지배국의 국민은, 지배국의 언어를 강제로 사용하는 언어 전환을 해야 했고, 국가의 통합을 강조하는 국민국가 체제에서는 국가의 언어정책에 따라 개인의 언어권리를 보장받지 못했다. 또 현재와 같은 거대한 세계화의 흐름 속에서 주변부의 언어는 그 생존마저 유지되기 어려운 상황으로, 사용자 역시 자신의 언어권리를 보장받을 수 없다. 이렇게 언어권리가 침해되는 상태는 '언어적 차별linguicism'로 정의될 수 있다.

언어적 차별은 언어의 위상 문제와 관련이 있다. 언어의 위상은 언어에 대한 가치평가가 반영된 것으로, 이는 언어 외적인 시대적, 사회적 상황에 따라 만들어진 것이다. 세계화의 흐름 속에서 로컬은 다양한 언어들이 만나고 서로 경합을 벌이는 장이 되었다. 대표적으로 영어와 표준어, 로컬어 등이 서로 경합을 벌이고 있다. 이 언어들의 위상은 문화와 자본을 배경으로 결정되는 것이 일반적이다.

그런데 언어적 위상은 언어 가치의 수직적 배치를 전제로 한다. 사회 속에서 언어들의 수직적 배치관계가 문화코드로 자리잡게 되면, 이는 그 언어 사용자들의 위상과 직결된다. 곧 어떤 언어를 사용하는가에 따라 그 사회 속에서 언어 사용자들의 위계 관계가 형성된다는 것이다. 그리고 언어 사용자들은 이러한 문화코드를 강제적 혹은 자발적인 과정을 통해 내면화하게 된다. 이렇게 내면화된 문화코드는, 결국 주변부의 언어를 사용하는 언어 사용자들이 자신의 언어권리를 포기하거나 포기해야만 하는 결과를 초래하게 된다.[5]

주변부의 언어인 로컬어의 경우에도, 언어권리[6]의 포기와 관련한

---

5 Louis-Jean Calvet, *Linguistique et colonialisme*; 김병욱 역, 『언어와 식민주의 : 언어 포식 이야기』, 유로서적, 68~69쪽. 이러한 현상과 관련하여 다음과 같이 서술하고 있다. '방언'에 대한 경멸은 실제로, 방언을 타인의 언어로 간주할 수 있는 사람들에게만 나타나는 사실이 아니라, 때로는 이데올로기의 압력에 굴복한 방언 사용자들 자신에게 나타나는 사실이 된다.
6 유럽에서는 일반적으로 언어권리를 어떤 영역에서 화자의 민족성, 국적, 규모에 관계없이 공·사의 영역에서 의사소통을 위해 언어를 선택하는 권리로서 사용하고 있다. 특히 소수민족의 보호라는 맥락에서는 강제적인 문화동화와 언어제국주의에 저항하는 수단으로도 사용되고 있다. 하지만 이를 모든 개인이 인간이라는 이유만으로도 가지는 권리

상황은 그대로 적용된다. 특정 로컬을 기반으로 사용되는 로컬어는, 국가의 언어정책과 세계화라는 흐름 속에서 그 설 자리를 잃고 소멸의 위기로 접어들고 있다. 이는 로컬어 사용자가 자신들의 로컬어 사용을 포기함으로써 빚어진 결과이다. 로컬인이 자신의 로컬어를 사용할 권리, 즉 자신들의 언어권리를 포기했다는 의미이다.

언어 사용자가 자신의 언어권리를 포기하는 이유는 다양하다. 여기에서는 로컬어 사용자의 언어권리 포기 문제를, 제도적인 측면과 중심을 향한 인간의 욕망이라는 측면에 한정해서 살펴보고자 한다.

3. 제도와 욕망, 로컬인의 언어권리

1) 제도와 언어권리

(1) 표준어 제정

통합을 강조하는 국민국가 체제 하에서는, 언어적 통일성이 곧 국가 경쟁력의 강화라는 인식이 보편화되어 왔다. 국민국가의 관점에서, 언어의 다양성은 귀속감, 정체성 형성에 걸림돌로 간주되었다. 따라서 로컬에 따라 다양한 변이를 가진 언어를 통일하여 국민을 하나로 통합

인 인권으로 인식한다면, 소수민족의 언어와 유사한 상황을 겪고 있는 로컬어에 대한 로컬인들의 언어권리 문제로도 전유가 가능할 것이다. 소수언어와 로컬어가 유사한 차별과 배제를 당한다는 예는, 한국뿐만 아니라 다른 언어의 경우에도 나타난다. 비근한 예로 방언의 차별과 관련하여, 발자크가 *Les Chouans*에서 브르타뉴 언어에 대해 인종차별주의에 관련되는 경멸을 표현하고 있다고 밝히고 있는 Louis-Jean Calvet의 기술을 들 수 있다.

하는 데 주력했다. 우리나라의 경우, 국가 단위에서 시행되는 표준어 정책은 단순히 통일성을 위한 공통어를 확립하는 차원이 아니었다. 표준어 중심의 관점에서 국어의 가치와 국어에 대한 바람직한 태도를 규정하면서, 로컬어 사용을 통제하는 차원에서 진행되어 왔다. 이는 기본적으로 표준어 제정 과정에서부터 배태되었던 문제로, 이후 다양한 제도적 측면에서도 나타난다.

표준어 제정은 로컬어와 관련하여 크게 두 가지 점에서 논의할 수 있다. 하나는 표준어의 기능과 관련한 언어위상의 문제이고, 다른 하나는 표준어 규정의 지역적 조건의 문제이다.

표준어의 기능과 관련한 언어위상의 문제는, 표준어 제정의 필요성을 제기한 부분에서 확인할 수 있다. 표준어 제정은 1933년 일제강점기, 조선어학회를 통해 이루어진다. 당시 표준어 제정을 위한 다양한 논의들이 이루어졌는데, 많은 논의들이 표준어의 필요성과 이상적 기능에 관한 것으로 통일의 기능과 우월의 기능을 강조하고 있다.[7]

특히 표준어의 통일의 기능에 대한 강조는 당시 언어 사용자들을 포섭하기에 가장 좋은 논리였다. 표준어 제정이 일제강점기라는 상황에서 이루어졌기 때문이다. 식민치하에서 자주국가의 강력한 힘을 염원

---

7 이희승, 「표준어 이야기」, 『한글』 5권7호, 한글학회, 1937, 216~217쪽. 이희승의 다음과 같은 논의는 그 대표적인 예이다. "첫째, 언어의 통일입니다. 우리가 쓰는 말을 지방의 구별이 없이 계급의 차이가 없이 통일하자는 것입니다. (…중략…) 각 지방의 말이 다 각각 다르다면 우리의 실생활에 있어서 얼마나 불편하겠습니까? 언어가 통일이 없으면 따라서 글도 통일이 없고 모든 인사현상이 단일성이나 통제가 없게 될 것은 우리가 용이히 상상할 수 있습니다. (…중략…) 둘째 언어의 순화입니다. 현실사회에서 쓰는 말은 순결하지 못한 말이 많습니다. (…중략…) 우리는 고상한 말을 선택하여 표준어를 정해 놓으면 이번에는 다시 이 고상한 말을 쓰므로 말미암아 그 사람의 인격도 부지불식중에 도야되어서 고상하여 질 것이라고 생각합니다."

하는 국민들에게 있어, 민족주의를 바탕으로 언어의 통일을 주장하는 것은 중요한 포섭의 논리가 될 수 있었다. 언어 통일은 의사소통의 효율성을 높인다는 측면에서 바람직하나, 그 성격상 언어의 다양성을 소멸시킬 수 있는 방향으로도 통한다. 표준어 제정 과정에서의 통일성에 대한 지나친 강조는, 언어의 지역성이나 특수성을 배제할 수 있고, 언어 사용 측면에서 단일화의 강조는 로컬이나 계급에 따른 문화적 차이를 담고 있는 다양한 언어들을 소멸시킬 수 있기 때문이다.

표준어의 우월의 기능에 대해서는, 현실의 언어를 순화시킨 표준어를 사용하게 되면 인격이 도야되고 고상해진다고 하고 있다. 이는 곧 표준어를 사용하는 사람은 고상한 사람이라는 의미가 된다. 이러한 논의는 표준어를 지나치게 이상화시킴으로써 표준어에 대한 신화를 창조하는 방향으로 열려있다.[8] 이상적 언어인 표준어에 대해 현실의 다양한 로컬어는 부정적 가치를 지닌 언어로 부각되기 때문이다. 실제로 일반 언어사용자들은 표준어가 아닌 말, 특히 로컬어를 세련되지 못한 말로 받아들이고 순화해야 할 말로 생각한다.[9] 표준어에 부여한 이상적 기능과 상대적인 로컬어의 위상은, 결과적으로 로컬어 사용자들을 표준어 사용자로 포섭하여, 언어권리를 포기하게 하는 중요한 동인이 되었다.

로컬어와 관련된 또 다른 문제는, 표준어 규정의 지역적 조건이다. 표

---

8 차윤정, 「로컬어의 위상정립을 위한 시론」, 『우리말연구』 25집, 우리말학회, 2009, 395~399쪽.

9 최진숙, 「과테말라 마야 정체성의 이데올로기적 형성 : 코드 전환에 의한 언어적 편견의 재생산」, 『한국문화인류학』 38권 2호, 한국문화인류학회, 2005, 9~11쪽. 과테말라에서는 '중심지 사람 / 도시 사람'과 '촌사람 / 산사람'의 구분이 언어에 대한 담론에서도 반복 재생산되어, 끼체어와 스페인어를 이분법적으로 구분 짓는다고 한다.

준어 규정은, 1933년 『한글맞춤법통일안』에서 "대체로 현재 중류 사회에서 쓰는 서울말로 한다"라고 상세화한 이래, 1988년 "교양 있는 사람들이 쓰는 현대 서울말"로 약간 수정을 하는 수준에서 거의 답습되고 있다.

표준어 규정의 지역적 조건이 로컬어를 표준어에서 배제함으로써, 로컬인들은 로컬어의 위상을 표준어와의 관계 속에서 파악하게 된다. 자신이 태어날 때부터 배우고 사용하던 언어로서의 가치를 인식하기보다는, 표준어에 포함되지 못한 비표준적인 언어로 인식하게 된다. 이러한 로컬어에 대한 인식은 로컬어 사용자들의 언어권리를 위축시킨다. 그리고 표준어 규정과 제정된 후 거의 변화 없이 현재까지 답습되어 온 국가의 강력한 표준어 중심정책은 로컬어 사용자들의 언어권리를 국가에 의해 통제받는 상황으로 만들었다.[10]

(2) 교육 제도

로컬어 배제에 또 다른 강력한 영향을 끼친 것은 교육이다. 교육은 아직 언어에 대한 인식이 완전히 형성되지 않은 학생들에게 언어에 대한 인식과 태도를 심어주고, 그들의 언어 사용을 결정짓는 역할을 한다는 점에서 중요하다. 그리고 그 파급 효과가 전국적이며 급속하게 나타난다는 점에서 또한 중요하다.

현재 우리나라 학교교육에서는 표준어를 중심으로 한 언어교육이 이루어지고 있다. 그리고 한때는 로컬어 자체를 부정하는 언어교육이

---

10 이러한 논의가 표준어의 필요성을 부정하는 것은 아니다. 다만 표준어에 지나치게 이상적으로 부여된 가치와 그동안 로컬어를 배재한 채 진행되어 왔던 언어정책에 대한 비판적 관점의 논의이자, 표준어와 로컬어가 공존하는 언어생활을 위한 논의의 한 부분이다.

교육과정 구분	교육과정 내용
1차	표준말에 주의하여 틀리는 점을 바로잡게 한다
	어법에 맞는 표준말을 쓰고, 속어와 사투리를 의식적으로 피할 수 있게 한다.
2차	표준말과 비교하여 틀리는 점을 바로 잡도록 한다.
	속어, 사투리, 야비한 말을 의식적으로 피하게 한다.
3차	표준말과 사투리를 구별하고 정확한 발음으로 말한다.
4차	표준말과 사투리를 의식하며 말한다.
	방언과 그 분포에 대해 안다.
5차	표준어와 방언을 비교해 보고, 표준말의 필요성에 관하여 이야기한다.
6차	표준어와 방언에 따른 언어의 차이를 알고, 국어의 다양성을 효과적으로 활용한다.
	표준어와 방언에 대해 이해하고, 이를 상황에 따라 바르게 사용한다.
7차	표준어와 방언의 개념을 안다.
	상황에 따라 방언과 표준어를 구별해서 사용하려는 태도를 지닌다.

이루어졌음을 교육과정을 통해서 확인할 수 있다. 교육과정은 교육의
방향과 내용을 결정하는 중요한 지표가 된다. 우리나라의 교육과정은,
1955년 제1차 교육과정이 시행된 이래 현재 7차 교육과정이 시행되고
있다.[11] 이를 언어에 대한 태도, 특히 표준어와 로컬어에 대한 태도를
중심으로 살펴보면 다음과 같다.[12]

1, 2차 교육과정에서는 '로컬어'를 '사투리'라는 명칭을 사용하여, 바
로잡아야 하는 말, 피해야 하는 말로 표현하고 있다. 이는 표준어만 맞
는 말이고 로컬어는 버려야 하는 말로 인식하고 있다는 것을 보여준

---

[11] 교육과정을 시기별로 구분해 보면 다음과 같다. 1차 교육과정기는 1954년부터 1963년, 2
차 교육과정기는 1963년부터 1973년, 3차 교육과정기는 1973년부터 1981년, 4차 교육과
정기는 1981년부터 1987년, 5차 교육과정기는 1987년부터 1992년, 6차 교육과정기는
1992년부터 1997년, 7차 교육과정기는 1997년부터 지금까지이다.

[12] 조규태, 「표준어교육과 지역 언어 교육」, 『한글』 262호, 한글학회, 2003, 262~265쪽. 로
컬어와 관련한 교육과정 자료와 시대 구분은 조규태에 기댄다.

다. 이러한 교육과정에 따라 학교에서 표준어 교육을 받은 학생들은, 자신들이 일상생활에서 사용하는 로컬어를 틀린 언어로 인식하게 된다. 그리고 로컬어 사용을 부끄러워하게 되어, 이들을 표준어 화자로 포섭하게 된다.

3, 4, 5차 교육과정에서는 로컬어와 표준어의 구별, 표준어의 필요성에 대해서만 언급하고 있다. 로컬어에 대해서 특별한 지도 내용은 없지만, 부정적인 태도가 전환되고 있음을 알 수 있다. 로컬어에 대한 태도의 변화를 반영하고 있는 부분은 명칭이다. 2차 교육과정까지는 로컬어를 '사투리'라고 표현했는데, 3차 교육과정에서는 '사투리'와 '방언'을 혼용하여 사용하고 있다. 4차 교육과정 이후부터는 '방언'이라는 명칭만을 사용한다. 학문적으로 볼 때 방언은 로컬어를 나타낼 수 있는 가치중립적 표현이지만, 사투리는 표준어에 대해 로컬어를 폄하하는 표현이기 때문이다. 하지만 이러한 교육과정 역시, 로컬어에 대한 부정적인 인식을 제거하기에는 한계가 있다. 방언이라는 용어의 도입으로 사투리에 묻어있던 부정적 의미를 지우려는 시도는 하였지만, 여전히 표준어의 필요성만을 강조하고 있기 때문이다. 이러한 교육과정에 따라 교육받은 학생들의 의식 속에, 로컬어는 여전히 표준어에 비해 열등한 언어로 자리잡게 된다.

6, 7차 교육과정에서는 표준어와 로컬어를 '상황에 따라' 사용하도록 지도하게 되어 있다. 이는 로컬어를 버려야 할 언어에서 사용할 수 있는 언어로, 로컬어에 대한 인식이 전환되었음을 반영한다. 그러나 여전히 로컬어에 대한 지도는 소극적인 몇 개의 항목에 불과하며, 로컬어가 로컬인들이 일상생활에서 사용하는 언어라는 인식을 심어주는

데에는 한계가 있다.

1차부터 7차까지의 교육과정에서 로컬어에 대한 인식의 변화는 보이지만, 로컬어 사용자의 언어권리에 대한 인식은 드러나지 않는다. 더구나 교육과정을 통해 보면, 지금까지 로컬어는 학교교육을 통해 단 한번도 적극적으로 지도되지 못했다. 이는 로컬어가 로컬인들이 태어나면서부터 배워 온 말이라는 점, 로컬인들이 서로 정감을 나누며 가장 자연스럽게 소통할 수 있는 말이라는 점, 로컬의 문화와 역사, 로컬인들의 정체성이 담겨 있는 말이라는 점에 대한 인식의 부재를 드러내는 것이다. 그리고 가장 중요하게는 인간이 기본적으로 언어권리를 가진 존재라는 점에 대한 인식의 부재를 드러내는 것이다.

언어권리에 대한 인식의 부재와 로컬어를 부정하는 표준어 교육은, 로컬인들을 표준어 사용자로 포섭하는 중요한 요인이 되었다. 그 결과 로컬어의 생존에 가장 중요한 몫을 담당하는 어린 세대에게 로컬어에 대한 부정적인 인식을 심어주는 방향으로 교육이 이루어졌고, 로컬어는 배제를 넘어 소멸의 위기에 처하게 되었다.

그런데 표준어 중심의 언어적 획일화와 로컬어의 소멸은, 로컬 문화의 소멸과 로컬인의 정체성 소멸로 이어진다. 이러한 지점이 획일화된 표준어 교육 제도를 재사유해 보아야 할 부분이다. 표준어뿐만 아니라 로컬어 역시 그 언어를 사용하는 사람들에게는 중요한 가치가 있는 것이며, 로컬인은 로컬어를 자유롭게 사용할 수 있는 언어권리를 가진다는 것이 교육되어야 한다. 그리고 공적인 영역과 사적인 영역의 언어 사용에 대한 교육을 통해, 표준어와 로컬어를 상황에 따라 구별해서 사용할 수 있도록 교육되어야 할 것이다.

(3) 방송매체와 언어규범

　방송은 직접성, 동시성, 광역성을 기반으로 급속한 파급력을 가지고 우리의 생활 곳곳에 자리잡고 있다. 그와 더불어 방송에서 사용하는 언어 역시 우리의 언어생활에 많은 영향을 끼치고 있다. 이런 이유로 방송에서는 방송언어 사용에 관한 규범을 만들어, 방송언어의 사용을 통제하고 있다. 방송언어 사용의 규범은 방송법과 방송통신위원회의 심의규정을 통해 제시되고 있다.

　방송언어 사용과 관련해 「방송법」과 「방송심의에 관한 규정」에서 가장 강조 하고 있는 것은, 표준어 사용과 언어순화의 문제이다. 「방송법」의 "표준말의 보급에 이바지하여야 하며"(1장 6조)와 「방송심의에 관한 규정」의 "방송언어는 원칙적으로 표준어를 사용하여야 한다. 특히 고정 진행자는 표준어를 사용하여야 한다"(51조 2항)라는 규정이 대표적인 예이다. 이 규정은 방송언어를 표준어로 한정하고 로컬어 사용을 배제한다. 이렇게 방송언어를 표준어로 제한하는 데에는 두 가지 전제가 깔려있다. 기본적으로 방송은 소통이 목적이므로 전 국민이 공통으로 이해하는 표준어를 사용해야 한다는 논리와 함께, 표준어는 품위 있고 순화된 말이라는 전제가 깔려 있다. 그리고 이러한 전제에 따라 표준어가 아닌 말들은 방송에서 배제되어야 하는 것이다.

　방송통신심의위원회가 한 방송사에 권고한 다음과 같은 사항[13]은 이러한 인식을 반영하는 극단적인 예이다.

13　방송심의소위원회, 『제86차 방송위원회 자료집』, 1990.

① 아나운서, 기자, 리포터, 해설자 등 고정출연자와 진행자 등 모든 방송인
　은 표준말을 쓰고 방언을 쓰지 않도록 할 것
② 전문 방송인이 아닌 사람을 새로 고정 출연시키려 할 경우 표준말 연수
　과정을 거치도록 할 것
③ 어린이 시간과 어린이 대상 프로그램 및 광고방송에서는 방언을 쓰지
　않도록 할 것

　방송통신심의위원회는 국어순화나 국어교육적 측면에서 볼 때, 로컬어가 방송언어로 적합하지 못하다고 인식하고, 나아가서는 로컬어 사용을 교육의 대상으로 간주하고 있음을 알 수 있다. 이러한 점은 모든 방송인은 표준말을 쓰고 로컬어를 쓰지 않도록 해야 한다거나, 어린이 시간과 어린이 대상 프로그램에서 로컬어를 쓰지 못하도록 한 데에서 분명히 드러난다.[14]

　최근 들어 로컬어에 대한 이러한 태도는 다소 완화된 모습을 보이지만, 여전히 부정적인 의식이 바탕에 깔려 있다. 2010년에 발간된 방송통신심의위원회의 『올바른 방송언어 사용을 위한 길잡이』에서는 다음과 같이 기술하고 있다. "지방에서 자란 사람은 사투리 발음을 하기 쉬운데 몇몇 오락프로그램 진행자들은 지역적 특징이 드러나는 발음을 강하게 사용한다. 이런 발음은 시청자들에게 거부감을 주기 쉽고 의사소통에도 어려움이 따른다"라고 지적하고 있다. 하지만 오락프로

14　차윤정, 「자갈치 아지매를 통해 본 로컬의 경계 허물기 방식에 대한 고찰」, 『한국민족문화』 36집, 부산대 한국민족문화연구소, 2010, 283~290쪽.

그램은 뉴스와 같은 공적인 언어사용이 반드시 담보되어야 할 프로그램이 아니다.[15] 따라서 소통의 문제가 발생하지 않는다면, 어느 정도 로컬적 특성이 섞인 발음을 한다 하더라도 무방하다고 할 수 있다. 더구나 여기서 예를 들고 있는 '좀[쫌], 음성[엄성], 나오잖아요[노오자나요]'는 의사소통에 어려움을 주는 정도라고 할 수 없다.[16] 또 이러한 발음들이 시청자들에게 거부감을 준다고 보는 것도 표준어 화자가 가진 편견이 아닌가 한번쯤 돌아보아야 할 부분이다.[17] 로컬적 특성을 보인다고 해서 거부감을 느낀다는 것은 표준어가 아닌 로컬어는 순화되어야 할, 교양 없는 말이라는 인식이 전제되었기 때문이다.

방송언어 규정에 전제된 로컬어에 대한 인식은, 다양한 방식으로 재현되어 방송을 통해 로컬어에 대한 불평등한 인식을 전파시킨다. 광역적 방송망을 통해 전파된 언어에 대한 위계적 인식은 언어적 아비투스가 되어, 로컬인들의 언어권리를 침해한다. 방송을 통해 로컬인들은, 자신들의 언어를 촌스럽고 순화되어야 할 언어로 인식하기를 강요당한다.

뿐만 아니라 이러한 방송언어 규정은, 로컬인들에게 자신들의 삶 터인 로컬에서조차 로컬어로 전달되는 방송을 들을 수 있는 기회를 차단한다. "특히 고정 진행자는 표준어를 사용하여야 한다"라는 규정은 로컬어로 진행되는 방송의 제작을 막기 때문이다.[18] 그 결과 로컬인들은

---

15 최경봉, 「표준어 정책과 교육의 현재적 의미」, 『한국어학』 31호, 한국어학회, 2006, 356쪽. 방송프로그램이라고 해서 모두 공적인 언어사용 영역에 들어가는 것은 아니다. 드라마 같은 분야는 사적인 언어사용 영역에 포함시킬 수 있다.

16 '좀[쫌]'은 이미 특정 로컬어에서만 보이는 언어현상이라고 볼 수 없을 정도로 분포가 확산되어 있으며, '음성[엄성], 나오잖아요[노오자나요]'도 문맥이 전제된 의사소통 상황에서 의미를 왜곡시키는 경우는 거의 없다.

17 실제로 거부감을 주거나 의사소통에 문제가 있었다면, 그 진행자는 교체되었어야 한다.

로컬어로 진행되는 방송을 들을 수 있는 언어권리를 박탈당한다.

하지만 이러한 논의가 방송에서 로컬어를 표준어와 동등하게 노출시켜야 한다는 의미는 아니다. 로컬어 역시 방송 장르에 따라 수용자가 수용할 수 있는 범위 내에서는 방송 언어로 사용될 수 있는 길이 열려야 한다는 것이다. 왜냐하면 지나친 표준어 중심의 언어사용 규정에 따른 방송이, 수십 년 동안 전 국민들에게 방송됨으로써 표준어의 로컬어 대체 현상을 가속화시켰기 때문이다. 그리고 이는 로컬어의 급속한 소멸의 중요한 원인이 되고 있다.

2) 중심을 향한 욕망과 언어적 포섭

우리나라의 오랜 중앙집권적 역사는 밀도 높은 중심주의 문화를 잉태시켰다. 더구나 중앙집중적인 근대화 과정은, 한편으로는 중심 지향성을 기반으로 한 동질화를 통하여 차이를 소멸시키면서, 한편으로는 차이를 차별로 인식시키고 내재화시킴으로써 로컬의 불균등 발전을 심화시켜 왔다. 그 결과 로컬의 불균등 발전 현상은 물리적 공간을 넘어 사회적·문화적 공간으로까지 확산되어 중첩적으로 나타나고 있다. 발전의 중심에 선 중앙은 이들 공간을 점유하고, 그들의 논리에 따라 주변의 로컬을 끊임없이 포섭하고 배제시켜 왔다.

---

18 최근에는 로컬의 정체성 찾기가 강조되면서 로컬어로 진행하는 프로그램들을 제작하는 경향이 늘어나고 있다. 대표적인 프로그램으로 부산의 '자갈치 아지매', 마산의 '아구할매' 등이 있다.

중앙의 논리에 의해 포섭되고 배제되었던 로컬인들은, 다양한 방식으로 중앙의 전략에 대응한다. 때로는 선망과 질시를 담아, 때로는 중심에 대한 저항의 의지를 담아 전략적으로 대응한다. 이러한 로컬인들의 전략들은 언어적 전략에서도 나타난다. 로컬인들의 언어적 전략은 중앙을 선망함으로써 자신들의 욕망[19]을 실현하고자 하는 전략과 중앙언어인 표준어에 부여된 권위의 경계를 넘는 전략들로 나타난다.

중앙이 가진 사회·문화·정치·경제적 권력은 주변의 로컬인들에게 권력과 출세, 물질적 풍요, 세련됨 등으로 상징된다. 주변화된 로컬인들의 중심 지향성은, 권력과 출세, 물질적 풍요에 대한 욕망으로 표출된다. 욕망의 실현을 위해, 로컬인들은 중앙과 로컬의 관계를 지배와 피지배 관계로 정당화한다. 그리고 이를 자명한 것으로 받아들여 중앙으로의 자발적 포섭을 선택한다.

언어적 측면에서, 이러한 선택은 중앙의 언어인 표준어를 자발적으로 습득하고 자신이 사용하던 로컬어를 벗어버리는 양상으로 나타난다. 로컬어를 표준어로 전환하는 것은, 중앙이 가진 물질적 풍요와 출세, 힘, 세련됨에 대한 욕망의 표출이다. 표준어의 사용은 중심을 향한 욕망의 언어적 출입문이기 때문이다. 이러한 현상은 실제로 로컬 출신으로 취업을 준비하고 있는 많은 젊은이들에게서 나타난다. 그들이 중앙으로 취업을 원하든, 로컬에서 취업을 원하든 표준어의 사용은 그들에게 더 많은 기회를 부여하기 때문이다.[20]

---

19 이 글에서의 욕망이라는 표현은 인간의 물질적 욕구와 신분 상승의 욕구를 의미하는 개념으로 한정하여 사용한다.
20 정선태, 「표준어의 점령, 지역어의 내부 식민지화 : 현기영의 『순이삼촌』을 시점으로」, 『어

표준어 사용을 중심을 향한 욕망 실현의 도구로 인식하는 경향은 다음의 예에서도 나타난다. 2005년 국립국어원에서 발간한『국민의 언어의식조사』보고서에 따르면, "자녀가 표준어를 구사할 수 있기를 바라십니까?"라는 질문에, 응답자의 84.7%가 매우 바란다와 대체로 바란다고 응답한 것으로 나타났다. 이는 자신의 방언사용에 대해 자랑스럽게 생각하느냐는 질문에, 매우 또는 대체로 자랑스럽게 생각한다고 대답한 경우가 26.3%, 전혀 또는 별로 자랑스럽지 않게 생각한다가 25.2%로 나타났던 것에 비하면 예상 외의 결과다.[21] 응답자들이 자신의 방언 사용에 대해서 자랑스럽거나 자랑스럽지 않다고 응답한 비율이 비슷한 만큼, 자식들의 표준어 사용에 대해서도 역시 비슷한 수치의 응답률이 나타날 것으로 기대되지만 그렇지 않다. 자식들이 표준어를 구사하기를 바라는 응답률이 압도적으로 높게 나타난다.

이러한 응답률은 무엇을 반영하는 것일까? 이는 언어 사용 문제가 단순하게 언어적 문제로만 국한되지 않는, 다른 사회·문화적 부분과도 연결되어 있기 때문이다. 자신의 자녀가 모든 분야의 중심지인 중앙에서 살기를 바라는 욕망의 투영인 것이다. 서울에서 살고 표준어를 사용한다는 것만으로도, 중심이 가진 특권을 누리는 것으로 인식되기 때문이다. 국립국어원의 조사 결과는, 자녀들이 그러한 특권을 누리기를 바라는 부모들의 의식이 반영된 것으로 보인다. 결국 힘과 물질적 풍요에 대한 욕망은, 언어적 측면에서는 자녀의 표준어 사용에 대한

문학논총』 27집, 국민대 어문학연구소, 2008, 113~115쪽.

21 한국갤럽(연구책임자 양명희),『국민의 언어 의식 조사 보고서』, 국립국어원, 2005, 106~108쪽.

부모들의 태도로 나타나는 것이다.

이처럼 사회 구조적 환경과 여기서 배태된 중심지향의 욕망은, 중앙을 향한 로컬인들의 자발적 포섭을 부추긴다. 이 과정에서 로컬인들은, 더 이상 자신의 모어인 로컬어를 선택할 언어권리를 가졌다는 것을 인식할 필요가 없게 된다. 그리고 욕망을 실현하기 위해서는, 사회적 적응이라는 이름의 자발적 포섭을 통해, 언어권리 정도는 기꺼이 포기할 수 있는 것이 되었다.

4. 제주로컬어 부흥운동과 주체형성

1) 제주로컬어 부흥운동의 현황

Fishman은 언어 부흥운동Language revitalization은 소수언어의 부활 재생 확대를 목표로 하는 의식적이고 집단적인 시도[22]라고 정의한다. 이런 점에서 로컬어 보전 확산 운동도 언어 부흥운동의 한 예이다. 국가의 제도와 자본 중심의 논리에 따른 언어적 위계화와 획일화로의 흐름은, 지방자치제의 실시로 부각된 로컬인의 정체성 찾기, 주체로서의 인식 전환의 문제와 갈등을 일으키게 된다.

특히 제주도의 경우 언어 부흥운동의 기폭제가 된 것은, 제주를 영어 공용화 지역으로 만들려는 시도였다. 제주 사회는 언어환경의 국제화

---

22 김은희, 「지역어 부흥운동의 일한 비교 연구 : 오키나와와 제주」, 『일본학보』 제83집, 한국일본학회, 2010, 14쪽.

에 대한 중요성을 인정하면서도 '영어 공용화 논의'에 대해서는 민감하게 반응한다. 경제논리로 영어를 공용화하겠다는 발상은 제주문화를 왜곡 또는 말살, 파괴할 가능성이 있다는 점과 영어 〉 표준어 〉 제주로컬어라는 언어 헤게모니를 형성할 것이라는 위기감이 조성되었다. 이것이 로컬인의 정체성을 자극하게 되어 상대적으로 약자가 된 제주로컬어에 대한 애착을 드러내게 되었다. 이후 방언 연구가 더욱 활성화 되고, 방언보전에 대한 심포지엄, 공청회 등이 활발히 열리고, 지방의회에서 방언보전에 관한 조례가 제정되었다.[23] 2010년에는 제주어가 유네스코 기준에 따라, '아주 심각한 위기에 처한 언어'로 분류되었다. 이는 로컬인들이 로컬어의 소멸에 그만큼 위기의식을 느끼고, 적극적으로 로컬어 보전에 노력을 기울이고 있다는 것으로 이해될 수 있다.

언어 부흥운동이 실질적인 성과를 이룩하기 위해서는 지자체 및 그 산하기관, 민간단체, 개인이 서로 협력해야 한다. 제주에서는 제주로컬어 보전을 위해 민간단체는 물론, 지자체 및 그 산하기관, 개인이 다층적인 차원에서 다양한 노력들을 기울이고 있다.

(1) 지자체 및 그 산하 기관

언어에 대한 정부의 공식 태도, 법적 조치는 언어위상은 물론 언어보전과도 밀접한 관련이 있다. 제주도는 국내에서 유일하게 로컬어를 보전하기 위한 법적 조치로서, 2007년 「제주어 보전 및 육성 조례」를

---

23 김은희, 「지방자치단체의 언어정책에 관한 사회언어학적 연구」, 『동북아문화연구』 제 22집, 동북아시아문화학회, 2010, 124~126쪽.

제정하고 2011년 일부를 강화 개정한다. 「제주어 보전 및 육성 조례」
는 전문 18조와 부칙 4조로 이루어져 있다. 조례에서는 '제주지역어'를
'제주어'로 명명하고 이를 '도민의 문화정체성'과 관련시키고 있다. 또
제주어 보전 활동의 실천력을 높이기 위해, 다양한 장치를 마련하고
있다. 도지사는 5년마다 제주어발전기본계획을 수립하고, 2년마다 그
시행 결과를 도의회에 보고해야 한다. 제주어 연구와 보전을 위해 제
주어보전육성위원회, 제주어연구소를 설치하고, 제주어 교육과정 개
설 및 교재 개발을 통해 전문가를 양성하며, 제주어 주간을 지정하여
운영해야 한다. 이에 따라 2011년 4월 제주어보전육성위원회가 구성
되었고, 제주어연구소는 설치 준비 중이다. 제주도교육청을 통해 제주
어 교재 개발이 이루어지고 있으며, 제주어 주간을 지정하여 운영하고
있다. 조례 시행 이후 제주어 보전을 위한 학교교육의 중요성을 인식
함으로써, 2011년 개정에서는 도교육감에게 제주어 교육에 관한 책무
를 부과하였다.

조례 제정뿐만 아니라 제주어 말하기 대회, 제주어 문화콘텐츠 아카이
브 구축, 제주어 간판 달기 등의 사업을 지원하고, 제주도민 제주어 사용
실태 조사, 제주어 사전편찬 등의 사업들을 실시하거나 지원하고 있다.

교육기관인 제주특별자치도교육청에서는 제주어교육자료를 개발,
학교에 보급하여 활용하도록 하는[24] 한편, 제주어 말하기 대회 개최,

---

[24] 제주특별자치도교육청, 「제주어 보전기본계획」 2011. 2010년에는 초등학교용으로 동화책
『개염지영 심방말축』을, 중등학교용으로『의성어의태어로 배우는 제주어』를 개발 보급
했다. 2011년에는 학생들의 흥미도를 높이기 위해 KBS와 공동주최로 창작동요제를 개
최하여 입상작을 CD로 제작, 학교에 보급할 예정이다.

교사를 위한 제주어 강좌 개설, 학교 단위 제주어 보전 교사동아리 운영 등 다양한 방법을 통해 제주어 교육활동을 펼치고 있다. 또한 2010년에는 세화고등학교와 귀일중학교를 제주어 교육 시범학교로 지정하여 운영하기도 하였다.

각 학교에서는 재량 활동 시간이나 창의적 체험 활동, 동아리 활동 시간을 활용하여 제주어 교육을 실시하고, 조종례 시간, 교장 선생님 훈화 등에 제주어를 사용하는 등, 틈새 교육이 좀더 활발히 이루어지고 있는 상태이다. 하지만 아직까지 제주어를 정규교과목으로 편성하거나 정규교과 시간에 교수언어로 활용하지는 못하고 있다. 수업은 표준어로 진행해야 한다는 생각이 많기 때문이다. 학생들은 제주어가 보전되어야 한다는 데에 공감을 하고는 있다. 그러나 아직까지는 제주어에 흥미를 가지는 수준이지, 적극적으로 배우고 사용하려는 의지를 보이지는 않는다. 제주어 사용 확산을 위해서는 흥미를 끄는 것이 우선이지만, 장기적 관점에서 보았을 때 언어 사용교육으로의 전환이 필요하다. 이를 위해서는 말하기 대회나 연극 같은 흥미 끌기식의 교육 방식보다는 실질적 사용 상황을 전제로 한 교육으로의 전환이 필요하다. 제주어 보급에 대한 교사들의 관심이 좀더 적극적으로 요구되는 부분이라 하겠다. 이런 의식에서 2011년 4월에는 제주어교과교육연구회가 발족되어 활동하고 있다. 초중고등학교의 다양한 교과 교사들 70여 명 정도가 모임에 참여하고 있다.[25]

그외 박물관 같은 곳에서도 학생들과 제주인, 그리고 관광객들을 대

---

[25] 2011.5.12. 문덕찬 교사와의 면담을 통해 확인한 사실이다.

상으로 제주어와 관련된 강좌를 개최하고 있으며, 제주영상위원회에
서 '제주어 해녀 스토리텔링'을 공모하는 등 많은 지자체 산하 기관들
이 제주어 보전활동에 참여하고 있다.

(2) 민간단체와 개인

　민간단체로 제주어 보전 활동의 중심에 서 있는 곳은 제주대 국어문
화원과 제주어보전회이다. 이 두 단체의 구성원들은 제주어 조례제정
의 커다란 견인차 역할을 했던 로컬인들이다. 제주대 국어문화원(전신
제주대 국어상담소)은 제주어 보전 필요성을 알리기 위해 제주지역어생
태지수조사, 제주도민의 제주어사용실태조사 등을 실시하였으며, 제
주어사전편찬, 제주어 구술채록 및 자료발간, 제주어 발전 기본 계획
안을 제시하는 등의 활발한 제주어 보전 활동을 펼치고 있다. 뿐만 아
니라 제주어와 제주문화, 제주어표기법 강좌를 개설하고 해마다 제주
어말하기대회를 개최하는 등 일반인들을 대상으로 제주어를 확산시
키는 일들을 하고 있다. 또한 제주어를 유네스코 기준의 소멸위기의
언어로 분류될 수 있도록 제반 작업을 수행했다.

　제주어보전회는 자원봉사자들에 의해 운영되는 단체로서 300여 명
정도가 회원으로 가입해 있다. 제주어보전회는 이전부터 제주어 보전
에 관심을 가지고 활동하고 있던, 연구자와 교사, 일반인 등이 모여
2008년 창립한 단체이다. 현재는 제주어 보급 확대 세미나와 제주어
말하기대회 등을 꾸준히 개최하고 있고, 2011년부터는 '제주어 선생'
양성과정을 신설하여 제주어 보전에 일반인들이 적극 참여할 수 있는
길을 열어주고 있다. 또한 회원 중에는 평생 동안 모은 자료를 바탕으

로 제주어 사전을 출판하기도 하였다.[26].

　어린이들이 제주어를 쓰지 않는 것을 안타깝게 여긴 그림책연구회에서는 살아있는 제주어로 그림책을 만들자는 결의 아래, 2004년부터 제주어 그림책을 발간하고 있다.[27] 제주작가회, 애월문학회 같은 문학단체에서도 꾸준히 제주어로 작품 활동을 함으로써 제주어를 알리고 보전하는 활동을 펼치고 있다. 로컬의 서예가들 역시, 제주어를 연구하는 학자들을 초청해 제주어에 대한 강의를 듣는가 하면 '제주말씨우리글서예전' 개최하고 있다. 제주방언연구회, 제주민예총, 서귀포시여성단체협의회 같은 민간단체에서도 제주어 연구 및 보전을 위한 다양한 활동들을 펼치고 있다.

　언론 기관 역시, 제주어 보전의 필요성에 공감하고 적극 참여하고 있다. 제주어 소멸의 위기를 다룬 특집 다큐멘터리를 만드는가 하면, 제주어로 진행되는 프로그램들을 활발히 방송하고 있다.[28] 또한 인터넷방송국에서도 제주어로 뉴스를 제공하고 있으며, 로컬신문들은 제주어와 관련된 기획기사[29]들을 다루고 있다.

　제주도에는 개인적인 차원에서 제주어로 예술활동을 하거나 제주어 보전활동을 하는 로컬인들도 많다. 제주어로 시와 소설을 쓰는 작가들, 제주어로 대중가요를 만들어 부르는 가수도 있다. 또 로컬 상인들은 제주어로 간판을 달고 음식차림표에 제주어를 사용하는, 각자의

26　송상조 회원은 『제주말 큰사전』을 엮어냈다.
27　제주그림책연구회에서는 2004년 『제주가나다』, 2005년 『오늘은 웬일일까요』, 2006년 『우리 동네 무근성』, 2007년 『하늘에 비는 돌, 조천석』 등을 펴냈다.
28　〈삼촌어디감수광〉, 〈돌하르방어드레감수광〉 같은 프로그램들이 제주어로 진행되고 있다.
29　『제주일보』, 『한라일보』 모두 제주어 관련 기획기사들을 다루었다.

입장에서 제주어를 확산시키는 모습들을 보여주고 있다.

이처럼 제주도의 로컬어 부흥운동은 특정 개인이나 지자체 및 그 산하기관, 민간단체에서 펼치는 단계를 지나, 로컬 전체로 확산되는 모습을 보이고 있다.

2) 로컬의 주체형성 관점에서 본 로컬어 부흥운동

언어적 측면에서 주체적 언어사용자란, 자율적으로 언어를 선택하고 사용할 수 있는 존재이다. 이는 앞에서 언급했던 언어권리, 즉 인간이 자신에게 가장 자명한 언어를 자유롭게 선택하고 사용할 수 있는 권리, 그리고 그것을 통해 어떤 불평등한 대우를 받지 않아도 될 권리, 자신이 선택한 언어를 사용하여 창조적으로 다양한 문화적 활동을 할 수 있는 권리를 획득했을 때 가능하다.

하지만 3장에서 살펴본 것처럼, 현실의 상황은 언어권리를 보장받기에는 많은 어려움이 있다. 그런 가운데 제주도의 경우는, 로컬어의 중요성을 인식하고 로컬어를 보전 확산시키려는 적극적인 운동들을 전개하고 있다. 다음에서는 제주도의 로컬어 보전 확산 운동 중에서, 언어를 통한 로컬의 주체형성과 관련되는 부분들을 살펴보겠다.

(1) 차이의 긍정과 주체적 시선

제주로컬어는 다른 로컬어와 많은 차이를 보인다. 음운뿐만 문법이나 어휘 부분에 있어서도 차이가 많다. 그 차이의 가장 큰 특징은, '·'

발음을 포함하여 중세어의 잔영들이 많이 남아 있다는 것이다. 이러한 차이 때문에 외부인들이 제주어를 마치 외국어를 대하듯 해왔다고, 회상하는 제주인도 있다.[30] 외부인들의 이러한 시선은, 제주인들에게 제주로컬어가 가진 차이를 촌스럽고 불편한 것쯤으로 치부하게 만들었다. '언어적 차이'는, 중심의 시선에 의해 '언어적 차별'로 바뀌고 로컬인들은 이것을 내면화했던 것이다. '차이'가 '차별'로 인식됨에 따라, 과거 제주 로컬인들 중에는 자기가 제주 출신이라는 사실조차 숨겼던 적도 있다고 한다.[31]

하지만 현재 제주어에 대한 시선은 변화하고 있다. 제주에서는 제주의 10대 상징물의 하나로 제주어를 들고 있다.[32] 과거 촌스럽고 불편한 제주어라는 인식은, 보전해야 할 가치 있는 언어로 인식이 전환된 것이다. 물론 이러한 인식의 전환 이면에는, 국어의 옛모습이 잔존하고 있는 제주어를 문화유산으로 생각하는 일면도 존재한다. 하지만 과거 촌스러움으로 여겨졌던 '차이'가 '문화유산'으로 인식될 수 있다는 점은, 분명 제주어에 대한 인식의 긍정적 전환이라고 할 수 있다.

제주어에 대한 인식 전환의 또 다른 이유는, 제주어가 제주인의 문화적 정체성을 담고 있다는 사실 때문이다. 지방자치 시대가 열리면서 각 로컬들은 앞 다투어 로컬정체성 찾기에 주력한다. 이러한 흐름 속에 제주도에서도 역시, 로컬정체성 찾기 문제가 대두되었다. 학문적

---

30 진성범, 「인사말」, 『'올바른 제주어 보존방향 모색'을 위한 정책토론회 자료집』, 2007, 4쪽.
31 강창일, 「개회사」, 위의 책, 2쪽.
32 『제주일보』, 2009.4.2(검색일 : 2011.5.17). 제주문화를 함축하는 10대 상징물은 한라산과 해녀, 제주어, 제주 4・3사건, 돌문화, 제주굿, 제주초가, 갈옷, 귤, 오름 등이다.

전통이 깊은 제주의 민속학과 방언학 연구가 로컬정체성 찾기 문제와 만나게 되면서, 언어 속의 로컬정체성 문제가 크게 부각되었다. 다각적인 노력의 결과로, 제주로컬어 속에 제주인의 정체성과 제주의 문화가 담겨있다는 것은 이제 일반화된 사실이 되었다.

제주인의 정체성이 담긴 제주로컬어가 표준어와 영어에 대해 상대적인 약자의 위치에 있다는 사실에 대한 인식과, 제주로컬어가 소멸할 것이라는 위기의식은 로컬어에 대한 태도의 변화를 불러일으켰다. 특히 제주어의 소멸은 제주문화와 그것을 향유하는 제주사람이 없어진다는 의미로 받아들여지면서,[33] 제주로컬어 보전 확산 운동은 전 로컬적 차원으로 전개되었다.

이런 과정에서 제주로컬어가 가진 '차이'는 '긍정'의 의미로 전환되고 있다. '차이'의 의미를 중심에서 부여한 '차별'이 아니라, 로컬의 시선에서 '다양성'과 '가치 있는 것'이라는 의미로 다시 읽기 시작한 것이다. 제주로컬어에 대한 인식의 전환도, 로컬의 시선에서 '차이'가 가진 긍정적인 가치를 읽어냄으로써 가능했다. 이처럼 로컬인들이 자신의 로컬어에 대한 차이를 인식하고, 그 위상을 높이려는 운동을 하는 것은 언어권리 찾기의 출발점이며 언어적 주체형성의 출발점이라고 볼 수 있다.

---

[33] 『제주일보』, 2008.1.23(검색일 : 2011.5.17). 허성수 제주어보전회장은 다음과 같이 말한다. "제주어가 사어死語화되면, 우선 제주사람의 세대·지역 간 언어생활에 혼동이 생기고 한발 더 나아가 제주원형질을 잃어버림으로써 결국 '뿌리 없는 제주'가 될 거란 우려가 발동했습니다."

(2)「제주어 보전 및 육성 조례」제정과 로컬인

제주 로컬인들의 언어적 주체형성 문제는 「제주어 보전 및 육성 조례」제정에서도 살펴볼 수 있다. 「제주어 보전 및 육성 조례」가 도의회를 통해 제정된 배경에는, 민간단체의 숨은 노력들이 있었다.

제주도에는 제주로컬어를 연구해 온 뿌리 깊은 전통이 있었다. 이러한 전통이 바탕이 되어, 일부 제주인들 속에서는 제주어를 지켜야 한다는 분위기가 어느 정도 조성되어 있었다. 그 가운데 '제주어를 사랑하는 사람들의 모임'에서 제주어 보전 조례의 필요성을 제기하게 되었다. 이를 민예총 제주지회가 적극적으로 받아들이고 나섬으로써, 제주도 도의원들과의 논의를 통해 조례를 발의하게 된 것이다.[34] '제주어를 사랑하는 사람들의 모임'은 연구자와 일반인들이 두루 참여하고 있던 단체이다. 「제주어 보전 및 육성 조례」는 지자체에서 일방적으로 제정하고 시행하게 된 것이 아니라, 민간인들의 모임에서 시작하여 민간단체와 지자체가 협력하여 만들어낸 결과물이다. 이런 점에서 제도라는 형식을 띠기는 하였으나, 그 성격상 로컬인들이 주체적으로 참여하여 만든 것이라고 볼 수 있다.

또 우리나라에서는 처음으로 「제주어 보전 및 육성 조례」가 제정됨으로써 로컬어에 대한 법적 조치가 마련되게 되었다는 점에서도 의미가 있다. 그리고 표준어 중심 교육이 이루어지고 있는 학교교육에서 이를 활용할 수 있도록 하고, 교육감에게 의무를 부여했다는 점에서도

---

[34] 『제주일보』, 2007.7.9(검색일 : 2011.5.17). 제주특별자치도의회 문화관광위원회는 제242회 임시회 사흘째인 7일 제2차 회의를 열고 신관홍, 오옥만, 위성곤 의원 등 12명이 발의한 '제주어 보전 및 육성 조례안'을 통과시키고 본회의에 넘겼다.

획기적이다. 실제로 교육청이나 학교에서는 일상생활에서 사용될 수 있는 제주어 교육이 이루어져야 한다고 인식하고 있었다.[35] 물론 조례 제정의 목적이 제주어의 보전에 있기는 하나 보전을 위한 최선의 방법이 사용이라는 점에서 볼 때, 교육감에게 의무를 부여하는 것은 중요한 의미를 갖는다. 왜냐하면 교육을 통해 로컬인들의 언어권리에 대한 인식과 로컬어 사용에 대한 의식이 확산될 수 있기 때문이다.

그리고 앞에서 살펴본 것처럼, 제주어 보전 확산 운동은 로컬적 차원에서 다층적으로 이루어지고 있다. 관과 민이 모두 각자의 자리에서, 로컬어 보전과 확산을 위해 노력하고 있다. 물론 이러한 활동에 임하는 태도는 다소 차이가 있을 수 있다. 순수하게 제주로컬어는 로컬인들이 사용하는 말이므로 보전되고 확산되어야 한다는 입장과 이를 문화자원으로 활용하고자 하는 입장이다. 예를 들어 상품명이나 간판에 제주어를 활용하거나 관광자원으로 제주어를 활용하는 경우가 대표적으로 후자에 속한다.[36] 하지만 이 두 가지 태도는 엄격히 분리될 수 있는 것은 아니다. 후자의 경우 역시, 기본적으로 로컬어의 가치를 인정하는 것을 바탕으로 이루어지는 행위이므로, 이는 활용 방법의 차이로 해석할 수 있다.

(3) 제주어로 명명하기

제주인들의 제주어 주변화에 대한 인식은, 표준어에 대해서뿐만 아

---

35 2011.5.12. 정경애 장학사, 문덕찬 교사와의 면담에서 확인한 사실이다.
36 이에 관해서는 다양한 논의가 있을 수 있으나 본 논의에서 벗어난 부분이므로 논의를 제한한다.

니라 다른 로컬어에 대해서도 나타난다.

> 흔히 제주도를 변방이라고 합니다. 제주어도 변방 취급을 받아왔던 게
> 현실입니다. 지역에서 쓰인 말인 방언에서조차 제주어는 변방이었습니다.
> 마치 외국말 대하듯이 해 왔습니다. 왜 지역어가, 지금 우리가 쓰고 있는
> 말이 변방 취급을 받아야 합니까?[37]

이러한 제주어 주변화에 대한 인식은, 제주로컬어의 위상 제고를 위해 전략적으로 명명 전환을 시도하게 된다. 「제주어 보전 및 육성 조례」 제2조에서는, "제주어란 제주특별자치도에 거주하는 사람들이 사용하는 언어 중에서 도민의 문화정체성과 관련 있고, 제주 사람들의 생각이나 느낌을 전달하는 데 쓰는 전래적인 언어를 말한다"라고 규정하고 있다. 제주로컬어를 흔히 사용되는 제주방언이나 제주지역어, 탐라어 등으로 부르지 않고, '제주어'로 명명한 것이다.

이에 대해 강영봉(2010)에서는 '방언'이라는 개념은 주변성이나 지역성의 의미를 내포할 수밖에 없다고 하면서 계림유사의 고려어의 예를 통해 제주어에 대해 설명한다. '제주 사람들이 쓰는 언어=제주의 언어 = 제주방언=제주어'라는 관계에서, 제주 지역에서 제주 사람들에 의해 쓰여지는 언어를 '제주어'로 명명하여도 좋을 것이라고 밝히고 있다.[38]

---

37 진성범, 앞의 글, 4쪽.
38 강영봉, 「우리 시대 제주어의 가치」, 『'올바른 제주어 보존방향 모색'을 위한 정책토론회 자료집』, 2010, 9~11쪽; 오창명, 「지금 왜 제주어를 말하는가」, 『제주작가』 19호, 2007, 24~25쪽; 김은희, 「지역어 부흥운동의 일한 비교 연구 : 오키나와와 제주」, 『일본학보』 제83집, 한국일본학회, 2010, 18쪽.

대상에 대한 존재 가치의 부여는 명명에서부터 시작된다. 방언이란 용어가 아무리 학문적으로 가치중립적인 용어라 하더라도, 이미 언어 사용자들 의식 속에서는 표준어와 대립된 개념으로 인식되어 사투리와 다름없는 의미로 받아들여지고 있다. 이런 점에서 제주로컬어를 제주어로 명명하려는 시도는, 불평등이 내재된 명명을 전환하려는 시도로 이해할 수 있다. 이러한 명명의 전환 역시, 로컬인들의 언어에 대한 주체적인 시각이 반영된 것이라고 볼 수 있다.

5. 언어권리 인식에서 주체로

이 글에서는 로컬의 주체형성 문제를 로컬어를 통해 살펴보고자 했다. 로컬에서 살아가는 로컬인이 언어를 통해 주체가 된다는 것은, 자신의 로컬어에 대한 권리를 인식하고 이를 누릴 수 있다는 것이다. 따라서 이 글에서는 우선 언어권리의 개념에 대해 살피고, 이러한 언어권리를 보장받지 못하는 갈등의 상황을 제도와 욕망을 중심으로 살펴보았다. 또 갈등의 상황 속에서, 로컬어에 대해 주체적으로 사유하려는 모습을 보이는 사례로 제주로컬어 부흥운동을 살펴보았다.

제주로컬어 부흥운동의 핵심에는 「제주어 보전 및 육성 조례」 제정이 있다. 이 조례는 민간의 논의가 수렴되어 지자체를 움직이고, 개인들에게까지 확산되었다는 점에서 로컬의 주체형성의 의미를 찾을 수 있다. 그리고 제주로컬어의 부흥운동은 지자체 및 그 산하기관, 민간단체, 개인 등이 다층적으로 참여하는 로컬 차원의 운동이라는 점에서도 의의가 있다. 특히 중요한 것은 표준어 교육이 이루어지고 있는 학교에서, 부분적으로라도 로컬어 교육을 실시하고 있으며, 로컬어 교육이 사용 중심 교육으로 전환되어야 한다고 인식하고 있다는 점이다. 이는 아직 출발점이기는 하나, 로컬인들의 언어권리를 인정하기 시작한 것으로 해석해 볼 수도 있다. 그리고 로컬어가 가진 '차이'를 '가치'로 인식하고, 로컬어의 위상을 높이려는 명명 전략을 사용하는 것 역시, 언어에 대한 주체적 인식이 형성되고 있음을 보여준다. 이처럼 제주의 로컬어 부흥운동은 출발점이기는 하나 언어를 통한 로컬의 주체 형성의 출발을 보여주고 있는 것으로 해석된다.

하지만 이 글은 제주로컬어 부흥운동을 통한 로컬의 주체 형성에 초점을 맞춤으로써, 로컬어부흥운동이 가진 또 다른 측면들에 대해서는 논의를 제한할 수밖에 없었다는 점에서 한계가 있다. 이러한 점은 앞으로 다양한 자료의 보충을 통해, 다각도의 고찰이 이루어질 수 있도록 하겠다.

참고문헌

『제주일보』 http://www.jejunews.com/ (검색일 : 2011.5.17)

『한라일보』 http://www.ihalla.com/ (검색일 : 2011.5.17)

방송심의소위원회, 『제86차 방송위원회 자료집』, 1990.

제주특별자치도, 「제주어 보전 및 육성 조례」, 2011.

제주특별자치도, 「제주어보전육성위원회 회의자료」, 2011.

제주특별자치도교육청, 「제주어 보전기본계획」, 2011.

강내희, 「신자유주의 체제와 문화적 권리」, 『문화연대 토론회 자료집』, 2007.

강영봉, 「우리 시대 제주어의 가치」, 『'올바른 제주어 보존방향 모색'을 위한 정책토론회 자료집』, 2010.

강창일, 「개회사」, 『'올바른 제주어 보존방향 모색'을 위한 정책토론회 자료집』, 2007.

김성재 외, 『인권의 시대를 향하여』, 나남출판사, 2002.

김욱동, 『생태학적 상상력 : 환경위기 시대의 문학과 문화』, 나무를심는사람, 2003.

김은희, 「지방자치단체의 언어정책에 관한 사회언어학적 연구」, 『동북아문화연구』 제22집, 동북아시아문화학회, 2010.

______, 「지역어 부흥운동의 일한 비교 연구 : 오키나와와 제주」, 『일본학보』 제83집, 한국일본학회, 2010.

방송통신심의위원회, 『올바른 방송언어 사용을 위한 길잡이』, 삼일기획, 2010.

오창명, 「지금 왜 제주어를 말하는가」, 『제주작가』 19호, 민족문학작가회의 제주도지회, 2007.

이희승, 「표준어 이야기」, 『한글』 5권7호, 한글학회, 1937.

정선태, 「표준어의 점령, 지역어의 내부 식민지화 : 현기영의 『순이삼촌』을 시점으로」, 『어문학논총』 27집, 국민대 어문학연구소, 2008.

조규태, 「표준어교육과 지역 언어 교육」, 『한글』 262호, 한글학회, 2003.

진성범, 「인사말」, 『'올바른 제주어 보존방향 모색'을 위한 정책토론회 자료집』, 2007.

차윤정, 「로컬어의 위상정립을 위한 시론」, 『우리말연구』 25집, 우리말학회, 2009.

______, 「자갈치 아지매를 통해 본 로컬의 경계 허물기 방식에 대한 고찰」, 『한국민족문화』 36집, 부산대 한국민족문화연구소, 2010.

최경봉, 「표준어 정책과 교육의 현재적 의미」, 『한국어학』 31호, 한국어학회, 2006.
최진숙, 「과테말라 마야 정체성의 이데올로기적 형성 : 코드 전환에 의한 언어적 편
　　　견의 재생산」, 『한국문화인류학』 38권2호, 한국문화인류학회, 2005.
최현배, 「표준어와 시골말」, 『한글』 5권7호, 한글학회, 1937.
한국갤럽(연구책임자 양명희), 『국민의 언어 의식 조사 보고서』, 국립국어원, 2005.

Louis-Jean Calvet, *Linguistique et colonialisme*, 김병욱 역, 『언어와 식민주의 : 언어 포식 이
　　　야기』, 유로서적, 2004.

로컬 정체성을 둘러싼
갈등의 구조와 문화적 지배*
강원 남부 폐광지 사북을 중심으로

조명기

1. 사북의 공간 위상

한국의 탄광촌은 일제강점기부터 형성되기 시작했지만, 본격적인 개발은 1960년대 군사정권이 '조국 근대화'를 절대가치로 강조하면서 부터였다. 근대화를 위한 값싼 에너지가 절실했던 국가는 대규모 탄좌의 개발과 육성을 지원하였다. 얼마 전까지만 하더라도 화전촌에 불과했던 척박한 땅으로 도시 빈민 하층, 농부 등이 전국 각지에서 모여들었고[1] 이들을 수용하기 위한 건물이 늘어나면서 탄광촌은 급속도로 팽창하게 되었다.[2] 사택 제공이라는 유인책 또한 도시 빈민과 소작농

---

* 이 글은 『인문연구』 제62호, 영남대 인문과학연구소, 2011.8에 게재된 글을 수정한 것이다.
1 김세건, 「'찌들은 몸': 탄광개발과 환경문제」, 김세건 외 편, 『카지노와 폐광촌』, 일신사, 2006, 197쪽 참조.

민을 탄광촌으로 끌어들이는 요인으로 작용하였으며, 저탄가정책과 국가보조는 근대화·산업화의 에너지원을 저렴하게 제공할 수 있는 유력한 정책으로 기능했다. 여기에, 글로벌 경제에 충격을 던진 두 차례(1973년, 1979년)의 석유파동이 석탄증산의 중요성을 부각시켰다. 따라서, 탄광촌이라는 로컬의 형성과 성장에 가장 중요한 요인은 두 가지였다고 할 수 있는데, 하나는 근대화·산업화를 향한 국가의 기획과 의지였고 또 하나는 글로벌 경제 변화 속의 에너지 자본이었다.

탄광촌의 붕괴와 몰락 역시 철저히 민족국가와 자본의 영향 아래 진행되었다. 글로벌 경제 환경이 신자유주의로 전환되면서 값싼 석탄의 수입이 자유화되었고, 국가는 세계 에너지 자본이 가한 충격을 완화하기는커녕 주유종탄정책과 석탄산업합리화정책을 급속도로 추진함으로써 그 충격을 탄광촌에 고스란히 전가하였다. 광부들의 대량실직이 이어졌고 탄광산업에 대한 의존도가 절대적이었던 탄광촌은 급격하게 붕괴되면서 공동화되었다.[3] 탄광촌의 형성과 성장 그리고 몰락으로 이어지는 전 과정은 민족국가와 자본주의라는 근대의 두 축에 의해 진행되었다고 할 수 있다. 탄광촌이라는 로컬은 철저히 근대의 산물이었다. '막장'의 의미가 '갱도의 막다른 곳'에서 '사회 최하층이 마지막에 도달하는 사회적 삶의 막다른 곳'으로 확장 전이될 정도로, 번창기와 쇠락기 모두에서 탄광촌은 근대적으로 구획된 공간 중 가장 열악하고 소외받는 공간이었다.[4]

2　『강원일보』, 1996.7.8. 사북·고한 지역을 예로 들면, 1973년 3만 2천여 명에서 1983년 5만 5천여 명으로 인구가 급증하였다.

3　사북청년회의소 편, 『탄광촌의 삶과 애환』, 선인, 2001, 226쪽 참조.

공간은 사회적 생산물이라는 논의[5]에 기댄다면, 탄광촌은 근대의 기획과 의지로 인해 특정 장소가 추상적으로 수량화되어 통제 가능한 공간, 즉 (재)생산된 근대적 공간 중 대표적인 공간 중 하나라고 할 수 있다. 특히, 화전촌 → 탄광촌 → 폐광촌 → 카지노라는 편폭이 큰 변화가 시간적으로 극도로 압축되어 진행되었기에, 고도의 산업성장을 자랑하는 한국의 경우에 탄광촌이 지니는 상징적 의미는 결코 가볍지 않다고 할 수 있다.

이 글이 강원도 정선군 사북읍을 로컬리티 연구의 현지 사례로 삼은 이유는 이곳이 탄광개발, 사북사건, 3·3투쟁, 카지노 개장 등 단순히 역사적으로 특별하다거나 소외된 지역으로 거론된다는 때문만이 아니다. 편폭이 큰 변화가 비교적 단기간 내에 압축적으로 진행됨에 따라, 사북은 다중적인 로컬화 과정들을 비교적 일관되게 관찰할 수 있는 조건을 갖추고 있기 때문이기도 하다. 사북은 지난 60여 년 동안 계기들마다 다양한 세력들이 제시하는 재현체들로 표상되고 (재)구성되어 왔으

---

4 문학이 탄광촌을 대하는 태도도 이와 비슷했다. 민중문학·노동문학 담론이 핵심을 이루던 시기에도, 한국 자본주의의 양면성과 사회구조적 불평등을 상징하는 탄광촌은 문학 담당층으로부터 외면을 받았다(남기택, 「강원 영동 지역의 문학적 정체성 연구 : 전형적 작가와 작품의 양상」, 『현대문학이론연구』 45집, 현대문학이론학회, 2011.6, 121쪽 참조). 특히, 탄광촌 소설의 경우 그 수는 극히 제한적이었고 이에 대한 연구 또한 미미했다. 김경수는 그 이유를, 우리 사회의 가장 잊고 싶은 환부와도 같은 탄광촌의 삶을 쓰거나 읽는 데서 발생할 도덕적 혼란에서 찾는다(김경수, 「축도로서의 탄광과 그 소설화」, 최용운 편, 『흰 겨울 검은 봄』, 세계사, 1991, 332쪽 참조). "우리 사회의 가장 잊고 싶은 환부"라는 표현은 적확하면서도 주의를 요한다. 탄광촌과 광부는 주유종탄정책 이전까지 한국 근대화의 기반으로 고무되기만 했을 뿐, 그것이 지닌 근대화의 암부·희생양적 성격은 진폐·규폐라는 직업병과 더불어 은폐되었다. 더구나, "서울에서 떨어져 있는 거리"는, 탄광촌이 "도시적 세련됨에 길들여 있는 일반인의 의식에서 여전히 남의 일로 남아 있"(김경수, 위의 글, 332쪽)을 수 있는 유용한 조건이 되었다.
5 앙리 르페브르, 양영란 역, 『공간의 생산』, 에코리브르, 2011, 71~80쪽 참조.

며, 그 장소의 현재 및 미래와 관련하여 지금도 상이한 집단들의 로컬 정체성 형성을 위한 노력들이 계속되고 있다. 이곳은, 탄광촌에 내재된 갈등을 가장 격렬한 방식으로 표출했던 '사북사건'[6]이 각인되어 있는 공간이며, 국내 유일의 내국인 출입 카지노 도시이며, 스키장, 리조트 등을 갖춘 '고원관광 휴양도시'이기도 하다. 그리고 이런 역사적 변화의 분기점에는 3·3투쟁을 비롯한 각종 갈등이 자리하고 있다.

로컬의 현재적 욕망이 어떻게 서로 관계되어 있는지를 살피는 작업은 현재의 필요와 요구들이 이들 역사를 어떤 방식으로 소환하면서 구성되어 있는지를 살피는 작업으로 이어진다. 따라서, 이 글의 목적은, 강원도 사북을 사례로 삼아, 로컬 정체성을 둘러싼 주체들의 관계 양상을 살피고 로컬화의 메커니즘을 살피는 데 있다. 나아가 저항 주체로서 로컬과 계급의 길항관계를 분석하고자 한다.

2. 상징체계의 위계와 로컬화 방식

1) 이질적인 상징체계의 대립

정체성은 자기에 대한 인식과 타자에 의한 인식이 결부되면서 구성된다.[7] 재단법인 3·3기념사업회를 비롯한 각종 단체들[8]은 현재의 사

---

6   1980년 당시에는 주로 사북사태로 불렸으며, 노동·지역운동가들은 사북항쟁이라 불렀다. 이 글에서는 진실화해를 위한 과거사정리위원회의 공식 명칭인 '사북사건'을 따랐다.

7   임병조, 『지역정체성과 제도화』, 한울, 2010, 51쪽 참조.

8   여기서의 각종 단체는, 재단법인과 이익단체 등 현재 사북에서 활동하고 있는 거의 모든

북을 두 인식이 충돌하고 대립하는 공간으로 설명한다.[9] 이들은 사북에는 탄광촌과 카지노(강원랜드)라는 이질적인 두 상징체계[10]가 공존하고 있다고 설명한다. 탄광촌이라는 이미지는, 사북의 '막장'과 '과거' 즉 1960년대~1980년대와 연관되며, '지역민의 기억', '시커먼 석탄', '국가의 에너지 공급원' 등과 연결되면서 일련의 상징체계를 형성한다. 반면, 카지노(강원랜드)는 사북의 '현재 혹은 미래', '외부인의 시선', '화려한 루비나리에', '가정·사회 파괴의 온상', '카지노 노숙자' 등과 묶여 또 다른 상징체계를 구축한다. 물론, 현재의 사북에서 지배적인 지위를 점유하고 있는 것은 카지노라는 상징체계이다. 그러나 두 상징체계는 힘의 균형관계가 아니라 그 성격의 이질성·대립성에 근거하여 대립관계를 형성하고 있다. 이를 바탕으로 여러 쌍의 이항대립어를 이끌어내는 사북의 두 상징체계는 지역사의 단절과 비동시적인 것의 공시현상을 고스란히 보여준다.

사북의 각종 단체들은 탄광촌이 사북의 지배적인 상징체계일 뿐 아니라 로컬 정체성이 되어야 한다고 주장한다.[11] 탄광과 광부는 "사북

단체를 통칭한다.

9 오래전부터 사북과 고한은 탄광마을이라는 이미지로 잘 알려져 있었습니다. 그렇다면 탄광의 역사가 모두 끝나버린 지금, 사북과 고한은 (…중략…) 카지노와 강원랜드로 기억되고 있지는 않을까 생각합니다. (…중략…) 카지노 산업이 우리지역을 대표하는 중심적 이미지로 이해되고 있다면 주민의 입장에선 여간 안타까운 일이 아닐 수 없습니다.(『사북·고한 스토리』, 재단법인 3·3기념사업회, 2009, 2쪽)

10 깃발, 유니폼, 조상, 기념물, 문학, 음악과 민속, 낙서, 유적, 경관 등은 정체성을 나타내고 상징한다. 상징체계는 이 상징들 그리고 상징들을 구조화하는 메커니즘을 가리킨다.

11 "사북역사는 석탄과 석탄광부다. / 사북 그 자체, 사북의 전부"(『대한민국 최대 석탄역사 체험장 사북』, 사북석탄유물보존위원회 유인물); "옛 동원탄좌 부지와 골말 등 석탄유적지를 활용하여 지역의 정체성을 바로 세우고"(『3·3투쟁 제13주년 기념 특별기획전 아름다운 마을 사진전』, 고한·사북·남면 지역 살리기 공동추진위원회, 2008, 19쪽)

그 자체, 사북의 전부"이므로, 살려내고 바로 세워야 할 과거로 간주된다. 반면, 석탄산업의 대체산업으로 출발한 강원랜드는 "아시아 최고의 사계절 가족형 종합리조트"[12]를 지향하면서 하이원 리조트로 사업을 확장하고 있다. 이 가족형 종합리조트는 3·3합의의 정신 즉 사북주민이 기대하는 미래 사북의 정체인 고원관광지를 구현하는 것으로 설명된다. 그리고, 사북주민들 또한 미래의 고원관광지를 상상하면서 강원랜드를 미래 구상의 핵심에 두고 있다.[13]

결국, 사북주민 혹은 각종 단체들이 과거의 탄광촌을 석탄유물보존사업이나 뿌리관 건축 등 현재의 상징체계로 복원하면서 인정투쟁을 벌이듯, 강원랜드는 "아시아 최고의 사계절 가족형 종합리조트"·고원관광지라는 새로운 정체를 미래완료형의 형태로 설명한다. 카지노업체인 강원랜드는 미래 정체성을 위한 중심축으로 기능하면서, 사북주민의 시선을 미래의 고원관광지로 인도한다. 그리고, 기본적으로 카지노산업은 카지노와 리조트 내로 고객을 끌어들여 그 속에서 고객들이 필요로 하는 모든 서비스를 제공하는 것에 초점을 두고 있기에[14] 로컬과의 교류나 상호보완적인 대등한 관계 형성은 근원적으로 불가능하다.

정체성의 구성에는 주체가 객체를 지배하기 위해 객체를 억압하려

---

12 강원랜드 홈페이지 http://kangwonland.high1.com/growthVision/html.high1(검색일 : 2011. 5.13)

13 "사북이 앞으로 나아가야할 방향에 대해서는 인터뷰 참가자들의 견해 속에는 현재와 미래를 대표하는 관광자원은 강원랜드(뿐)였다." 김상섭, 「폐광 및 강원랜드 설립이 지역의 생활세계와 정체성 변화에 미친 영향」, 고한·사북·남면 지역발전전략 수립을 위한 공동연구팀, 『고한·사북·남면지역의 주민주도형 지역발전전략 수립을 위한 기초조사 연구』, 2010, 132·154쪽 참조.

14 이강익, 「카지노에 기반한 외부의존적 지역발전전략의 성과와 한계」, 위의 책, 39쪽.

는 주체 자신의 주관적 형식의 통합 원리가 작동하고 있기에, 로컬 정체성을 규정하는 행위는 대립적인 주체들을 통합하는 효과적인 방법이다.[15] 이를 위해, 더 이상 사실이 아니거나 아직 사실이 아닌 두 상징체계는 지금의 사북을, 점유할 수 있는 권리가 있는 '텅 빈 공간'으로 간주하면서 로컬 정체성 경쟁을 벌이는 장場으로 활용하고 있다.

2) 상징체계의 양면성과 로컬화의 사유 구조

로컬의 정체성으로 확인받기 위해 대립하고 있는 두 상징체계는 일종의 상호 도구적·상호 보완적 관계를 맺고 있기도 하다.

하이원리조트에는 크리스마스트리가 없습니다. / 여러분이 오신 이곳 강원도, 그리고 폐광지역 4개 시군. / 이곳은 한때 대한민국을 따뜻하게 했던 연탄에너지를 생산하던 곳이었습니다. / 세월이 흘러 그 에너지가 힘을 잃고 마을이 피폐해져 갈 때 즈음 새로운 에너지를 찾기 위해 힘을 모았습니다. (…중략…) / 2010년 오늘. 강산이 한번 바뀔만한 시간을 지나는 동안 지역은 예전의 활기찬 모습을 되찾아 가고, 많은 사람들이 곳곳에서 찾아오는 관광의 도시로 거듭나고 있습니다. / 그러나, 여전히 우리 이웃에는 하루하루 끼니를 걱정하며 온정의 손길을 기다리는 사람들이 많이 있습니다. 그 분들 역시 오래 전 우리와 함께 지역의 희망을 꿈꾸고, 힘을 보태셨

---

15 임병조, 앞의 책, 2010, 56~62쪽 참조.

던 분들이기도 합니다. / (…중략…) / (주)강원랜드 하이원리조트에서는 2010년 크리스마스 연말장식을 하지 않고 그 비용으로 폐광지역의 어려운 이웃을 돕기로 했습니다.[16]

과거 사북의 상징체계를 적극적으로 호명하는 것은 카지노의 부정적 이미지를 완화하는 데 유용한 전략이 되고 있다. "오래 전 우리와 함께 지역의 희망을 꿈꾸고, 힘을 보태셨던 분들"은 "하루하루 끼니를 걱정하며 온정의 손길을 기다리는 사람들"로 호명되면서 도움을 받아야 할 존재로 분류된다. 이를 통해, "새로운 에너지"인 강원랜드의 "사랑愛너지"는 "연탄에너지"를 대체하면서 "폐광지역의 어려운 이웃"에게 "온정의 손길"을 베푸는 "겸허하고 진정한 마음"의 선한 존재로 고양된다. 과거의 상징체계인 광부를 배제하거나 억압하는 대신 빈곤층, 희생자 같은 예외적인 존재로 호명하여 환기함으로써, 강원랜드는 과거의 상징체계를 대체한 새로운 상징체계로서의 정당성과 가치를 증명하려 한다. 강원랜드가 과거의 상징체계를 호명하는 방식은 현재의 상징체계를 새롭게 정의하는 방식 그것이다.

이 글에서는 은유와 환유라는 세계인식·세계구조화의 메커니즘을 통해 이 방식에 접근하고자 한다.[17] 단순화의 위험을 감수한다면, 은유는 다른 범주에 속해 있는 대상들을 유사성의 원칙에 따라 결합하는

---

16 『하이원리조트에는 크리스마스트리가 없습니다』, 하이원리조트 유인물, 2010.
17 야콥슨은 은유와 환유의 개념을 예술공간 전반을 아우르는 구성원칙으로 확대하였다. 이 글에서는 은유와 환유를 더욱 확대하여 세계구성과 세계인식의 두 메커니즘으로 활용하고자 한다. 왜냐하면, 은유와 환유는 낱말이나 언어표현, 문학적 상상력에만 사용되는 도구가 아니라 세계를 인식하고 구성하는 인지적 도구이기도 하기 때문이다.

인식방식을 가리킨다. 유사성에 기반을 두므로 비공간적·상징적·추상적인 관계를 설정하며, 차이를 억압하면서 질서를 지향하고 동질성을 만들어내는 지배자의 구심적인 언어이다. 은유는 범주를 초월한다는 점에서 표면적으로 혁명적인 것처럼 보여도 필연적으로 유사성에 의존할 수밖에 없다는 점에서 그 본질은 보수적이다. 반면, 환유는 이질적인 요소들을 공간적인 인접성의 원리에 따라 결합하는 인식방식을 가리킨다. 인접성에 기반하기에 공간적·구체적 관계를 형성하며 특수하고 개별적인 것, 차별성을 강조하는 탈중심적인 저항의 사유이다. 환유는 공간적 범주 내에서 작동한다는 점에서 보수적이고 상식적인 것처럼 보여도 과거의 신화에서 탈피하여 이질적인 것들 간에 새로운 관계를 설정하고자 시도한다는 측면에서 혁명적이다. 은유와 환유는 하나의 연속선의 양극단에 위치하고 있으며 그 연속선 위에는 무수히 많은 은유적 환유와 환유적 은유들이 존재한다. 그리고 은유와 환유는 경쟁의 관계를 넘어 상보적 관계에까지 이를 수 있다. 따라서, 실제 구현된 현실세계는 은유와 환유 중 어느 것이 보다 주도적으로 발현되고 있는가의 문제로 보아야 한다.[18]

이로 볼 때 인용문에서는, 탄광과 카지노라는 이질적인 범주의 두 상징체계를 에너지라는 유사성으로 결합하고 하나의 계열축으로 묶인 "사랑愛너지"와 연탄에너지를 선택과 대체의 관계로 연결하는 은유

---

18 김정일, 「환유에 대하여 : 은유 및 제유와의 관계를 중심으로」, 『슬라브학보』 Vol. 21 No. 3, 한국슬라브학회, 2006, 2~19쪽; 김욱동, 『은유와 환유』, 민음사, 1999, 263~271쪽; 구모룡, 『제유의 시학』, 좋은날, 2000, 42~51쪽; 고부웅, 「은유, 환유, 그리고 정치학」, 『영어영문학』 제50권 1호, 한국영어영문학회, 2004, 175쪽; 박현수, 「수사학의 3분법적 범주 : 은유, 환유, 제유」, 『한국 근대문학연구』 No. 17, 한국근대문학회, 2008, 313~314쪽 참조.

적 사고방식이 지배적이라 할 수 있다. 더구나, "사랑愛너지"를 중심축으로 하여 위계적 질서를 형성하려는 의지를 적나라하게 드러내고 있다. 그리고 앞서 살펴보았듯, 위계적 질서의 구축을 위해, 이미 배제된 연탄에너지를 주변적이고 수혜적인 위치로 적극적으로 재소환한다. 이질성의 포용은 지배적 질서의 확정과 지배적인 상징체계의 정당성 확보를 위한 도구로 기능한다. 결국, 위 인용문에서 확인할 수 있는 강원랜드의 로컬 재구조화 방식은 은유의 우위에 기반한 환유의 포섭, 즉 환유적 은유라 할 수 있다.

　강원랜드의 이런 로컬 재구조화 방식은 공간 재편 과정에도 적용되고 있다. 강원랜드 메인카지노 건물과 사북읍 사이의 넓은 공간은 탄광촌의 중요한 지역사가 전개되었던 공간이다. 본격적인 개발이 이루어지지 않아서, 옛 동원탄좌 사북광업소 부지와 동원탄좌 본관 건물, 케이지타워, 폐사택촌 등 탄광촌의 흔적들만 상당수 남아 있는 '텅 빈 공간'에 가깝다. 이 '텅 빈 공간'의 성격을 처음으로 재규정한 건물은, "탄광마을의 굴곡진 역사와 주민들의 애잔한 삶"을 전시함으로써 "지역정체성과 문화를 계승하기 위한 복합 문화시설물"[19]로 2007년에 개관한 뿌리관이라 할 수 있다. 그런데 이 건물의 시공주는 강원랜드였다. "사북항쟁의 주무대로서 노동운동의 본산", "3·3생존권투쟁의 발원지", "현재까지도 주민운동과 지역변화를 이끌어 가는 중심공간"[20]은 강원랜드에 의해 "다시 탄생"하게 된 것이다. 더구나, 강원랜드는 561억 원

19　재단법인 3·3기념사업회 홈페이지 http://33effort.or.kr/root/root_back.html (검색일 : 2011.5.5)
20　『사북·고한 스토리』, 재단법인 3·3기념사업회, 2009, 61쪽.

을 투자하여 이 일대를 탄광문화 체험 및 650갱도 개발, 탄광마을, 기념 공원 등의 탄광문화관광촌으로 조성하겠다는 계획을 밝힌다.[21]

　강원랜드가 이미 인수한 공간 내에 이질적인 과거 상징체계의 표상 체들을 수용함으로써 스키장, 골프장, 카지노 등의 공간적 통일성은 균열을 겪는 것처럼 보이기도 한다. 그러나 강원랜드에 있어 이 계획 은 "수익성收益性과 공익성公益性이라는 두 가지 측면에 모두 부합하는 사업을 우선한다는 원칙"[22]에 따른 것이란 점에서, 강원랜드의 여타 사업과 동일선상에 놓인다. 즉, 탄광문화관광촌은 강원랜드가 선점하 여 제시한 가족형 종합리조트, 고원관광지라는 근대적·자본제적 공 간의 일부로 기능하는 것이다. 이미 사라진 이질적인 과거를 미래완료 형의 계획안에 수용하는 태도는 이질성을 동질성·유사성으로 전이 하려는 사유, 새로운 상징체계의 절대적 우위에 기초하거나 이를 구현 하기 위해 이질성을 포섭하는 사유, 즉 환유적 은유의 사유에서 비롯 된 것이다.

　워터파크 조성과 관련된 문제는 사북 각종 단체들의 사유방식을 엿 볼 수 있는 좋은 창구다. 워터파크 입지선정 문제에 있어, 강원랜드는 카지노 메인호텔인 강원랜드호텔, 컨벤션센터, 워터파크 등 유사한 성 격의 시설들을 인접한 공간 내에 밀집시키려 하는 반면, 사북의 각종 단체들은 기존의 뿌리관이나 탄광문화관광촌과는 그 성격상 이질적 인 시설물이라 하더라도 사북읍과 공간적으로 인접한 옛 동원탄좌 사

---

21 『강원도민일보』, 2009.9.26.
22 『강원랜드 10년사』, (주)강원랜드, 2008, 137쪽.

북영업소에 입지한다면 사북의 경제에 도움이 될 것이라는 판단에 따라 옛 동원탄좌 사북광업소 부지 내에 워터파크가 들어서기를 바란다. 인접성에 기반한 환유는 필연적으로 이질성을 동반할 수밖에 없지만, 탄광문화관광촌과 워터파크의 이질성은 "살아 있는 체험 위주"[23]라는 점에서 유사성을 지닌다는 은유적 사고의 지원을 받아 해소된다. 결국, 사북 각종 단체들의 로컬 재구조화 사유 방식 또한, 강원랜드와 마찬가지로 환유를 은유로 포섭하는 환유적 은유라 할 수 있다.[24]

강원랜드는 과거의 상징체계를 수혜자로 적극 호명함으로써 자신의 중심적 위치를 공고히 하고 정당화한다. 사북의 단체들은 강원랜드의 경제적 지원을 통해 탄광촌 상징체계의 표상체를 만드는 동시에 경제적 이익을 확보하려 한다. 이런 점에서, 정체성 투쟁을 벌이고 있는 두 상징체계는 한편으로는 자신의 결핍부분을 보완하기 위한 도구로 서로를 활용하고 있다고 할 수 있다. 이러한 상보적 관계는, 양측의 로컬 재구조화 사유 방식이 은유의 우위에 의한 환유의 포섭이라는 환유적 은유에서 공통적으로 출발하고 있기 때문인 것으로 보인다. 이들이 대립적인 관계를 형성하는 이유 역시 이들의 사유 방식이 동일하기 때문이다. 라캉의 설명대로, 은유는 주체의 구성 문제와 밀접하게 연결되며[25] 주체들은 억압을 수반하는 대체와 선택의 관계에 있다. 강원랜

23　송계호 사북읍번영회장은 "탄광문화관광촌은 기존과는 다르게 살아 있는 체험 위주로 진행되는 만큼 차별성을 확보하고 있다"며 "하이원이 추진하는 워터월드 사업과 연계한다면 충분히 승산이 있다"고 주장한다. (『강원일보』, 2010.12.27)

24　"정체성은, '다름(이질성)'의 외부에서 '같음(동질성)'만으로 구성되는 것이 아니라 '다름(이질성)'을 포함한 내부에서 '같음(동질성)'으로 구성된다"(임병조, 앞의 책, 58쪽)는 점을 감안한다면, 환유적 은유는 정체성 투쟁에서 필연적인 사유방식이라고도 할 수 있다.

25　김석, 『에크리 : 라캉으로 이끄는 마법의 문자들』, 살림, 2007, 139쪽 참조.

드와 사북의 각종 단체(로컬 주민)의 대립적 관계는 유사성을 결정하는 주체가 되기 위한 주체 투쟁을 의미한다. 결국, 정체성 형성을 둘러싼 두 상징체계의 양면적 관계는 환유적 은유라는 동일한 사유 방식에서 비롯되었다고 할 수 있다.

3. 저항주체로서 로컬과 계급의 길항관계

1980년의 사북사건과 1995년의 3·3투쟁은, 사북의 변환점이 된 중요한 로컬 저항 역사이다. 그런데 현재 사북의 각종 단체들은 두 역사 중 3·3투쟁을 더욱 중시하고 있다. 3·3투쟁은 재단법인이나 기념관 등을 통해 끊임없이 현재화되며[26] "헌신, 화합, 단결"[27]이라는 계승해야 할 정신적 덕목으로 고양된다. 반면, 사북사건은 상대적으로 외면받거나 필요시에만 소환된다. 사북사건보다 3·3투쟁을 더 적극적으로 소환하는 일차적인 이유로는, 강원랜드를 3·3투쟁의 결과물로 자리매김함으로써 강원랜드에 대한 로컬의 주도권을 강화하려는 현재적 필요와 가치를 들 수 있다. 그러나 이 장에서는 사북 각종 단체의 사유방식이 두 역사를 변별함으로써 탄광촌이라는 상징체계를 어떻게 재구성해가는 지를 살필 것이다.

---

26 2006년 재단법인 3·3기념사업회가 정식 설립되었으며, 뿌리관 앞에는 3·3합의 전문이 새겨진 기념비가 서 있다.

27 『3·3투쟁 제14주년 기념 특별사진전 3·3투쟁, 그 뜨거운 함성을 기억하다』, 고한·사북·남면 지역살리기 공동추진위원회, 2009, 4~5쪽 참조.

1) 역사의 선별적 소환

1980년 4월 21일부터 24일까지 전개된 사북사건의 표면적인 발발 이유는 노노갈등이었지만, 근본적인 원인은 권위주의적인 국가와 탄광자본, 어용 노동조합의 로컬 지배 카르텔에 있었다.[28] 1960, 70년대 국가는 수출입국이라는 국가의 기획에 유용한 방식으로 로컬을 재정의하고 규율했으며, 이는 제유적 사유에 기반을 두고 있었다. 로컬은 국가라는 유기체의 일부분으로 전체를 위해 봉사하면서 국가가 제시한 덕목을 실행해야 했다.

환유와 마찬가지로 인접성에 기반한 제유는, 전형적인 개체를 의미 있는 일부로 만들고 규정해주는 다분히 범주적인 속성을 지니면서도 그 범주적 속성의 개체를 전체로 투사하는 유기적 총체성을 특징으로 한다. 당위적으로 보자면, 부분에는 전체가 온전한 상태로 응축되어 있기 때문에 부분은 전체에 종속된 것이 아니라 하나의 독립된 전체이다. 그러나 특징적인 부분의 강조는 전체를 나타내는 데 봉사하므로, 전체는 이미 완성된 상태 즉 일종의 선험적이고 추상적인 존재로 인식될 가능성이 높다. 이 때 제유는 또 다른 강력한 지배논리로 전환된다. 부분과 전체가 동일시될 때 자신의 속성을 상실할 위험이 있는 것은 부분이다.[29] 이런 점에서 1960, 70년대의 한국사회는 제유의 위험성 즉 강력한 지배논리화의 가능성이 극도로 현실화된 사회였다고 할 수 있다.

---

28 박철한, 「사북항쟁연구 : 일상・공간・저항」, 서강대 석사논문, 2002, 14쪽 참조.
29 김정일, 앞의 글, 16쪽; 박현수, 앞의 글, 311~317쪽 참조.

1960, 70년대 국가에 의해 강력한 지배논리를 위한 사유방식으로 전유된 제유는 각 로컬을 하나의 계열체로 묶어내는 은유와 결합함으로써 국가의 절대적인 우위를 자연화 하는 기제로 작동하였다. 각 로컬은 '수출입국'·'조국 근대화'라는 동일한 목표를 지녔으며, 로컬보다 큰 공간 단위인 국가는 이 유일한 목표를 기획하고 각 로컬의 기능을 유기적으로 조직하는 주체였다. 은유와 제유의 선택적 결합 상태가 보편화·절대화되었다는 것은, 국가가 크기, 위계, 권력관계라는 세 차원[30] 모두에서 로컬을 포섭하는 당위적인 존재가 되었음을 의미했다.

탄광촌 사북의 실정 또한 예외가 아니었다. 탄광촌 사북의 발전 청사진은 철저히 국가의 산업화·근대화 관점에서 설정되었다.[31] 1975년 태백시 황지동에 건립된 산업전사위령탑의 비문에서 확인할 수 있듯, 석탄을 매장하고 있는 강원도는 "국가경제를 좌우하는 보고"로 간주되었고, 임금노동자인 광부는 "전쟁터에서 싸우는 장병"과 똑같은 "전사"의 지위를 부여받았으며, 그들의 죽음은 "나라 위해 생명"을 바치는 순국행위로 칭송되었다. 광부의 존재와 그들의 행위는 국가와의 관계를 통해서만 해석되고 평가되었다.

이런 상황에서 발생한 사북사건은 "항쟁적 성격을 갖는 노동자 투쟁"[32]이었다. 이 사건은, 은유의 폭력성과 제유의 지배논리를 결합하여 지배 이데올로기를 절대화한 국가에 대해 노동자계급이 계급적 동

---

30 구동회, 「로컬리티 연구에 관한 방법론적 논쟁」, 『국토지리학회지』 제44권 4호, 국토지리학회, 2010, 515쪽 참조.
31 김예겸, 「지역발전의 패러독스」, 김세건 외 편, 앞의 책, 348쪽 참조.
32 사북청년회의소 편, 앞의 책, 202쪽.

질성에 기초한 은유적 사유로 저항한 사건이었다고 할 수 있다. 동시에, 사북사건은 한국사회 초유의 로컬점거 투쟁,[33] 로컬 전체의 항쟁이기도 하였다. 계급적 저항이 로컬 차원의 저항과 일치할 수 있었던 이유는 광산촌의 특수성 때문이었다. 광산개발을 위해 급작스럽게 형성된 사북은 로컬 전체가 거의 동일한 계급의 사회였다. 광부가 사북의 핵심적인 계층이었으며 대부분 전직 광부였던 자영업자들 또한 전적으로 광부에 의지해 생활하고 있었다.[34] 계급과 공간의 일치화 현상은 취락구조에서도 드러나는데, 공동빨래터를 포함한 사택촌이라는 공간은 집단성을 구현한 일종의 공동체 공간이었다.[35] 따라서, 계급적 동질성에 기초한 은유적 저항은 무리 없이 사북이라는 로컬에 거의 그대로 적용될 수 있었다. 결국, 당시의 사북은 계급과 로컬의 구분이 없는, 로컬 내 계급 분화가 거의 없는 공간이었던 것이다.

1980년의 사북은 포섭과 저항의 방식 모두에서 은유가 지배하는 세계였다. 국가가 사북을 생성하고 호명하면서 포섭하는 방식도, 사북 주민이 국가권력과 자본권력의 지배 카르텔에 저항하는 방식도 모두 은유였다. 반면, 사북사건은 국가가 강력한 지배논리로 전유한 제유는 전혀 훼손시키지 않았다. 오히려 제유는 당시의 언론들이 사북을 "폭력에 갇힌 공포의 탄광촌",[36] "이와 같은 폭력사태가 파급돼갈 때 이로운 것은 북괴뿐"[37]으로 표현할 수 있는 유력한 도구였다. 상위범주의

---

33 박철한, 앞의 글, 26·76쪽 참조. 이때 점거를 당한 상대는 로컬이 아니라 로컬을 지배하고 있던 국가였다.
34 위의 글, 72쪽 참조.
35 위의 글, 33쪽 참조.
36 『동아일보』, 1980.4.24.

선험성에 기초한 이 표현들은 사북을 국가의 정체성을 상실한 공간, 유기적 총체성이 훼손된 공간으로 인식하게 만들었다. 이로써, 사북은 전체의 일부라기엔 결함을 지닌 공간이 되었다. 제유는 사북의 은유적 저항을 고립시키는 유력한 방식이었다.

사북사건이 계급 저항인 동시에 로컬 저항이었던 것에 반해, 1995년에 일어난 3·3투쟁은 더 이상 계급 저항과 로컬 저항의 일치를 보여주지 않는다. 사북은 세계 에너지 자본의 영향을 직접적으로 받았는데, 이 과정에서 국가는 세계 에너지 자본이 가한 충격을 완화하기는커녕 1989년부터 급속도로 추진된 석탄산업합리화정책이란 방식으로 외부의 충격을 사북에 고스란히 전가했다. 이 직접적인 충격으로 인해 광부들의 대량실직, 로컬 공동화, 지역공동체의 붕괴가 연쇄적으로 일어났다. 이에 저항해 일어난 3·3투쟁은 자영업자들이 주축이 되고 지역관공서와 지역정치인이 합세한 로컬 차원의 저항이었고,[38] 여기서 전현직 광부는 상대적으로 주변부적인 존재였다.[39] 완벽한 은유의 세계였던 사북은 1989년의 석탄산업합리화정책과 폐광으로 인해 계급적 분화를 보이면서 이질적인 환유의 세계로 접어들고 있었던 것이다.

---

[37] 『경향신문』, 1980.4.24.

[38] "지역운동의 주체主體가 변했다는 것이다. 80년대를 풍미한 지역의 주인공이 탄광노동자들이었다면, 90년대 생존권투쟁의 주인공은 지역 소상공인들이다. 탄광노동자들과 구분되게 받아들여진 '지역주민'이라는 표현이 등장하기 시작한 것도 바로 그 시기이다."(사북청년회의소 편, 앞의 책, 226쪽) 3·3기념사업회 역시 사북사건은 "탄광 노동자 투쟁"으로 90년대의 3·3투쟁은 "주민 생존권 수호 투쟁"으로 설명한다(『3·3투쟁 제13주년 기념 특별기획전 아름다운 마을 사진전』, 고한·사북·남면 지역살리기 공동추진위원회, 2쪽).

[39] 3·3투쟁 당시 광산노동자들의 참여는 미진했다. 중소영세 탄광에 근무하는 광산노동자들은 때로는 폐광을 환영하는 분위기였다(심재한, 「지역위기에 따른 탄광지역 주민운동의 형성과 분화」, 강원대 석사논문, 2005, 42쪽 참조).

그러나 로컬 공동화로 인한 위기의식과 로컬의 생존이라는 단일한 목표가 이질적인 로컬 주민들을 하나의 계열체로 결집시켜 갔다. 이는, 고한, 태백, 남면 등 폐광과 로컬 공동화라는 경험을 동시에 치루고 있던 강원 남부 모든 폐광지가 공통적으로 겪는 현상이었다. 이들 로컬은 폐광지역개발지원특별법 제정을 위해 협력했으며 사북에서 일어난 3·3투쟁에도 적극 참여했다. 로컬 간의 의견에 편차가 있었음에도 불구하고,[40] 은유의 사유방식을 통해 로컬 간의 연대·결속을 유지해 나갔던 것이다. 로컬은 환유를 경험하고 인식하기 시작했지만, 이에 대한 대응 방식은 은유였다.

사북사건과 마찬가지로, 3·3투쟁은 제유적 측면에서의 저항은 전개하지 못했다. 그 이유는, 사북이라는 로컬이 담당하고 있던 제유적 기능을 상위범주인 국가가 더 이상 요구하지 않았다는 데 있다. 제유는 '전체를 나타내기 위한 특징적인 부분의 강조'에서 출발하는데, 사북은 더 이상 "특징적인 부분"이 아니었다. 사북은 국가라는 전체 유기체에서 수명을 다한 예외공간일 뿐이었다.

오히려 3·3투쟁은 사북사건을 소환함으로써 유기적 총체성의 유산을 회복하려 했다. 3·3투쟁 때 등장한 구호 "사북사태 잊었는가"가 이런 의지를 잘 보여준다. 3·3투쟁이 사북사건을 소환함으로써 얻고

---

40 예를 들어, 태백은 폐광지역 개발지원 특별법을 가장 먼저 제안했고 인구가 가장 많았음에도 불구하고 정선군의 남면읍, 사북읍, 고한읍, 신동읍, 영월 상동읍, 삼척시 도계읍 등 상대적으로 작은 크기size의 로컬 단위와 동등한 자격의 연대기구를 조직했다. 이는 10년 뒤의 불평등 협약이라는 태백시 사회단체들의 문제제기로 연대조직이 분열되는 요인이기도 했다.(원용진, 「한 사회운동가의 삶과 폐광지역 사회변동」, 김세건 외 편, 앞의 책, 182쪽 참조)

자 한 정치적 이득은 다음 두 가지였다. 하나는, 외부적으로는 사북 주민에 대한 국가의 공포를 부활시키고[41] 내부적으로는 동일한 역사를 경험했다는 공동체의식을 강화하는 것이었다. 또 하나는, 과거의 사북을 국가에 의한 희생양으로 규정함으로써 현재의 사북이 보상받을 권리를 지닌 존재임을 주장할 수 있었다는 것이다. 과거 국가는 사북을 제유적 층위에서 규정하기 위해 "산업전사", "순국"이란 호칭을 사용했지만, 산업전사의 기능을 상실한 폐광지 사북은 자신을 희생양으로 규정하기 위해 이 단어들을 전유하기 시작했다. 즉, 폐광지 사북의 현실은 "산업전사"의 "희생"적인 "순국"과 마찬가지이기에 그에 적합한 대우를 받아야 한다는 것이었다. 그런데, "산업전사"의 "희생"이 진행되고 있던 과거의 사북을 국가가 기억하도록 촉구하는 것은, '특징적인 부분'에서 제외되어 버린 현재의 사북을 제유적 층위의 관계망 안으로 재진입시키려는 행위이기도 했다. 결국 3·3투쟁은, 은유적 사유를 통해 로컬의 저항성을 확보하려 하는 한편 국가에 의해 이미 소멸된 로컬의 제유적 기능을 사북사건이라는 과거를 소환해 회복함으로써 국가-로컬의 제유적 결속을 재정립하고 상위단위인 국가의 의무를 강조하려 했다고 볼 수 있다.

---

41 심재한은 사북사건은 로컬에 대한 국가의 공포를 야기했다고 평가한다.(심재한, 앞의 글, 25쪽 참조)

2) 저항 주체의 대체와 로컬 내 계급성의 배제

지금의 사북이 사북사건보다 3·3투쟁을 적극 소환하는 이유는, 탄광촌이라는 상징체계를 사북의 로컬 정체성으로 기획하는 이들의 의지에 3·3투쟁이 더욱 적합하기 때문이다. 1980년의 사북은 계급적 저항과 로컬의 저항 사이에 균열이 존재하지 않는 세계였던 데 반해, 지금의 사북은 강원랜드 직원들, 강원랜드의 하청용역업무를 하고 있는 퇴직광부와 그의 가족들, 경쟁의식을 갖고 있는 각종 단체들, 부동산 가격 폭등으로 손익을 경험하고 있는 주민들, 이주를 포기하고 사북에 거주하고 있는 연로한 퇴직광부들, 정치적 지역색을 내면화한 이들, 카지노 출입으로 인해 가정의 해체를 경험한 이들, 주민등록상의 주소만 타 지역으로 변경한 채 카지노장을 합법적으로 출입하는 사북주민들, 양면적인 평가를 받고 있는 카지노 노숙자들 등, 계급적(계층적)·이데올로기적 이질성이 노골화된 세계이다. 더구나, 지금의 사북엔 사북사건에 대한 상반된 이해가 공존하고 있다.[42] 현재의 사북은 1980년의 사북과 달리 계급적 동질성에 기반한 로컬이 아니기에, 사북사건의 은유는 현재의 사북이 계승하기에 불가능한 것이다.

사북사건 당시 은유는 로컬에서 보편화되고 로컬을 지배한 유일한

---

[42] 생애사 채록을 위해 강원 남부 탄광촌을 찾았던 한건수는, "퇴직광부들과 주민들은 사북사건의 역사적 의미나 성격에 대해서는 여전히 정리된 의견을 보여주지 못했다"(한건수, 「생애사를 통해 본 탄광촌 주민의 삶」, 김세건 외, 앞의 책, 156쪽)고 기술한다. 2011년 1월 18일 필자와의 면담 중 3·3기념사업회의 한 관계자는, 사북사건에 대해 로컬 내 의견이 상반되는 이유를 경상도 출신과 전라도 출신이 뒤섞여 로컬을 구성하고 있다는 정치적 지역색에서 찾았다.

인식방식이었지만 3·3투쟁의 은유는 이미 발아된 로컬 내의 계급·계층적 차이를 배제하기 위한 이데올로기적 장치로써 기능했다. 결국, 거의 완전한 은유의 세계였던 1980년의 사북보다는 환유의 세계를 은유로써 해결하는 데 성공했던 1995년의 사북이 현재의 사북에 더 유용하고 적합했다는 점이, 강원랜드에 대한 주도권을 주장하는 데 유리하다는 점과 함께 3·3투쟁을 적극적으로 소환하는 이유이다. 저항의 주체가 계급에서 로컬로 이동하게 되었다는 각종 설명들이 품고 있는 함의는 여기에 있다.

3·3투쟁에 비해 상대적으로 드물기는 하지만 사북사건 또한 심심찮게 환기된다. 그러나 사북사건은 계급성이 삭제되고 공간적 동질성이 강조된 채 소환된다. "20년 넘게 쌓인 광부들의 울분과 분노가 한꺼번에 폭발"[43]해 일어난 사북사건은 "문학축전 및 주민 화합 어울림 한마당" 등의 공간적 동질성으로 변형되어 환기됨으로써, "지역을 살리겠다는 하나의 목표에는 남녀노소가 없었고, 모두가 하나"[44]였던 3·3투쟁의 공간적 동질성을 강조하려는 의도에 봉사하게 된다. 계급(계층)과 로컬의 구분이 없는 은유적 세계였던 1980년의 사북은 3·3투쟁의 인식방식 즉 이미 발현된 차이를 배제하고 공간적 동질성을 강조하는 은유적 인식방식을 강화하기 위한 도구로 활용되고 있다.

2008년에 진행된 뿌리관 리모델링 사업에서도 이를 확인할 수 있다. 사실성을 부여하는 장치가 약한 리모델링 이전의 재현 사택촌은 한 명

---

43 『3·3투쟁 제13주년 기념 특별기획전 아름다운 마을 사진전』, 고한·사북·남면 지역살리기 공동추진위원회, 2008, 8쪽.
44 위의 책, 12쪽.

뿌리관 리모델링 사업 중 사택촌(위 : 리모델링 전, 아래 : 리모델링 후)[45]

의 남성 인체 모형을 중심으로 하고 있다. 작업복과 작업화를 착용한 인체 모형은 붉은 머리띠를 하고 붉은 조끼를 입은 채 주먹을 하늘로 뻗고 있으며, 벽화의 인물들 역시 이와 유사한 자세를 취하고 있다. 이 전시물이 재현하고 있는 것이 사택촌이라는 점을 감안한다면, 일상생활 공간에서도 광부들의 저항 혹은 항의가 집단적으로 이루어졌다는 인상을 갖게 된다. 그런데 리모델링 이후의 전시물은 이전과는 사뭇 다르다. 벽화 속 세 명의 남성은 사라졌으며 남성 인체 모형의 머리띠와 붉은 조끼도 사라졌다. 더구나 선탄작업을 하고 있는 여성 인체 모

---

45 『3・3기념사업회 2008년도 사업보고서』, 재단법인 3・3기념사업회, 2009.

형이 전시공간의 중심에 새로이 자리했고 널뛰기를 하는 여자아이 모형이 왼쪽에 배치되었다. 이로 인해, 남성 인체 모형은 주변부로 밀려나게 되었으며 남성 모형에 집중되었던 관람객의 시선은 여러 곳으로 분산된다. 또한, 장독, 빨래, 평상 등 일상생활을 강조하기 위한 장치들이 추가되어 통속적인 일상성이 강조되었다. 리모델링 이전의 남성 모형이 일상공간에서도 계속되는 노동자계급의 집단적 저항·항의를 전형적으로 재현하는 전시물이었다면, 리모델링 이후의 남성 모형은 다양한 인물들 중의 하나, 그것도 맥락이 삭제되어 이해하기 힘든 자세의 광부 개인이다. 의도했든 아니든, 리모델링 사업을 통해 지워진 것은 계급적 동질성에 기초한 광부들의 집단적 저항이 일상생활의 공간까지 확장된 모습이며, 부각된 것은 다양한 인물들이 거주하는 광산촌의 일상이다. 계급성의 삭제는, 현재 사북의 계급(계층)적 이질성을 배제하고 사북을 석탄과 관련된 고된 노동의 일상적 공간으로 동질화하는 데 기여한다. 혹독한 노동의 일상은 광산노동자라는 계급이 아니라 광산촌이라는 로컬과 연결되기 때문이다. 과거를 이렇게 재규정할 때, 저항의 폭발력을 담지한 주체는 계급(계층)이 아니라 로컬이 된다.

　광산촌이라는 상징체계는 다양하고 이질적인 계급(계층)을 로컬이라는 단일체로 포섭하는 유력한 도구가 되고 있다. 이는, 은유를 통한 환유의 극복 혹은 환유를 은유적으로 포섭하려는 환유적 은유의 사유방식과 연결된다. 이런 태도는, 로컬 엘리트들의 의지를 반영한 것인 동시에 로컬 거주민들의 사고 일부를 구성하는 것이기도 하다. 새로운 계층 분화가 이루어지고 빈민 등 새로운 사회 계층이 등장하고 있지만 지배와 저항의 교착점이 제대로 풀리지 않는[46] 이유 중 하나는, 현실

인식과 해소 방안 사이의 이 같은 모순에 있는 것으로 보인다. 이질적인 구성원들의 환유적 집합체인 로컬을 은유적으로 해석하고 규정하기 위한 '공간적 동질성'은 일종의 형용모순인 까닭이다.

공간에 기초하지 않은 은유적 방식의 저항, 1995년의 사북과는 달리 더 이상 계급적 동질성이 담보되지 않는 로컬 상황에서 벌어지는 은유적 방식의 저항은 일정한 한계를 지닐 수밖에 없다. 은유적 방식의 저항이 구체적이고 실질적인 영향력을 획득하기 위해서는 공간에 기초한 환유나 제유와 결합해야 한다. 그런데 지금의 사북은 환유적 현실의 해결책으로 은유를 강조하기 위해 1995년의 광산촌을 상징체계로 적극 소환하고 있으며, 사북사건과 3·3투쟁을 계속 환기함으로써 제유를 활용한다. 사북에는, 타자를 배제하고 위계적 종속성을 강화하는 지배논리로 변질된 제유를 의심해 본 역사가 없을뿐더러 3·3투쟁에선 이런 제유에 의지하기조차 했다.

또한, 환유적 은유와 제유의 선택적 결합으로 인해 하향적 위계 관계는 국가-로컬의 관계에서만이 아니라 로컬 내에서도 반복될 소지가 높아진다. 환유적 은유와 제유의 선택적 결합은, 국가가 로컬을 관리하고 자신의 존재를 강화해가는 지배방식인 동시에, 로컬 엘리트가 탄광촌이라는 상징체계를 로컬의 정체성으로 확정하는 방식이기도 하다. 그리고 정체성 형성을 둘러싼 강원랜드와 탄광촌 사북의 대립구도가 견고할수록, 결과적으로 로컬 내의 각종 이질성들은 배제되고 무화

---

46 이득재, 「공간, 계급, 그리고 로컬리티의 문화」, 부산대 한국민족문화연구소 제4회 로컬리티의인문학 기획 콜로키움 발표문, 2010.2.14, 7쪽 참조.

될 가능성이 높아진다. 위계적 종속의 정당화 기제로 소용되는 제유
는, 일부 계층에 집중된 이익을 로컬 전체의 발전으로 위장할 위험성
을 항상 내포하고 있기 때문이다.[47]

4. 재현 주체들의 카르텔

사북은, 신자유주의의 영향력과 국가의 기획력이 직접적이고도 구
체적으로 작동한 공간인 동시에 이질적인 상징체계들이 로컬 정체성
으로 승인받기 위해 갈등해 왔으며 지금도 여전히 경합하는 현장이다.
그러나 이런 대립적인 두 상징체계는 강력한 지배논리로 전환된 제유
와 환유적 은유의 결합이라는 동일한 사유방식에 기초함으로써, 상호
도구적·상호보완적 관계를 형성하기도 한다.

두 상징체계의 이런 양면성은, 적어도 외견상 반대편에 위치하여 사
북의 주류를 형성하고 있는 로컬 엘리트의 필요에 의한 기획을 매개함
으로써 이루어진 결과로 해석될 수도 있다. 왜냐하면 지극히 정당해 보
이는 '광산촌'이라는 상징체계 역시, 1980년의 사북사건에서 계급성을
배제하는 한편 3·3투쟁의 위상을 높임으로써 새롭게 재현된 것이기
때문이다. 사북의 정체성을 회복하겠다는 의지의 순수함을 인정하면

---

47 김예겸도 이와 유사한 주장을 한다. "강원 남부 지역엘리트들의 지속적인 현실정치에서
의 주도적 역할은 지역엘리트 계층의 헤게모니를 여전히 양산하고 합리화하고 있다. 따
라서 여전히 주민참여적 성격의 지역발전 논의보다는 지역엘리트 중심의 '주관적 합리성'
에 근거한 지역발전 논의가 헤게모니를 점유하고 있는 것이다."(김예겸, 앞의 글, 352쪽)

서도, 역사를 선택적으로 소환하고 재규정하는 이런 과정은 현재의 계급(계층)적 차이나 다양한 입장의 차이들을 형용모순에 가까운 공간적 동질성이라는 은유적 사유와 재현으로 봉합하는 과정을 동반한다. 의도했든 아니든, 사북의 로컬 정체성을 둘러싸고 권리를 경쟁적으로 주장하는 여러 단체들은, 로컬의 기억 속에서 이름도 제대로 남길 수 없었던 영세탄광 전직광부들의 목소리를 소외시키거나 정당성 확보의 도구로 활용했으며 폐광 이후 사북으로 전입한 이들을 배제하고 있다.

쇠퇴하는 지역들의 로컬 재생을 둘러싼 노력들은 글로벌 차원에서도 다양하게 진행되고 있다. 많은 경우 이런 과정들은 이윤을 목표로 하는 자본의 힘과 정치권력의 결탁에 의해 '위로부터' 기획되고 집행된다. 여기서 장소를 살아가는 사람들은 대체로 '장소 없는placeless' 공간 혹은 장소 초월적인 공간 기획에 의해 구경꾼들로 전락한다. 이 글을 통해 밝히고자 한 것은 이와 같은 배제가 로컬 내의 미시적 차원에서 실행되는 재현 메커니즘에서도 동일하게 진행되고 있다는 점이다. 로컬 정체성에 대한 현재의 지배적인 견해(들)가, 그 자체 독립적으로가 아니라 맥락적으로 봤을 때, 상당 정도 우연적이고 정치적인 산물임을 확인할 수 있다. 또한 담론화되는 그 견해(들)는 어떤 식으로든 많은 사람들이 불가피하다거나 정당하다고 생각하는 현재의 지배적인 상징체계에 의존하고 있음을 알 수 있다.

로컬리티 (재)생산의 미시적 과정들에 대한 해명은, 오랜 동안의 착취와 배제로 인하여 경제적, 정치적, 제도적 권력을 가질 수 없었던 사람(집단)들의 자기 입장과 시선을 만들어갈 수 있는 토대가 되고 창조적 참여의 문을 열어준다. 왜냐하면 그들에게는 "다른 집단들이 그 장소를 어떻게 담화적으로 구성하고 상상해왔는지, 그들이 자기들 견해를 지지하는 사람들을 어떻게 안내해 왔는지, 그리고 그들이 물질적 경관에 자기들 견해를 새겨 넣는 능력을 어떻게 확보해 왔는지 등을 이해하는 일이 절박한 문제"[48]이기 때문이다.

48 Jeffrey Sasha Davis, "Representing Place-"Deserted Isles" and the Reproduction of Bikini Atoll," *Annals of the Association of American Geographers,* 95(3), 2005, p.622.

참고문헌

『강원도민일보』, 2009.9.26; 2011.4.2.
『강원일보』, 1996.7.8; 2010.12.27.
『경향신문』, 1980.4.24.
『동아일보』, 1980.4.24.
강원랜드 홈페이지
    http://kangwonland.high1.com/growthVision/html.high1(검색일 : 2011.5.13)
재단법인 3・3기념사업회 홈페이지
    http://33effort.or.kr/root/root_back.html(검색일 : 2011.5.5)

고부응, 「은유, 환유, 그리고 정치학」, 『영어영문학』 제50권 1호, 한국영어영문학회, 2004.
구동회, 「로컬리티 연구에 관한 방법론적 논쟁」, 『국토지리학회지』 제44권 4호, 국토
    지리학회, 2010.
김경수, 「축도로서의 탄광과 그 소설화」, 최용운 편, 『흰 겨울 검은 봄』, 세계사, 1991,
김상섭, 「폐광 및 강원랜드 설립이 지역의 생활세계와 정체성 변화에 미친 영향」, 고
    한・사북・남면 지역발전전략 수립을 위한 공동연구팀, 『고한・사북・남면
    지역의 주민주도형 지역발전전략 수립을 위한 기초조사 연구』, 2010.
김정일, 「환유에 대하여 : 은유 및 제유와의 관계를 중심으로」, 『슬라브학보』 Vol.21
    No.3, 한국슬라브학회, 2006.
남기택, 「강원 영동 지역의 문학적 정체성 연구 : 전형적 작가와 작품의 양상」, 『현대
    문학이론연구』 45집, 현대문학이론학회, 2011.6.
박철한, 「사북항쟁연구 : 일상・공간・저항」, 서강대 석사논문, 2002.
박현수, 「수사학의 3분법적 범주 : 은유, 환유, 제유」, 『한국 근대문학연구』 No.17, 한
    국근대문학회, 2008.
심재한, 「지역위기에 따른 탄광지역 주민운동의 형성과 분화」, 강원대 석사논문, 2005.
이득재, 「공간, 계급, 그리고 로컬리티의 문화」, 부산대 한국민족문화연구소 제4회
    로컬리티의 인문학 기획 콜로키움 발표문, 2010.2.14.

『3・3기념사업회 2008년도 사업보고서』, 재단법인 3・3기념사업회, 2009.

『3・3투쟁 제13주년 기념 특별기획전 아름다운 마을 사진전』, 고한・사북・남면 지
　　　역살리기 공동추진위원회, 2008.
『3・3투쟁 제14주년 기념 특별사진전 3・3투쟁, 그 뜨거운 함성을 기억하다』, 고한・
　　　사북・남면 지역살리기 공동추진위원회, 2009.
『강원랜드 10년사』, (주)강원랜드, 2008.
『고한・사북・남면지역의 주민주도형 지역발전전략 수립을 위한 기초조사 연구』,
　　　고한・사북・남면 지역발전전략 수립을 위한 공동연구팀, 2010.
『대한민국 최대 석탄역사 체험장 사북』, 사북석탄유물보존위원회 유인물.
『사북・고한 스토리』, 재단법인 3・3기념사업회, 2009.
『하이원리조트에는 크리스마스트리가 없습니다』, 하이원리조트 유인물, 2010.

구모룡, 『제유의 시학』, 좋은날, 2000.
김　석, 『에크리-라캉으로 이끄는 마법의 문자들』, 살림, 2007.
김세건 외, 『카지노와 폐광촌』, 일신사, 2006.
김욱동, 『은유와 환유』, 민음사, 1999.
사북청년회의소 편, 『탄광촌의 삶과 애환 : 사북・고한 역사연구』, 선인, 2001.
앙리 르페브르, 양영란 역, 『공간의 생산』, 에코리브르, 2011.
이태원 외, 『폐광촌과 카지노』, 일신사, 2005.
임병조, 『지역정체성과 제도화』, 한울, 2010.

Jeffrey Sasha Davis, "Representing Place-"Deserted Isles" and the Reproduction of Bikini
　　　Atoll," *Annals of the Association of American Geographers*, 95(3), 2005.

멕시코 치아파스주 사파티스타 봉기와 글로컬 대안 연대[*]

김미경

1. '민족' 해방군?

1994년 1월 1일 멕시코에서 풍요한 자원을 가진 지역임에도 불구하고 가장 가난한 지역으로 손꼽히는 치아파스Chiapas주[1]에서 사파티스타 민족해방군Zapatista Army of National Liberation(EZLN)[2]이라는 이름으로 3

---

[*] 이 글은 『인문연구』 제60호, 영남대 인문과학연구소, 2010.12에 게재된 글을 수정한 것이다.

[1] 치아파스지역은 풍부한 천연자원과 광대한 영토를 차지하고 있음에도 불구하고 멕시코에서 가장 낙후된 지방이다. 멕시코 31개 주 중에서 8번째로 큰 주이고 인구는 350만에 달한다. 석유, 천연가스, 소, 산림, 식량, 과일, 커피(멕시코 전체 수확의 35%, 수력전기(전체 전기공급량의 55%), 그 밖에도 다양한 생태계를 소유하고 있다.

[2] 사파티스타라는 말은 Ejército Zapatista de Liberación Nacional을 줄여 EZLN, 사파티스타 민족해방군 또는 사파타 민족해방군으로 명명한다. 명칭의 기원은 뽀르피리오 디아스 Porfirio Días 독재에 항거하여 일어난 멕시코혁명(1910~20) 당시 원주민들의 '자유와 토지' 의 회복을 주장한 에밀리아노 사파타Emiliano Zapata(1879~1919)의 정신을 계승하기 위한 것이다.

천여 명에 달하는 원주민 농민군이 무장봉기했다. 이들은 멕시코의 과두지배체제와 폭력에 맞서 "자유와 정의, 민주주의"를 내세우며 투쟁을 선언했다. 이 날이 북미자유무역협정(NAFTA)이 발효된 날이라는 점은 역사적으로 결코 우연의 일치가 아니다. 치아파스 봉기는 반군이 전쟁선언문에서 밝혔듯이 500년간에 걸친 민중의 수탈과 차별의 역사로부터 대통령 카를로스 살리나스의 신자유주의 정책이 가져온 경제정책의 실패에 이르기 까지 직접적이고 간접적인 다양한 동인들이 작용했던 결과였다.

1980년대 말 이래로 신자유주의 '세계화globalization' 현상은 교통과 통신의 발달이 기져온 시·공간의 압축으로 더욱 가속화되어 전 지구적인 현상이 되었다. 특히 중남미 국가들은 지난 60년대 말부터 시작된 군사독재와, 이들이 도입한 '세계화 경제체제' 이른바 '신자유주의' 정책으로 경제적 부패와 몰락을 거듭했다. 지난 70년대와 80년대를 거치며 칠레, 아르헨티나, 브라질, 볼리비아 등은 신자유주의 정책으로 피해를 입은 대표적인 국가로서 '반세계화'와 '신사회주의' 등 관련 논의를 활발하게 불러일으켰다. 이런 경향은 특히 쿠바의 카스트로와 베네수엘라의 우고 차베스, 볼리비아에서 라파엘 코레아가 주도하는 '볼리바리안 혁명'의 영향이라고도 할 수 있겠으나, 근본적으로 미국이 주도하는 금융자본주의 세계경제질서를 반대하는데 기초를 둔 '반세계화' 바람이라고 할 수 있다. 여기서 원주민들의 봉기는 오늘날의 '중남미의 가장 큰 변화'라는 지적처럼 세계를 새롭게 보도록 자극하고 진보적인 정치권력의 확립에 중요한 역할을 한 것은 분명하다.

라틴아메리카에서 가장 유명한 반 신자유주의 운동의 사례로서 치

아파스 주 사파티스타 반군 게릴라 부대 부사령관 마르코스의 선언과
전술은 다양한 관심을 끌어왔다. 사파티스타 봉기는 라틴아메리카의
반세계화 현상과 맥을 같이 하지만 멕시코가 라틴아메리카의 타 국가
들에 비해 비교적 정치적으로 안정되어 있다는 점을 염두에 두면 또
다른 의미를 가진다. 중남미의 반세계화 저항운동과 '신자유주의' 반
대운동은 베네주엘라의 차베스, 브라질의 룰라, 아르헨티나의 키르츠
네르 등 좌파정부의 지원을 받고 "또 다른 세계는 가능하다Another
World is Possible"고 선언한 '세계사회포럼World Social Forum'을 비롯해서
'중남미 민중지도자회담' 등을 통해 각국 민중대표들의 상호 교류와 연
대의 강화로 범세계적 운동으로 확산되고 있다.

사파티스타에 대한 시각과 해석은 다양하다. 치아파스반란을 다양
한 견지에서 고찰하고 여러 측면들에 초점을 맞춘 수많은 학문적, 비
학문적 작업과 온갖 진단과 질문이 제기되었다. 먼저 사파티스타봉기
는 원주민 정체성 회복을 위한 사회운동인가 아니면 사회의 구조적 변
혁을 위한 사회혁명인가 곧 그들은 혁명가들인가 개량주의자들인가?
원주민운동인가 아니면 민중운동인가? 라틴아메리카 민족해방군을
계승한 것인가, 아니면 새로운 유형의 정치를 예고하는 것인가? 반외
세 봉기인가, 민족주의 혁명인가? 가난과 빈곤, 구조적인 불평등이 낳
은 결과물인가, 아니면 정체성 정치의 표현인가? 포스트모던 게릴라들
인가, 무장한 사회민주주의자들인가? 끝으로 실천적 대안인가, 이데
올로기간의 갈등인가?

이러한 질문에 근거해 볼 때 사파티스타에게는 '탈 공산주의 혁명가'
와 '포스트모던 게릴라'로 보는 시각과 동시에 '무장한 개량주의자'와

'사회민주주의자'와 같은 해석이 동시에 공존한다.[3] 그러나 일부의 시각들은 지나치게 이론적으로 정형화한 것으로, 사파티스타들의 주체성 문제 또는 사회경제적 요인들을 도외시하거나 경미하게 취급하고 있다.[4] 최근 국내에 소개된 미할리스 맨티나스의 사파티스타 분석은 가장 종합적인 해석이지만 너무 정치적 측면에서 분석하는 경향이 강하다.[5] 한편, 사파티스타들의 인터넷을 통한 국제연대를 주장하는 방법론적인 측면에서는 중남미의 민중봉기의 역사적 전통과 정치적 변혁의 관계를 반영하는 '무장게릴라'와 관련지우면서도 '포스트모던 게

---

3 사파티스타를 포스트-모던 게릴라운동으로 해석하는 대표적 논문으로는 Roger Burbach 의 "Roots of the Post-Modern Rebellion in Chiapas", *New Left Review* I / 205, May-June, 1994, pp.113~124. 또 다른 게릴라적 전통을 이어받고 있다는 해석은 Régis Derbray, "A Guerrilla with a Difference", *New Left Review* 218, July~August, 1996, pp.128~137. 이상적 민주주의를 추구하는 운동으로 보는 관점 John Markoff "Really Existing Democracy-Learning From Latin America in the Late 1990s", *New Left Review* 223, 1997, pp.48~68. 한편 무정부주의를 주장하는 사회주의 혁명의 한 형태로 파악하는 관점, David Graeber,"The New Anachists" *New Left Review* 13, Jan~Feb, 2002, pp.61~73. 최근에는 반신자유주의 운동으로 보는 관점 Emir Sader, "The Weakest Link-Neoliberalism in Latin America", *New Left Review* 52, July~August 2008, pp.5~31.

4 옥타비아 파스Octavia Paz는 사파티스타운동을 "20세기 혁명적 이데올로기의 대재난의 잔여분을 반영하는 것"이라고 비판하고 정부의 1995년 진압을 지지했다. Anne Huffschmid, *Diskursguerilla-Wortergreifung und Widersinn*, Dortmund, 2004, p.145. 국내에서는 신정환, 「마르꼬스-사빠띠스따의 새로운 혁명」(『하계학술대회 발표논문집』, 라틴아메리카학회, 1999, pp.178~198)이 미국 중심의 자본주의에 대한 혁명'으로 간주하면서 멕시코 혁명과 동일한 선상에서 논한다. 김윤경은 새로운 세계를 향한 원주민운동으로 분석하여 역사적 변화의 전환점으로 분석하고 마르크스 · 레닌이나 카스트로 또는 산디니스타 식의 혁명과는 전혀 다른 최초의 탈 공산주의 혁명으로 분석한다. 김윤경, 「멕시코의 사파티스타운동-새로운 세계를 향한 원주민운동」, 『서양사론』 97, 한국서양사학회, 2008, 86~87쪽.

5 사파티스타에 대해 종합적이며 뛰어난 분석으로 정평 있는 미할리스 멘티니스에 따르면 사파티스타에 대한 시각은 대체로 네 범주로 나눌 수 있다 — 그람시주의적 시각, 라클라우와 무페의 담론 이론, 학문적인 '자율주의적 맑스주의 시각, 비학문적인 좌파와 급진적인 좌파적 접근들로 분류할 수 있다. 사파티스타의 성격에 관해서는 다양한 시각이 존재한다. Mentinas Mihalis, *The Chipas Revolt and What It Means for Radical Politic*, Pluto Press, 2006(서창현 역, 『사빠띠스따의 진화』, 갈무리, 2009, 99~166쪽).

릴라'로 평가도 한다. 한편 사파티스타운동을 '제4차 세계대전'으로서 '로컬과 글로벌의 갈등'으로 해석하는 저서도 있다.[6] 그러나 대부분의 비학문적인 접근법에서는 이 운동을 지나치게 이상화함으로써 운동의 실천과 이데올로기적 교의들에 대한 비판적인 성찰을 저해하는 모순이 있다. 이 논문은 사파티스타운동의 포스트 모던적 경향 곧 사파티스타의 식민성 / 탈식민성[7] 개념과 글로컬 사회운동개념을 연결시켜 고찰하여 그들의 사회적 · 민족적 상상계를 검토할 것이다.

2. 반세계화와 원주민운동

과학기술혁명과 초국적 자본의 증대가 가져온 세계화는 전 지구를 포괄하는 보편적 현상이지만 그 과정은 매우 불균등하고 갈등적이다. 이 이유는 오늘날의 세계화를 선진국과 초국적 자본이 주도하기 때문에 개발도상에 있거나 후진국들은 세계화의 과정에서 소외되고 경제적 격차는 확대되는 양상을 보이기 때문이다. 국내 차원에서는 무한경쟁에 기반을 둔 시장의 논리가 확산되면서 사회적 불평등과 계층 간의 갈

6　www.midnightnotes.org. 이 사이트는 사파티스타운동의 전 세계적 현황을 소개하고 있으며, 2001년에는 학자들의 논문을 저서로 출간했다. ed. Midnight Notes, *The Auroras of the Zapatista : Local and Global Struggles of the Fourth World War*, Autonomedia, U.S., 2001.

7　근대성 / 탈식민성 기획은 아니발 끼하노, 아루뚜로 에스꼬바르, 월터 미뇰로, 엔리케 뒤셀, 페르난도 꼬로닐, 산티아고 카스트로 고메스, 하비에르 산히네스, 등의 연구 그룹으로 주로 에콰도르, 콜롬비아, 베네수엘라, 페루, 볼리비아, 미국의 학자로 구성되어 있다. 이들을 근대성 / 식민성 / 탈식민서 기획의 약자로 PM / C / D라고 명명한다. 안태환, 「라틴아메리카의 근대성 / (탈)식민성 기획과 상호문화성의 상응성」, 『라틴아메리카연구』 22-3, 한국라틴아메리카학회, 2009, 96쪽.

등이 심화되는 경향이 있다. 미셸 초스도프스키는『빈곤의 세계화』에서 현재의 세계화는 세계경제의 불안정, 외채누적, 소득분배의 약화, 빈곤층의 증대, 국가 간 경제격차의 확대 등 빈곤을 전 지구적으로 확산시켰다고 진단한다. 한스 피터 마르틴과 해롤드 슈만도『세계화의 덫』에서 세계화가 20%의 부자와 80%의 빈자로 양극화 된 사회가 도래할 것이라고 예측했다.[8]

선진국 금융자본이 주도하는 세계화는 근본적으로 불균등하고 갈등적 성격을 지녔기에 세계화를 반대하고 저항하는 반세계화 운동이 전 세계적으로 이어지고 있다. 근대화와 강대국 중심논리에 입각한 세계화론을 비판하며 새로운 시각에서 세계화를 해석하거나 부정적 측면을 강조하는 '반세계화론자' 또는 '회의론자Ultrasceptist'들은 세계화론자Globalist가 강조하는 세계화의 중요성이나 존재 자체를 부정한다. 그리고 온건주의자Moderniste들은 세계화의 중요성 자체는 인정하지만 세계화가 세계질서의 한 측면일 뿐, 세계질서의 모든 것을 바꿀 수는 없다고 주장한다.[9] 2006년 이후 반세계화론 관련 저술들이 미국을 비롯

8　Michel Chossudovsky, *The Globalization of Poverty-Impacts of IMF and World Bank Reform*(이대훈 역, 『빈곤의 세계화 : IMF경제신탁통치의 실상』, 당대, 1998); Hans Peter Martin · Harold Schumann, *Die Globalisierungsfalle*(강수돌 역, 『세계화의 덫』, 영림카디널, 2003). 세계화에 대한 반세계화 논리는 다음의 연구를 참조. 장상환, 「반세계화운동의 지향과 전개방식 : 자본의 세계화, 저항의 세계화」, 『진보평론』17, 현장에서미래를, 2003, 9~52쪽; 원영수, 「반전 · 반세계화 운동과 새로운 국제주의」, 『문화과학』36, 문화과학사, 2003, 143~156쪽.
9　데이비드 헬드와 앤소니 맥그루는 반세계화 논리를 3가지 시각으로 분류하고 있다. 첫째, 급진주의 시각으로 이들은 세계화가 선진국과 거대자본의 이해와 영향력이 과도하게 행사되기 때문에 세계화와 지구적인 차원에서 공공복지와 삶의 질의 향상에 기여하기 보다는 국가들 사이의 불균등 발전을 심화시키고 국내적으로는 계층별 사회집단간의 불평등을 확대시킨다고 인식한다. 급진주의자들에 따르면 세계화는 노동, 농민 빈민들의 삶을 궁핍화시킬 뿐만 아니라 생태계와 환경 문제를 도외시하기 때문에 보통시민 중심의 평등하고 환경 친화적인 대안적인 발전모델이 개발되어 실현되어야 한다. 이들은

한 각국에서 다수 출판되었고 2008년에는 미국을 중심으로 반세계화 국제 콜로키움이 개최되어 2009년 저서로 출판되었다. 이들의 공통성은 세계화의 중요성은 인정하되 세계화는 하나의 세계질서나 체제에 불과하므로 거버넌스, 생산 및 지식의 측면에서 다차원적인 변화가 함께 수반되어야 한다고 주장한다.

반세계화 시민운동은 국제무역과 금융을 통제하는 세계은행, IMF, WTO 등 국제기구들에 의해 주도되는 경제자유화와 국제경제 질서에 대한 저항운동으로 표출되어 왔다. 1999년 시애틀에서 WTO 후속 뉴 라운드협상에 반대하는 수만 명의 시위가 벌어진 이후 노조와 환경단체들이 조직한 반세계화 운동이 지속되면서 거리의 정치Politics of Street 가 새로운 양상으로 등장해 왔다. 이러한 반세계화 시민운동은 선진국

위로부터의 세계화를 거부하고 아래로 부터의 세계질서 형성을 추구한다. 두 번째, 국가주의자 혹은 보호주의 시각이다. 국가주의적 관점에서는 민족 공동체와 민족 국가의 우월성을 강조하고, 무제한적인 경제개방과 자유무역에 대해 비판적이다. 이 관점에서는 세계화의 필연성은 과도하게 강조된 것으로 세계화 시대에도 국민국가와 개별정부의 역할과 권한은 여전히 유지되며 국민들의 안전과 복지, 번영을 책임지기 위해서는 정부의 능력을 증진시키는 것이 중요하다는 것을 강조한다. 이 시각에서는 초국적 금융자본의 무한정한 이동과 투기적 행태에 대한 토빈세Tobin Tax의 도입과 같은 강력한 규제의 필요성을 제시하고 개별국가의 경제적 주권의 중요성을 강조한다. 세 번째는 전지구적 개혁론자의 시각이다. 이 시각은 세계화가 새로운 현상이 아니며 비정의적, 비민주적인 성격이 아니라는 점을 강조한다. 따라서 이 시각은 세계화를 일방적으로 반대하는 대신에 세계화의 원칙과 과정을 정립하여 일련의 대안책을 제시하는 것이다. 예를 들면 2004년의 '공정한 세계화', '경제 세계화에 대한 대안' 등이 이 분야에 속하며, 이 시각에서는 세계화는 이중의 민주화 과정double-sided democratization process이 이루어져, 국내차원에서는 정치사회 개혁의 심화가 이루어지고, 국제적 차원에서는 투명성, 책임성, 공정성을 바탕으로 한 국제관계가 이루어져야한다는 것이다. 세 번째가 가장 바람직한 시각이겠으나, 근본적으로 타문화에 대한 개인적인 이해와 관용 그리고 세계적 시민성의 함양이 전제가 되어야 하며 제도적 차원의 효율적인 전지구적 거버넌스 달성을 위한 제도적 틀이 마련되어야만 할 것이다. David Held · Anthony McGrew, *Globalization / Anti-Globalization*, Cambridge : Polity Press, 2nd ed., 2007.

과 거대자본이 주도하는 '위로부터의 세계화Globalization from Above'에 반대하고 일반시민들과 약소국 정부의 목소리가 반영되는 '아래로부터의 세계화Globalization from Below'를 인정해주기를 요구해 왔다. 또한 반세계화운동은 최근까지 각 지역별로 진행되고 있는 지역경제통합의 추세도 거부하고 있다.

세계화에 대한 이론이 다양한 측면에서 발전되어 왔듯이 반세계화에 대한 논리 또한 다양하게 전개되고 있다. 반세계화운동은 내부적으로 입장과 시각이 매우 다양하지만 기본적으로는 세계화에 반대한다는 논리에서는 공통성을 가진다.[10] 라틴아메리카의 경우 반세계화의 모습은 정치지형도에서는 '좌파석권'으로 나타나고 있다. 지난 70년대와 80년대 초 중남미에 불어온 신자유주의를 앞세운 세계화에 가장 큰 피해를 입은 국가로서 칠레, 아르헨티나, 브라질, 볼리비아, 베네수엘라 등에서 좌파출신 정치인들에 의한 '반세계화'와 '신사회주의'가 중요한 의제로 받아들여지고 있다. 이는 쿠바의 피델 카스트로가 출발시켰고 지금은 베네주엘라의 우고 차베스나 볼리비아의 라파엘 코레아가 주도하고 있는 '볼리바리안 혁명'의 영향이라 할 수 있겠으나 근본적으로는 반미에 기초를 둔 '반세계화'의 영향과 직결된다고 볼 수 있다.[11]

---

[10] 현실과 관련된 반세계화의 논리는 대체로 다음과 같다. 첫째, 세계화의 가장 심각한 부작용은 제3세계 외채위기라고 보고 외채탕감운동을 강조하는 담론, 두번째 유형은 IMF, World Bank, WTO와 같은 국제경제기구들의 비민주성과 선진국 중심주의, 신자유주의, 구조조정정책의 강요 등을 비판한다. 셋째, 국제금융자본의 투기적 움직임에 대한 규제를 주장하는 담론으로서 금융자본의 무분별한 투기적 이동이 세계경제와 국민경제의 불안정성을 높이기 때문에 외환거래세나 금융세의 징수를 통해 그 폐해를 축소시킬 것을 주장한다. 이 외에도 탈–세계화de-globalization 또는 대안적 세계화를 주장하는 급진적 담론이 있고 다섯째, 초국민국가의 형성 내지 초국민국가적 민주주의 제도의 필요성 주장하는 담론 등이 있다.

이처럼 중남미는 세계화나 '신자유주의'보다는 차베스가 주창한 21세기형 '신사회주의'가 대세로 굳혀져 가고 있는 분위기이다. '볼리바리안' 혁명을 내세우며 중남미통합을 주도하고 있는 차베스는 "남미는 지난 200년 동안 미국에 종속되어 경제적인 착취를 당해왔으며 남미의 불안정한 경제상황 뒤에는 언제나 워싱턴의 힘이 작용했다"고 비판한다. 그리고는 이제 우리는 과거에 자행된 착취의 역사를 종결시켜야 한다고 선언한다. 차베스는 미국이 주도하고 있는 '신자유주의'의 가장 큰 피해자는 중남미 민중들이며 제국주의의 사주를 받고 있는 국제금융기관들이 세계화를 내세우면서 접근하여 산업구조가 취약한 중남미 경제를 말살시켰다고 주장한다.[12]

차베스의 반세계화의 논리는 서방선진국들에 대한 중남미의 전면적인 시장 개방은 아직 시기상조이며 준비 없는 자유무역보다는 먼저 경제규모가 서로 비슷한 중남미국가들끼리 통합을 추진해 어느 정도 수준의 경제발전을 이룬 다음 선진국들과 경쟁을 해야 한다는 것이다. 차베스가 주장하는 21세기형 '신사회주의'는 자본주의에서 만연한 개인주의와 이기주의, 과도한 경쟁의식, 그리고 가진 자들의 특권의식을 과감하게 타파하고 인종과 출신, 피부색을 떠나 모두가 인간으로서 동일한 권리를 갖는다는 철저한 민주주의 사상에 근거한 것이다. 차베스

---

11 중남미의 반세계화 저항운동과 '신자유주의' 반대운동은 베네주엘라의 차베스, 브라질의 룰라, 아르헨티나의 키르츠네르 등 죄파정부의 지원을 받은 세계사회포럼들 비롯해서 중남미민중지도자회담 등을 통해 각국의 민중대표들이 서로 교류하고 상호연대를 강화함으로써 이제 이 운동은 범세계적으로 그 영역을 넓혀 가고 있다.
12 르 몽드 디플로마티크, 권지현 역, 『르 몽드 세계사 : 우리가 해결해야할 전지구적 이슈와 쟁점들』, 휴머니스트, 2008, 92쪽.

는 이렇게 전망한다. "이제 세계는 지난 60년대의 냉전시기 미소 양국이 벌였던 신무기를 통한 힘의 대결이 아니라 21세기에는 '세계화'와 '신사회주의'라는 사상의 대결로 귀결될 것이다." 이처럼 중남미를 휩쓸고 있는 좌파정권의 바람이 시사하는 바는 국내적으로는 군부와 밀착되었던 엘리트 그룹들과 기득권층을 물리치고 민중 중심의 사회로 전환하겠다는 대대적인 변화의 조짐이며, 대외적으로는 강대국 중심의 반제국주의와 반세계화의 논리에서 벗어나겠다는 자주적인 운동으로 해석된다.[13]

차베스의 이런 주장은 이제 중남미를 넘어서 미국과 유럽의 일부 좌파지식인, 정치인, 학생 및 일반 지식인 사이에서도 폭넓은 공감대를 형성하고 있다. 차베스가 주도하고 있는 반세계화와 '신자유주의' 반대 노력은 카라카스에서 개막된 제6차 세계사회 포럼에서 전 세계 민중지도자들은 반제국주의를 포럼의 주제로 내세우고 '미국 등 서방 강대국들이 없어도 중남미 및 세계는 새로운 미래를 만들어 갈 수 있다'고 선언하였다. 그리고는 열띤 토론을 벌이며 개발도상국별로 '신자유주의'의 피해를 집중적으로 조명하고 신자유주의에 맞서는 대안에 대해 폭넓은 의견을 교환했다.[14]

---

[13] cf. Christina Marcano, *Hugo Chavez*, Randomhouse, 2007.

[14] 차베스는 이 포럼의 폐막식 연설에서 "이번 카라카스 포럼을 통해 중남미의 아시아, 아프리카 사회주의 민중들이 자본주의와 제국주의의 새로운 공세에서 해방될 것을 확신한다"고 주장하고 "카라카스 사회 포럼은 볼리비안 혁명이 범세계적인 요새화로 굳게 잡는 계기를 만들었다"고 평가했다. 차베스는 이어 자신이 주도하고 있는 아메리카를 위한 볼리바리안 대안(ALBA)은 "무장봉기가 아니라 극빈 서민들을 깨우치는 것이며 민중들의 가장 큰 힘은 교육"이라고 주장하며, 중남미 극빈서민층의 교육부분에 지언을 아끼지 않을 것임을 천명했다. Nikolas Kozloff, *Hugo Chavez*, St. Martins Press, 2007.

세계화의 물결은 국민국가의 성격변화를 가져왔다. 개별 국민국가의 많은 영토가 탈영토화 되고 국민들의 민족적 정체성에는 새로운 변화가 일고 있다. 멕시코의 경우 세계화의 심각한 영향은 사회경제적 영향 뿐 아니라 민족 정체성 변화가 초래된 점에서 매우 독특하다. 치아파스반란에서 볼 수 있듯 인디오의 공개적인 무장반란은 멕시코 혁명 이후 중심의제로 받아들여졌던 메스티소화mestisaje민족주의에 의한 국민단합과 국가통합 전략이 도전받고 있다는 증거이다. 세계화가 멕시코의 기존 민족적·문화적 정체성을 붕괴시키고 정치이념의 근본적 수정을 요구하고 있다.[15] 1982년부터 시작된 신자유주의 개혁은 대외 개방적 수출지향 산업화로 변신하려는 시도였다. 그러나 세계화가 추동하는 개혁·개방은 '안'과 '밖'의 차이, '주체'와 '타자'와의 거리를 강조하는 민족주의 담론과 충돌이 불가피했다. 거기에 대중매체와 교통·통신의 발달로 문화적 동질성이 확산되면서 멕시코의 민족의식은 상당히 약화되었다. 심지어 국경지대에서는 문화적 혼종성이 일어나 전통적인 멕시코인들의 방어적 민족의식이 상대적으로 쇠퇴되고 있음이 증명되고 있다.

---

15 멕시코혁명 이후 혁명정부가 정당화에 활용한 담화는 메스티소화를 이용한 '국민단합 unidad nacional'이라는 통합 이데올로기이다. 메스티소화 이념은 원래 인종적·언어적·지역적·문화적 분열이 심각했던 멕시코를 통합하고, 혁명과정에서 제기된 사회적, 정치적 문제점을 치유하기 위해 중앙집권적 국가구조를 강화하고 이를 뒷받침할 '국민단합'의 이념을 주입하기 위한 방편이었다. 메스티소를 민족문화의 중핵으로 위치 지운다는 것은 민중과 엘리트 간의 격차를 없애고 국가가 민중을 보호할 책임을 진다는 것을 규정한 것이다. 또 다른 의미는 아시엔다 지주와 같은 소수의 특권층 엘리트를 위한 뽀르피리오 디아스Porfirio Días시대의 과두제 국가의 전통과 단절하고 멕시코 민중 중심의 국민국가의 전통을 확립한다는 것이었다. 그리고 공식적 인디헤니스모가 탄생함으로써 멕시코의 역사상도 재구성된다는 것을 의미한다.

　국제화, 효율성, 합리화를 강조하는 신자유주의는 멕시코혁명 이후에 만들어진 메스티소 민족주의를 기반으로 한 '상상의 공동체'를 '이해의 공동체'로 전환하려고 추진했다. 그러나 탈영토화 현상이 진행되면서 영토적, 문화적 통합성은 약화되고, 전통적인 여러 개의 멕시코many Mexicos는 새로운 민주적 질서 속에서 신연방주의 틀을 생성 중이다. 개혁과 개방의 물결은 멕시코 국가의 주권영역을 상당부분 탈영토화 시켰고 국민들의 의식도 외부와의 접촉으로 탈국적화 및 탈정체성의 위기를 겪고 있으며 NAFTA는 탈영토화를 더욱 부추겼다. 민족주의의 변화는, 문화적 정체성에 변질을 가져왔고, 경제적 위기를 조장하는 한편 탈식민 의식을 조장했다. 신자유주의 세계화로 라틴아메리카는 미국중심의 경제적·문화적 종속으로 대체되며, 문화적 민족주의도 위기를 맞고 있다.

　사파티스타는 라틴아메리카 저항운동의 시발점이며 사회운동의 한 전형이다. 이들은 '자치와 자율'을 기반으로 공정하고 정당한 사회의 성립을 꿈꾸며 민주주의의 확장을 요구한다. 이들은 신자유주의가 소위 세계화와 자유화를 부르짖으며 협정과 협약을 통해서 부유한 자, 강한 자들을 위한 체제를 전 세계에 정착시켰다고 비판한다. 따라서 많은 피해는 제3세계 민중들이 입는다. 다국적 기업과 초국적 자본은 대토지사유화를 촉진시켜 중·소농민의 몰락을 촉진하고, '고용창출'이란 명분하에 노동자들을 저임금의 고통에 빠뜨린다. 여성과 어린아이의 노동조건은 더욱 열악하며 이들의 인권침해는 심각한 수준에 이른다. 이런 상황 분석 아래서 사파티스타들은 멕시코 신자유주의 정부를 바꾸어 민주주의와 정의를 실현하며 마야시대 이래로 원주민들이 가진 고유의 권리를 되찾기 위해 봉기한 것이다. 사파티스타 봉기는 그 의미가 멕시코의 원주민운동으로만 한정되는 것이 아니라 현실적으로 치아파스에서 노동자와 농민들이 본질적으로 자본주의 세계화 현상 아래서 동일한 고통을 겪고 있음을 경고한다.

3. 치아파스 원주민운동

오늘날의 라틴아메리카 사회운동의 역사적 근원은 식민지 시대 이래로 면면히 이어져 내려 온 원주민운동이다. 원주민운동의 주체들은 기존의 국가전략인 통합주의, 문화동화, 문화접변 및 혼혈화 정책이 내적 식민주의를 유지하고 기존 지배체제를 영속화하는데 목적이 있을 뿐이라고 비판한다. 원주민들은 자본주의적 근대화 및 국가 안보와 관련 있는 개발 정책들은 원주민 공동체의 해체과정의 일부라고 여겨서 현재의 지배체제가 서구화를 통해 원주민들의 지위를 개선하려는 어떠한 방법도 착취와 억압을 용이하게 만들려는 새로운 구조의 창출로 보고 있다. 결국 전통적인 동화 정책의 실패로 오늘날 중남미 국가들은 정치, 경제, 사회, 문화 및 신식민주의 등 모든 면에서 새로운 원주민운동으로 발전되었다.

멕시코를 비롯하여 라틴아메리카에서의 원주민 봉기의 근본적인 원인은 사회적 차별, 인종적 격리, 경제적 착취, 문화적 배제, 정치적 억압 등이다. 원주민들은 식민과 억압에서 해방을 부르짖으며 원주민 공동체의 와해 시도를 거부하고, 나아가 공동체 내부의 빈, 부를 조장시키는 자본주의 자체를 부정한다. 그들은 정치적 민족 자결의 목표 안에서 공동체의 문화 및 경제적 발전을 기대하며, 현재 진행중인 파괴적인 산업화, 극단적이면서도 과도한 발전 보다는 인간과 자연의 조화로운 발전을 요구한다. 조지 콜리어George A. Collier가 치아파스의 대중을 이루는 원주민들과 토지 사이의 관계를 중심으로 한 내부의 사회·경제적 요인을 강조하면서, 이 운동을 신자유주의에 대한 치아파스 농민의 조직적 대응으로 보는[16] 배경도 여기에 있다.

역사적으로 원주민들이 지니는 법적 지위는 시대에 따라 달라짐으로서 그들의 투쟁의 성격이나 범위 그리고 운동의 규모 또한 달라져 왔다. 식민지 초기에 원주민들은 스페인 제국 왕실 당국으로 부터는 비록 자유인으로 규정되었으나, 엔코미엔다encomienda 질서 아래서 노동력을 제공하여 사실상 노예로 전락했다. 스페인 왕실 당국은 식민시대 3세기 동안 법률로서 원주민들을 자유인으로 선언하여 보호하고, 동시에 권리와 의무를 부과하여 그들의 질서 개념을 수립하려고 시도한 반면 정복 및 식민자들은 원주민들이 열등하고 문명화되지 않았음을 정당화하려고 노력해 왔다. 식민시기 동안 가톨릭신앙은 식민주의의 한 요소로 작용하였으나 가톨릭교회가 원주민들의 보호에 기여한 바도 없지는 않는 이중적 역할을 했다.[17]

독립이후의 원주민운동은 법적 동등권 원칙principio de igualdad jurídica에 따라 지위가 변화되었다. 프랑스 혁명기의 자유주의자들의 원칙에

---

16 George A. Collier · Elisabeth L. Quaratiello, *Basta!, Land and the Zapatista Rebellion in Chipas*, Third Edition, 2005.

17 Raymond Carr et al., *Spains History*(김원중 · 황보영조 역, 『스페인사』, 까치, 2006).

따르면 주민들 간에는 어떠한 차별도 두지 않는다는 것이었다. 따라서 중남미 국가들에서 자유주의 지도자들은 근대적인 법적 동등권 원칙이 수립되면 경제적으로 지배적 우위를 차지하는 계층의 특권이 종식되므로, 원주민들을 보호하는데 충분한 조건을 제공할 것으로 기대했다. 그러나 중남미 국가들의 복합적인 사회는 극심한 경제적 차이뿐만 아니라 문화적 차이로 그러한 법령을 적용하기에는 원주민들과의 거리가 너무 멀었다. 원주민 공동체들은 집단적 토지의 보호가 인정되지 않기 때문에 삶을 위한 투쟁에 직면하게 되었다. 결국 18세기 에콰도르를 비롯한 19세기의 일부 국가에서 한편에서는 백인인 크리오요와 혼혈인 메스티소 집단의 토지 분할과 독점 투쟁, 다른 한편에서는 원주민들이 문화적 부흥을 기반으로 공동체의 토지를 보존하려는 투쟁의 에 돌입하였다.

　사파티스타는 이런 원주민운동의 가장 대표적인 사례이다. 멕시코에서의 원주민운동은 식민지 시대 이래로 면면히 이어져 왔다. 1524년 치아파스에서 공물 수거와 신앙생활의 강요에 반대해서 일어났던 반란을 선두로, 1616년에는 테페우아네스족의 스페인 지배에 대한 반란, 1660년 테우아테펙에서 스페인 왕실의 권력남용에 대항한 반란 1761년 유카탄 반도에서 카네크Kanek가 주도한 독립운동 등이 있다. 독립 이후에는 1847년 마야족 세실리오 차Cecilio Chi가 유카탄 반도에서 반란을 일으키자 바야돌리드에서 백인들에 대한 학살극이 발생하여 1854년 까지 7년간 계급전쟁이 되었다. 멕시코원주민봉기는 1856년 이그시오 꼬몬뽀르또Ignacio comonfort(1855~58)의 자유주의 정부가 레르도 법Ley Lerdo을 제정하여 교회의 자산을 국유화하고, 원주민 공동체의 토지를 마을 공유지로 전환하면서 가능하면 실질적인 사용자들에게 토지를 매각하도록 한 이후부터 수 없이 발생하였다. 1857년에는 개혁 법령들과 자유주의헌법에서 토지의 사유권 강화로 농지 문제를 해결하려고 시도했으나, 대농장주들이 원주민 공동체의 토지를 저렴한 가격으로 매입함으로써 도리어 토지집중화 현상만을 초래하였다. 특히 유카탄 지역에서는 원주민 공동체 토지의 합법적인 약탈로 계급 전쟁이 유발되어 수많은 원주민 봉기의 원인을 제공했다.[18]

그러나 사파티스타가 지향하는 바는 이전의 운동이나 봉기와는 다르다. 첫째, 사피티스타들은 원주민 공동체가 사파티스타의 모든 행동을 결정한다고 본다.[19] 둘째. 사파티스타 운동은 인간의 존엄성 찾기를 최우선 과제로 둔다. 이들의 투쟁은 인간으로서의 존엄성에 기반한 것이지 결코 계급적 문제는 강조하지 않는다. 따라서 국가의 획일적 지시를 거부하고 민주주의와 자유, 정의를 강조하면서 각자의 차이를 인정하는 모습을 보이고 있다. 그리고 무력 보다는 이성·대화를 통한 분쟁의 해결을 강조한다, 무력으로 전투에서 이길 수는 있지만 결국 전쟁에서 이기는 것은 이성이라는 것이다. 셋째, 이들은 권력 장악을 목표로 하지 않고 민중의 윤택한 삶은 목표로 한다. 따라서 이들에게 권력이란 장악되기 보다는 행사되어야 할 것으로 인식된다. 무기를 든 것은 오직 그들의 주장을 알리고 민주적 투쟁을 위한 공간을 확대하기

---

18 Colegio de Mexico et al., ed., *Nueva historia minima de Mexico*(김창민 역, 『멕시코의 역사 : 농경의 시작부터 뉴 밀레니엄까지 멕시코 역사의 모든 것』, 그린비, 2011).
19 이런 점에서 '정체성의 정치'에 초점을 맞추어 사파티스타운동을 신자유주의로 인해 상실되어 가는 원주민의 정체성을 회복하기 위한 지역 차원의 사회운동으로 설명하는 견해도 있다. Courtney Jung, "The Politics of Indigenous Identy-Neoliberalism, Cultural Rights, and the Mexican Zapatistas", *Social Research* 70-2, 2003, pp.433~462; *The Moral force of Indigenous Politics-Critical Liberalism and the Zapatistas*, Cambridge University Press, 2008.

위한 것이지 권력 장악이 목표가 아니란 것이다. 넷째, 부사령관 마르코스는 자신들의 전쟁을 '무기의 전쟁'이 아닌 '언어의 전쟁'으로 정의한다. 인터넷과 네트워크를 통한 전지구적 연대와 폭 넓은 지지도는 사파티스타의 정신이 멕시코 한 구석의 로컬에서 출발하여 탈영토·탈경계의 전지구적 현상 곧 글로컬 현상이 되도록 만들었다.

그러나 사파티스타 봉기가 비록 이전의 원주민운동과 방법적인 차이는 있다하더라도 근본적으로 강대국의 수탈과 억압에 대한 저항정신에 연유하는 것은 다를 바 없다. 빈곤의 문제를 뛰어넘어 마야시대 이래로 자신의 권리회복과 삶의 존엄함을 위해 투쟁하는 사실은 여타의 원주민운동과 동일하며 이 정신은 오늘날 라틴아메리카 사회운동 세력들의 역사인식에서 중요한 한 축을 이루고 있다.

4. 사파티스타운동의 상상계

독특하게도 사파티스타 운동이 치아파스라는 로컬에서 출발 하였음에도 '민족' 개념을 중심으로 사유한다. 사파티스타들의 민족개념과 '간대륙intercontinental' 개념을 통해 이들의 민족적 상상계를 들여다 보는 것은 사파티스타들의 정체성 규명에 핵심 부분이다. 여기서는 라칸도나 선언문[20]을 통해 본 민족과 정체성의 문제를 검토한다. 이들의

---

20 「라칸도나 정글의 6개의 선언문」 전문은 번역되어 있다. 다음의 잡지와 사이트를 참조. 『자율평론』 14 · 15호, 갈무리, 2011 또는 http://jayul.net/view_article.php?a_no=845&p_no=1. 이 선언문은 다음의 제목으로 발표되었다. I. 우리는 무엇일까요. II. 우리는 지금 어디에

투쟁은 본질적으로 사회주의 건설이나 정치권력을 통한 국가통제를 목표로 하지 않는다. 그들은 공동체가 소재하는 로컬에서 일, 토지, 주택, 식량, 보건, 교육, 독립, 자유, 민주주의, 정의, 그리고 평화라는 11가지 요구를 기반으로 문화, 정보, 안전, 부패퇴치, 환경 보호의 5가지를 덧붙였다. 즉, 이들의 투쟁은 기본적으로는 농민 공동체의 재건과 자율을 목적으로 하고 있다. 이들은 정치적 정당으로 조직도 거부하며 스스로를 전위부대로 규정하기를 원하지도 않는다. EZLN은 원래 정치적·군사적 게릴라 집단으로 출발했으나 원주민 투쟁과의 결합 과정에서 스스로 원주민 봉기 조직의 군사부대로 전화시켰다. 이들은 혁명을 통한 사회정치적 동질화를 거부하며 로컬에서 자치와 자율을 기반으로 한 민주적 공간의 창출을 요구한다.

이들의 전쟁은 실질적인 무기를 통해서가 아니라 인터넷과 네트워크를 통한 '말들의 전쟁'이다. 사파티스타들의 새로운 투쟁은 개인으로부터 정치적 집단에 이르기 까지 전 세계로부터 많은 지지를 얻고, 수많은 인터넷 상의 연대그룹이 세계 각지에서 구축되어 멕시코정부에 대항한 집회와 시위를 촉발시켰다. 1996년과 1997년에 사파티스타 선언문의 발의로 소집된 두 차례의 '인류를 위한 그리고 신자유주의에 반대하는 대륙 간 회의'는 수십 개의 국가들로부터 수천 명의 풀뿌리 활동가들이 참석하여 사파티스타 투쟁의 영향력을 짐작케 했다. 사파티스타들의 라칸도나 정글의 제1차 선언문 「오늘 우리는 말한다 : 이

있을까요. III. 우리는 세상을 어떻게 볼까요. IV. 우리는 우리나라 멕시코를 어떻게 볼까요. V. 우리는 무엇을 하기를 원할까요. VI. 우리가 그것을 하려면 어떻게 해야 할까요?

제 그만!」에서는 사파티스타봉기의 역사적 배경과 그 의의를 엿볼 수
있다.

우리는 500년간에 걸친 투쟁의 산물이다. 맨 먼저 노예제에 대항하여, 그
다음은 반란군에 의해 지도된 스페인에 대항한 독립 전쟁 동안에, 그 다음
은 북미 제국주의에 의한 흡수를 피하기 위해, 그 다음은 우리의 헌법을 공
표하고 프랑스 제국을 우리 땅에서 추방하기 위하여, 그리고 그 후에는 우
리에게 개혁법을 공정하게 적용하기를 거부한 뽀르피리오 다아스의 독재
에 대항하여 민중들은 반란을 일으켰고 비야Francisco Villa(1878~1923)와 사
파타Zapata와 같은 지도자들이 출현했다. 그들은 우리 처럼 가난한 사람들이
었다. 우리는 가장 기초적인 물품에도 접근할 수 없었다. 그래서 그들은 우
리를 대포밥으로 사용할 수 있었고 우리나라의 부를 약탈할 수 있었다. 그
들은 우리가 아무 것도, 전혀 아무 것도, 무리들의 머리를 덮을 지분 하나조
차 갖지 않았으며, 어떠한 토지도, 어떠한 일도, 어떠한 보건도, 어떠한 식량
도, 교육도 갖고 있지 못하다는 것에 아랑곳 하지 않았다. 우리는 또 우리의
정치적 대표를 자유롭고 민주적으로 선출 할 수 없었다. 외국인으로부터의
독립도 없었으며 우리 자신과 우리의 아이들을 위한 평화도 없었다.[21]

이 글은 식민지 시기 이래 멕시코의 역사를 고스란히 보여주고 있
다. 사파티스타들은 자신들이 마야민족의 진정한 건설자의 후손이며

---

[21] First Declaration of the Lacandon Jungle-Today We Say "Enough is Enough!"
http://www.elim.net/~galmuri/zap/1st-decl.htlm. 헤리 클리버, 이원영 · 서창현 역, 『사
빠띠스따』, 갈무리, 1998, 383쪽에서 재인용.

모든 권리는 민중인 자신들에게 있음을 주장함으로서 민족적 주권과 민중의 정치의 자율성을 천명하고, 나아가 자신들이 일으킨 봉기의 정당성이 멕시코 헌법에 연유하고 있음을 밝힌다.[22]

그러나 1차 선언문의 발표이후 멕시코 정부는 강력한 학살행위로 대응하였다. 이에 대해 사파티스타들은 제2차 선언문「오늘 우리는 말한다 : 우리는 항복하지 않을 것이다」[23]를 발표하고 민족민주회의National Democratic Convention(CND)의 구성을 제안했다. CND의 구성은 멕시코의 제도혁명당 중심의 일당국가체제를 타도하고 시민사회 중심의 대안적 정부의 가능성을 모색하기 위한 시도로서 여기서 시민사회란 "민중사회 : 좋은 믿음을 갖고 있는 모든 정직한 멕시코인들의 사회"[24]를 지칭한다. 여기에서 사파티스타들은 '시민사회'라는 말을 강조하여 투쟁의 대상을 원주민으로부터 민중으로 확대하는 변화를 보였다. 사파티스타들은 멕시코의 빈곤이 경제적 자원 부족 때문이 아니라 불평등한 사회구조와 정치적인 것에서 연유한다고 믿는다. 즉 이러한 사회구조 가운데서 민중의 주권과 자율성의 제한은 불가피하며, 권력에 억압받아온 민중의 권리를 회복하려면 새로운 민주주의와 자유 및 정의라는 틀이 필요함을 인식한 것이다.[25] 정치적 시각에서는 사파티스타들의 투쟁이

---

22 멕시코 헌법 39조에 따르면 "민족적 주권은 본질적으로 그리고 본래부터 민중 속에 있다. 모든 정치권력은 민중으로부터 나오며 그것의 목적은 민중을 돕는 것이다. 민중은 항상 자신들의 정부 형태를 변경하거나 수정할 양도할 수 없는 권리를 갖는다"고 규정하고 있다.

23 Second Declaration of the Lacandon Juncle-Today We say "We will not surrender."
   http://www.elim.net/~galmuri/zap/2nd-decl.htmi

24 *ibid.* 또는 "Segundo Declarácion de la Selva Lacandona," www.ezln.org.mx

25 이원영,「사빠띠스따의 '간대륙주의와 '민족 자율' 문제」, 헤리 클리버, 이원영·서창현 역, 앞의 책, 385쪽.

단지 과거의 유산 위에서 새로운 세계를 향한 자유롭고 민주적인 '공간'
의 창출이나 국민투표를 위한 정치적 투쟁으로 해석하지만[26] 사파티스
타의 투쟁은 정치적 운동을 넘어선 모든 인류의 자유와 인권을 대상으
로 삼고 있다. 여기서 사파티스타봉기를 정치운동으로 한정지우는 근
거는 새로운 헌법 제정이라는 측면을 확대 해석한 것으로 보인다.[27]

　라칸도나 2차 선언문에 뒤따른 정부의 절멸적인 학살행위 이후에
발표된 제3차와 제4차 선언문[28] 부터는 '시민사회'라는 말이 사라지고
'원주민'이라는 내용이 강조되면서 민족 해방을 위한 투쟁의 문제를 다
루고 있다. 제3차 선언문에서 사파티스타들은 평화적 수단으로는 어
떤 직접적 변화도 이룰 수 없음을 밝힌데 이어, 1994년 8월의 불법적인
선거 과정으로 EZLN은 민족적 협정에 대해 '무장 봉기'의 투쟁을 통한
급진적 변형을 기할 것을 결정했다. 이 선언문에서 사파티스타들은 민
족의 '원주민 자율'을 선포하고 치아파스의 상황을 국지적인 것으로 한
정시키려는 정부의 의도를 넘어서는 한편, 이 대항을 치아파스 내 모

26　그 대표적인 해석으로는 위의 글을 들 수 있다.
27　투표는 반드시 민족적인national 것이어야 하며 연방의 모든 주를 포함하고, 모든 애국 세
　　력이 대표된다는 의미에서 복수적이어야 하며, 의사결정은 민족 전체의 협의에 결정을
　　맡기는 민주적인 것이어야 하고 정치적 당파 관계, 인종, 종교적 신념, 성, 연령 등에 관
　　계없이 인정된 권위를 가진 공적 인물들에 의해 자유롭고 자발적으로 주재되어야 한다.
　　그리고 그 회의는 에히도ejido(공유농토)지역, 학교, 공장 등에서 시민들에 의해 지역 위
　　원회, 지방 위원회, 주 위원회 등에 따라 구성될 것이며 이 위원회들은 새로운 헌법을 위
　　한 그들 자신의 풀뿌리 제안들을 위한 것이다. 이와 같은 내용이 정치적 측면에서는 정
　　치사상의 전환으로 또는 사파티스타를 정치적 투쟁으로 해석하게 한다.
28　1996년에 발표된 제4차 선언문은 아즈텍 문명과 톨텍문명의 언어였고 현재 멕시코 중서
　　부에서 사용되는 나우아Nahua어로 쓰인 최초의 사파티스타 선언문으로 표현의 내용이나
　　언어에서 가장 원주민적이다. 이 선언문에서 사파티스타들은 자신들의 투쟁을 "검은 얼
　　굴과 진정한 언어를 갖게 된 반란"이라고 규정하고 이미 다양한 언어로 말해졌음을 강조
　　했다. Guillermo Almeyra · Emiliano Thibaut, *Zapatista-Un Nuevo Mundo en Construcción*,
　　Ituzaingó, 2006, pp.184~185; 김윤경, 앞의 글, 97쪽.

든 계급과 구성원이 속하는 전 민족적인 문제로 전환시키려는 노력을
보였다.

1996년에 이르러 원주민 문제는 원주민과 국가 간의 산 안드레스 협
정Acuerdos de San Andrés[29]으로 원주민 자치와 민주주의의 현실화를 맞
게 된다. 이 협정은 실로 원주민의 정치적, 경제적, 문화적 권리를 실현
할 수 있는 진정한 기회로, 사파티스타들이 주장하는 민주주의 원칙을
구체적으로 실천하기 위한 것이었다. 그러므로 원주민 제반권리의 법
적인정과 집단적 '자치권'의 인정을 실현하는 제도마련이라는 측면에
서 중요한 의미를 지닌다. 또한 이 협정은 식민지 시대 이래로 사라져
온 원주민들의 고유의 권리 — 정치적, 경제적, 문화적 권리를 포함하
여 — 를 회복하려는 시도라는 측면에서 현실적 차원을 떠나 역사적으
로도 중요한 협정이다. '자치'의 문제는 식민지 이전 마야시대부터 내
려온 관습이었으나 집단적인 '자치'의 개념은 사파티스타 이전의 원주
민운동에서는 찾아 볼 수 없는 것이다. 이들은 원주민의 법적인 자치
가 이루어지면 원주민 문제는 저절로 소멸된다고 판단한다. 그러나 자
치라는 개념은 국민국가라는 근대성의 측면에서 볼 때 정치적 탈 중앙
집권화의 과정으로 인식될 수 있기에 이 또한 국민국가의 경계와 규범
속에 한정된다고 보겠다.[30]

---

29 산 안드레스 협정에서 원주민의 제반 권리들을 '새로운 법적인 틀'로 명시되었다. 이 협
  정서에는 원주민전통에 대한 존중, 정부에의 참여, 정치적 대표성을 위한 정치적 권리,
  재판권, 사회적 권리, 토지소유권을 포함한 경제적 권리, 원주민의 창의성과 정체성의
  지속을 위한 문화적 권리가 포함되어 있다. 또한 모든 영역에서 원주민이 자율적 주체로
  서 참여하는 법 개혁을 포함하고 있다. 자치의 개념은 정치적 공간의 필요성과 영토성,
  공간의 자율성, 정치적·문화적 존재로서의 인정 등 다양한 문제와도 연관된다. 김윤경,
  위의 글, 97~100쪽.

　　라칸도나 제4차 선언문은 1995년의 금융위기에 대해 멕시코 정부가 그 위기의 책임을 사파티스타에게 돌리면서 원주민 공동체에 대해 군사공격을 재개하여 치아파스주 전체를 장악하는 사건이 발발한 후에 일어났다. 사파티스타들은 멕시코정부가 원주민 거주구역을 북미의 인디오 보호구역과 같은 일종의 느슨한 강제 수용소로 만들려는 인종주의적 의도에 반발했다. 그리고는 새로운 평화를 모색하는 민족적·국제적 대화를 시민사회에 직접 호소할 뿐 아니라 EZLN이 새롭고 독립적인 정치세력으로 전환할 것을 모색했다. 따라서 제4차 선언문에서는 EZLN이 수행해 온 투쟁을 요약하고 신자유주의에 대항하는 전선을 민족적 차원과 국제적 차원에서 더욱 구체화할 것을 결정했다. 그리고 사파티스모들과 시민사회 간의 회의를 아구아스칼리엔테Aguascaliente에서 개최하고 평화로운 시민 저항 중심지이면서 멕시코문화와 세계문화의 집결지의 역할을 의도했다. 또한 원주민 민족포럼Indigenuous National Forum을 개최하여 전국적이고 비폭력적이며 독립적인 시민 정치세력인 사파티스타 민족해방전선(FZLN)의 구성을 제안했다.[31]

30　Gustavo Esteva & Carlos Perez, "The Meaning and Scope of the Struggle for Autonomy," *Latin American Perspective*, 2-1, 2001, p.128.

31　FZLN이 구성된 배경으로는 폭스Vicente Fox Quesada 대통령의 원주민 자치 무효화 선언이 결정적이었다. 1998년 제5차 라캉돈선언문에서는 구체적으로 원주민이 주체이며 원주민 법안에 대한 일종의 민중투표로서 '국민투표'가 제안되었고, 실제 300만 명의 멕시코인들의 찬성을 얻었다. 특히 2001년 2월 3일에 개최된 "대지의 빛깔을 띤 사람들의 행진 La Marcha del Color de la Tierra은 폭발적인 인기 하에서 치아파스로부터 멕시코시티까지 행해졌고, 그 영향으로 국회에서는 '원주민 권리에 관한 법Ley COCOPA'이 국회의 통과를 눈앞에 두게 되었다. 그러나 2000년에 대통령 폭스는 원주민 공동체들을 자치적인 것이 아니라 국가에 종속되어 있다고 밝힘으로서 원주민들의 자치를 무효화시켰다. John F. Ross, *ZAPATISTAS! : Making Another World Possible, Chronicles of Resistance, 2000 ~2006*, New York : Nation Books, 2006, pp.57~73.

사파티스타운동에 있어 '민족'의 문제는 가장 핵심적인 문제이면서
도 내용이 미묘하여 좌파이론가들로부터 비판받는 개념이기도 하다.[32]
사파티스타들에게 '민족'이란 어떤 개념인가? 이것은 모든 민중이 서로
를 인간으로 인정하며 자율을 기초로 그들 스스로를 통치하는 하나의
이상적 총체를 의미한다. 이 개념은 부사령관 마르코스가 말하는 공화
국Res Publica, 진정한 민주주의True Democracy, 코뮤니즘Communism과 동
일한 것으로 해석된다. 이것은 들뢰즈 식으로 말하면 '리좀'의 세계, 다
양체의 모습이라고 할 수 있다. 사파티스타들이 말하는 민족은 단순한
국경이나 인종적 특징에 의해 규정되지 않는다. 이들은 500년간의 지배
에 대항해서, 자본주의에 대항한 범인류적 투쟁이며 전 인류를 대상으
로 하고 있다. 사파티스타들은 새로운 민족, 진보적 민족의 구축이라는
실험을 통해 리좀적인 로컬에 거주하는 민족의 이익과 인류의 이익을
일치시키려고 하고 있다. 이와 같은 사상은 사파티스타 지도자 중의 한
사람인 디아나 다미안Diana Damian이 1998년 한국을 방문시 인터뷰에서
밝힌 내용에서 분명해 진다.

　사파티스타가 지향하는 사회는 공정하고 정당한 사회이다. 노동과 교육,
보건과 복지에 대해 이전보다 훨씬 공정한 기회가 주어지는 사회, 민주적
인 절차를 통해 민중이 자유롭게 정부를 세우고, 정부의 형태를 스스로 선
택할 수 있는 사회이다. 이는 사파티스타뿐 아니라 멕시코 전체 민중, 나아

32　노동자 프롤레타리아가 민족적 계급이 되어야 하는 전통적 마르크스주의자들은 사파티스
타들이 구태의연한 민족주의에 사로잡혀 있으며 이는 결과적으로 자본주의의 극복이 아
니라 부르조아 민주주의를 추구하는 오류를 범한다고 비판한다. 이원영, 앞의 글, 434쪽.

가 세계의 민중이 지향하는 사회라고 본다.[33]

　제3차 선언문에서 발표된 "오늘 우리는 반복한다 : 우리의 투쟁은 전 민족적이다"라는 명제는 민족 개념이 국제적 차원으로 확대, 성숙해 나가는 과정을 보여준다. 그러나 1994년 멕시코의 금융위기로 신자유주의의 실패와 금융개방으로 페소화는 폭락했고, 멕시코의 민중들은 긴축정책으로 실업과 곤궁에 시달리는 한편 정치적·사회적 억압에 속수무책으로 노출되었다. 신자유주의의 실패로 민족의 개념은 국제화 되어 사파티스타봉기는 멕시코의 지역적 원주민의 봉기로 치부되는 것을 넘어서 전 세계적인 운동으로 확대되어 글로컬 상상계를 구성하기에 이르렀다.

　따라서 제4차 선언문에서는 '민족 해방을 위한 투쟁'을 다시 한 번 더 강조하면서 새로운 민족, 재건설을 위해 사파티스타 민족해방전선 Frente Zapatista de Liberacíon Nacional(FZLN)의 형성과 민중들의 동참을 강조한다.[34] 마르코스의 인터뷰 내용은 사파티스타들의 민족 개념이 저항의 개념과 연관되어 있다는 것을 분명하게 알린다.

33　권영준 역, 「사파티스타는 더 많은 기회와 평등을 위해 싸운다」, 『사회평론 길』 98권, 사회평론, 1998, 82~85쪽.

34　사파티스타들은 민족해방전선(FZLN)이 민족해방군(EZLN)을 기반으로 독립적인 저항적 정치세력과 합류하여 통일된 행동을 조정하는 시민 정치 행동의 공간을 위한 것이다. 그것은 권력을 원하는 정치세력이 아니라 민주주의와 자유, 정의를 원하는 정치 세력이면 시민들의 요구와 제안들을 조직하면서도 그들에게 복종하며 반향을 제시하는 정치세력이다. FZLN은 비당파적인 조직적 노력들을 통합시키고 다양한 참여 수준과 다양한 투쟁 형식들을 갖고 있기 때문에 '전선'이라고 불리며, EZLN과 더불어 멕시코의 산악지대에서 내려온 희망과 원주민적 가슴을 가지고 태어났기 때문에 '사파티스타'라는 이름을 붙였다고 밝히고 있다. FZLN은 전 세계의 저항의 힘의 일부이며 멕시코에서 새로운 민족의 건설을 이루어 나갈 민주적·시민적 공간이다.

우리가 민족에 대해 말할 때 우리는 역사에 대해, 민중의 한 집단을 다른 집단들로부터 멀어지게 함이 없이 우리를 형제로 만드는 공동적 투쟁의 역사에 대해 말하고 있는 것이다.

멕시코 정부는 사파티스타들의 봉기가 멕시코의 민족적 동일성을 파괴하는 위험한 논리라고 비난한다. 그러나 마르코스는 실제로 멕시코의 분열을 조장하는 것은 정부와 멕시코 연방군이며, 이들이 멕시코의 풍부한 자원은 해외로 빠져 나가게 하고 멕시코의 민중들은 초국적 기업에 의해 착취당하고 있다고 강조한다. EZLN은 원주민들이 멕시코로부터 분리를 원하는 것이 아니라 다만 차이를 인정받으면서 멕시코의 일부가 되기를 원할 뿐이라고 주장한다. 그러나 이것 또한 자유와 정의를 바탕으로 한 민주주의가 전제될 때에, 그리고 신자유주의에 대한 전 민족적 투쟁을 통해서만 가능한 것이리라.[35] 결국 사파티스타에게 민족과 민족국가란 신자유주의의 전지구적 침공에 맞서는 투쟁을 목표로 삼기 때문에 제3차 선언에서 나타났듯이 이념, 인종, 국적 등에 관계없이 자유와 정의를 구현하기위해 투쟁하는 전 인류를 대상으로

---

[35] 이러한 이념하에서 마르코스는 민족 현실의 민주화를 위해 투쟁하고 있는 모든 사회·정치 세력들에게 신념, 인종, 정치적 이념에 관계없는 광범한 민족해방운동National Liberation Movement을 구성하라고 호소한다. 그는 새로운 헌법을 바탕으로 과도정부의 건설을 주장한다. 그가 주장하는 과도정부는 다음과 같은 특성을 지닌다. ① 당-국가 체제의 해체와 PRI로 부터의 정부의 실질적 분리 ② 깨끗한 선거, 합법성, 공정성, 비당파적-비정부적 시민 참여, 모든 민족적, 지방적, 지역적 정치 세력의 승인 등을 보장하는 선거법 개혁, 그리고 새로운 연방 총선거의 실시 ③ 새로운 헌법의 창출을 위한 헌법적 기구의 소집 ④ 원주민 집단들의 포괄적 자율과 시민권에의 권리를 인정하는, 그들의 특수성에 대한 승인 ⑤ 거짓말과 속임수를 제거하고 나라에서 가장 가진 것이 없는 부문들, 타인들에게 착취당하는 부의 주된 생산자들인 노동자와 농민에 호의적인 민족 경제 프로그램의 방향 조정. 'The Third Declaration of Lacandon Jungle-One Year after the Zapatista Uprising, Today We Say.'

한다. 결국 사파티스타의 민족주의는 자율성을 기반으로 한 개방적인
민족주의 형태라고 볼 수 있다.

5. 글로컬 연대와 대안사회

사파티스타들이 추구하는 대안의 사회란 어떤 것인가? 그들이 제시
하는 사회는 원주민 공동체의 사회로의 환원을 의미한다. 이 사회는
유럽인들이 아메리카로 건너오기 오래 전부터 마야의 역사 속의 농업
공동체를 기반으로 한 유토피아 사회다. 이 사회에서는 모든 인류가
평등한 상태로 특히 역사 속에서 소외되고 억압된 사람들—여성, 성적
소수자, 원주민, 가난한 농민, 노동자 등—이 차별 받지 않는 사회 평등
과 정의가 실현되는 사회다. 사파티스타들이 추구하는 사회에서는 소
외된 가치들이 복구되고 고정된 이데올로기는 와해되며, 외세의 지배
도 독재와 독단성도 거부되는 사회이다. 이 사회는 자율성과 민주성에
동화되는 농촌 공동체이다. 이런 사상에 기반하여 부사령관 마르코스
는 자신의 지위조차 사령관이 아닌 부사령관으로 명명하여 EZLN에는
최고의 지휘권자가 없음을 시사한다. 이들은 권력 추구 보다는 상이한
의견과 견해차를 해소하는 자율적이며 민주적인 공간 창출에 노력하
고 있다. 마르코스는 공동체 내의 모든 문제를 원주민들의 투표로 결
정한다. 심지어 EZLN이 FZLN으로 전환하는 문제조차도 주민의 투표
를 실시했다. 이는 평등에 근거한 민중의 공동체는 풀뿌리 의견이 중
요하다는 민주주의의 이상적 실현을 의미한다. 사파티스타들이 실현

하려는 사회는 민중들의 자율성과 민주성을 바탕으로 자유와 정의가 전제된 민주주의 사회인 것이다.

사파티스타가 추구하는 중요한 사안은 자율적 연대를 배경으로 전 세계적인 국제연대, 네트워크를 조직하는 것이다. 이들은 인간의 존엄성을 추구하는 전 세계의 다양한 풀뿌리 운동가들과 그 어떤 위계질서도 거부하고 수평적인 입장에서 공동전선을 구축한다. 1996년과 1997년에 개최된 〈인류를 위하고 신자유주의에 반대하는 대륙 간 회의〉가 바로 그것이다. 이 회의는 최근 한국에서 개최된 G20, G7, WTO 등의 모임과 달리 철저히 자율적인 풀뿌리 민주주의에 기초를 두고 있다. 이 회의는 민주성, 자율성, 개방성을 기반으로 "희망의 인터내셔날"이라고 불리운다.[36] 이들은 죽음의 국제질서, 독재와 권위주의, 기아와 빈곤, 인종과 성차별, 환경파괴 등에 맞서 인류를 위한 투쟁의 필요를 역설한다. 사파티스타들은 신자본주의와의 투쟁과 대안 건설에 관한 '전 지구적 규모의 연대를 위한 상호 네트워크'의 효율적 조직과 '여러 세계가 존재하는 하나의 세계'를 호소하면서 세계화가 주변부로 또는 역사 속의 타자로 밀어내는 사람들을 신자유주의에 대항하여 분기하도록 격려한다.

자율적이고 민주적인 국제 네트워크의 특징은 사파티스타 운동의 조직 내부의 성격에서도 잘 드러난다. 비록 EZLN은 군대 성격상 명령 구조이지만 군대를 움직이는 전략은 공동체 내부에서 결정한다. 사파티스타는 자체에 최고의결기구 CCRI(Comunicado del Comité Clandestino

---

36 이원영, 앞의 글, 402쪽.

Revolucionario Indigena)를 구성하여 최고 결정권을 부여하고 있다.[37] 이러한 구도는 국제적 네트워크의 소우주적 양태와 유사하다고 볼 수 있다. 사파티스타들은 인터내셔날이 두 개의 차원에서 구축될 것을 제안한다. 그 하나는 '개개의 투쟁과 저항의 집합적 네트워크'이며 또 다른 하나는 투쟁과 저항에 있어서의 '커뮤니케이션의 네트워크'이다. 이 대륙간 저항의 네트워크는 차이를 승인하고 유사성을 인정하면서 세계 전역의 다른 저항들을 찾아내기 위해 노력하며 별개의 저항들이 서로를 돕는 매개체가 된다. 그것은 어떤 조직적 구조가 아니며 중앙 수뇌부나 의사 결정자를 가지지 않으며 단지 전 대륙의 저항하는 모든 사람들의 네트워크일 뿐이다. 후자의 경우는 신자유주의에 대항하는 대안적 대륙 간 커뮤니케이션 네트워크로, 말들이 저항하는 모든 길들을 따라 흐르게 하는 채널의 역할을 할 것이다, 이것은 별개의 저항들이 서로 소통하는 매개체로서 앞서와 마찬가지로 조직적 구조가 아니고 중앙 수뇌부나 의사 결정자를 갖지 않으며 단지 말하고 듣는 모든 사람들의 네트워크일 뿐이다.

이와 같은 네트워크의 조직은 들뢰즈가 말하는 리좀으로 구성된 다양체의 모습이며 네그리와 하트의 다중의 모습이다. 리좀적 다양성은 어떤 하나의 척도나 원리로 환원되지 않는 이질적인 것의 집합으로서 하나가 추가되는 것이 전체의 의미를 다르게 만드는 그런 다양성이다. 다양체는 접속을 통해 다질성을 늘여간다. 접속이 증가하는 만큼 자신

---

37 Simon Tormey, *Anti-capitalism-A Beginner's Guide*, Oneworld Pub., 2004(정해영 역, 『반자본주의』, 유토피아, 2007, 245쪽).

의 질적 본성을 바꾸어 가므로 접속되는 항이 늘거나 줄어듦에 따라 성질이 달라지므로 리좀은 가변적이고 열린 관계의 그물망이라고 할 수 있다. 이와 같은 모습은 치아파스주 로컬에서 출발한 사파티스타의 대륙 간 사상을 기반으로 한 네트워크의 모습과 같다. 리좀의 세계에는 구조, 나무, 뿌리와 달리 지정된 점이나 위치가 없다. 선들만이 있을 뿐이다. 리좀은 어떤 하나의 점에 귀속되는 것이 아니라 모든 것들을 횡단하고 통과하면서 모든 방향으로 뻗어가는 생명의 선이자 창조적인 선이다.[38]

이러한 운동은 세계 혁명을 위한 전 지구적 프로그램인가? 그리고 실현 가능한 것인가? 사파티스타들이 제안하는 대륙 간 회의는 저항의 인터내셔날이다. 그것은 신자유주의에 맞서 '이제, 그만!'이라고 외친다. 그것은 어떤 하나의 중앙에서 시작한 것이 아니라 세계 전 지역에 존재하는 반역 자체로부터 시작되었다. 모든 종류의 경계에 맞서 그것을 붕괴시키는 사람들에게 희망을 주는 국제 간 네트워크이다.[39] 그것은 어떤 하나의 중심부에서 시작된 것이 아니라 세계 전역에 존재하는 반역 그 자체로부터 시작되었다. 이 네트워크는 모든 집단과 개인 간을 소통하는 정보의 네트워크를 구축하는 기능을 할 것이며, 다양한 세력들을 규합하고 행동의 효율성을 극대화하는 방어와 행동의 네트가 될 것이다. 나아가 인간관계들의 지속적 상호작용을 위한 네트워크

---

38 Giles Deleuze et Felix Guattari, *Mille Plateaux-capitalisme et schizopherenie* 2(김재인 역, 『천개의 고원 : 자본주의와 분열증 2』, 새물결, 2001); 우노 구니이치, 이정우 역, 『들뢰즈 유동의 철학 : 한 철학자의 지적 초상화』, 그린비, 2008.
39 이원영, 앞의 글, 406쪽.

가 될 것이며 마지막으로 사회경제적 대안들의 발견과 촉진을 위한 네트가 될 것이다. 사파티스타들이 말하는 국제연대는 로컬에서 시작하되 국민국가의 틀을 넘어서서 세계를 지배하고 있는 신자유주의에 대항한 다양한 운동들의 지리적 연대를 의미하는 새로운 글로컬한 국제주의의 창안으로 볼 수 있다.

사파티스타운동은 우리에게 새로운 세계사적 성찰을 하도록 권유한다. 월터 미뇰로Walter D. Mignolo의 지적처럼 근대의 시작 이래로 우리의 사유는 식민성의 지배를 받아왔다.[40] 이원론을 기반으로 한 서구 기독교의 사상은 역사 속에서 유럽중심의 내부와 그 밖의 타자들인 외부로 구분하여 역사를 바라보았으며, 유럽의 주체성을 중심으로 인종주의를 창안해 왔다. 라틴아메리카는 유럽인들에 의해 만들어진 개념이며 만들어진 대륙인 것이다. 오늘날 사파티스타운동은 근대 이래로 세계사를 지배해온 이러한 식민적 권력 메트릭스가 변화하고 있음을 알려주는 사건이며, 9·11테러 사건은 세계사적 질서와 실질적 권력 매트릭스의 통제력이 서구의 손아귀에서 벗어났음을 증명하는 것이다. 사파티스타의 라칸도나의 선언문들은 탈서구화, 탈식민화를 바탕으로 자신의 정체성을 찾아가는 운동이며, 정의를 실현하려는 글로컬리즘의 한 형태인 것이다. 이들은 오늘도 글로컬 상상계 가운데서 유토피아적 상상력을 발휘하며 대안사회를 꿈꾸고 있다.

---

40 Walter Mignolo, *The Idea of Latin America*, Wiely-Blackwell, 1991(김은중 역, 『라틴아메리카, 만들어진 제국 : 식민적 상처와 탈식민적 전환』, 그린비, 2010).

6. 근대성의 재구성

탈식민주의를 이야기하는 학자들은 '라틴아메리카'라는 이름 자체가 근대성의 산물이며 따라서 식민성이 포함되어 있다고 말한다. 유럽인들의 관점에 따르면 원주민의 삶은 '미개'와 '야만'이었고 백인들의 삶은 '문명'이라는 이분법적 구도가 라틴아메리카의 역사 속에는 자리잡고 있다. 인디오들은 유럽인들의 역사에 포획되었고 원주민들의 텍스트는 유럽인들의 컨텍스트에 의해 끊임없이 왜곡되어 왔다. 유럽인들의 역사는 지배자들의 역사, 제국 국민들의 역사, 집단기억의 역사를 소유한자들의 역사로서 기억 되지만, 원주민들은 모든 역사와 문명의 기록을 망각하고 소실해야만 했다. 마야제국의 인디오들에게 역사란 기억이 아니라 정확하게 기억의 반대물로서 그것은 지배자들의 기억 아래에서 망각되고 지워져왔다.

주체로서의 원주민들은 역사 속의 타자로 자리매김해 왔다. 지배자들의 '집단기억'에 대하여 '대항기억'으로나마 자신들의 정체성을 찾으려고 할 때 이들의 삶은 다시 한 번 더 죽음을 경험하게 된 것이다. 빼앗긴 자신들의 고유한 존재 자체를 망각의 그늘 속에서 되찾고 망각으로부터 벗어나고자 사파티스타들은 봉기한 것이다. 그들은 멕시코 정부에서 미국으로, 미국에서 전 세계로 이어지는 자본주의 세계적 전쟁에 대항하여 "이제 그만Ya! Basta"이라고 외치면서 미국 중심의 신자유주의라는 제국적 세계성에 대한 전쟁을 선포했다. 그들이 선언한 전쟁은 잊혀 진 삶, 무시당하는 삶, 억압받는 삶, 죽음과 같은 삶에 대항해서 '민주적 공간'을 만들기 위한 전쟁이고, 그들의 무기는 총탄 대신에

'말'이 대신한다. 마르코스는 쉽고 유머러스한 동화 같은 말을 통해 차이를 긍정할 수 있는 세계, 차이가 공존하는 세계, 새롭게 차이가 생성되는 코뮌적인 세계를 꿈꾼다, 그들은 이렇게 말한다. 꿈을 꾸자! "꽃처럼 희망을 추수하자"고. 과거의 역사가 아니라 내일의 역사, 도래할 역사들을 위해.[41]

그들이 존재한다는 역사적 사실 자체가 기득권자들에게는 불편한 진실이기에 지배자들은 강력한 힘을 발휘하여 세계화와 신자유주의라는 이름하에 그들의 존재를 지워버리고 싶은 것이다. 여기에 대항해서 원주민들은 자신의 힘과 능력을 신뢰하고 그 힘과 능력을 증대시키는 국제적 연대를 주장한다. 이 속에는 세상의 모든 소수자들 — 여성, 노동자, 농민, 성적 소수자들, 환경 운동가, 페미니스트, 인권운동가, 노조, 비정부기구(NGOs) 등 역사의 모든 타자들의 존재와 존엄성을 인식시키며 세계화라는 괴물에게 먹혀버린 존재들의 구출을 외친다. 그들의 봉기가 갖는 역사적 의미는 역사 속에서 배제되고 망각되며 억압당하는 모든 타자들, 모든 소수자들, 모든 하위주체들을 역사 속에서 되돌아보고 그들의 권리를 위한 대항기억을 발굴해야만 한다는 사실이다. 또한 있는 그대로의 타자를 인정할 수 있는 '소수자의 정치학'이 필요함을 깨닫게 한다. 역사 속에서 하나였던 타자들의 집합을 우리는 '민중'이라고 부르고 마르코스와 사파티스타는 '민족'이라고 부른다. 마르코스는 전 세계의 인민에게 '원주민 되기'를 강조한다. 민중이라고

---

41 박태호, 「기억에 반하는 기억을 위한, 전쟁에 반하는 전쟁 : 사파티스타의 탈근대적 변혁 이론」, 『진보평론』19, 현장에서미래를, 2004, 131쪽.

불리는 세상의 모든 소수자들, 동일한 정체성을 지닌 역사 속의 모든
타자들은 민중이 된다. 이들은 어제의 역사에 반대하며 내일의 역사를
창조하는 비연속성의 역사 비역사적 역사를 생성해 나가며, 망각에 반
대하며 인간의 존엄성과 자신의 정체성을 찾기 위한 전쟁을 벌인다.

우리는 이제 배치를 달리 할 시점에 도달해 있다. 지금은 죽음과 굴
종을 강요하는 세계로부터 벗어날 시점이며, 스스로 포기하지 않고 불
편함을 각오하면서 굴복하기를 거부하는 사람들, 세계화의 논리에 반
세계화를 주장하는 사람들, 미국 중심의 신자유주의 세계화에 반대하
며 라칸도나 정글에서 척박한 땅을 딛고 분연히 투쟁을 선언하는 사람
들이 바로 사파티스타이다. 이 상황을 타개하고자 사파티스타가 내세
운 논리가 바로 '트랜스컨티넨탈' 사상이다. 이것은 로컬에서 시작하여
간대륙적인 글로벌 정의를 실현하는 글로컬리즘의 표명이기도 하다.

참고문헌

강경희・강수정, 「신자유주의, FTA, 그리고 농민운동 : 멕시코 사례를 중심으로」, 『이
     메로아메리카』8-2, 부산외대 이베로아메리카연구소, 2006.
강내희, 「신자유주의 세계화를 넘어 대안적 세계화로」, 『문화과학』47, 문화과학사,
     2006.
권영준 역, 「사파티스타는 더 많은 기회와 평등을 위해 싸운다」, 『사회평론 길』98권,
     사회평론 , 1998,
김덕호, 「미국화인가 세계화인가 : 코카콜라를 통해 본 글로벌리즘」, 『미국사 연구』
     24, 한국미국사학회, 2006,
김영길, 「중남미를 휩쓰는 반세계화 바람」, 『문화과학』47, 문화과학사, 2006.
김윤경, 「멕시코의 사파티스타운동 : 새로운 세계를 향한 원주민운동」, 『서양사론』
     97, 한국서양사학회, 2008.
김은중, 「신자유주의・문화・이주」, 『라틴아메리카연구』17-1, 한국라틴아메리카학
     회, 2004.
_____, 「세계화, 정체성, 다문화주의」, 『라틴아메리카연구』18-1, 한국라틴아메리카
     학회, 2005.
_____, 「유럽중심적 근대성을 넘어서 : 권력의 식민성과 경계사유」, 『이베로아메리
     카』11-1, 부산외대 중남미지역원, 2009.
노택환, 「세계화의 본질과 배경에 대한 정치경제적 논점」, 『산업연구』13, 영남대 산
     경연구소, 2005.
박정훈, 「우리는 영원한 반란자입니다」, 『당대비평』15, 도서출판 삼인, 2004.
박태호, 「기억에 반하는 기억을 위한, 전쟁에 반하는 전쟁 : 사파티스타의 탈근대적
     평등이론」, 『진보평론』19, 현장에서미래를, 2004.
성경륭, 「세계화의 딜레마 : 세계주의와 국지주의의 갈등」, 『한국 사회학』35-2, 한국
     사회학회, 2001.
신정환, 「마르꼬스-사빠띠스따의 새로운 혁명」, 『하계학술대회 발표논문집』, 라틴
     아메리카학회, 1999.
안태환, 「라틴아메리카의 근대성 / (탈)식민성 기획과 상호문화성의 상응성」, 『라틴
     아메리카연구』22-3, 한국라틴아메리카학회, 2009.

양동휴, 「세계화의 역사적 조망」, 『경제발전연구』 10-1, 한국경제발전학회, 2004.

원영수, 「반전·반세계화 운동과 새로운 국제주의」, 『문화과학』 36, 문화과학사, 2003, 143~156쪽.

이동연, 「문화의 세계화와 문화자본의 논리」, 『문화과학』 47, 문화과학사, 2006.

이성형, 「멕시코 혁명 이후의 민족 정체성의 정치」, 『서양사론』 62, 한국서양사학회, 1999.

______, 「라틴아메리카, 신자유주의와 세계화에 미래는 있는가?」, 『역사학보』 187, 역사학회, 2005.

이종하, 「세계화 시대의 문화 획일화 비판과 반비판–아도르노와 함께, 아도르노를 넘어서」, 『철학과 현상학 연구』, 한국현상학회, 2005.

장상환, 「반세계화운동의 지향과 전개방식 : 자본의 세계화, 저항의 세계화」, 『진보평론』 17, 현장에서미래를, 2003.

조관연, 「문화적 세계화 현상에 대한 이론과 시각들」, 『인문콘텐츠』 4, 인문콘텐츠학회, 2005.

최형익, 「신자유주의와 제3세계 농민운동 그리고 국제연대 : 멕시코 사빠띠스따의 사례」, 『문화과학』 36, 문화과학사, 2003.

황혜성, 「세계화와 국민국가 : '리바이어던'의 회복?」, 『서양사론』 88, 한국서양사학회, 2008.

Appadurai Arjun, "Disjuncture and Difference in the Global Cultural Economy", John Tomlinson, *Globalization and Culture*, The University of Chicago Press, 1999.

Arif Dirlik, "Global in the Local", eds. Wilson Rob & Dissanayake Wimal, *Global Local; Cultureal Production and The Transnational Imagenary*, Duram, Duke University Press, 1996.

B. Steger Manfred, "Globalisation and Social Imagenaries : The Changing Ideological Landscape of the Twenty-First Century", *Journal of Critical Globalization Studies* Vol.1, 2009.

Meiksins Wood, "Global Capital, National States", *Imperio del Capital,* Montesinos, 2004.

Michael Bordo, "Globalization in Historical Perspective", *Business Economics* 37-1, 2002.

Tom Narin, "Post-2001 and the Third Coming of Nationalism", Tom Narin and Paul James, *Global Metrix,-Nationa; lism, globalism and State-terrorism*, Plutobooks, 2005.

Anne Huffschmid, *Diskursguerilla-Wortergreifung und Widersinn* , Dortmund, 2004.

Blake Bailey, *Zapatista,* Mind's Edge Publishers, La Vergne, TN USA, 2010.

Cleaver · Harry, *Zapatista*(이원영 · 서창현 역, 『사빠띠스따』, 갈무리, 1998).

Courtney Jung, *The Moral force of Indigenous Politics-Critical Liberalism and the Zapatistas,* Cambridge University Press, 2008.

David Held · Anthony McGrew, *Globalization / Anti-Globalization,* Cambridge : Polity Press, 2nd ed., 2007.

George A. Collier · Elisabeth L. Quaratiello, *Basta!, Land and the Zapatista Rebellion in Chipas*, Third Edition, 2005.

Giles Deleuze et Felix Guattari, Mille Plateaux-capitalisme et schizopherenie 2(김재인 역, 『천개의 고원 : 자본주의와 분열증』 2, 새물결, 2001).

Hans Peter Martin · Harold Schumann, *Die Globalisierungsfalle*(강수돌 역, 『세계화의 덫』, 영림카디널, 2003).

John Tomlinson, *Globalisms-The Great Ideological Struggle of the Twenty-First Century*, Rowman and Littlefifeld Publishers, Inc., 2009.

_____________, *Globalization and Culture*, 1999(김승현 · 정영희 역, 『세계화와 문화』, 나남출판, 2004).

_____________, *The Cultural Imperialism*(강대인 역, 『문화제국주의』, 나남출판, 1994).

Lui Hebron · John F. Stack, *Globalization-Debuking the Myths*, Upper Saddle River, 2009.

Manfred B. Steager, *Globalisms : The Great Ideologycal Struggle of the Twenty-First Century*, Rowman and Littlefield Publishers, 2009.

_____________, *The Rise of the Global Imagenary-Political Ideologies from the French Revolution to the Global War on Terror*, Oxford University Press, 2009.

Michel Chossudovsky, *The Globalization of Poverty-Impacts of IMF and World Bank Reform*(이대훈 역, 『빈곤의 세계화 : IMF경제신탁통치의 실상』, 당대, 1998)

Midnight Notes(ed.), *The Auroras of the Zapatista-Local and Global Struggles of the Fourth World War*, Autonomedia, U.S., 2001.

Mihalis Mentinas, *The Chipas Revolt and What It Means for Radical Politics*(서창현 역, 『사빠띠 스따의 진화』, 갈무리, 2009).

Raymond Carr et al., *Spains History*(김원중 · 황보영조 역, 『스페인사』, 까치, 2006).

Roger Burbach, *Globalization and Postmodern Politics, From Zapatistas to High-Tech*, Robber

Barons, Pluto Press, 2001.

Simon Tormey, *Anticapitalism-A Beginner's Guide*(정해영 역,『반자본주의』, 유토피아, 2007).

Ullich Beck, *Was ist Globalisierung?*(조만영 역,『지구화의 길』, 거름, 2000).

Walter Mignolo, *The Idea of Latin America* , Wiely-Blackwell, 1991(김은중 역,『라틴아메리카, 만들어진 제국 : 식민적 상처와 탈식민적 전환』, 그린비, 2010).

필자 소개

오미일吳美一 Oh, Mi-il은 부산대학교 한국민족문화연구소 HK교수이다. 한국 근현대사 전공이며, 성균관대학교 문학박사학위를 받았다. 개항장도시의 역사적 시공간성과 로컬리티 구명을 위해 생산체제의 변화와 공간의 편성, 주거공간의 배치, 기념사업과 기억의 정치, 생활개선캠페인과 일상 등 다양한 접근방법을 모색하고 있다.

차철욱車喆旭 Cha, Chul-wook은 부산대학교 한국민족문화연구소 HK교수이다. 한국 현대사 전공이며, 부산대학교 문학박사학위를 받았다. 현장연구를 통해 피란민, 이주민 등 자신의 삶터를 떠나와 새로운 장소에서 정착해 가는 사람들이 만들어 가는 로컬리티에 관심을 가지고 있다.

하용삼河龍三 Ha, Yong-sam은 부산대학교 한국민족문화연구소 HK연구교수이다. 독일 근대철학 전공이며, 독일 브레멘대학교 철학박사학위를 받았다. 후설의 현상학, 아감벤의 정치철학과 공동체의 관계를 연구하고 있다.

문재원文載媛 Mun, Jae-won은 부산대학교 한국민족문화연구소 HK교수이다. 한국 현대문학 전공이며, 부산대학교 문학박사학위를 받았다. 로컬리티와 문화연구에 관심을 갖고 지역, 문화, 재현정치 등을 주요한 테마로 연구하고 있다.

장세용張世龍 Jang, Se-yong은 부산대학교 한국민족문화연구소 HK교수이다. 서양 근현대사상사와 역사이론 전공이며, 영남대학교 문학박사학위를 받았다. 서양 현대사상의 한국적 변용과 지역적 변용에 관심을 가지고 있다.

이상봉李尙峰 Lee, Sang-bong은 부산대학교 한국민족문화연구소 HK교수이다. 지역정치 전공이며, 부산대학교 정치학박사학위를 받았다. 문화정치, 공공성 등의 키워드를 중심으로 로컬리티의 의미와 가능성에 대해서 연구하고 있다.

배윤기裵潤基 Bae, Yoon-gi는 부산대학교 한국민족문화연구소 HK연구교수이다. 영미문화, 소설 전공이며, 부산대학교 문학박사학위를 받았다. 미국의 문화정치와 흑인문화, 로컬리티에서 로컬화의 공간정치 및 언어적 구성과 관련하여 영화, 문학, 문화정치적 담론을 주시한다.

차윤정車胤汀 Cha, Yun-jung은 부산대학교 한국민족문화연구소 HK교수이다. 국어학 전공이며, 부산대학교 문학박사학위를 받았다. 언어나 방송매체를 대상으로 한 로컬리티의 재현 메커니즘과 양상, 로컬리티 연구에서의 주체 문제에 관심을 두고 있다.

조명기曹鳴基 Cho, Myung-ki는 부산대학교 한국민족문화연구소 HK교수이다. 한국 현대소설 전공이며, 부산대학교 문학박사학위를 받았다. 문화 텍스트가 재현하는 공간인식들의 층위와 관계 양상, 대안적 공간 기호체계의 가능성 등에 관심을 두고 있다.

김미경金美卿 Kim, Mee-kyoung은 대구가톨릭대학교 역사교육과 강사이다. 중남미사와 역사교육론 전공이며, 영남대학교 문학박사 및 교육학박사학위를 받았다. 전지구화가 역사교육에 끼치는 상관관계 탐색에 관심을 기울이고 있다.